港航工程与规划

第二版

主　编 • 陶学宗　王　晓
副主编 • 周　勇　郁斠兰　李文娟

上海交通大学出版社
SHANGHAI JIAO TONG UNIVERSITY PRESS

内容提要

本书按照教育部一流本科课程建设和国家工程教育专业认证的相关要求,结合港航业高质量发展实践和港航工程与规划学科发展动态,聚焦港口和航道两类主体事物,围绕规划和工程两方面的内容,融专业教育和思政教育于一体,系统介绍港口规划、港口工程、航道规划与工程等知识和技术。全书共分绪论和上、中、下三篇,其中绪论包括核心概念、内容体系、相关基础知识和主要分析框架;上篇为港口规划,包括五章内容,分别为港口规划概述、港口规划调查与分析、码头及码头平面布置、港口水域布置、港口配套设施;中篇为港口工程,包括三章内容,分别为码头概述、典型码头、防波堤与护岸;下篇为航道规划与工程,包括四章内容,分别为航道规划简介、内河通航要求、碍航滩险、航道工程。

本书主要作为高等院校水运特色类交通运输专业的本科教学用书,也可用作为水运特色类交通工程、港口航道与海岸工程等专业学生学习以及港航工程与规划员工培训的教材,还可供港航工程与规划领域的科研人员和技术管理人员参考。

图书在版编目(CIP)数据

港航工程与规划/ 陶学宗,王晓主编. —2 版. —
上海:上海交通大学出版社,2023.12
ISBN 978 - 7 - 313 - 29954 - 3

Ⅰ.①港… Ⅱ.①陶… ②王… Ⅲ.①港口工程—高
等学校—教材 ②航道工程—高等学校—教材 Ⅳ.①U65
②U61

中国国家版本馆 CIP 数据核字(2023)第 257476 号

港航工程与规划(第二版)
GANGHANG GONGCHENG YU GUIHUA(DI ER BAN)

主　编：陶学宗　王　晓

出版发行：上海交通大学出版社		地　　址：上海市番禺路 951 号
邮政编码：200030		电　　话：021 - 64071208
印　制：苏州市越洋印刷有限公司		经　　销：全国新华书店
开　本：787 mm×1092 mm 1/16		印　张：18.25
字　数：431 千字		
版　次：2015 年 1 月第 1 版 2023 年 12 月第 2 版		印　次：2023 年 12 月第 2 次印刷
书　号：ISBN 978 - 7 - 313 - 29954 - 3		电子书号：ISBN 978 - 7 - 89424 - 575 - 5
定　价：68.00 元		

前言 | Foreword

  水路运输系统是综合运输体系的重要组成部分,在支撑经济增长、贸易发展和社会进步方面发挥了重要作用。港口和航道是水路运输系统的基础,其规划、设计和建设对水路运输行业的健康有序发展极为重要。作为水运特色类交通运输专业的学生,面对新时代港航业高质量发展的大趋势,很有必要了解港口航道规划和工程设计的基础知识和主要技术,为未来从事港航工程与规划相关工作奠定专业基础。为此,上海海事大学"港航工程与规划"课程组(以下简称课程组)王晓老师和李文娟老师在 2015 年合作编写了《港航工程与规划》教材,为学生提供了很好的学习资料。

  近年来,随着工程教育专业认证日益受到重视,培养学生针对复杂工程问题的方案设计能力亦成为当前课程教学改革的一项重要工作。与此同时,《教育部关于一流本科课程建设的实施意见》要求深入挖掘各类课程和教学方式中蕴含的思想政治教育元素,建设适应新时代要求的一流本科课程。鉴于此,课程组根据工程教育认证标准和一流本科课程建设相关要求,遵循"提升高阶性、突出创新性、增加挑战度"和"挖掘思政要素、强化价值塑造"等基本原则,对"港航工程与规划"教学内容进行调整,并同步对《港航工程与规划》教材进行修订。

  本书通过封底二维码链接多元化、动态更新的教学资源,配套"交我学"教学平台及移动终端 App,为使用本书的师生提供拓展阅读、本章小结、思考题等内容丰富的数字资源,为现代化教学提供立体、互动的教学素材。

  本书为上海海事大学 2022 年本科教学规划教材建设项目,由课程组陶学宗老师和王晓老师任主编,周勇老师、郁斟兰老师和李文娟老师任副主编。本书内容包括绪论和上、中、下三篇。其中,绪论由陶学宗老师和王晓老师编写;上篇为港口规划,包括五章内容,分别为港口规划概述、港口规划调查与分析、码头及码头平面布置、港口水域布置、港口配套设施,由周勇老师和李文娟老师编写;中篇为港口工程,包括三章内容,分别为码头概述、典型码头、防波堤与护岸,由郁斟兰老师编写;下篇为航道规划与工程,包括四章内容,分别为航道规划简介、内河通航要求、碍航滩险、航道工程,由陶学宗老师编写。全书由陶学宗老师和王晓老师负责统稿。

  在本书编写过程中,得到了上海海事大学郑士源教授、郑剑教授和中交第三航务工程勘察设计院赵敏高工等专家的指导，正是他们提出的宝贵建议使本书无论是在结构上还是在内容上都得到了改进。同时，还要感谢硕士研究生王谦益、张康、李汉卿、许冬原坊等在本书资料搜集、文字校对等方面所做的贡献。

上海海事大学"高水平地方高校建设项目创新人才培养子项目"为本书出版提供了资助，上海交通大学出版社的编辑在本书出版工作中付出了大量心血，在此一并表示衷心感谢。

受出版时间和编者水平所限，本书不足之处在所难免，敬请各位专家、同行和广大读者批评指正。

编　者

2023 年 6 月

目录 | Contents

上篇 港口规划

中篇　港口工程

下篇　航道规划与工程

绪　论

学习目标

(1) 理解港口、航道、工程、规划等核心概念；了解我国港口、航道的发展基本情况。

(2) 了解本书内容体系构成；了解洋山深水港区选址情况。

(3) 掌握本书相关专业基础知识。

(4) 能够运用适当分析框架对本书相关问题进行分析。

水路运输系统是综合运输体系的重要组成部分，在支撑经济增长、贸易发展和社会进步方面发挥了重要作用。港口和航道是水路运输系统的基础，其规划、设计和建设对水路运输行业的健康有序发展极为重要。

0.1　核心概念

本书聚焦港口和航道两类主体事物，重点讨论规划和工程两方面的内容，共涉及港口、航道、工程、规划四个核心概念。

0.1.1　港口

港口是指具有船舶进出、停泊、靠泊，旅客上下，货物装卸、驳运、储存等功能，具有相应的码头设施，由一定范围的陆域和水域组成的区域，一般由多个港区组成。港口陆域包括装卸作业地带(如码头前沿、库场、输运设施等)、辅助作业地带(如变电站、加油站、工具房、修理厂等)和预留发展用地，港口水域包括锚地、航道、回旋水域、码头前沿水域以及导航、助航标志等设施。其中，港口陆域和水域交界的部分称为码头岸线，主要由港口水工建筑物构成。港口既是综合交通运输枢纽，也是经济社会发展的战略资源和重要支撑，在促进多式联运和供应链物流一体化发展，推动经济贸易、产业集聚、港口城市经济增长、区域经济社会一体化发展等方面发挥着重要作用。

根据港口重要程度的差异，我国将港口划分为主要港口、地区性重要港口和一般港口三个层级。主要港口是指对全国及区域经济发展有巨大作用的港口(如上海港、宁波舟山港等),在国家或区域内能源、重要原材料和外贸物资运输中发挥枢纽作用,支撑区域重大发展战略的实施,其名录由交通运输部征求国务院有关部门意见后确定并公布(见表0-1)。地区性重要港口是指对地区经济发展有重要作用的港口,主要体现在保障物资流通、改善地区投资环境、吸引境内外投资、发展地区工业等,由省级人民政府征求交通运输部的意见后确定。一般港口是指对地方经济发展有一定作用的港口,主要体现在改善地方交通运输条件,扩大内外物资交流。港口分级不仅是港口规划与管理的依据,也是确定港口水工建筑物技术指标的依据。

表 0-1　全国主要港口名录

分 类	主 要 港 口 名 称
沿海主要港口 (25个)	环渤海地区(7个):大连港、营口港、秦皇岛港、天津港、烟台港、青岛港、日照港;长三角地区(9个):连云港港、上海港、南通港、苏州港、镇江港、南京港、宁波港、舟山港、温州港;东南地区(2个):福州港、厦门港;珠三角地区(4个):汕头港、深圳港、广州港、珠海港;西南地区(3个):湛江港、防城港、海口港
内河主要港口 (28个)	黑龙江和松辽水系(2个):哈尔滨港、佳木斯港;京杭运河与淮河水系(5个):济宁港、徐州港、无锡港、杭州港、蚌埠港;长江水系(16个):泸州港、重庆港、宜昌港、荆州港、武汉港、黄石港、长沙港、岳阳港、南昌港、九江港、芜湖港、安庆港、马鞍山港、合肥港、湖州港、嘉兴内河港;珠江水系(5个):南宁港、贵港港、梧州港、肇庆港、佛山港

0.1.2　航道

　　航道是由一定的宽度、深度、弯曲半径、净空高度和水流等要素构成的,供一定吨位船舶航行的连续性的通道,包括通航建筑物、航道整治建筑物和航标等航道设施。航道是水运的基础,是港口的生命线,是国家重要的交通基础设施,对于国民经济的发展和国防建设都有很重要的作用。

　　航道一般可分为内河航道(即江河、湖泊等内陆水域中可以供船舶通航的通道,包括人工运河、水库等)和沿海航道(即内海、领海中经建设和养护可以供船舶通航的通道),本书侧重于内河航道。根据通航能力不同,内河航道可分为等级航道和等外航道。其中,等级航道是指具有一定标准以上的通航能力且被主管部门标定技术等级的航道,其等级划分标准如表0-2所示。经批准的航道等级是航道规划设计的依据,也是确定通航建筑物和整治建筑物技术指标的依据。

表 0-2　航道等级划分标准

航道等级	Ⅰ	Ⅱ	Ⅲ	Ⅳ	Ⅴ	Ⅵ	Ⅶ
船舶吨级/t	3 000	2 000	1 000	500	300	100	50

注:船舶吨级按船舶设计载重吨确定;通航3 000 t以上船舶的航道列入Ⅰ级航道。

0.1.3　工程

工程通常是指将自然科学的原理应用到实际中所形成的各学科的总称。本书所关注的工程主要包括港口工程和航道工程,即应用水文学、力学、材料学等原理解决港口和航道相关实际问题的一门应用型学科。工程有时也指具体的基本建设项目,例如洋山深水港区四期工程。本书侧重于码头、防波堤与护岸等典型港口水工建筑物,以及航道整治建筑物、通航建筑物等构造和设计等相关内容。

0.1.4　规划

规划亦称"规画",通常是指较全面或长远的计划,而计划则是指人们为了达到一定目的,对未来时期的活动所做的部署和安排。本书所关注的规划主要包括港口规划和航道规划,即根据国民经济发展和国防对水运的要求,结合国土、流域规划,对港口和航道的建设与发展所做的较长期安排。本书侧重于港口规划,兼顾航道规划。

> 📖 拓展阅读 0-1　我国港口航道发展简史(扫封底二维码获取数字资源,其余下同)

0.2　内容体系

本书内容体系主要包括港口规划、港口工程、航道规划与航道工程。

0.2.1　港口规划

港口规划包括港口布局规划和港口总体规划。港口布局规划是指港口的分布规划,包括全国港口布局规划和省、自治区、直辖市港口布局规划,其主要任务是确定港口的总体发展方向,明确各港口的地位、作用、主要功能与布局等,合理规划港口岸线资源,促进区域内港口健康、有序、协调发展,并指导区域内港口总体规划的编制。港口总体规划是指一个港口在一定时期的具体规划,其主要任务是确定港口性质、功能和港区划分,根据港口资源条件、吞吐量预测和到港船型分析,重点对港口岸线利用、水陆域布置、港界、港口建设用地配置等进行规划。本书侧重于港口总体规划,主要内容包括港口规划概述、港口规划调查与分析、码头及码头平面布置、港口水域布置、港口配套设施。

0.2.2　港口工程

港口工程是指兴建港口所需各种工程设施的技术,主要包括码头建造工程、陆域形成工程、供排水等配套工程。本书侧重于港口水工建筑物,主要包括码头概述、典型码头、防波堤与护岸等。

0.2.3　航道规划与航道工程

1. 航道规划

航道规划是根据国民经济发展对水运的要求(包含国防要求),结合国土、流域规划,对航道的建设与发展所做的较长期安排。航道规划是整个水运系统规划的一个重要组成部分,它的主要任务是研究航道开发的经济意义、社会价值及技术上的可能性,制订近期与远景航道开发方案,并根据远景货流及运输组织提出适应远景发展的航道工程措施方案,拟定第一期航道工程的项目。本书侧重于内河航道规划,主要内容包括航道规划调查与分析、规划目标与功能定位、布局方案与规划标准等。

　　2. 航道工程

　　航道工程是指为改善通航条件、满足航运需要而采取的整治、疏浚、渠化、运河、航标、清障等工程措施的总称。本书侧重于内河航道,主要内容包括通航要求、碍航滩险、航道工程。其中,航道工程为重中之重,主要包括航道整治工程、航道疏浚工程和渠化工程。究竟采用哪种方法来改善航道条件,往往需要拟出不同方案,经综合比较与论证后加以确定。

📖 拓展阅读0-2　洋山深水港区选址论证始末

0.3　相关基础知识

　　港航工程与规划是一门典型的交叉学科,主要涉及水文学、地质学、力学、材料学等学科。为便于学习,这里将后面可能用到的一些主要概念和基本原理提前做一些简要介绍。

0.3.1　水文学相关知识

　　水文学是研究地球系统中水的物理、化学特性,水的运动、分布、水文循环规律,以及水与生态环境相互关系等的一门学科。本书涉及的水文学知识主要为河流水文学和海洋水文学的部分内容,具体包括河流、基准面、水位、水头、水面比降、流量、流速、流态、潮汐等主要概念,以及河道演变的基本原理、流量守恒定律、流速分布规律、伯努利原理等基本原理。

　　1. 主要概念

　　河流是指沿地表线性凹槽集中的经常性或周期性水流。河流具有两个基本要素,一是能容纳流水的凹槽(即河床);二是流动的水。河流沿河长按不同的自然特征可划分为河源、上游、中游、下游、河口5部分。河源即河流的发源地,可为冰川、湖泊等。上游直接连接河源,位于河流上段,大河流的上游有许多峡谷,河床一般窄而深,水流也更湍急。中游位于河流中段,沿河多为丘陵,河床较宽,水流一般比上游缓慢。下游即河流的最下面一段,大河流的下游多为冲积平原,河床更宽,水流也更缓慢。河口即河流的终点,大河流通常流入大海,河口段河床比下游河段更宽,流速也比下游河段更缓慢。

　　基准面(见图0-1)是指计算高程(某点沿铅垂线方向到起算面的距离)或水深

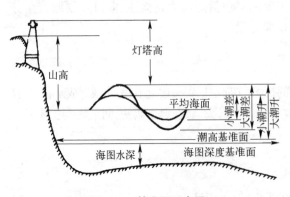

图0-1　基准面示意图

（水下某点沿铅垂线方向到水平面的距离）时的起算面，主要包括高程基准面和深度基准面。高程基准面又称"零高程面"，是地面点高程的起算面，一般为一个或多个验潮站长期水位观测所确定的平均海平面。我国的国家高程基准面是根据青岛验潮站 1952—1979 年的验潮资料计算确定的，又称为"1985 国家高程基准"。深度基准面是水深测量和海图所载水深的起算面，一般根据潮汐特性，考虑船舶航行安全和航道利用率等因素确定。我国在海洋、港湾、河口通常采用理论最低潮面（又称理论深度基准面，一般为低于平均海平面的较低水位或最低水位）作为深度基准面；在江河、湖泊通常采用设计低水位为深度基准面。

水位 z 是指河流水面高出某一水准基面的高程，单位为 m。水位是经常变化的，影响水位变化的因素主要是河流径流量的增多或减少。洪水位（枯水位）是指一年或若干年中河流水体洪水期（枯水期）的平均水位。常水位是指在全部观测期中，一半时间在此水位以上，一半时间在此水位以下的水位。水头是指单位重量的流体所具有的机械能，可用高程表示，常用单位为 m。

水面比降 i 表示水面的倾斜程度，是反映水流特性的一个重要指标。水面比降分为纵比降和横比降两种。纵比降即某一河段水面沿河流长度方向的高程差与相应的河流长度之比，横比降即河流某一横断面两岸水位差与河宽之比。

流量 Q 是指单位时间内通过某一过水断面的水量，单位为 m^3/s。流速 v 是指水流某质点在单位时间内所移动的距离，单位为 m/s。主流线又称水动力轴线，是指河道中沿流程各断面最大垂线平均流速所在位置的连线，它是水流中能量最大的一股水流，其位置代表着水流的主流流向。河势是指河道水流动力轴线的位置、走向、岸线和洲滩的分布和变化的态势。流态指水流的各种运动形态。从宏观角度来划分，流态可分为主流和副流。主流是在重力作用下产生的，沿河槽轴线总的方向流动，决定着河流的主要流向，表层流速较大。副流可能因重力作用产生，也可能受其他力（水体内力、外力）作用产生，一般绕竖轴、横轴或斜轴旋转。例如，回流就是一种常见的副流，它绕竖轴旋转倒流，与主流流向相反。

潮汐是指海水在天体（主要是月球和太阳）的引潮力作用下形成的周期性涨落现象。在白天的称潮，夜间的称汐，统称潮汐，根据周期不同可分为半日潮型、全日潮型和混合潮型。其中，半日潮型一个太阴日内出现两次高潮和两次低潮，主要分布在渤海的天津港、黄海的青岛港、东海的厦门港；全日潮型一个太阴日内只有一次高潮和一次低潮，例如南海的北部湾、渤海秦皇岛等；混合潮型一月内有的日子为半日潮型，有的日子为全日潮型，例如南海的榆林港（位于海南省三亚市）。

2. 基本原理

（1）河道演变的基本原理。河道的演变过程是水流、泥沙、河床相互作用的结果，实质上是因为输沙平衡受到破坏所致。在任何一个河段内，在一定的水流条件下，水流具有一定的挟沙力，如果来沙量与挟沙能力相适应，则水流处于输沙平衡状态，河床既不冲刷，也不淤积。在相反的情况下，如果来沙量与挟沙力不相适应，则水流处于输沙不平衡状态，河床将发生相应的冲淤变化。当来沙量大于水流挟沙能力时，过多的泥沙将逐渐沉积下来，使河床淤高；当来沙量小于水流挟沙能力时，不足的泥沙将逐渐自河底得到补充，使河床冲刷。当河床发生冲淤变化之后，水流条件和挟沙能力也随之发生相应变化。在冲刷河段内，过水断面增大，流速减低，水流挟沙能力减弱；相反地，河床淤高，将会使水流挟沙能力增强。由此可见,河床的变形具有企图使水流挟沙恢复平衡的趋势,由于河流的来沙量总是随时间而变化,很难达到某一恒定状态,所以河床变形始终存在,平衡是相对的,不平衡是绝对的。

(2) 流量守恒定律。对于恒定流体,其通过上、下游两个过流断面的流量保持不变,即 $v_1 A_1 = v_2 A_2$。其中,v_1 和 v_2 为上、下游两个过流断面的平均流速,A_1 和 A_2 为上、下游两个过流断面的面积。

(3) 流速分布规律。河流流速分布规律如图 0-2 所示,具体如下:① 受河周界摩擦力影响,流速自水面向河底逐渐减少,流速自河中向河岸逐渐减少;② 沿铅垂线上的流速分布,最大流速有时在水面,有时在水面下 0.2～0.3 m 的水深处;③ 横断面最大流速一般在最大水深处的水面附近;④ 在顺直河段,流速沿宽度分布呈现中央处最大,靠岸处流速接近于零,弯曲河段处最大流速偏于凹岸。

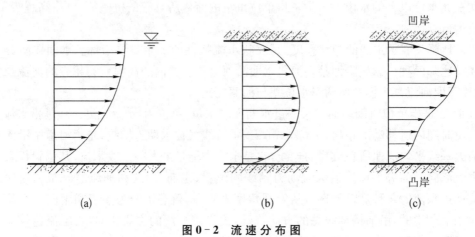

图 0-2　流速分布图

(a) 流速沿水深分布图;(b) 流速沿河宽分布图(直段);(c) 流速沿河宽分布图(弯顶点处)

(4) 伯努利原理。1726 年,瑞士物理学家丹尼尔·伯努利提出了"伯努利原理",其本质是流体的机械能守恒,即 $p + \rho g h + 0.5\rho v^2 = C$。其中,$p$ 表示压力势能;$\rho g h$ 表示重力势能;$0.5\rho v^2$ 表示动能;ρ 为流体的密度;g 为重力加速度;v 为流体的流速;C 为一常数。由于伯努利方程是由机械能守恒推导出的,所以它仅适用于黏度可以忽略、不可被压缩的理想流体。

0.3.2　地质学相关知识

地质学是研究地球的形成、成分、结构和发展规律,并利用这些规律为人类社会服务的一门学科。本书涉及的地质学知识主要为港航工程相关的地质条件,具体包括地形、地势、地貌、岩石、土、地下水、不良地质条件等主要概念,以及地质作用、地下水运动规律等基本原理。

1. 主要概念

地形是地物形状和地貌的总称,具体指地表以上分布的固定物体(包括自然形成的和人工建造的)共同呈现出的高低起伏的各种状态。其中地表起伏大势称为地势,地表起伏形态称为地貌(包括山地、高原、平原、丘陵和盆地)。我国地势呈三级阶梯状逐级下降,使得我国大多数河流流向为自西向东。

　　岩土是岩石和土的统称,具有一定渗透性(可被水透过的性质)。岩石是由一种或多种矿物质按照一定规律组成的自然集合体,按其成因可分为岩浆岩、沉积岩和变质岩三大类。其中,岩浆岩又称火成岩,是由岩浆喷出地表或侵入地壳冷却凝固所形成的岩石,约占地壳(平均厚度约17 km)总体积的65%。沉积岩又称为水成岩,是由其他岩石的风化产物和一些火山喷发物水流或冰川的搬运、沉积、成岩作用形成的岩石,主要分布在地壳表层,在陆地上出露的面积约占75%。变质岩是由岩浆岩或沉积岩在环境条件改变的影响下,矿物成分、化学成分以及结构构造发生变化而形成的岩石。不同岩石的成分、构造和生成条件各不相同,其性能也有一定差异。土是指地表岩石经风化、剥蚀形成岩屑,又经搬运、沉淀而形成的沉淀物,它是由土颗粒(其粒组划分见表0-3)、水和气体组成的三相集合体,其三者之间的比例关系和相互作用决定了土的力学性质。

表 0-3　土颗粒的粒组划分

粒组	颗粒名称		粒径范围/mm	一　般　特　性
巨粒	漂石(块石)		$d > 200$	透水性很大,无黏性,无毛细水
	卵石(碎石)		$60 < d \leqslant 200$	透水性很大,无黏性,毛细水上升高度不超过粒径大小
粗粒	砾类	粗砾	$20 < d \leqslant 60$	易透水,当混入云母等杂质时透水性减小,而压缩性增加;无黏性,遇水不膨胀,干燥时松散;毛细水上升高度不大,随粒径变小而增大
		中砾	$5 < d \leqslant 20$	
		细砾	$2 < d \leqslant 5$	
	砂类	粗砂	$0.5 < d \leqslant 2$	透水性小;湿时稍有黏性,遇水膨胀小,干时稍有收缩;毛细水上升高度较大较快,极易出现冻胀现象
		中砂	$0.25 < d \leqslant 0.5$	
		细砂	$0.075 < d \leqslant 0.25$	
细粒	粉粒		$0.005 < d \leqslant 0.075$	透水性很小;湿时稍有黏性,可塑性,遇水膨胀大,干时收缩显著;毛细水上升高度大,但速度较慢
	黏粒		$d \leqslant 0.005$	

　　地下水是指埋藏和运移在地表以下岩土层空隙中的水,按其埋藏条件可分为上层滞水、潜水和层间水三类(见图0-3)。其中,上层滞水是指积聚在局部隔水层上的水,它靠雨水补给,有季节性,接近地表,可使地基土强度减弱;潜水是指位于地表向下第一个连续稳定隔水层之上的含水层中,具有自由水面的重力水,它由大气降水和地表水渗入补给,其水位受气候影响较大;层间水又称承压水,是指位于两个隔水层间的含水层中承受水压力的地下水,其状态相对比较稳定,受气候影响较小。地下水与工程建设之间的关系非常密切,它不仅会降低岩土的承载力,造成基坑突涌、地面塌陷、山体滑坡等不良地质现象,还会对工程建筑材料产生腐蚀作用。

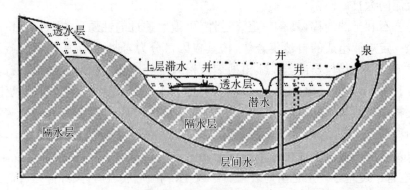

图 0-3　地下水埋藏示意图

不良地质现象是指由地球的内外引力造成的对工程建设具有危害性的地质作用或现象。常见的现象有地震、山体崩塌、滑坡、泥石流、地面塌陷、地面沉降、冲刷、潜蚀、岩溶等。

(1) 地震是指地壳快速释放能量过程中所造成的振动,地震开始发生的地点称为震源,震源正上方的地面称为震中。

(2) 山体崩塌是指陡峭斜坡上的岩体或者土体在重力作用下,突然脱离母体,发生崩落、滚动的现象。

(3) 滑坡是指斜坡上的土体或者岩体在重力作用下,沿一定的软弱面(带)整体地或者分散地顺坡向下滑动的现象。

(4) 泥石流是指山区沟谷或者山地坡面上,由暴雨、冰雪融化等水源激发的,含有大量泥沙石块的,介于挟沙水流和滑坡之间的土、水、气混合流。

(5) 地面塌陷是指地表岩体或者土体受自然作用、人为活动影响等因素向下陷落,并在地面形成塌陷坑洞而造成灾害的现象。

(6) 地面沉降是指在一定的地表面积内所发生的地面水平降低的现象。

(7) 冲刷是指地表水作用于地表物引起土石流失或剥蚀的现象。

(8) 潜蚀是指土层内部在地下水浸湿和活动的影响下,使可溶性物质溶解流失,黏土微粒被冲刷带到下部的现象。

(9) 岩溶是指地表水和地下水对可溶性岩石的长期溶蚀作用及形成的各种岩溶现象的总称。

2. 基本原理

1) 地质作用

地质作用是指由于受到某种能量的影响,从而引起地壳组成物质、地壳构造、地表形态等不断变化和形成的作用。地质作用按其动力来源可分为内力地质作用和外力地质作用,两者紧密关联、互相影响。其中,内力地质作用是由地球内部的能量所引起的,包括地壳运动、岩浆作用、变质作用、地震作用,它决定地表的基本形态和内部构造。外力地质作用是由地球外部的能量引起的,主要来自太阳的辐射热能,它引起大气圈、水圈、生物圈的物质循环运动,形成了河流、地下水、海洋、湖泊、冰川、风等地质引力,各种地质引力在运动的过程中不断地改造着地表,破坏和重塑地表形态。外力作用的方式,一般按风化→剥蚀→搬运→沉积→硬结成岩的程序进行,未经成岩作用所生成的沉积物就是通常所说的"土"。

2) 地下水运动规律

地下水因水位落差而在岩土空隙中产生的运动称为渗流。在砂土孔隙中,地下水运动有条不紊、彼此不相混掺(即层流),其渗透速度 v 与水力坡度 I(渗透流程中单位长度的水头损失)成正比,即 $v=kI$。在粗砂、砾石、卵石空隙中,地下水运动不规则、互相混掺、轨迹曲折混乱(即湍流),其渗透速度与水力坡度成指数函数关系,即 $v=kI^{1/m}$($m=1\sim2$)。对黏土而言,则需要较大的起始水力坡度 I_0 才能开始渗流,即 $v=k(I-I_0)$。由于渗流的作用,地下水的压力和浮力都将发生变化,从而导致土体或结构物失去稳定性,发生滑坡或坍塌现象。此外,渗流会对土颗粒施加一种作用力,致使土颗粒流失或局部土体产生移动,发生流砂和管涌现象,破坏地基。其中,流砂是指渗流作用力大于重力时,土体发生悬浮、移动的现象;管涌是指水力坡度很大时,渗流作用力把土体粗粒孔隙中的细粒土冲走,导致土体内部形成贯通渗流管道的现象。

0.3.3　力学相关知识

力学是研究物体机械运动规律及其应用的一门学科,原为物理学的一个分支,现已发展成为一门独立的兼有理论和应用背景的工程型科学。本书涉及的力学知识主要为主动力/约束力、合力/分力、刚体、平衡、物系、物系外力/内力、力矩等基本概念,以及静力学公理、合力投影定理、合力矩定理、空间力系的平衡原理等基本原理。

1. 基本概念

力是物体间相互的作用,这种作用会使物体产生运动或发生形变,其程度取决于力的大小、方向和作用点。主动力是指能够促使物体产生运动或运动趋势的力,例如重力和一些作用载荷;约束力是指限制物体运动或运动趋势的反力,其大小和方向一般随主动力的大小和作用线的不同而改变。合力是指作用在刚体上且作用线交于一点的两个或多个力的矢量和;分力是指一个力分解到两个不同方向上的力。刚体是指忽略形状尺寸改变对运动状态改变的影响,把物体抽象为不变形的理想化模型。平衡是指物体相对于参照物保持静止、匀速直线运动或匀速转动。

物系是指由若干构件通过约束所组成的物体系统。系统以外物体对系统的作用力,称为物系外力;系统内部各构件之间的作用力,称为物系内力。当研究整个物系平衡时,由于内力总是成对出现、相互抵消,因此可以不予考虑。当研究系统中某一构件或部分构件的平衡时,系统中其他构件对它们的作用力就成为外力,必须考虑。

力矩是指力对物体作用时所产生的转动效应,其大小不仅与力的大小及方向有关,而且与该点到该力的作用线的距离有关。力矩的常用单位为 N·m,当力使物体绕矩心有逆时针转动效应时,力矩为正,反之为负。

2. 基本原理

(1) 静力学公理。静力学公理主要如下：① 二力平衡公理。作用于一个刚体上的两个力,使刚体保持平衡的必要和充分条件是这两个力的大小相等,方向相反,作用在一条直线上。② 平行四边形公理。作用于构件上同一点的两个力,可以合成为一个合力,合力作用于该点,合力的大小和方向是以该两力为邻边构成的平行四边形的对角线。③ 作用与反作用公理。两物体间的作用力与反作用力,总是大小相等,方向相反,作用于一条直线上,分别作用在两个物体上。

（2）合力投影定理。作用在刚体上且作用线交于一点的两个力可以合成为一个力,其合力符合矢量加法法则。

（3）合力矩定理。合力对某点的力矩,等于各分力对该点力矩的代数和。该定理不仅适用于两个分力的情况,而且适用于多个分力的情况,还适用于平面力系、空间力系。

（4）空间力系的平衡原理。空间任意力系平衡的充分必要条件是所有各力在三个坐标轴上的投影的代数和分别等于零,以及这些力对于每一个坐标轴力矩的代数和也等于零。

（5）连通器原理。在重力加速度不等于零且其相对于连通器内的各个部分的值都相等的情况下,向连通器内注入同一种密度均匀的液体,当液体相对于连通器静止时,连通器的各个容器内的液面保持相平。

0.3.4　材料科学相关知识

材料科学是研究材料内部结构、化学成分、生产流程和性能以及它们之间相互关系及其应用的一门学科。本书涉及的力学知识主要为密度、重度、密实度、孔隙率、吸水性、吸湿性、耐水性、抗冻性、抗渗性、热变形性、强度、弹性、塑性、脆性、韧性、极限应力、许用应力、硬度、耐磨性、耐久性、构件、梁、分布载荷、集中力、稳定性、柔度、刚度、失稳等基本概念,以及胡克定律、预应力结构原理等基本原理。

📖 拓展阅读0-3　常用水工建筑材料的性能

1. 基本概念

材料是人类用于制造物品、器件、构件、机器或其他产品的一种物质,也是人类赖以生存和发展的物质基础。建筑材料是指建造建筑物(指供人们进行生产、生活或其他活动的房屋或场所)或构筑物(人们不直接在内进行生产和生活活动的场所)所使用的各种材料及制品的总称,是一切建筑工程的基础。港口航道工程常用的建筑材料主要包括钢材(如钢管、钢板、钢筋、钢丝等)、石材(如块石、碎石、砂石等)、混凝土、木材等。

（1）密度 ρ 是指材料在绝对密实状态下单位体积的质量,包括表观密度 ρ_0 和堆积密度 ρ_0',其单位为 kg/m^3。表观密度是指多孔固体材料在自然状态下单位体积的质量,堆积密度是指砂、碎石等的粉状或颗粒状物质在堆积状态下单位体积的质量。重度 γ 又称容重,是指单位体积的重量,单位为 kN/m^3。密实度 D 是指材料体积内被固体物质充实的程度,即固体物质的体积占总体积的比例。材料的密实度大小与其强度、耐水性和导热性等性质有关。孔隙率 P 是指材料体积内孔隙体积所占的比例,其数值越大表明材料的密实程度越差。材料的密实度和孔隙率之和等于1,即 $D+P=1$。

（2）吸水性是指材料在水中吸收水分的性质,其大小用吸水率表示。质量吸水率 W(体积吸水率 W_0)是指材料在吸水饱和时所吸收水分的质量(体积)占材料干燥质量(自然状态体积)的百分比。建筑材料大多采用质量吸水率表示材料的吸水性,水分的吸收将会使材料的性质发生改变,如强度降低、抗冻性变差等。吸湿性是指材料在潮湿的空气中吸收空气中水分的性质,一般用含水率 $W_含$ 表示,即材料含水时的质量与材料烘干到恒重时的质量之比。耐水性是指材料长期在饱和水作用下不被破坏、强度也不显著降低的性质,一般用软化系数 K_R 表示,即材料在吸水饱和状态下的强度与干燥状态下的强度之比。软化系数越小,说明材料耐水性越差。耐水材料是指软化系数大于 0.85 的材料。

（3）抗冻性是指材料在多次冻融循环作用（材料吸水饱和后从 $-15\,^{\circ}\mathrm{C}$ 冷冻到 $20\,^{\circ}\mathrm{C}$ 融化）下不被破坏、强度也不显著降低的一种性质。材料抗冻性的好坏与材料的构造特征、含水率和强度等因素有关。通常情况下，密实的并具有封闭孔的材料、强度高的材料，其抗冻性能较好。材料的抗冻性常用抗冻等级表示，即抵抗冻融循环次数的多少。例如，混凝土的抗冻等级为 F50 表示该混凝土可以抵抗 50 次冻融循环。抗渗性是指材料在压力水作用下抵抗水渗透的性能，通常用渗透系数 K 表示，即渗水量与试件厚度之积除以渗水面积、渗水时间与静水压力水头之积，单位为 $\mathrm{cm^3/(cm^2 \cdot h)}$。抗渗性也可用抗渗等级表示，即试件不渗透所能承受的最大水压。例如，P_4 表示试件不渗透所能承受的最大水压为 0.4 MPa。热变形性是指材料在温度升高或降低时体积发生变化的性质，一般用线膨胀系数 α 表示，即线膨胀量或线收缩量与材料原长度和材料升温或降温前后温度差之积的比（单位为 1/K）。多数材料在温度升高时体积膨胀，温度下降时体积收缩。建筑工程更关注线膨胀系数，它与材料组成和结构有关。在大面积或大体积混凝土工程中，为防止材料温度变形引起裂缝，常设置伸缩缝。

（4）强度是指构件抵抗破坏的能力，单位为 MPa。材料强度除受材料本身的组成、结构、孔隙率大小等内在因素的影响外，还与试验条件有密切关系，如试件形状、尺寸、表面状态、含水率、环境温度、试验时加载速度等。为使测定的强度值准确且具有可比性，必须按规定的标准试验方法测定材料的强度。比强度是指材料的强度与其体积密度之比，可用于比较不同材料的强度大小。

（5）弹性是指材料在外力作用下产生变形，在外力消除后能完全恢复原来形状和大小的性质，这种可以完全恢复的变形称为弹性变形。弹性变形的大小与其所受外力的大小成正比，其比例系数又称弹性模量 E，即材料所受应力（物体因受力、湿度、温度场变化等而发生变形时在物体内各部分之间产生的相互作用）与应变（又称伸长率或压缩率，即伸长量或压缩量与原长的比值）之比，单位为 MPa。塑性是指材料在外力作用下产生变形，外力消除后变形不能完全恢复且材料也不立即破坏的性质，这种不可恢复的变形称为塑性变形。脆性是指外力作用达到一定限度后，材料突然破坏且破坏时无明显塑性变形的性质，具有这种性质的材料称为脆性材料。一般情况下，脆性材料的抗压强度很高，但抗拉强度较低，抵抗冲击载荷和振动作用的能力较差。韧性（即试件破坏时所消耗的功与试件净截面面积之比，单位为 $\mathrm{J/mm^2}$）是指在冲击或振动载荷作用下能产生较大塑性变形而不致被破坏的性质，具有这种性质的材料称为韧性材料。韧性材料的特点是塑性变形大，受力时产生的抗拉强度接近或高于抗压强度，适用于承受冲击载荷或有抗震要求的结构。

（6）极限应力 σ_u 是指材料丧失正常工作能力时的应力。塑性材料以屈服极限 σ_s（发生较大塑形变形，虽未发生破坏但会引起构件失效）作为极限应力，即 $\sigma_u = \sigma_s$；脆性材料以强度极限 σ_b 作为极限应力，即 $\sigma_u = \sigma_b$。工作应力是指在载荷作用下所引起的应力，其最大值应低于极限应力。安全因数 n 是指在工程设计时为安全起见选取的一个大于 1 的系数。许用应力 σ 是指极限应力与安全因数之比。

（7）硬度是指材料表面的坚硬程度，是抵抗其他物体刻画、压入其表面的能力。硬度大的材料耐磨性较强，但不易加工。耐磨性是指材料表面抵抗磨损的能力，用磨损率 δ 表示，其数值等于材料磨损前后的质量损失与材料试件受磨面积之比，单位为 $\mathrm{g/cm^2}$。磨损率的数值越低,说明材料的耐磨性越好。耐久性是指材料在使用过程中,在内、外部因素的作用下,经久不坏、不变质,保持原有性能的性质。耐久性是一项综合性能,与材料类型有关。例如,混凝土的耐久性主要通过抗渗性、抗冻性、抗腐蚀性等几个方面体现,钢材的耐久性主要取决于抗锈蚀性,沥青的耐久性主要取决于温度敏感性。

(8)构造是指材料在宏观可见层次上的组成形式,按照宏观组织和孔隙状态不同可分为致密状构造(完全或基本没有孔隙,如钢材)、多孔状构造(具有较多孔隙且直径在 mm 级以上,如泡沫塑料)、微孔状构造(具有众多直径微小的孔隙,如烧结砖)、颗粒状构造(如砂)、纤维状构造(如木材)、层状结构(如胶合板)。构件是指组成结构物的单个组成部分。梁是指以弯曲变形为主要变形的杆件,根据其支座约束情况可分为简支梁、外伸梁和悬臂梁。简支梁是指两端分别为固定铰支座和活动铰支座的梁,外伸梁是一端或两端伸出支座外的简支梁,悬臂梁是指一端为固定支座、另一端为自由端的梁。分布载荷是指沿梁的全长或部分长度连续分布的竖向力,若是均匀分布则称为均布载荷。当力的作用范围远小于梁的长度时,可简化为作用于一点的集中力。稳定性是指受压构件维持直线平衡的能力,一般用柔度 λ 衡量,反映受压构件在轴向受力情况下沿垂直轴向方向发生形变的大小。刚度 C 是指受压构件抵抗变形的能力,与柔度互为倒数,单位为 N/m。失稳是指细长受压构件在压力达到一定值时突然发生侧向弯曲,丧失承载能力的现象。

2. 基本原理

(1)胡克定律。胡克定律由英国物理学家罗伯特·胡克于1678 年提出,其内容是在材料的线弹性范围内,固体的单向拉伸变形与所受的外力成正比。胡克定律应用的一个常见例子是弹簧。在弹性限度内,弹簧的弹力 F 和弹簧的长度变化量 x 成正比,即 $F = -kx$。其中,k 为弹性系数,由材料性质决定;负号表示弹簧所产生的弹力与其伸长(或压缩)的方向相反。

(2)预应力结构原理。预应力结构原理是指在构件承受荷载之前,预先对其施加压力,使其在外荷载作用时的受拉区产生压应力,用以抵消或减小外荷载产生的拉应力,使构件在正常使用的情况下不产生裂缝或延迟裂缝的产生时间。预应力结构原理常用于混凝土简支梁中(见图 0-4)。

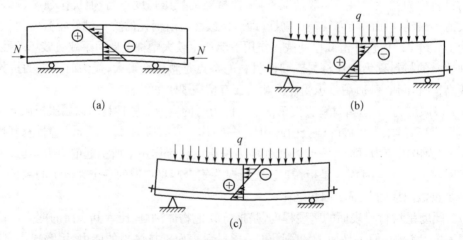

图 0-4　预应力混凝土简支梁结构受力示意图(正为拉应力,负为压应力)

(a)预应力作用;(b)仅荷载作用;(c)预应力与荷载共同作用

0.4 主要分析框架

0.4.1 2W1H 分析框架

2W1H 是 what→why→how 的简称,即是什么→为什么→怎么做。认知事物时首先要理解概念(what),其次要明白底层逻辑(why),然后要明确实现方法(how)。以港口规划为例,首先要理解什么是港口规划,其次要明白开展港口规划的目的,最后要明确采用何种方法和手段完成港口规划工作。

0.4.2 NPE 分析框架

NPE 是 necessity→possibility→economy 的简称,即必要性→可能性→经济性。工程项目的建设首先应以满足经济社会发展需求为第一要务,其次要考虑技术条件能否支撑工程项目的实施,最后还要从社会经济效益方面分析其合理性。以某地港口建设项目为例,首先要分析社会经济发展对水运需求有多大,其次要分析当地是否具备建设一定规模港口的岸线、土地、施工等技术条件,最后还要从投入、产出等方面综合分析该项目的经济合理性。

0.4.3 PDCA 分析框架

PDCA 是 phenomena→damage→cause→action 的简称,即现象→危害→原因→对策。对于一些广受关注的现象,只有真正理解其导致的危害情况以及产生这种现象的原因,才能有的放矢,提出有针对性的对策措施。以浅滩这一典型碍航现象为例,既要了解其表现形式(水深不达标),也要分析其对航运的危害(可能导致船舶搁浅),还要剖析产生这一现象的根本原因(如河床过宽,水流不集中,冲刷力度不够),然后才能有针对性地提出改善措施(如疏浚或筑坝)。

0.4.4 对比分析框架

对比分析是将两个及两个以上的数据进行比较,分析它们的差异,从而揭示这些数据所代表的事物发展变化情况和规律性。对比分析可以非常直观地看出事物某方面的变化或者差距,并且可给出这种变化或差距是多少。对比分析包括横向对比和纵向对比两大类。横向对比又称静态对比,通常聚焦相同时间条件下的一个或多个指标,分析不同国家或地区、不同单位或部门之间的差异。纵向对比又称动态比较,通常聚焦同一国家或地区、同一单位或部门的一个或多个指标,分析不同时期的差异。两种分析框架可以单独使用,也可以结合使用,既可以单独使用总量指标、相对指标(如同比、环比、比重、倍数等)或平均指标,也可将它们结合起来使用。

数字课程学习

○ 本章要点　○ 思考题　○ 更多内容……(扫封底二维码获取数字资源,其余下同)

上篇

港口规划

　　本篇的重点内容是港口规划，主要包括港口规划概述、港口规划调查与分析、码头及码头平面布置、港口水域布置、港口配套设施。

1

港口规划概述

学习目标

　　(1) 理解不同层次港口规划内容的区别与联系。

　　(2) 理解港口规划的基本要求和责任分工。

　　(3) 理解不同类型港口建设项目可行性研究的区别与联系。

　　(4) 理解港址选择的基本要求、原则和需妥善处理的关系。

　　(5) 理解港口岸线规划的原则和方法。

　　(6) 理解港口环境保护规划的主要内容。

1.1　港口规划内容

　　港口工程建设过程大致可分为三个阶段：① 前期工作阶段；② 设计和施工阶段；③ 试投产阶段。港口建设的前期工作实质上是港口规划内容的主要部分，主要包括港口布局规划、港口总体规划和港区详细规划三个层次。

1.1.1　港口布局规划

　　港口布局规划主要内容如下：① 分析评价区域港口发展与布局状况；② 根据区域经济社会发展趋势，预测港口的运输需求；③ 结合国内外航运发展趋势，分析区域运输格局及合理运输组织方式，预测不同货种到港船型；④ 根据区域经济、综合交通和港口条件，论证确定区域港口的战略目标、服务方向和功能；⑤ 省、自治区（含省、自治区范围内跨地区）的港口布局规划应根据岸线资源条件和经济发展对港口的功能及规模要求提出港口岸线利用规划；⑥ 根据区域港口的战略目标、服务方向和功能定位，论证确定分层次、分主要货种运输系统和分区域港口布局规划；⑦ 对港口布局规划做出环境影响说明。

　　在编制和修订、调整港口布局规划时，应当根据需要编制相关的专项规划。港口布局规划的专项规划包括分层次港口布局规划、分运输系统港口布局规划、港口资源整合规划及其他专项规划。

1.1.2　港口总体规划

港口总体规划主要内容如下：① 分析港口发展状况,研究港口自然条件;② 合理划分港口经济腹地,预测港口吞吐量的发展水平;③ 结合国内外航运发展趋势,预测到港船型;④ 依据相关港口布局规划,论证确定港口的性质、功能;⑤ 根据经济发展需要、岸线资源条件,提出港口岸线利用规划;⑥ 确定规划港区功能、相应的水陆域布置规划,划定港口水陆域界限;⑦ 提出集疏运、供水、供电等港口配套设施规划;⑧ 提出环境保护规划;⑨ 论述与相关规划的关系。

在编制和修订、调整港口总体规划时,应当根据需要编制相关的专项规划。港口总体规划的专项规划包括港区总体规划,港口集疏运设施规划和港口仓储、保税、物流等园区规划及其他专项规划。

1.1.3　港区详细规划

港区详细规划是港口总体规划在特定港区(作业区)的深化和落实,其主要内容如下:① 分析评价港口发展状况;② 依据港口总体规划,论证确定港区功能定位及发展方向,预测港口吞吐量和到港船型;③ 在深入开展勘查和相关专题研究基础上,评价港口岸线资源条件;④ 研究港区的功能分区,深化港区水陆域布置及岸线利用规划,确定港区水陆域利用规划;⑤ 根据港口集疏运需求分析,研究港区运输组织方式,确定港区道路、铁路、内河、管道等设施的布置,与城市交通干线的衔接关系;⑥ 确定供电、给排水、通信等港口配套设施的管线走向,管径和有关设施的布置;⑦ 提出环境保护规划;⑧ 论述与相关规划的关系;⑨ 提出规划实施意见与建议。

1.1.4　不同层次港口规划报告的内容对比

无论是港口布局规划,还是港口总体规划,抑或是港区详细规划,最终都要形成报告文本。根据《港口布局规划编制内容及文本格式》《港口总体规划编制内容及文本格式》和《港区详细规划编制内容及文本格式》,港口布局规划、港口总体规划和港区详细规划三个层次的规划报告内容对比如表 1-1 所示。

以港口总体规划为例,各部分的具体内容如下:前言包括规划背景、规划原则和方法、规划的主要结论;港口发展现状包括地理位置、自然条件、港口现状和综合评价;港口吞吐量和船型发展预测包括港口经济腹地、港口吞吐量发展水平预测、船型发展预测;港口性质与功能包括港口性质和港口功能;港口岸线利用规划包括岸线资源评价和港口岸线利用规划;港口总体布置规划包括规划原则、港区划分、港区布置规划、水域布置规划和港界;港口配套设施规划包括集疏运规划、供电规划、给排水规划、通信信息规划和港口支持系统规划;环境保护规划包括港口环境现状、对环境可能造成的影响分析、环境保护规划和环境影响评价;港口总体规划与相关规划关系包括与土地利用总体规划的关系、与城市总体规划的关系、与海洋功能区划的关系和与江河流域综合利用规划的关系;问题与建议包括有待进一步研究论证和需要有关部门协调解决的问题以及提出的针对性建议;附图包括港口地理位置、腹地经济形势、港口现状、港口岸线利用规划、港口总体布局规划、各港区布置规划、港口水域布置规划、腹地交通及港口集疏运规划、港口水陆域界限等图纸;附件包括港口吞吐量发展水平预测报告、有关专项规划和专题论证报告等。

表 1-1　不同层次港口规划报告的内容对比

港 口 布 局 规 划	港 口 总 体 规 划	港 区 详 细 规 划
前言 ① 港口发展与布局的现状 ② 港口吞吐量发展水平预测 ③ 船型预测与合理运输组织论证 ④ 港口发展的战略目标与功能 ⑤ 港口岸线利用规划 ⑥ 港口布局规划 ⑦ 环境影响说明 ⑧ 港口布局规划与相关规划关系 ⑨ 问题与建议 附件 附图	前言 ① 港口发展的现状 ② 港口吞吐量和船型发展预测 ③ 港口性质与功能 ④ 港口岸线利用规划 ⑤ 港口总体布置规划 ⑥ 港口配套设施规划 ⑦ 环境保护规划 ⑧ 港口总体规划与相关规划关系 ⑨ 问题与建议 附图 附件	前言 ① 港口发展的现状 ② 港区功能定位及运输需求预测 ③ 岸线资源评价 ④ 港区总体布置规划 ⑤ 港口配套设施规划 ⑥ 环境保护规划 ⑦ 港区详细规划与相关规划关系 ⑧ 规划实施 ⑨ 问题与建议 附图 附件

1.2　港口规划要求

1.2.1　基本要求

1. 总体要求

港口规划应当根据国民经济和社会发展的要求以及国防建设的需要,统筹考虑产业布局、港口资源条件、综合运输网状况等因素编制,体现贯彻科学发展观、合理利用岸线资源的原则。

港口规划应当符合城镇体系规划,并与土地利用总体规划、城市总体规划、江河流域规划、防洪规划、海洋功能区划、水路运输发展规划和其他运输方式发展规划以及法律、行政法规规定的其他有关规划相衔接、协调。

2. 具体要求

(1) 有效保护和节约使用港口资源,实现港口可持续发展。

(2) 适应国家对外开放和东、中、西部区域经济协调发展及产业合理布局的要求。

(3) 促进现代化综合运输体系协调发展,发挥港口衔接各种运输方式的综合运输枢纽作用。

(4) 统筹不同层次港口的合理布局和功能分工,优化港口资源配置,提高港口群体的综合竞争力。

(5) 依靠科技进步,适应国际国内航运、现代物流等发展的要求,提高港口专业化、规模化、集约化、现代化水平。

（6）跨省级行政区的港口布局规划和省级行政区港口布局规划应当符合全国港口布局规划，省、自治区内跨市的港口布局规划应当符合省、自治区港口布局规划，港口总体规划应当符合相应的港口布局规划。

（7）港口布局规划和港口总体规划的期限不少于20 a(与国民经济和社会发展五年规划期限一致)，同时应当为港口远景发展留有余地；港区详细规划的规划期一般为5~10 a，实施过程中应根据港口总体规划的修编及时进行调整。

（8）港口规划的成果应当以书面文件和电子文件两种方式表达，电子文件的内容应当与书面文件一致，规划文件包括文字和图纸，要求表述规范、准确、扼要。

1.2.2　责任分工

规划编制通常由国家或地方政府授权港口行政主管部门组织，组织单位委托某一单位组成多学科人员参加的规划编制组负责具体编制工作，并经过各有关地区、部门分别工作，再由编制单位综合研究，提出正式成果，交由国家或地方政府审定、批准。

1. 规划管理

交通运输部负责全国的港口规划管理工作。省、自治区、直辖市人民政府港口行政管理部门负责本行政区内的港口规划管理工作。港口所在地的市(指设区的市)、县(包括县级市)人民政府港口行政管理部门或者省、自治区人民政府设立的负责特定港口管理的部门具体实施该港口的规划管理工作。

2. 规划编制

港口规划的编制单位应当持有国家发改委或住建部颁发的港口河海工程专业咨询资格证书或水运行业设计证书。编制不同层次的港口规划，对资质的等级也有不同要求。

3. 规划审批

（1）港口布局规划审批。全国港口布局规划由交通运输部报国务院批准后公布实施。省、自治区、直辖市港口布局规划由省、自治区、直辖市人民政府港口行政管理部门报省、自治区、直辖市人民政府审查同意后，书面征求交通运输部意见，修改完善后公布。跨省、自治区、直辖市的港口布局规划由交通运输部征求相关省、自治区、直辖市人民政府和国务院有关部门意见后批准并公布实施。

（2）港口总体规划审批。主要港口的总体规划，由港口所在市的港口行政管理部门编制，报经市人民政府审核后，由市人民政府报交通运输部和省级人民政府审批。交通运输部会同省级人民政府对上报的港口总体规划进行审查。经审查予以批准的，由交通运输部会同省级人民政府公布实施。如果主要港口所在城市是直辖市，港口总体规划可直接由当地港口行政管理部门报交通运输部和直辖市人民政府审批。地区性重要港口的总体规划，由港口所在地的市、县港口行政管理部门报经市、县人民政府审核同意后，由市、县人民政府报省级人民政府审批，并书面征求交通运输部意见。经审查予以批准的，由省级人民政府公布实施，并报交通运输部备案。一般港口的总体规划，由港口所在市、县的港口行政管理部门报市、县人民政府审批，书面征求省级人民政府港口行政管理部门意见，经审查予以批准的，由市、县人民政府公布实施，并报省级人民政府备案。

（3）港区详细规划审批。港区详细规划的审批责任主体在地方政府,考虑到与总体规划的衔接,审批程序规定在有关人民政府批准、公布实施前应征得该港口总体规划批复单位的同意。

1.3　港址选择

港址选择是一项既重要又复杂的工作,港址是一个港口合理发展的基础,直接影响港口建设投资、建设速度、营运效益和船舶安全,并对港口城市的发展产生一定影响,同时还会对其腹地城市的经济发展产生重要影响。港址选择一般分两个阶段:① 区域范围内的港址初选,即从地理位置、后方疏运系统、港口腹地经济发展水平、城市依托条件等方面分析比较,对可供建设的港址进行初选。② 初选港址比选,即考虑港区自然条件、岸线使用现状、航行和停泊条件、筑港和陆域条件及与城市总体规划布局等因素,综合评定后才能确定港口位置。

1.3.1　港址选择的基本要求和原则

1. 港址选择的基本要求

港址选择一般应遵循以下基本要求:① 港址选择应符合国民经济发展和沿海经济开发的需要,并应综合考虑腹地经济、国家综合运输体系建设、港城关系、自然条件、基础设施条件等因素,满足港口合理布局的要求;② 港址选择应根据港口性质、规模及到港船型,按照深水深用的原则,合理利用岸线和土地资源,适当留有发展余地,并应进行多方案比选;③ 港址选择应统筹兼顾和正确处理商港、渔港、军港、临海工业、旅游、生活和生态岸线,以及与其他相关方面之间的关系,并应与海域功能区划、城市总体规划、土地利用总体规划及交通运输规划等互相协调,对于项目可行性研究阶段的选址应符合港口总体规划的要求;④ 港址选择宜利用荒地、劣地,避免大量拆迁,在条件允许的情况下,应充分利用疏浚土取土造陆;⑤ 港址选择应考虑港口群内港口的功能与分工,优势互补、错位发展,充分发挥港口作业效能,避免重复建设;⑥ 港址选择应充分注意保护环境与生态,遵守相关要求和规定。

2. 港址选择的基本原则

港址选择一般应遵循以下基本原则:① 满足需求,即港址选择应考虑国民经济和社会发展需要,满足临港工业区、出口加工区、自由贸易区、现代物流中心等建设发展要求,既要适应港口的当前发展需要,又要为港口的未来发展预留空间;② 技术可行,即拟选港址应具有满足港口发展的岸线资源、土地资源、港内水域、航道、锚地和集疏运条件,港口建设技术能够适应泥沙淤积、地震、结冰等自然条件的变化;③ 经济合理,即港址选择要优先和充分利用现有资源,不仅要考虑运输系统总体费用合理,而且要考虑资源节约和环境保护,确保港口系统的整体经济效益、社会效益和环境效益良好。

1.3.2　港址选择需妥善处理的关系

1. 港址与腹地之间的关系

作为运输枢纽,港口主要服务于腹地内经济发展的需要。因此,选址中必须考虑港址与腹地之间的联系,比较不同港址的运输总费率,其中包括港口费率、疏运费率及船舶费率,并且要为腹地提供最便利的条件。

(1) 公用港口(商港)由于其与邻近港口有腹地范围合理划分的问题,港口的地理位置首先要符合港口的总体布局规划或经有关政府部门批准。选址中要具体比较不同港址与腹地之间的集疏运方式及其总费用(包括港口本身费用),通常可以采取两种方式进行定量比较:一种是假定吸引范围,计算不同港址对所吸引货源的总费用差别,以判断各港址的优劣,并可与邻近港口进行定量比较;第二种方式是采用线性规划法,对各港址和腹地内各货源点按不同运输途径列出多参数矩阵,求解其最经济的运输路径与港址。

(2) 专用港口(工业港)属于企业的配套项目,但在管理上有时归属于当地的港航部门。按其服务方式的不同,可以分为两类:一种是专为某一企业服务,如金山石化的陈山油码头、宝钢的原料码头、武钢工业港等。这类专用港的选址,一般与厂矿结合为一体,甚至工厂的选址也服从于港口的选址。另一种是专为某一种行业或腹地内某一矿业服务,如秦皇岛港煤码头三期工程服务于山西煤炭的外运;大连港鲇鱼湾原油码头专为大庆油田服务等。这类港口的腹地较为明确,其集疏运方式往往建设专用线路,因此在选址时主要考虑港址的自然条件和后方集疏运条件。

2. 港址与港口功能之间的关系

港口功能对港址条件有特定的要求,如大宗散货(矿石、煤炭及原油等)的专业港区(或码头),由于船舶的大型化,提高了对水域尺度(水深及面积)的要求。国际上对这类港区的选址,除少数港口利用现有深水进港航道在港内另建深水港区,如欧洲鹿特丹港的欧罗巴港区,大多数都在港外建深水外港或开敞式散货码头,如我国的日照港煤码头、大连港鲇鱼湾原油码头。

(1) 对于公用港口及专用港口,也应体现其功能对港址的要求,如公用港区一般与城市之间有着较密切的依存关系,港口需要有城市为依托,对减少港口的辅助设施及职工的生活安排都有利,港口的业务活动所必需的金融、商业、涉外部门都离不开城市。相反,港兴城兴,港口可以促进城市的繁荣,城市的工农业产品、经济发展都离不开港口提供的便利条件。公用港口要求有多种的疏运方式,包括铁路、公路、水运等,而且随着地区性经济的发展和港口密度的增加,公路交通对公用港口显得更重要。公用港口一般以杂货及集装箱为主,对水域的泊稳条件有较高的要求,对港区码头后方要求有一定的陆域纵深,在布局上与大型散货专业港区有明显差别,应在选址中按其功能特色,考虑对港址的各种要求。

(2) 对于专用港区(或码头),其功能特点是服务于所归属工矿企业,一般应在选址中视作工矿企业的一部分,综合考虑,但对自然条件的要求,则根据其货种、船型参照专业化码头或公用港区进行考虑。

3. 港址与港口城市之间的关系

港口与城市互相依存,但也存在矛盾,港口需要有城市为依托,城市随港口的建设而发展,但港口又往往会给城市带来污染和干扰,特别是进入港口的铁路、公路对城市有污染的货种(如油、煤、危险品等)都应远离市区。考虑到粉尘的扩散范围,为保证达到环境保护的降尘量标准,煤炭、矿石等专业化港口应选址在远离市区的下风向地区,并建设必要的防护林带,配备可靠的防尘除尘设施。油码头往往由于操作上的失误,进而导致跑油、冒油、滴油、漏油的发生,并污染海域及沿岸沙滩,给城市、旅游和人民生活带来很大影响,大连、秦皇岛及黄岛油港几乎都发生过这类问题,因此应尽可能选在强流方向的下游侧(对河口港尽可能选在距离远的下游方向)。

　　4. 新港址与老港之间的关系

　　随着港口的不断发展,很多港口出现了原有港口的发展用地不足,需要开辟新的港址的情况。新港址的开辟,应从港区功能的合理划分、方便管理、共用基础设施和节约投资等角度对新老港区进行统筹安排。

　　新、老港区的功能相同时,应考虑两者之间的互补作用,如在货种、船型吨级方面进行分工,新港亦是老港能力的补充。通常情况下,老港区多年形成的生产体系,如集疏运系统、货源关系,甚至老港的营运成本都是难以改变的。因此,新港址的货源、运量及各项措施,一般情况下要做新的考虑。如新、老港之间的功能不同,则新港址应体现新港功能要求。对于部分处于城市范围内的老港区,为缓和港口与城市的矛盾,可以通过调整新老港区的功能,将有污染的货物转移到新港区,弱化老港区的港口功能。在港口密度较大的地区选新港址,则应统筹考虑各港之间的分工,避免争货源、重复计算腹地范围。条件许可时,争取由国家的行业主管部门和地方政府联合组织地区性的港口群规划,明确各港的地位、规模及功能分工。

1.4　港口岸线利用规划

　　港口岸线是指含维持港口设施正常营运所需的相关水域和陆域,可分为深水岸线(指适宜建设各类型万吨级及以上泊位的沿海港口岸线和适宜建设千吨级及以上泊位的内河港口岸线)和非深水岸线。港口岸线规划又称港口岸线分配,是港口城市对其临水岸线的使用所做的安排,其任务是根据岸线使用部门对水深、水域等自然条件的要求,以及城市的总体布局,结合岸线现状使用情况进行统筹规划,合理确定各区段岸线的使用性质,对使用不当的岸线进行合理的调整。

1.4.1　港口岸线规划原则

　　港口岸线规划的总体原则是坚持深水深用、浅水浅用、合理安排、统筹兼顾、留有余地、各得其所,在具体工作中要做到统一规划、远近结合、由粗到细、精打细算、分期建设、物尽其用。港口岸线规划原则的具体内容如下。

　　(1) 根据城市总体布局规划,充分考虑港湾各段岸线的不同自然地理条件,尽可能使需用单位占有适合自己要求的岸线段。对不合理使用的岸线要进行调整。此外,还应保留一定数量的备用岸线。

　　(2) 适宜建深水泊位的岸线段,以及岩盘埋藏较深可以开挖成深水港区的中深水和浅水岸线,要用来建造深水港,不可作为他用。即使近期无建港计划,也要保留为远期或更远的将来建造深水港之用。

(3) 要充分考虑港口和城市进一步发展对岸线需求增长的因素。即使缺乏国民经济长期发展规划,也应根据港口和城市在地区城市网络中所起的作用与地位等因素,对可能预见的项目预先安排。在分配岸线时,要遵循确保重点,兼顾一般的原则。

(4) 岸线分配要注意各区段之间的功能要求。对有污染和易燃、易爆的工厂,仓库,码头的布置,要避免相互间可能产生的影响,不能危及航道、锚地、城市水源等的安全,也不能影响游览区、疗养区、海滨浴场等的卫生环境。

(5) 对有海轮通航的河口港城市,应尽量减轻航道通行压力,避免海轮在河道上做不必要的航行,影响港口吞吐能力。另外,要结合城市工业、仓库和居住区的总体布局来安排岸线,尽可能减少横跨江河的交通运输方式。对保证航运安全的机构所需岸线,应优先安排。

(6) 要重视港城的景观效果,海岸线分配应有利于创造港城的面海全景和河口港的沿江侧景,反映港城特有的艺术风貌。

(7) 海滨浴场、滨海公园、滨海路以及为居民服务的航海、游艇、垂钓等,应有足够的岸线,并尽可能接近城市中心区。

(8) 对海岸线的开发、利用、改造,常常涉及城市排洪、纳潮、航运、水利、水产养殖、工业排渣、农业灌溉,以及河海的动力平衡、泥沙运动、生态环境等问题,需慎重考虑。

1.4.2　港口岸线规划思路

1. 统筹规划

城市范围内的岸线是港城用地的重要组成部分,岸线分配直接关系到港城的总体布局。因此,只有将岸线规划纳入城市总体规划中,才能解决好城市规划布局与岸线分配之间的协调配合。做好港口岸线规划的前提是确定港口发展规模,而港口发展规模又受区域经济发展基础、自然地理条件、科学技术水平以及城市社会经济发展规划等因素的制约。因此,港口岸线规划应当在岸线综合开发利用的基础上进行,结合港口建设,统一考虑整个港湾岸线的整治、疏浚、废渣处理,以及围海造地、增加岸线长度、扩大城市用地等问题进行研究。近期建设除了现阶段建设的合理性外,还要考虑与下一阶段的衔接,使港口和城市建设在整个发展过程中都保持布局上的合理性和建设阶段上的连续性。

2. 分期实施

港口岸线分配要有切实可行的指标,避免宽打窄用、浪费岸线,更不能一次用尽,给未来发展带来困难。为此,应当加强对港口和城市远景发展预测,编制科学、合理的岸线总体规划,有计划、有步骤地分期实施。对于新建的港口城市,应将近期计划修建的项目和可能预见的远期项目所需要的海岸线统一进行安排及预留。对港口和港口工业等重点需用岸线的单位,要充分考虑这些企业的远景发展,采用新技术进行改造可能需要的海岸线应予以保留。另外,在各岸线功能分区之间,宜安排一定数量的隔离绿化带作为城市远期发展未能预见项目的预留岸线。

3. 合理调整

对于分配使用的海岸线,在互不影响使用的条件下,可将需用陆域面积大、水域面积小和需用陆域面积小、水域面积大的单位合理地进行搭配布置;也可将使用近岸水域和使用纵深水域的单位结合来安排,使有限的岸线发挥更大的使用效能。针对不需用岸线和不合理使用岸线的单位也要有计划地进行调整,即使现在调整有困难,也要有长远规划,逐步改变其使用性质,最终趋于合理。在无新岸线可以开发的条件下,对原有不合理使用的岸线进行调整是唯一选择。其中,建设突堤、开挖港池、填海造陆等是增加可使用岸线的常用工程措施。

数字课程学习

○ 本章要点 ○ 思考题 ○ 更多内容······

港口规划调查与分析

在港口规划工作中,只有对港口现状做出客观、真实的评价,对未来吞吐量发展趋势进行科学的预测,才能提出切实可行、符合实际的规划方案,发挥投资的最大效益。港口现状(包括经济社会条件和自然条件)调查与分析不仅是提出切实可行而又有一定前瞻性规划方案的基础条件,而且还将为港口定位直接提供论证依据。该项工作进行得越细致、越深入,获得的资料越丰富,提出的规划方案就越有可能切合实际。

2.1 港口经济社会条件调查

2.1.1 调查内容与方法

港口规划首先涉及对腹地内经济发展、运输设施能力、集疏运条件等方面的经济社会条件的调查与分析,主要的调查项目可参考表 2-1。调查方法主要包括查阅公开资料、走访特定人员、开展问卷调查等。

表 2-1 港口经济社会条件调查项目

分　类		调　查　项　目
港口及城市现状	客货运输	公路、铁路、航空客运量,国内、国际分货种货运量,各种运输工具运价比较
	主要企业	企业产值、原材料、成品运输量、流向,各种运输工具分担,发展规划

（续表）

分　类		调　查　项　目
港口及城市现状	港口现状	设施能力、利用现况、客货吞吐量、船舶周转量、企业财务效益
	主要问题	港址扩建可能性、与城市之间的关系、港口能力薄弱环节、社会发展对港口的需求
陆域设施	土地利用	土地利用规划、地价、城市用地布局
	主要设施	铁路线路、站场通过能力及扩大可能性、公路通过能力及发展规划、机场、仓储面积及能力、供电、供水、城市通信网条件
	设施规划	腹地建设项目规划、综合交通运输规划、城市总体规划
水域使用	水产	养殖设施、搬迁与赔偿、近岸渔业捕获量、渔港
	海滨旅游	海滨（沿江）公园、浴场、生活旅游岸线、游艇基地
	航道	海损事故、船舶航行状况、航道拓宽浚深可能性
	沿岸工业	原材料、成品运输、业主码头
与港口发展有利害关系的企业		航运公司、外贸企业、仓储企业、船舶代理、货物代理、金融服务企业

2.1.2　港口腹地划分

1. 港口腹地类型

港口腹地是指某消费地或生产地的货物经由某港进出口最为经济合理的地理区域。港口与腹地是互相依存、相辅相成的。该区域内的经济发展水平，可以为港口提供可靠、稳定的货源，直接促进港口建设，而港口建设速度超前发展又可以加快该地区的经济发展增长速度。对于港口来说，腹地范围越宽广，所处地域经济越发达，货源就越有保证，港口的建设规模相应也越大。

按运输性质可将港口腹地分为两类：① 直接腹地是指在运输上可以直达港口的货物集散地区；② 间接腹地又叫中转腹地，是指在运输上无法直达港口因而需要在另一地点进行中转的货物集散地区。实践表明，在经济发达、港口密集的国家或地区，腹地常常是交叉重叠的（两个或两个以上的港口共同拥有），它的边界是模糊和不稳定的，并且随港口及城市经济实力和运输通道的变化而发生变化。

2. 港口腹地划分方法

港口腹地划分方法通常可分为定性分析法和定量分析法两大类。

1) 定性分析法

定性分析法主要用于初步确定港口腹地的空间范围，一般与行政区划保持一致，以便获取相关数据，为定量分析提供基础。在实践中常用的定性分析方法有行政区划法、圈层法、点轴法等。① 行政区划法直接按照港口辐射范围内的行政区域进行划分,常用于划分直接腹地或作为其他腹地划分方法的补充。② 圈层法认为,港口腹地由里向外依次可分为内圈层(港口城市及临港工业)、中圈层(经济较为发达、利用港口较多的直接腹地)和外圈层(利用港口较少的间接腹地),而在港口密集区,圈层会产生交错叠置的现象。例如,上海港的内圈层腹地为上海市,中圈层腹地为江、浙、徽、赣,外圈层腹地除中圈层腹地以外长江流域其他地区。③ 点轴法认为,在港口与腹地城市之间形成发展轴,沿着轴线布置若干个重点城市,然后逐渐向外扩散,形成发展轴的"紧密吸引区",最终形成以交通主干道为轴的腹地—港口经济带,对港口和腹地的发展起到双重的促进作用。例如,大连港的腹地主要集中在以哈尔滨—大连运输通道为主轴的经济带。

2) 定量分析法

定量分析法主要包括运输费用法、广义运输费用法、离散选择模型等。以运输费用法为例,如图 2-1 所示,A、B 两港的腹地划分思路如下:设 C_{MA}、C_{MB} 分别为 AM、BM 间的吨公里运费,L_{MA}、L_{MB} 分别表示 AM、BM 间的运距,P_A、P_B 分别为在 A、B 两港发生的单吨费用,P_M 为在城市 M 发生的运输工具转换的单吨费用,假定货物送达 A 港的经济运距为 x,则有 $P_A + C_{MA} \cdot x = C_{MA} \cdot (L_{MA} - x) + P_M + C_{MB} \cdot L_{MB} + P_B$,整理后可得 $x = L_{MA}/2 + (P_M + C_{MB} \cdot L_{MB} + P_B - P_A)/2C_{MA}$。$A$ 港要扩大腹地范围,即要增大 x,必须降低 P_A 和 C_{MA},即降低港口费用和港口及其腹地之间的集疏运费用。

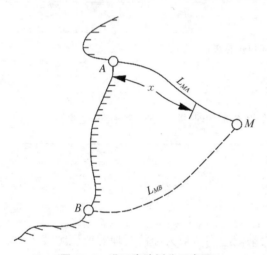

图 2-1 港口腹地划分示意图

随着运输货物结构的改变以及现代港口物流的发展,越来越多的高附加值货物对运输时间的需求更加迫切,运输时间的长短影响着货物的流向。在此背景下,广义运输费用法应运而生,其思路与运输费用法相似,但在运输总费用中增加了一项运输时间费用。同时,港口功能的进一步多元化,使得影响港口腹地划分因素也趋于多元化,它不仅取决于该港口所在地区及城市的经济吸引力,地理自然条件,港口和腹地的通达性、方便性以及物流功能的完善程度,还要考虑港口班期密度、高效的装卸能力与港口的服务水平等因素。因此,考虑多种影响因素,基于随机效用最大化理论的离散选择模型逐渐在实践中得到应用。

除此以外,学者们还开发了引力模型(牛顿模型)、烟羽模型、断裂点与电子云集成模型等方法用于港口腹地划分。

2.1.3 港口吞吐量预测

1. 港口货种与装卸方式

1) 港口货种

从运输、储存条件和装卸工艺的角度考虑,经由港口运输的货物可分为件杂货、干散货、液体货以及适箱货。

(1) 件杂货又称件杂货物(general cargo),简称件货或者杂货,是可以以件计量的货物。它们的型号、大小、形状、重量和体积都各不相同,单件重量小,种类繁多。件杂货又可以分为包装货和裸装货,包装货就是可以用包、袋、箱等包装起来运输的货物,裸装货就是没有包装或者无法包装的货物。为提高装卸效率,件杂货可用网络、绳扣、货板等成组工具,提高装卸单元的重量,使零散的、单件的件货组装成比较统一的成组件货,成组工具随货运转,成组件一般每件重 1.5~3 t。根据包装形式不同,件杂货可分为袋装货物、捆装货物、箱装货物、桶装货物、筐装货物、篓装货物、裸装货物(如生铁、钢锭、钢材、铝锭、铜锭、砖瓦等)、大件货物(如机械设备、金属构件等)。

(2) 干散货包括散装谷物、煤炭、矿石、散装水泥、矿物性建筑材料及化学性质比较稳定的块状或粒状货物。常见的散装谷物有小麦、玉米、大米、大豆等。煤炭和矿石都是大宗散货,且各有很多种类,大宗运输的矿石有铁矿石、磷矿石、锰矿石等。矿物性建筑材料有沙、碎石、石材等。干散货通常是大宗的,因此常为其设置专用码头。

(3) 液体货包括原油、成品油、液体化工品、植物油和液化气等。大量通过港口的原油和成品油属于易燃液体。常温下为液体、遇火可燃烧且其闪点(液体挥发物和空气混合物在正常大气压力下遇到火星能闪起火花,但液体本身尚未燃烧的最低温度)不超过 45 ℃的物质为易燃液体,超过 45 ℃则称可燃液体(见表 2-2)。为确保安全,闪点在 60 ℃以内的可燃液体也可参照易燃液体的要求来处理。

表 2-2　液体易燃性的分级与分类

类　别	级　别	闪点/℃	实　　例
易燃液体	一级	<28	丙酮、甲醇、乙醛、苯、乙醇、汽油
	二级	28~45	丁烯醇、乙酸、乙酸丁酯、松节油、原油、煤油
可燃液体	三级	45~120	丙二胺、壬醇、乙酸乙酯、二乙三胺、柴油
	四级	>120	己二酸二辛酯、苯二甲酸二丁酯、苯二甲酸二辛酯

(4) 适箱货一般指适合装集装箱的货类。集装箱是供周转使用并便于机械操作和运输的专用货物容器,又称为货柜。集装箱分为通用干货集装箱、保温集装箱、罐式集装箱、台架式集装箱、平台式集装箱、敞顶式集装箱和专用集装箱(如汽车集装箱、动物集装箱、服装集装箱等)。国际上最常用的是 20 ft(1 ft=0.304 8 m)和 40 ft 的集装箱。为便于统计,将 20 ft 集装箱作为集装箱数量的国际标准计量单位,称为标准箱(TEU)。我国集装箱吞吐量统计按照集装箱实际长度与标准箱长度的比值,将箱数折算为标准箱数,10 ft、35 ft、40 ft 和 45 ft 集装箱的折算系数分别为 0.5、1.75、2 和 2.25。在 56 类国际贸易货物中,适箱货约 32 类,主要是易损易盗的高价商品,如酒类、药品、纺织品、电气、光学仪器、仪表、照相机、高级服装和冷藏品等。用集装箱把品种繁杂、单元小的件杂货集装成规格化重件,可提高装卸效率,缩短船舶等待时间,减少货损货差,节省包装费用,简化理货手续,便于多式联运、雨天装卸,

从而降低货物运输成本。集装箱运输的发展引起船型、装卸工艺、码头布置,乃至港口营运等一系列改革,真正实现了"门到门"运输。

2) 港口操作过程

货物通过港口通常要经过装卸、储存和港内水平搬运三大环节。为了减少作业环节,减轻港内作业强度,采用直取作业也是可行的。但直取又会给码头前沿带来巨大的作业压力和车船的等待时间,大大影响作业效率。因此,为了提高港口效率,大型港口很少采用直取作业,以免各环节之间相互干扰。这样一来,港内的操作过程(根据一定装卸工艺完成一次货物的搬运作业过程)除了车船直取(车→船或船→车)和船船直取(船→船)以外,又增加了三种与库场有关的作业方式,即卸车入库或出库装车(车→库或库→车)、卸船入库或出库装船(船→库或库→船)和库场间的倒库(库→库)。

2. 港口规模指标

1) 吞吐量

吞吐量是指经由水运输入、输出港口,并经过装卸作业的货物总量,单位为 t,常用统计时间为年。货物在水路转运时,1 t 装卸量记为 1 t 吞吐量;货物在水水中转时,1 t 装卸量记为 2 t 吞吐量。港口吞吐量是反映港口生产经营活动成果的重要数量指标,其数量、流向和分类构成是港口在国际、地区物流链中的地位、作用和影响的直接体现,也是衡量国家、地区、城市建设和发展的量化参考依据。

港口吞吐量受到腹地经济结构和发展水平、政策及口岸环境、港口地理位置、港口通过能力、港口集疏运条件等诸多因素影响。

2) 自然吨

装卸过程是指货物从进港到出港所进行的全部作业过程,由一个或一个以上的操作过程组成。一吨货物从进港起到出港止,不管经过多少次操作,只算 1 t 装卸量(亦称自然吨,能更有效地反映港口实际工作成果)。

3) 通过能力

港口通过能力是指港口企业的生产能力。它是在外部环境条件一定时,港口各项生产要素和经营管理条件综合作用的结果,可分为理论通过能力、营运通过能力和后备通过能力。① 理论通过能力是港口最大的通过能力,由营运通过能力和后备通过能力所组成,是指港口在一定时期(通常是一年)内,在既定的港口设备和一定的劳动力条件下,按合理的操作过程、先进的装卸工艺和生产组织所允许通过的货运量,计量为货物的自然吨。② 营运通过能力是港口的实际通过能力,是指港口在一定时期内,在港口设施和劳动力为既定时,在一定的组织管理条件下,港口各生产要素在得到合理利用时所能装卸的一定结构的货物吨数,它是港口编制年度生产计划和短期作业计划的基础,其与理论通过能力的区别在于生产要素的利用程度不同。③ 后备通过能力则是应付运输工具或货物密集到港时的那部分生产能力,在非高峰时则以闲置状态存在着。

港口通过能力是航行作业系统、装卸作业系统、储存分运作业系统、集疏运系统与商务系统相互作用的综合体现,任何一个作业系统发生瓶颈现象,都将抑制港口的通过能力。五个作业系统能力的平衡和协调往往是相对的,而不平衡是绝对的。港口规划和营运管理,就是要不断通过固定资产投资建设、技术改造和科学管理等手段,使五个系统不断达到新的平衡和协调,进一步扩大港口的通过能力。

3. 吞吐量预测内容与方法

1) 吞吐量预测内容

吞吐量预测内容包括港口吞吐总量预测、主要货类吞吐量预测(见表2-3)、分港区吞吐量预测。港口吞吐总量预测根据预测依据,选取一种或多种预测方法,预测港口吞吐总量,通过综合分析各预测结果,提出各规划水平年的全港客、货吞吐量发展水平。规划基础年通常为规划编制完成的前一年,规划水平年与国民经济和社会发展的五年规划年份一致。

表2-3 我国水运统计货类大分类

大类代码	货 物 名 称	大类代码	货 物 名 称
01	煤炭及制品	10	盐
02	石油天然气及制品	11	粮食
03	金属矿石	12	机械、设备、电器
04	钢铁	13	化工原料及制品
05	矿物性建筑材料	14	有色金属
06	水泥	15	轻工、医药产品
07	木材	16	农、林、牧、渔业产品
08	非金属矿石	17	其他
09	化学原料及农药	单列	集装箱货

主要货类吞吐量预测应对目前港口生产统计的17种货类运输需要和运输组织的变化情况逐个进行分析研究,尤其是某港重点物资,发展趋势比较明显、影响较大的货类要进行详细分析、严密计算、科学论证。

分港区吞吐量预测则是根据全港吞吐量预测水平及各港区的发展条件和功能分工来预测的。

2) 吞吐量预测方法

预测各规划水平年全港及主要港区分货类的港口吞吐量发展水平以及各种集疏运方式的运量水平,应在国家和区域经济发展规划的基础上,并充分考虑腹地经济发展及市场变化、重大产业布局、港口竞争关系、集疏运通道改善等多种因素对港口吞吐量的影响,以及港口吞吐量的发展特点。港口吞吐量发展预测系统如图2-2所示。

港口吞吐量预测方法主要分为定性分析法与定量分析法两类。定性分析法是利用历史资料,依靠专家的经验、知识和综合分析能力,对未来的发展状况进行分析预测,如意见集合法、专家调查法(德尔菲法)、专家小组意见法等。定量分析法是根据历史统计数据,通过建立数学模型来预测事物发展的未来状况,如时间序列预测法、移动平均法、多因素回归分析法、概率分析法、人工神经网络法、组合预测法等。

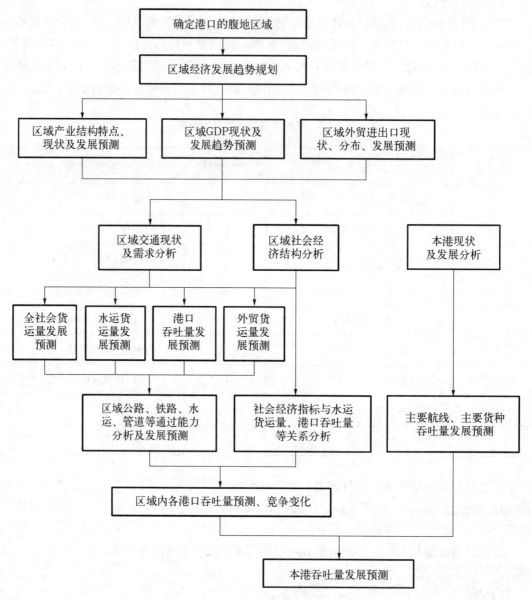

图 2-2   港口吞吐量发展预测系统图

不论采用哪种预测方法,在得到预测值后,预测者必须就预测结果的正确性、精确性和适用性等做出评价分析,要综合考虑各种因素的可能性,对预测结果做适当的修正。这就要求预测者既要对港口吞吐量发展变化有全局性的宏观认识,又要对影响港口吞吐量变化的具体因素有足够的了解;既要对模型预测结果有恰当的评价,又要从定性的角度对港口吞吐量的变化趋势有正确的判断。只有经过这样的分析、调整过程,才可能得到一个比较准确、可靠的预测结果。在某些情况下,还可以相隔一段时间后再对预测结果做评价、分析和调整。

2.1.4 船型发展预测

船舶是港口的主要服务对象。为保障船舶完成运输任务,在港口规划时,必须满足船舶尺度、吨位、航行、锚泊、停靠、装卸操作等方面的要求。

1. 船舶尺度

船舶的主要尺度有船长、船宽、型深和吃水等。由于不同的用途和目的,船舶尺度区包括船型尺度和实际尺度两种丈量方法。船型尺度主要用于船舶性能的计算和研究;实际尺度主要用于船舶建造和运行,同时也是港口规划的重要依据。

1) 船型尺度

船型尺度一般从船壳板内侧表面丈量,包括垂线间长、型宽、型深、型吃水(见图 2-3)。垂线间长是指中纵剖面内船首垂线和船尾垂线间的水平距离;型宽是指中横剖面内两侧舷板之间的水平距离;型深是指中横剖面内自上甲板边板的内表面至龙骨(即船舯底纵梁)上表面的垂直距离;型吃水是指中横剖面内自龙骨上表面量至满载吃水线的垂直距离。

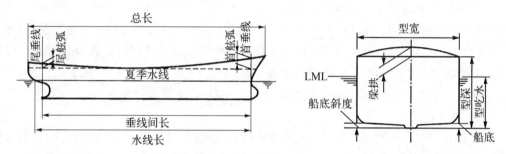

图 2-3　船体主要尺度

2) 实际尺度

实际尺度一般从船体外缘丈量,包括总长、总宽和满载吃水。总长是指船体首尾两端间的最大水平距离;总宽是指船舷两侧护舷材在内的最大水平距离;满载吃水是指中横剖面内满载吃水线与中龙骨底面的垂直距离。由于机舱位置、设备重量以及各舱载货不均衡等原因,龙骨线常有倾斜,使首尾吃水不同,这种现象称为纵倾。船舶航行时船舶配载使尾吃水大于首吃水,故船尾的满载吃水才是船舶营运时的最大吃水。在实际工作中,应当注意区别船型尺度和实际尺度。例如,满载吃水比型的吃水一般为 0.4～1.0 m,有时远大于 1.0 m。满载吃水还受到海水密度、季节等影响,例如船舶从密度 1.025 t/m³ 的海水到密度 1.00 t/m³ 的淡水航行,吃水可增加约 2.5%。此外,总宽和型宽差别也很大,常为 1～3 m。

2. 船舶吨位

船舶吨位是表明船舶大小与运输能力的标志。由于用途不同,通常有容积吨位和重量吨位两种计算方法。

1) 容积吨位

容积吨位包括总吨位(GT)和净吨位(NT)。总吨位是指船舶内部所有封闭容积,以 2.83 m³(100 ft³)作为 1 t 所表示的吨位。容积总吨的用途很广,它表明船舶的大小,可用于船舶登记、商船船队统计以及保险费用、造船费用、船舶赔偿、船舶补贴等核算。

净吨位是指从总吨位中减去直接供船舶航行需用部分的吨位(包括机舱、船员生活舱室、压载舱等)余下的吨位。净吨位是计算吨税、停靠船费等各种手续费和税款的基础。

2) 重量吨位

重量吨位包括排水量(DT)和载重排水量吨位(DWT)。

排水量是指船舶在某一吃水时,包括装载物的总重量[*],习惯上以 t 为单位。在密度为 $1.025\ t/m^3$ 的海水中,满载吃水时的重量称为满载排水量。船体和机舱部分重量之和称为空载排水量。

载重吨位可分为总载重量和净载重量。总载重量是满载排水量与空载排水量之差,是所允许装载的最大重量,包括货物、燃料、滑油、淡水等储备消耗物资,单位用 t。净载重量是船舶所能运载货物与旅客的重量。

对货船而言,总载重量与净载重量两者之差,在沿海航线低于 10%,在远洋航线为 10%~15%。

3) 各种吨位之间的关系

各种吨位间的相互关系随船型、船种和大小而有很大的不同。例如,对于 DWT 超过 14 000 t 的集装箱船,可按 $\lg GT = -0.67 + 1.14\lg DWT$ 对总吨和总载重吨进行换算;对于货船,可按 $\lg NT = -0.721 + 1.082\lg DWT$ 对净吨和总载重吨进行换算;对于油船,可按 $\lg \Delta_f = 0.326 + 0.95\lg DWT$ 对满载排水量 (Δ_f) 和总载重吨进行换算;对于矿石船,可按 $\lg \Delta_1 = 0.308 + 0.791\lg DWT$ 对空载排水量 (Δ_1) 和总载重量进行换算。

3. 船型尺度设计

规划设计所采用的船型,应在运量预测基础上,根据各航线的货种及运距,结合现有船舶调查和经济船型论证,加以确定。以集装箱船为例,其设计尺度包括总长、型宽、型深、满载吃水和载箱量,如表 2-4 所示。其他设计船型尺度可参考《海港工程设计手册》(上册第 228—235 页)。

表 2-4　集装箱船设计船型尺度

船舶吨级 DWT/t	设计船型尺度/m				载箱量/TEU
	总长 L	型宽 B	型深 H	满载吃水 T	
1 000(1 000~2 500)	90	15.4	6.8	4.8	≤200
3 000(2 501~4 500)	106	17.6	8.7	5.8	201~350
5 000(4 501~7 500)	121	19.2	9.2	6.9	351~700
10 000(7 501~12 500)	141	22.6	11.3	8.3	701~1 050
20 000(12 501~27 500)	193	27.6	14.4	10.5	1 051~1 900

---

　[*] 工程上所指的重量是指该物体的质量或受到的重力,若单位为吨(t),是指质量;若单位为吨力(tf)或牛(N),则是指重力。

（续表）

船舶吨级 DWT/t	设计船型尺度/m				载箱量/TEU
	总长 L	型宽 B	型深 H	满载吃水 T	
30 000(27 501～45 000)	241	32.3	19.0	12.0	1 901～3 500
50 000(45 001～65 000)	293	32.3	21.8	13.0	3 501～5 650
70 000(65 001～85 000)	300	40.3	24.3	14.0	5 651～6 630
100 000(85 001～115 000)	346	45.6	24.8	14.5	6 631～9 500
120 000(115 001～135 000)	367	45.6	27.2	15.0	9 501～11 000
150 000(135 001～175 000)	367	51.2	29.9	16.0	11 001～15 500
200 000(175 001～200 000)	399	59.0	30.3	16.0	15 501～18 000

注：集装箱码头设计标准以船舶吨级（DWT）对应的设计船型尺度为控制标准，其载箱量为参考值；200 000 吨级集装箱船的吨级范围上限暂定为 200 000 t，船型尺度为实船资料，实船载重吨为 200 000 t，载箱量为 18 000 TEU。

4. 国内外船型发展及预测——以集装箱船为例

自从 1957 年，美国用一艘货船改装成了世界第一艘集装箱船，它的装卸效率比常规杂货船高 10 倍，停港时间大为缩短，并减少了运货装卸中的货损量。从此，集装箱船得到迅速发展。经过 60 多年的发展，目前已进入第八代（见表 2-5）。其中，第四代集装箱船由于采用了高强度钢和大功率柴油机，加之自动化程度的提高，船舶重量减轻了 20%，船舶经济性进一步得以提升。1996 年，马士基航运公司 6 000 TEU 集装箱船投入使用，标志着集装箱船进入第六代，由此拉开了集装箱船大型化的序幕。2013 年，载箱量为 18 000 TEU 的 3E 级（economy of scale, energy efficient, environmentally improved, 即更经济、更节能、更环保）集装箱船投入使用，标志着集装箱航运业进入巨型集装箱船（ultra large container ship, ULCS）时代。2022 年 6 月 22 日，中国首艘全球最大的超大型集装箱船在沪东中华造船（集团）有限公司交付。该船总长为 400 m，宽为 61.5 m，货舱深度达 33.2 m，可承载 24 万 t 货物，最大堆箱层数可达 25 层，载箱量达 24 000 TEU，是目前全球载箱量最大的集装箱船。

表 2-5　集装箱船发展演变过程典型船型的基本参数

演变(代)	总长 L/m	型宽 B/m	满载吃水 T/m	载箱量/TEU
第一代/1960 年代	约 150	约 22	8～9	700～1 000
第二代/1970 年代	175～225	25～30	9.5～10.5	1 000～2 000
第三代/1970～1980 年代	240～275	约 32	10.5～12.0	2 000～3 000
第四代/1980～1990 年代	275～295	约 32	11.5～12.5	3 000～4 000

演变(代)	总长 L/m	型宽 B/m	满载吃水 T/m	载箱量/TEU
第五代/1995 年	280~300	32.2~39.4	11.5~13.5	4 000~6 000
第六代/1996 年	345	43	14.5	6 000~8 000
第七代/2008 年	398	56	16	13 640
第八代/2013 年	399	59	16.5	18 000+

从船型来看,世界集装箱船船队构成中,8 000 TEU 以上船型占了主要运输力量。我国沿海内贸南北集装箱运输以 500~2 000 TEU 船舶为主,一些航线甚至有 4 000~5 000 TEU 船舶投入使用;渤海湾内的内支线运输主要采用 300 TEU 以下船舶;长江干线已采用 1 140 TEU 江海直达集装箱船。

2.2 港口自然条件调查

2.2.1 调查内容与方法

地理位置、地形地质、气象、海象、地震、环境等自然条件是港口规划建设的基础条件,对港口建设营运成本具有重要影响。随着科学技术的发展,自然条件对港口影响的重要程度可能会有所变化,但不管怎样,认真调查研究港口的自然条件都是港口规划所依据的基础。在调查内容上,表 2-6 列出了港口规划应当开展的自然条件调查项目。除表 2-6 中所列的项目外,海岸地貌类型、海岸冲淤变化等海岸地貌调查和演变分析对港口规划建设也有重要参考价值。在调查方法上,除查阅公开资料、走访特定人员之外,还需要现场勘查和监测。需要注意的是,自然条件调查专业性强,因此要吸纳不同领域的专业技术人员参与。

表 2-6 自然条件调查项目

分 类		调 查 项 目
地形	陆上地形	1∶5 000~1∶2 000 地形图、局部 1∶500 地形图、海岸稳定性
	水下地形	1∶5 000~1∶2 000 水深图、海区海图
	河流	流量、流速、含沙量,河流变迁、沙洲及其稳定性、季节变化
地质	土壤类别	沙土类、黏土类、海相、河相沉积土
	基岩埋深	基岩标高、基岩性质
	土壤性质	贯入击数、物理力学指标

(续表)

分　类		调　查　项　目
气象	风	风速风向玫瑰图、最大风速
	台风	通过频率、路径、大小、海岸设施破坏情况
	其他	气温、月最高、最低平均气温,降水量、日数,雾日及能见度,降水
海象	潮汐	潮汐类型、特征潮位,河流潮区界,增减水
	海流	潮流椭圆、余流、流路
	波浪	波浪玫瑰图、特征波要素、台风期波要素
	泥沙	含沙量、粒径、泥沙运动特性、主要方向、输沙量
地震		震级、烈度鉴定
环境条件		水质、绿地植被、海岸侵蚀、污染

2.2.2　地形地质条件分析

1. 地形条件

港口不仅要求具有一定的水域、陆域面积,而且还要求一定的陆域高程和港口水深。因此在港口规划时,应对港口所处的地形情况进行调查,一般采用地形图对调查结果进行分析和描述。

地形图是指将地面上的地形、地物按正投影的方法,以一定的比例尺按规定的符号缩绘在图纸上所形成的一种专业图形。地形图的尺度要素包括比例尺、高程(又称海拔,以1985年国家高程基准面为起算面)和等高线。比例尺是指图上长度与实地长度之比。比例尺越大,图上的地形地物越详细,但测绘工作量也将成倍增加,所以应根据规划、设计、施工的实际需要选择合适的比例尺。我国基本地形图分为 1 : 5 000、1 : 10 000、1 : 25 000、1 : 50 000、1 : 100 000、1 : 250 000、1 : 500 000、1 : 1 000 000 八种比例尺。等高线是指地面上高程相等的相邻点间连成的闭合曲线。

2. 地质条件

研究港址地区的地质条件及土壤特性是港口规划设计的必要内容。由于地质情况对各种建筑物的基础、结构形式、安全稳定、造型和布置都有重大影响,因此在工程建设前期工作中必须认真进行调查和分析,通过必要的取样和试验,查明建设地区的地质构造、土的物理和力学性质以及地下水情况等,为建筑物设计提供依据。

1) 土的物理性质

随着颗粒大小的不同,土也表现出不同的工程性质。土颗粒的大小通常以粒径表示,自然界的土一般都是由各种不同粒径的土粒组成的,单一粒径的土可以说是不存在的。为研究方便,工程上通常把性质和粒径大小相近的土粒划分为一组,称为粒组。土中各种不同粒组土粒的质量相对含量称为土的级配。土的级配好坏将直接影响到土的工程性质,级配良好的土(土颗粒的粒级相差较为悬殊)压实后能得到较高的密实度,因而其强度高;反之,级配不良的土(土颗粒的粒级集中在某一粒级附近)压实密度小,强度也低。

作为工程地基的土,由土颗粒相连接组成骨架,其骨架内的孔隙由水和气体填满而成。被孔隙填满水的土称为饱和土,在孔隙内混入空气的土称为不饱和土。各个土粒的接触有颗粒应力作用,此种土颗粒骨架的应力称为有效应力。相应的土孔隙中水的压力称为孔隙水压力,外部施加的压力(总应力)与有效应力和孔隙水压力之和平衡。此种有效应力对土的力学性质有决定性的影响,有效应力愈大,强度亦愈大,而压缩性则愈小。对于黏性土,其状态特性可用液限(即 76 g 圆锥仪沉入土样 10 mm 深度时的含水率)和塑限(即土条搓至 3 mm 直径呈断裂成数段时的含水率)表示。

2) 软土地基影响及处理方法

软土地基主要存在 4 个问题:一是抗剪强度不足或地基承载力难以支撑建筑物自重及外荷载,导致地基产生局部或整体剪切破坏。二是地基在建筑物自重和荷载作用下压缩,使基础产生沉降,其中均匀沉降将导致建筑物标高降低,影响建筑物的正常使用,不均匀沉降则会带来建筑物结构的开裂和破坏。三是地基土中水的渗流常造成渗漏,或产生流土、管涌,影响渗透稳定性。四是地震、船舶以及车辆引起的振动,或者波浪、爆破等动力荷载,引起饱和松砂液化及软黏土弱化,导致振陷等危害。

软土地基处理是指采取适当的对策,通过改善地基强度特性、压缩性能、透水性和渗透条件、动力特性等途径,避免出现上述问题。根据地基处理原理,可将地基处理的主要方法划分为五大类(见表 2-7)。在选择地基处理方法时,应根据工程的具体情况对几种地基处理方法进行技术、经济以及施工进度等多方面的比较,原则上要求技术可靠、经济合理,同时要能满足施工进度要求。此外,在确定地基处理方法时,还应注意软土地基处理对水质(地面水或地下水)产生的污染,避免振动噪声对周围环境产生的不利影响。

表 2-7　软土地基处理的主要方法

软土地基处理的主要方法			适 用 土 质 情 况	适 用 建 筑 物 情 况
换填法	换填砂垫层法		换填软土厚度一般不大于 4 m	码头防波堤等
	土工织物法(包括格栅、网络)、垫层法		一般软土地基,增加抗剪稳定性,均化地基沉降	变形能力强的方波堤等建筑物
	爆破排淤填石法		下卧硬层为 4~12 m 的淤泥、淤泥质土	防波堤、护岸等建筑物,对软土较深厚的工程需经试验确定施工工艺
	抛石挤淤法		淤泥或流泥,厚度一般小于 3 m	
预压法	堆(加)载预压法	设置排水砂垫层	淤泥、淤泥质土等浅层软土加固,最大固结排水距离一般小于 5 m	码头后方堆场、仓库、利用软土人工造陆、人工岛、油罐、道路以及工业民用建筑等建筑物地基加固。真空预压及联合堆载预压尤其适合超软土地基加固
		设置竖向排水体	较深厚的淤泥、淤泥质土、冲填土等饱和黏土地基,但不适于泥炭土	

（续表）

软土地基处理的主要方法		适 用 土 质 情 况	适 用 建 筑 物 情 况
预压法	真空预压法　设置竖向排水体	土质同堆载预压法,还需具有能形成(包括采取密封措施)稳定的负压边界条件	码头后方堆场、仓库、利用软土人工造陆、人工岛、油罐、道路以及工业民用建筑等建筑物地基加固。真空预压及联合堆载预压尤其适合超软土地基加固
	真空或联合堆载预压　设置竖向排水体	适用情况同真空预压,用于设计荷载大于 80 kPa 的情况	
	轻型真空井点法	渗透系数为 $10^{-7} \sim 10^{-4}$ cm/s 的土层	加固基坑边坡、基坑降水
强夯法		松软的碎石土、砂土、低饱和度的粉土和黏性土	码头堆场、道路、其他港工及工业民用建筑地基
振冲法	振冲置换法	抗剪强度不小于 30 kPa 的黏性土、粉土和人工填土地基	堆场道路,其他港工及工业民用建筑地基
	振冲密实法	砂土、低塑性粉土地基	
深层搅拌法		撒泥、淤泥质土和含水量较高且地基承载力不大于 120 kPa 的黏性土地基	水(海)上重力式水工建筑物地基、陆上港工及工业民用建筑地基

在地基处理设计之前,应首先对已提交的地形及工程地质特点和相关的工程经验进行调查研究,然后再进行一般的地质调查和初设勘探,根据这些资料确定地基条件。在此基础上,再对进行处理和不予处理的地基进行初步研究,从而预估天然地基的承载力及变形,核算滑动破坏,继而对工程进度、工程费用进行初步估算。根据上述核算,明确地基处理的必要性和目的性。当确定必须进行地基处理时,便可选择适合该地基的处理方法,并进行地基处理设计。

2.2.3　气象条件分析

影响港口建设及营运的气象因素有风、雨、雾、气温,还包括雷电、冰、雪等。其中,风是对港口影响最大的气象因素之一。

1. 风

风是空气从高压区向低压区的运动,不仅影响港口规划与营运,甚至造成港口设施的重大破坏,而且还是形成波浪的一个主要因素。

1) 风玫瑰图

根据工程上的需要,把平均风速、最大风速、风向频率等记录资料分别按季度、年度、多年进行统计,按一定比例绘制成 8 个或 16 个方位的风速、风向频率图,因其形状像玫瑰花,故将其称为风玫瑰图(见图 2-4)。借助

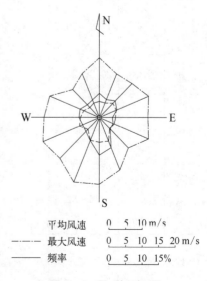

平均风速	0　5　10 m/s	
— — — 最大风速	0　5　10　15　20 m/s	
—— 频率	0　5　10　15%	

图 2-4　风 玫 瑰 图

风玫瑰图可方便地确定该区域各个方向风的强度和频率,进而判断该地区的常风向和强风向,以便于在港口总平面布置、建筑物施工和港口营运中考虑风的影响。

2) 风级表

风速表明风的强度,风速越大,风的强度也越大,破坏力也越大。通常我们也使用风力等级来衡量风的强弱,风级如表 2-8 所示。

表 2-8　风　　级

风力等级	一般描述	风速/(m·s⁻¹)	浪高/m	内陆地面征象	海岸波浪征象
0	无风	0~0.2	0	烟垂直上升	海面如镜
1	软风	0.3~1.5	0.1~0.2	烟能显示出风向,但风向标不能转动	出现很小的波纹,但尚无飞沫状波峰
2	轻风	1.6~3.3	0.3~0.5	人面感觉有风,树叶微响,风向标能转动	出现小的波纹,但波峰平静而不破碎
3	微风	3.4~5.4	0.6~1.0	树叶和细枝摆动不息,旗帜展开	出现大的子波,波峰顶开始破碎,形成散乱的白浪
4	和风	5.5~7.9	1.5	能吹起地面灰尘和松散的纸张,小树枝摆动	小波浪变长,形成频繁的白浪
5	清劲风	8.0~10.7	2.0	有叶的小树枝摇摆,内陆水面有小波	中等波浪,出现许多白浪,偶然出现激溅浪花
6	强风	10.8~13.8	3.5	大树枝摇动,电线呼呼有声,举伞困难	大波浪出现,白色飞沫的波峰延至各处,可能出现激溅浪花
7	疾风	13.9~17.1	5.0	全树摇动,迎风步行感觉不便	海面起伏,破碎的白色飞沫开始被风吹成条纹;开始见到激溅浪花
8	大风	17.2~20.7	7.5	细枝折断,人向前行感觉阻力甚大	较长、较高的波浪出现,飞沫被吹成明显条纹,波峰顶边缘破碎成浪花
9	烈风	20.8~24.4	9.5	不结实的建筑物发生危险,烟囱管帽和平屋摇动	出现高的波浪,浪脊翻卷,激溅浪花影响能见度
10	狂风	24.5~28.4	12.0	内陆很少出现,树被连根拔起,很多建筑物发生危险	出现很高的波浪;长的悬浪和翻卷浪重重地撞击,整个海面呈白色,飞沫成片,并被吹成浓白条纹
11	暴风	28.5~32.6	15.0	陆上极少出现,有则必有严重损坏	出现异常高的波浪,海面已被长条状白色飞沫完全覆盖,中小尺度的船舶可能久时隐没于波浪背后
12	飓风	>32.6		陆上绝少,摧毁力极大	空中充满飞沫和激溅浪花;推进着的激溅浪花使海面变成白色,能见度极低

需要说明的是,12级以上的风(称为台风,常发生在东经180°以西的北太平洋和南中国海的热带低气压中)速度大于17 m/s,可以损坏甚至摧毁陆地上的建筑、桥梁、车辆等,也可以把杂物吹到半空并使其高速飞行、危及行人生命财产安全。被台风袭击的沿海多出现高潮、巨浪,可以把沿海船只抛起乃至拦腰折断,也可把巨轮推入内陆。同时,台风还会带来长时间强降雨,一天中可降下100～300 mm,甚至500～800 mm的暴雨。由于台风对潮位影响较大,对台风的发生规律及路径、引起海岸及河口增水或减水、导致港口设施及其他海岸设施破坏等情况进行调查,也是港口规划的一项基础性工作。此外,调查台风路径对判明船舶航期受台风影响程度也很重要。

3) 风对港口的影响

一是影响港口营运天数。为保证港口作业的安全,规定超过7级的大风,港口应该停止装卸作业,因此港口营运期应将全年大于7级风的天数扣除。二是影响港口装卸作业。风力更大时,起重机或某些设备、设施的安全将受到威胁。三是影响船舶航行安全。风可能会增加船舶对码头的撞击力。四是影响港口规模。考虑到避风,港口要提供足够的水域,以便船舶在恶劣天气时锚泊,同时也要增加一定的库场容量。五是影响港口航道及水工建筑物平面布置。其纵轴线与常风向夹角不宜过大。六是作用在水上形成波浪影响港口水域泊稳条件。

根据行业规范,各种作业所允许的风速参考值如表2-9所示。

表2-9　港口作业允许风速参考值

作业项目	允许风级,风速/(m·s⁻¹)	作业项目	允许风级,风速/(m·s⁻¹)
船靠泊门机作业	<7级,13.9～17.1	引航船靠近船舶、引航员上船	<6级,10.8～13.8
船靠泊门机无作业,顺风	<9级,20.7～24.4	拖轮对船舶强制引水	<6级,10.8～13.8
船靠泊门机无作业,横风	<9级,17.2～20.7	外海硫酸(自航式)	<7级,15.0
船舶靠离码头作业	<6级,13.9	打桩船、起重船作业	<5级,10.7
集装箱码头正常作业	<6级,10.8～13.8	集装箱起重机械作业	<7级,15.0

2. 雨

港口规划统计降水日数、降水量和历时等数据,目的在于分析其对港口作业天数、装卸质量和排水设施的影响。降水统计中,着重统计降水量、降水强度和降水日数等数据。降水量指从天空降落到地面上的液态和固态(经融化后)降水,没有经过蒸发、渗透和流失而在水平面上积聚的深度。小雨是指12 h内降水量小于5 mm或24 h内降水量小于10 mm的降雨过程;中雨是指12 h内降水量5～15 mm或24 h内降水量10～25 mm的降雨过程;大雨是指12 h内降水量15～30 mm或24 h内降水量25～50 mm的降雨过程。凡24 h内降水量超过50 mm的降雨过程统称为暴雨,根据暴雨的强度又可分为暴雨(12 h内降水量30～70 mm或24 h内降水量50～100 mm的降雨过程)、大暴雨(12 h内降水量70～140 mm或

24 h 内降水量 100~250 mm)、特大暴雨(12 h 内降水量大于 140 mm 或 24 h 内降水量大于 250 mm)三种。

对于日降水量大于 0.1 mm 的,即称为 1 个雨日,据此可统计出全年的降水日数、不同降水量等级的降水日数。降水对装卸作业的影响视货种和包装形式可以有很大差别,通常对煤炭、矿石等散货和集装箱的装卸影响较小,有些杂货、粮食、水泥、化肥、农药、棉花等只要有雨即应停止装卸。一般情况下,日降水量超过 25 mm 作为停止作业的条件。

我国沿海降水量的分布特征主要表现为北部少,南部多,降水量年分布多集中于夏季。降水对我国南方港口营运影响很大,江南"梅雨季节",有的地方超过 100 d。降水停工、天晴突击装卸,加重了港口生产和船舶运行的不均衡性,降低了港航作业效率。所以雨天作业是考验这些港口是否可以扩大能力、提高效益的重要检验时段。

3. 雾

雾是影响船舶航行的因素之一,通常能见度小于 1 000 m 时,船舶就不宜在港内及航道上航行,其出现的日数称为有雾日数。中国沿海年均雾日数分布,以黄海和东海沿岸较多,渤海和南海沿岸较少。辽东半岛东侧,成山头至青岛,长江口至福建北茭以及琼州海峡一带为多雾区。

在分析雾的资料时,应注意统计每年影响港口作业和船舶航行的雾日数及其出现的规律,包括雾的出现时间和持续时间。雾日与雾实际出现时数的统计方法不同。一日中出现一次雾,无论时间长短,即为一个雾日;而雾的实际出现时数,则由月报表中按雾的出现起止时间统计得出。一般雾日持续时间超过 3 h 才能在港口作业天数中扣除。在统计时,雾持续时间不足 24 h 但超过 12 h 算 1 d,超过 4 h 算 0.5 d。雾影响作业的天数应根据具体调查确定。

雾会降低海面能见度,影响航行安全,不少海损事故发生在雾日。一般用能见度来表示雾级的大小。所谓能见度指人正常视力在当时的天气条件下所能看见的最大距离。在天空背景上能将目标物的轮廓分辨出来就算作"能见"。雾的能见度等级划分如表 2-10 所示。

表 2-10　雾的能见度的等级

等级	能见距离 V/m	能见度鉴定	海上可能出现的天气现象
0	$V < 50$	最低的能见度	浓雾
1	$50 \leqslant V < 200$		浓雾或雪暴
2	$200 \leqslant V < 500$		大雾或大雪
3	$500 \leqslant V < 1\,000$	低的能见度	雾或中雪
4	$1\,000 \leqslant V < 2\,000$		轻雾或暴雨
5	$2\,000 \leqslant V < 4\,000$	能见度中等	小雪、轻雾
6	$4\,000 \leqslant V < 10\,000$		中雨、小雪

（续表）

等级	能见距离 V/m	能见度鉴定	海上可能出现的天气现象
7	$10\,000 \leqslant V < 20\,000$	能见度良好	小雨、毛毛雪
8	$20\,000 \leqslant V < 50\,000$	能见度很好	无降水
9	$V \geqslant 50\,000$	能见度极好	空气澄清

一般来说，我国沿海能见度如下：渤海最好，南海次之，东海较差，黄海最差。具体分布如下：渤海沿岸，能见度不大于1 000 m的年日数为5～15 d；黄海沿岸，石岛至成山头一带能见度不大于1 000 m的年日数可达80 d，被称为"雾窟"；大连至大鹿岛一带，能见度不大于1 000 m的年日数为30～45 d；东海沿岸，能见度不大于1 000 m的年日数为30 d以上；南海沿岸，唯有雷州半岛和琼州海峡能见度较差，不大于1 000 m的年日数为10～40 d。我国沿海能见度，除渤海外均有明显的季节变化。一般说来，能见度差的季节来临是由南向北推进的。

从船舶航行安全考虑，在发现危险目标后，船舶紧急倒车的惯性行距与能见距离相适应就不会发生海损事故。各种吨位的船舶港内以4～6 kn微速航行（kn为节，1 kn＝1 n mile/h＝1.852 km/h），使用不同的倒车速度，其惯性行距如表2-11所示。2万吨级船舶，以港内微速前进，发现目标后全速倒车所需滑行距离近400 m，半速倒车时600 m。10万吨级船舶相应数据分别为600 m和1 000 m。因此，设计船型为10万吨级的港口，船长或引水员有1 000 m的良好视程是完全可以保证船舶在航道和港内安全航行的，由此可见，能见度低于3级，船舶不宜在港区及航道上航行，这样的雾日应从作业天数中予以扣除。

表 2-11　船舶的倒车速度与惯性行距关系

载重吨/t	倒车速度	滑行距离与船长之比	惯性行距/m
20 000	全速	2.3	370
	半速	3.7	600
	微速	7.2	1 150
50 000	全速	1.9	400
	半速	4	870
	微速	6.8	1 500
100 000	全速	2.3	580
	半速	3.8	980
	微速	5.7	1 450

(续表)

载重吨/t	倒车速度	滑行距离与船长之比	惯性行距/m
200 000	全速	2.7	850
	半速	4.1	1 250
	微速	6.6	2 050

4. 气温

由于各地的经度、纬度、海拔高度不同等因素,气温会有很大的差异。我国幅员广大,南北气温相差悬殊,严寒和酷暑对港口的装卸工作效率有较大影响,对港口规划与设计也有一定影响,例如,高温可能会引起某些货物的自燃,高温可能会增加港口的用水量,因此在港口规划时,应对拟建港进行气温资料的调查与搜集,尤其是当地的极端高气温和极端低气温,以便采取积极有效的应对措施。

2.2.4　海象条件分析

影响港口建设和营运的海象因素主要包括潮汐、波浪、近岸海流、海冰和海岸泥沙等。

1. 潮汐

潮汐是在港口规划、设计和建设中需要考虑的一个重要因素。与港口相关的潮汐特征主要有潮位和潮流流速。潮位对确定码头、防波堤高程以及港池、航道水深具有重要意义,潮流对船舶的航行、航道冲淤有一定影响。对于潮位、流速特征,应设观测站进行观测。潮汐对港口规划、设计和建设可能带来的影响,应通过数学模型或物理模型进行深入分析和研究。研究前通常应针对大、中、小潮选择典型潮时,在较大海域上进行完整的一个潮周期的潮流、潮位的同步观测,为进一步研究潮流运动规律以及潮流运动对泥沙运动造成的影响提供必要的资料。

1) 特征潮位

潮位值是海面相对于某一基准面的差值,若基准面不同,该值也可以不同。为了计算方便,对一个新的港口或海岸工程建设地点,可以取潮高基准面与理论深度基准面相一致。工程上常用的特征潮位有四类:第一类为最高(低)潮位,指的是历史上曾经观测到的最高(低)潮位值;第二类为平均最高(低)潮位,是指在多年潮位观测资料中,取每年最高(低)潮位多年平均值;第三类为平均大潮高(低)潮位,是指取每月两次大潮的高(低)潮位的多年平均值;第四类为平均小潮高(低)潮位,是指取每月两次小潮的高(低)潮位的多年平均值。

2) 设计潮位

我国现行规定设计潮位的取值方法是通过绘制高潮、低潮累积频率曲线,即把完整的一年或多年实测高、低潮位,按大小次序排列起来做出高潮和低潮累积频率曲线,如图 2-5(a) 所示。取高潮累积频率 10% 的潮位为设计高潮位,取低潮累积概率 90% 的潮位为设计低潮位。在一些老港口均已做出潮位历时累积频率曲线[见图 2-5(b)],利用此曲线时,可以取历时累积概率 1% 的潮位来设计高潮位;取历时累积概率 98% 的潮位为设计低潮位。

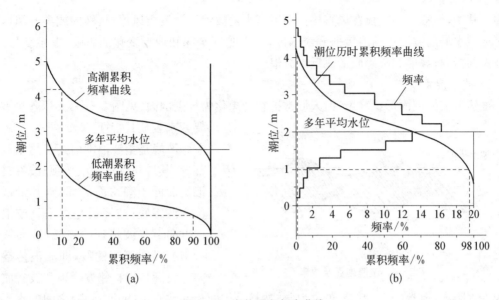

图 2-5　潮位累积频率曲线

(a) 高潮、低潮累积频率曲线；(b) 潮位历时累积频率曲线

　　新建港区往往缺乏长期完整的潮位资料,在这种情况下,规划阶段可借助附近潮汐性质和受河流径流影响相似、有长期资料的港口或者验潮站的实例资料,根据短期同步差比法确定设计水位,其计算公式为 $h_{sy}=A_{Ny}+(h_{sx}-A_{Nx})\cdot R_y/R_x$,式中,$h_{sy}$、$h_{sx}$ 分别为拟建港和海洋站的潮位,m；R_y、R_x 分别为拟建港和海洋站的短期同步潮位差,m；A_{Ny}、A_{Nx} 分别为拟建港和海洋站的年均海平面,m。

　　3) 乘潮水位

　　为节省航道建设投资,在船舶密度不大的情况下,对于一部分大船,可考虑在潮位高的时段进出港口,因此首先要确定一个合理的高水位,即乘潮水位。当考虑乘潮作业时(如船舶乘高潮进出港口,乘低潮施工),需按以下思路统计乘潮潮位的累积频率。

　　第一步,按公式 $T=K(t_1+t_2+t_3)$ 确定乘潮所需持续时间,式中 t_1 为船舶通过航道持续时间,h；t_2 为一艘船舶在港内的掉头时间,h；t_3 为一艘船舶靠离码头和系解缆时间,h；K 为时间富余系数,取 1.1～1.3。

　　第二步,在潮位过程线(即潮位随时间变化的过程线,其横坐标为时间,纵坐标为潮位)上,测量各次潮峰上潮历时等于 t 的潮位值,统计其在不同潮位级的出现次数。

　　第三步,绘制乘潮潮位累积频率曲线。

　　第四步,在乘潮潮位累积频率曲线上选取所需的累积频率潮位值,即为乘潮水位。

　　2. 波浪

　　波浪是海洋最基本的海水运动形式,对港口的选址、平面布置和工程设计有密切的影响。波浪的产生是外力、重力与海水表面张力共同作用的结果。引起海水波动的外力因素很多,如天体引力、大气压力变化、海底地震以及人为引起的船体运动等。由这些因素引起的海水波动,其周期可在极宽的范围内变化,如潮波的周期为 0.5～1 d,海啸的周期为几十分钟,风浪的周期为几秒。本书主要论述由风引起的重力波,它是风浪、涌浪和近岸波浪的总称。其中，风浪主要是指在风直接作用下产生的波浪。涌浪指风停止、转向或离开风区传播至无风水域的波浪。涌浪传播到浅水区，由于受到水深和地形变化的影响，发生变形，出现波浪的折射、绕射和破碎而形成近岸波浪。

1）波浪要素

虽然海浪的剖面形状复杂，但人们常把它理想化为规则剖面（见图 2-6），并以各种波浪要素来表征其特性。

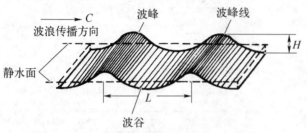

图 2-6　波浪剖面及要素

波峰是指波浪剖面高出静水面的部分，其最高点称为波峰顶；波谷是波浪剖面低于静水面的部分，其最低点称为波谷底；波峰线是指垂直波浪传播方向上各波峰顶的连线；波向线是指与波峰线正交的线，即波浪传播方向。波高是指相邻波峰顶和波谷底之间的垂直距离，通常以 H 表示，单位为 m；波长是指两相邻波峰顶（或波谷底）之间的水平距离，通常以 L 表示，m。海浪的波长可达上百米，而潮波的波长则可达数千米。周期是指波浪起伏一次所需的时间，或相邻两波峰顶通过空间固定点所经历的时间间隔，通常以 T 表示，单位为 s，在我国沿海的波浪周期一般为 4～8 s，曾记录到周期为 20 s 的长浪；波速是指波形移动的速度，通常以 C 表示，它等于波长除以周期，即 $C = L/T$，m/s。

2）波浪玫瑰图

港口布置及建筑物设计所采用的波浪要素（主要为波高等级、波向频率），通常采用观测与统计相结合的方法来确定。统计资料年限一般不宜少于 2～3 a，且应有 1 a 以上的完整测波资料，然后按季度、年绘制波浪玫瑰图。图 2-7 为某港根据连续 1 a 实测资料统计绘制的 16 个方位的波浪玫瑰图，图中各个方向轴的长度为频率，与轴垂直的宽度为波高级别。从图 2-7 可以看出，SE 为常波向，SSE 为强波向。在港口规划选择航道、防波堤的轴线位置

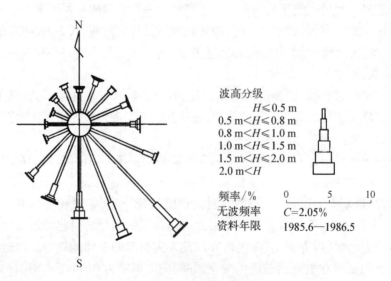

波高分级
$H \leqslant 0.5$ m
0.5 m$< H \leqslant 0.8$ m
0.8 m$< H \leqslant 1.0$ m
1.0 m$< H \leqslant 1.5$ m
1.5 m$< H \leqslant 2.0$ m
2.0 m$< H$

频率/%　　0　　　5　　　10
无波频率　　$C = 2.05\%$
资料年限　　1985.6—1986.5

图 2-7　波浪玫瑰图

时,应注意避免港池内产生过大的波浪。同时,应使船舶经常处于顺浪的工作条件,因为顺浪时船舶颠簸小,有利于安全作业。

表 2-12 给出了不同作业类别允许波高的参考值,小值可以高效率工作,大值作为安全作业的界限。

表 2-12　港口允许作业波高的常用数据

作 业 类 别	H/m	作 业 类 别	H/m
引水船靠近船舶,引水员上船	1.0~1.5	交通艇(船长小于 27 m)航行	2.0~3.5
拖船对船舶强制引水	1.5	外海疏浚(自航式)	1.0~2.5
供油船对大船作业	0.6~1.2	起重船作业	0.6~1.2
船舶以微速在进港航道航行	2.0~3.0	打桩船作业	0.6~1.0

3) 波浪的浅水变形

波浪从深水传入浅水过程中,无论波高、波长、波速以及波浪的剖面形状都将不断发生变化。促使波浪在浅水区发生变化的原因主要是水深变浅、地形复杂、海底摩擦、水流作用以及障碍物(岛屿、建筑物等)的影响。波浪因浅水影响出现变形,产生折射、反射、绕射以及破碎等现象。如果近岸海面上还有风作用,则波浪变形将更为复杂。

(1) 波浪折射。波浪自深水向岸边传播进入浅水后,由于水下地形影响,等深线往往与波峰线不平行。因此,除了有与波浪正向行近岸边时相似的变化外,在平面上波浪传播方向或波向线将偏转并引起波高的变化,此时,波峰线也将随海底地形而变得弯曲,最终趋向于与海岸线相适应或接近平行,这种近岸波浪传播变形现象称为波浪折射。波浪在浅水区发生折射的原因是,波浪传向岸边,当波峰线与等深线成某一角度时,由于同一波峰线上不同点处的水深不同,而波速也不同。波速随水深减小而降低,水较深处,波速较大,波浪传播较快;水较浅处,波速较小,波浪传播就慢,致使水深处的波峰传播快于水浅处的波峰,使波峰线与等深线间的夹角减小,即波峰线逐渐趋于与等深线平行。由于折射影响,沿岸波浪的波向线不再平行,将随不规则的水下地形而发生复杂的变化,图 2-8 显示海湾、岬角引起的波浪折射。

(2) 波浪反射。波浪在传播过程中遇到陡峭的岸坡或人工建筑物时,其全部或部分波能将被反射而形成反射波,这种现象称为波浪反射。反射波具有和入射波相同的波长和周期,但反射波的波高则随反射波波能的大小而定。反射波高与入射波高之比称为反射率或反射系数。波能被全部反射时,反射波高等于入射波高;当波能部分反射时,反射波高小于入射波高。反射率值变化为 0~1.0,其值与岸坡或人工建筑物的坡度、粗糙度、空隙率、波

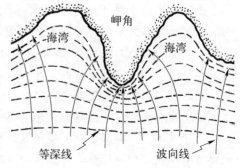

图 2-8　沿岸波浪折射变形

浪的陡度以及入射角有关,难以精确计算确定。对于不透水的直墙式防波堤,正向来波时,波能几乎全部反射,即反射率为1.0。

(3) 波浪绕射。波浪传播过程中遇到岛屿、岬角或人工建筑物(如防波堤)等障碍物时,部分波浪将绕过障碍物继续传播,并在障碍物后扩散,使受掩护的水域也出现波动,这种现象称为波浪绕射。波浪绕射问题对港口防波堤的合理布置,以减少港口水域内波浪,保证船舶航行,靠泊与装卸的安全作业是十分重要的。波浪绕射是波能沿波峰线发生横向传递,即波能从能量高的区域向能量低的区域转移,进行重新分布的过程。因此,绕射后同一波峰线上的波高是不相等的,但波长和周期不变。图2-9中经过防波堤堤头的入射波波向线称为几何阴影线,如果波浪不绕射,则在该线右侧受防波堤掩护的区域,水面将完全平静,但实际上由于波浪有绕射作用,入射波的波峰线从几何阴影线上以堤头为中心,以弧线形式向堤后旋转延伸,伸得越远,即越向里面,波高越小。几何阴影线左侧的入射波,由于部分能量向堤后扩散,波高也将降低。

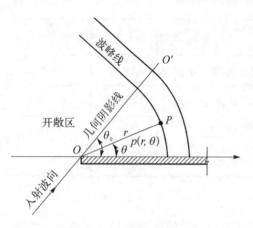

图 2-9　波浪的绕射

(4) 波浪破碎。波浪进入浅水后,波长渐短,波高开始时也略有减小,但以后就逐渐增大,因此当波浪传播到一定浅水后,波陡就迅速增大。另外,因波谷处的水深比波峰处要小,波谷受海底摩擦影响较大,因而波谷的传播速度比波峰小,因此波峰逐渐向前追赶波谷,波形扭曲前倾,前坡变陡。因此到一定水深后,波浪或因波陡达到极限失去稳定而破碎;或因前坡陡峭倾倒或峰顶破碎。这些都是波浪的破碎现象。波浪破碎处的水深为临界水深,也称为破碎水深,相应的波高称为破碎波高,也是在破碎水深条件下可能出现的最大波高,故又称为极限波高。近岸区波浪自第一次发生破碎的外缘直到岸边的水域称为破波区或破波带,在此水域内波浪将多次发生破碎,直至岸边形成上爬破波水流。在破碎带内大量波浪能量消耗于摩擦、涡动和掀动泥沙,产生大量紊动旋涡,底床受到较强烈的扰动,如果海底泥沙颗粒较细将会出现高含沙量。不同波要素、不同水位所引起的破碎带变化,对研究航道、港池、水工建筑物等布置十分有益。

3. 近岸海流

近岸海水由于受外海潮波、大洋水团的迁移、风和气压的影响以及河川泄流、波浪破碎、海底地形等诸多因素的影响而形成的流动,称为近岸海流。通常在海域实测到的近岸海流主要包括潮流、漂流、密度流、梯度流以及近岸特有的波浪流和河川流等。我国大多数海港的近岸海流中周期性的潮流占主导地位,而其余的非周期性水流占流速值中较小部分。

随着港口建设的发展,港口建设地点愈来愈走向开阔的、掩护条件差的外海。海流流速增大以及船舶大型化使得海流作用力常常超过风力的影响,船舶航行和港口营运受海流的影响日趋显著。在港址和施工抛泥区选择,航道、口门、防波堤及码头布置,泥沙淤积和冲刷趋势分析和船舶载荷计算等方面,都必须深入研究港址处沿岸海流的数值大小、流向变化以及分布规律等。目前,对于近岸海流现状及其建港后附近水域的潮位、流场、流态变化,一般采用海流观测与数值模拟试验相结合进行分析。

海流观测前通常应针对大潮、中潮和小潮选择典型潮时,在较大海域上进行一个完整的潮周期的潮流、潮位同步观测,为进一步研究潮流运动规律以及潮流运动对泥沙运动造成的影响提供必要的资料。在规划阶段应对港址进行大面积流路观测,对可能布置航道、口门和码头的地点应进行单站(船)定点连续观测(13 h 或 25 h),必要时可多站(船)同步连续观测。测流工作必须与潮位、风、浪同步进行,在泥沙活跃的海岸还需与含沙量测验同步进行,这样观测有利于对海区条件进行综合分析。

近岸海流除了潮流外,还包括波浪破碎引起的沿岸流、盐度差异引起的密度流以及风引起的风生流。其中潮流的大小和方向呈周期性,其他流属单向流,这些流合成相当复杂的水流系统。目前,对于这些海流一般采用数学模型方法结合实测资料进行分析。在选择港址、抛泥区选划和确定船舶系缆力等问题上,都需要对海流情况进行深入研究。

4. 海冰

海冰是海水中所有冰的总称。它包括海水自身冻结而形成的冰,也包括江、河入海带入海中的淡水冰。海冰可分为固定冰和流冰两大类。固定冰是指与海岸、岛屿或海底冻结为一体、不做水平运动的海冰;流冰是指漂浮在海面上随波逐流做水平流动的海冰。

在我国渤海、黄海北部海区沿岸,每年冬季都有不同程度的冰冻出现。海冰出现的严重程度取决于该海区的水文、气象诸要素,年与年之间有较大差异。正常年份从 11 月下旬开始,渤海北部沿岸就有初冰出现,至翌年 2 月下旬、3 月上旬,由南到北逐渐消失。冰情较轻的年份,只在渤海、辽东湾沿岸及鸭绿江口附近形成海冰;冰情严重年份,苏北连云港以北沿岸浅滩及深入内陆的海湾可出现不同程度的冰情。

海冰是我国北方港口影响港口规划、营运的重要因素之一。海冰对港口的影响主要如下:① 严重冰情将导致港口封航、减少作业天数。与平静水域相比,流动的水域不易结冰,因此用破冰船不断在港内和航道航行可延缓或减轻结冰程度。② 冰凌对建筑物产生压力,常常成为轻型结构的控制荷载。③ 冰的冻融作用会严重影响位于潮差段混凝土的耐久性。此外流冰对建筑物的磨损有时也非常严重。

除海上建筑物设计中应考虑冰荷载外,还应考虑海冰对港口平面布置及港口航运的影响。一方面,港口口门的位置要有利于排水,以免流冰在港内水域堆积,影响船舶靠离码头;航道走向应沿流冰的流向,夹角过大会使船舶在风、流和流冰的综合作用下,偏离航道。另一方面,在冰情严重的北方地区,因流冰而使船舶无法通航,以致封港。如我国的营口港每年冬季封港 2~3 个月,鲅鱼圈和锦州港因冰冻影响作业天数占总不能作业天数的 50% 以上。

在港口规划设计时,必须通过历史冰情资料调查、卫星图片遥感分析和海冰实测等方式统计港区及附近水域的冰日、冰期、冰量,规划水域岸冰分布及堆积厚度,流冰运动的季节、范围、方向、大小、厚度和强度等,进而分析冰凌对水工建筑物、船舶航行和靠离作业的影响,以及建港后可能发生的冰凌情况变化,并在港口平面布置时注意防止港外流冰进入港内和在口门处堆积。港口工程对流冰运动规律的影响可采用工程海域的流场数值模拟计算。

2.2.5　地震影响分析

地震分析常用的指标包括地震深度、震距、震级等。其中,地震深度是指震源与震中的距离,用 h 表示,$h < 60$ km 的称浅源地震,$h > 300$ km 的称深源地震。震距是指观测点距震中的距离。震级是指地震的大小,用 M 表示。震级划分以 1 012 尔格(erg,1 erg$=10^{-7}$ J)为零级,以后每级能量增大 33 倍。通常情况下,我们把 7 级和 7 级以上的地震称为大地震;7 级以下、5 级和 5 级以上的地震称为强震或中震,5 级以下、3 级和 3 级以上的地震称为小震。

地震时地面感受地震的强烈程度,称为地震烈度。地震震级和地震烈度是两个不同的概念。地震烈度主要是根据地震时人的感觉、建筑物受损程度等确定的。我国和大多数国家的地震烈度分为 12 级(见表 2-13)。烈度不仅与震级有关,同时还与震源深浅、震距远近以及地震波通过的介质条件等多种因素有关。根据我国历史上地震资料分析,地震烈度 I 与震级 M 可按 $M=0.53I+1.5$ 进行换算。地震对港航工程规划与建筑物设计都有关系,按《水运工程抗震设计规范》(JTS 146—2012),如建港地区地震基本烈度在 6 度以上,工程必须按抗震设计。

表 2-13　地震烈度等级表

烈 度		主 要 标 志
1	无感	只有用仪器才能测出
2	很弱	在完全静止中才能感觉到
3	弱	类似马车驰过的震动
4	中度	地板、窗棂、器皿发出响声,类似载重卡车疾驰而过的震动
5	相当强	室内震动较强,个别窗玻璃破裂
6	强	书籍、器皿翻倒坠落,灰泥裂开,轻家具移动
7	很强	旧房屋显著破坏,井中水位变化,土石有时崩落
8	破坏	人难站住,房屋多有破坏,人、畜有伤亡
9	毁坏	大多数房屋倾倒破坏
10	毁灭	坚固建筑物也遭破坏,土地变形,管道破裂,土石大量崩滑
11	灾难	地层发生大断裂,景观改变
12	大灾难	地形强烈改变,所有建筑物严重毁坏,动植物遭到毁灭

数字课程学习

📓　○ 本章要点　　○ 思考题　　○ 更多内容……

3

码头及码头平面布置

学习目标

　　(1) 理解码头规模指标的区别与联系。

　　(2) 理解码头平面布置的形式、特点与适用性;了解我国自动化集装箱码头的典型平面布置形式及特点。

　　(3) 掌握码头泊位数、泊位长度、前沿高程、陆域规模等主要参数的确定方法。

　　码头有广义和狭义之分。本章所讲的码头为广义上的码头,是指码头建筑物及装卸作业地带的总和,即除码头建筑物自身外,还包括库场、装卸工艺和集疏运设施等,只有这样码头才能具有靠船、系船、装卸货物、上下旅客和对船舶进行必要的补给等多种功能。考虑到装卸工艺部分有专门课程进行讲解,本书仅以自动化集装箱码头为例,对其工艺设备进行简要说明。

3.1　码头规模的确定

3.1.1　码头规模指标

　　码头规模包括泊位的数量、水深、装卸设备的数量、技术性能等。港口其他设施的规模一般都与码头规模配套或相互协调。因此,确定码头规模是确定港口规模的主要内容之一。港口规划时,应确定合理的码头规模,以最大限度地适应未来航运发展的需要。码头规模主要由泊位停船吨级和泊位数量两个指标体现。

　　1. 停船吨级

　　停船吨级主要取决于货种、航线运距和吞吐量。一般来说,运距越长、船舶吨位就越大,单吨运输成本也就越低。所以从经济角度考虑,远距离的运输常采用大船,而近距离运输往往用小船。专业化大宗散货泊位的停船吨级,其经济营运船型可粗略用单吨运输成本和必要运费率两个指标来选择,同时考虑航运市场运力分布和运价变化的一般规律。结合中国大宗散货、集装箱等进出口航线运距以及近年来各类船型发展趋势,并注意到中国港口内部规模的合理性,码头停船吨级可参考表 3-1 来确定。

表 3-1　我国典型码头停船吨级参考吨级

船　种		航　　线		备　注
		远　洋	沿海、近洋	
普通杂货船		1.5 万~4 万吨级	0.5 万~1 万吨级	
集装箱船		5 000~18 000 TEU	1 500~4 000 TEU	
散货船	矿石	15 万~30 万吨级	5 万~7 万吨级	极限为 40 万吨级
	粮	8 万~12 万吨级	3 万吨级	
	煤	10 万~20 万吨级	3 万吨级(卸)、10 万吨级(装)	
液体化工、成品油船		6 万~8 万吨级	0.3 万~3 万吨级	
原油船		25 万~30 万吨级	5 万/12 万~15 万吨级	极限为 45 万吨级
滚装船		1 万~5 万吨级	1 000~3 000 吨级 0.5 万~2 万吨级	

　　值得注意的是,船舶在港的货物装卸量虽然与停船吨级存在一定关系,但不完全取决于停船吨级。班轮除在始发港和目的港的船舶载重量与停船吨级有关外,在沿途各港的装卸量与船型大小关系并不十分密切。例如,集装箱干线班轮挂靠各港的装卸量可从 300~500 TEU 到 1 000~1 500 TEU。船舶在码头平均装卸量小,则船舶周转量大,因而船舶占用泊位时间中非生产性的辅助作业时间长,从而影响泊位吞吐能力。码头停船吨级系指所能靠泊的标准吨级的船舶,但在实际营运中停泊船舶是多样的,如万吨级多用途泊位,它可能接待相当多万吨级及万吨以下的船舶,这都是降低泊位吞吐能力的因素。泊位装卸效率随系统水平的不同可以有很大差别,在规划阶段也难以精确确定。所有这些因素都影响泊位的实际吞吐能力。

　　2. 泊位数量

　　泊位数量是指一个港口可同时停靠码头进行装卸作业的船舶数量,是反映港口规模的重要指标之一。它主要取决于港口吞吐量和单个泊位通过能力,还取决于码头装卸效率和船舶周转量(1 年间到港的船舶数量)。船舶周转量除与吞吐量有关外,还取决于船舶在本港的平均装卸量。因此,泊位数量的确定涉及因素较多,包括货运量、不平衡系数、营运天数、货种、船型、装卸工艺以及管理水平等。

　　泊位数的计算方法可分为以下四种类型:① 根据原有港口统计资料,对一些货种(如集装箱等)按每泊位或每延米码头岸线的通过能力,估算所需的泊位数;② 根据装卸工艺,选用适当的系数、指标,按《海港总体设计规范》(JTS 165—2013)规定的方法,计算泊位数;③ 根据船舶到达规律、泊位服务状况等经验资料,运用排队论方法,计算最优泊位数;④ 将港口作业的全过程(包括船舶在港动态、码头及库场设备运行以及集疏运作业等)作为一个整体,建立仿真模型,仿真模拟港口作业的随机过程,通过调整模型的参数,探求港口配置的最佳状态。

3.1.2 泊位能力法估算泊位数

泊位的通过能力是指1 a内在既定的码头设备和设施以及满足一定服务水平的条件下,按照合理的生产组织所允许通过该泊位的货物数量。在规划阶段,可参考表3-2中的数据,按照公式 $N = Q/P_t$ 估算所需泊位数 N。其中,Q 为码头年作业量,t;P_t 为单个泊位的年通过能力,t。

表 3-2　单泊位通过能力的经验值　　　　　　　（万 t）

泊位种类	停船吨级	流向	通 过 能 力	备 注
多用途	0.5	装卸	20~30	以件杂货为主,当集装箱超过1万TEU时,可提高20%~30%
			30~40	以散杂为主
	1.5	装卸	40~50	以件杂货为主,当集装箱超过1万TEU时,可提高10%~20%
			50~60	以散杂为主
集装箱	2	装卸	25万~35万TEU	2个泊位、4台装卸桥
	5	装卸	60万~70万TEU	2个泊位、6台装卸桥
	7~10	装卸	70万~80万TEU	
成品油	0.3	装卸	50~70	
	3	装卸	400~500	
	6~8	装卸	600~700	
原油	5	装卸	500~600	
	25~28	装卸	1 700~2 000	
矿石	15~18	卸	1 200~1 300	2台卸船机2×2 500 t/h
粮食	3	卸	150~200	大船可降低单船运输成本
		装	300~350	
	8~12	卸	500~700	
煤	5	卸	300~400	门座抓斗起重机3~4台
		装	800~1 000	装船机6 000 t/h、串联翻车机

为提高估算精度,可进一步按式(3-1)对 P_t 进行估算。

$$P_t = T \times \rho \times \frac{G}{\dfrac{t_z}{t_d - \sum t} + \dfrac{t_f}{t_d}} \qquad (3-1)$$

式中,T 为年日历天数,通常取为365;ρ 为泊位利用率,为船舶年占用泊位时间与年日历时间之比,%,应根据运量、到港船型、泊位装卸效率、泊位数、船舶在港费用和港口投资及营运费用等因素综合考虑,并以港航整体经济效益为目标确定,也可参考《海港总体设计规范》(JTS 165—2013)中表7.10.3的数值;G 为设计船型的实际载货量,t;t_z 为装卸一艘设计船型所需时间,h,其数值等于设计船型的实际载货量 G 与设计船时效率 p(根据年运量、货种、船舶性能、设备能力、作业线数和管理等因素综合考虑,单位为 t/h)的比值;t_d 为昼夜小时数,取 24 h;$\sum t$ 为昼夜非生产时间之和,h,包括工间休息、吃饭及交接班时间,应根据各港实际情况而定,可取 2～4 h;t_f 为船舶的装卸辅助作业、技术作业时间以及船舶靠离泊时间之和,h。其中,船舶的装卸辅助作业、技术作业时间指在泊位上不能与装卸作业同时进行的各项作业时间,船舶靠离泊时间与航道、锚地、泊位前水域及港作方式等条件有关。当无统计资料时,部分单项作业时间可采用《海港总体设计规范》(JTS 165—2013)中表7.10.2的数值。

实践中,公式(3-1)主要用于件杂货和干散货码头的泊位能力估算。对于集装箱码头,其泊位通过能力可按 $P_t = n \times p_L$ 进行粗略估算(其中 n 为岸桥的配备台数,p_L 为单台岸桥的年装卸能力,取 8 万～12 万 TEU),也可按式(3-2)进行更精确的估算。

$$P_t = T_y \times A_\rho \times \frac{Q}{\dfrac{Q}{pt_g} + \dfrac{t_f}{t_d}} \qquad (3-2)$$

式中,P_t 为集装箱码头泊位设计通过能力,TEU;T_y 为泊位年营运天数;A_ρ 为泊位有效利用率,%,取 50%～70%,泊位数少宜取低值,泊位数多及泊位连续布置时宜取高值;Q 为集装箱船单船装卸箱量,TEU,按本港历年统计资料确定,若无资料时,可采用表 3-3 中的数值;p 为设计船时效率,TEU/h;t_g 为昼夜装卸作业时间,h,取 22～24 h,泊位小、航线少时,可适当减少,但不应小于 22 h;t_f 为船舶的装卸辅助作业及船舶靠离泊时间之和,h,取 3～5 h;t_d 为昼夜小时数,取 24 h。

表 3-3　到港集装箱船单船装卸箱量(TEU)

船舶载箱量	200～900	901～1 900	1 901～3 500	3 501～5 650	5 651～9 500	≥9 501
单船装卸量 Q	200～1 000	300～1 200	600～1 500	800～2 500	2 000～3 000	3 000～4 000

设计船时效率取决于岸桥配备数量、岸桥台时效率基准值、标准箱折算系数、岸桥同时作业率、倒箱率、新型岸桥的船时效率提高系数等,具体可按式(3-3)进行计算。

$$p = n \times p_1 \times K_1 \times K_2 \times (1 - K_3) \times K_4 \qquad (3-3)$$

式中，p 为设计船时效率，TEU/h；n 为岸桥的配备台数，采用表 3-4 中的数值；p_1 为岸桥的台时效率，自然箱/h，采用表 3-5 中的数值；K_1 为集装箱标准箱折算系数，取 1.1～1.9；K_2 为岸桥的同时作业率，%，采用表 3-5 中的数值，且随船舶吨级增大而减小；K_3 为装卸船作业倒箱率（%，包括舱盖板吊下和装上作业），采用表 3-5 中的数值；K_4 为可吊双箱和双小车集装箱岸桥的船时效率提高系数，取 1.05～1.25。

表 3-4　集装箱码头装卸桥配备数量

集装箱船舶吨级 DWT/t	集装箱装卸桥配备台数
5 000～20 000(4 501～27 500)	1～2
20 001～30 000(27 501～45 000)	2～3
30 001～50 000(45 001～65 000)	3～4
50 001～70 000(65 001～85 000)	3～4
70 001～100 000(85 001～115 000)	4～5
>100 000(≥115 001)	5

表 3-5　集装箱装卸桥台时效率、同时作业率及倒箱率

船舶载箱量/TEU	台时效率 p_1/(自然箱/h)	同时作业率 K_2/%	倒箱率 K_3/%
200～1 900	20～25	95～85	0～5
1 901～5 650	25～30	90～80	0～7
5 651～9 500	30～35	90～75	0～7
≥9 501	≥35	90～70	0～8

液体散货码头和滚装码头的泊位通过能力估算方法可分别参考《海港总体设计规范》(JTS 165—2013)7.10.8 节和 7.10.9 节。

3.1.3　优化方法确定最优泊位数

对港口而言，最理想的情况是全部泊位始终被使用。对船舶而言，最理想的情况是所有到港船舶不需要等待靠泊就可以直接进港装卸货物。但在实际中，由于船舶到港的随机性以及船型大小（吨位）和装卸货物的多样性，再加上港口堆存能力、集疏运能力以及一些不可预测因素的影响，理想状态难以实现。从经济效益角度来看，港口泊位数越多，则港口建设费用和营运管理成本就越大，泊位过剩会造成岸线资源浪费和经济成本增加。此外，如果泊位数太少，将导致到港船舶等待靠泊时排队过长，造成船舶和货物大量积压，给船东带来经济损失。因此，从宏观控制的角度来看，使完成港口总吞吐任务的全过程发生在港方和船方的总费用最小,此时港口规模是最佳的,相应的泊位数常称为最优泊位数。

1. 符号定义

S ——码头泊位数;

N ——港口营运期,通常 $N = 365$ d;

Q ——港口营运期间的货物吞吐量,t;

R ——一个泊位的日平均装卸效率,t/d,即船天量;

t ——装卸一艘船占用泊位的时间,d;

$\bar{n}_{bS}$、$\bar{n}_{wS}$、$\bar{n}_S$ ——分别指泊位数为 S、港口营运期为 N 时平均在泊位装卸的船数,平均等待泊位的船数和平均在港的船数,艘/d;

ρ_S ——泊位数为 S 的泊位利用率;

λ ——平均到船率,艘/d,即 1 d 内平均的到船数;

μ ——平均装卸船率,艘/d,即 1 d 内装卸的船数;

$1/\mu$ ——单船平均装卸时间,d;

K ——爱尔朗分布函数的阶;

G ——船舶在本港的平均装卸量,t/艘;

T_w、T_b ——船舶平均待泊时间,d;平均靠泊时间,d;

c_b、c_s ——泊位日平均营运费,万元/d;船舶在港日均费用,万元/d;

C_b、C_s ——港口营运发生的总费用,万元;船舶在港发生的总费用,万元;

C_S ——港口和船舶发生的总费用,万元;

P_n —— t 时段内到达 n 艘船的概率;

P_{0S} ——无船在港的概率;

F_n ——1 a 内到港 n 艘船的理论频率。

2. 最优泊位数的表达式

港口营运期内的泊位总费用为 $C_b = c_b \times N \times S$,船舶在港发生的总费用为 $C_s = c_s \times N \times \bar{n}_S$,港口和船舶发生的总费用为 $C_S = C_b + C_s = c_b \times N \times S + c_s \times N \times \bar{n}_S$。假设 S 为最优泊位数,按照总费用最小原则,则有 $C_S < C_{S+1}$ 且 $C_S < C_{S-1}$。进一步整理后,得到 $\bar{n}_S - \bar{n}_{S+1} < (c_b/c_s) < \bar{n}_{S-1} - \bar{n}_S$。在已知 c_b(见表 3-6)、c_s 的情况下,最优泊位数的确定,可归结为如何预测 $\bar{n}_{S-1}$、$\bar{n}_S$ 和 $\bar{n}_{S+1}$,使其满足 $\bar{n}_S - \bar{n}_{S+1} < (c_b/c_s) < \bar{n}_{S-1} - \bar{n}_S$。

表 3-6   泊位日平均营运费参考值

泊位种类	停船吨级	c_b/(万元/d)
多用途	5 000 t	1.55
	15 000 t	2.92
集装箱	1 500~2 100 TEU	3.89
	4 300~6 000 TEU	6.98

3. 船舶出入港和在港分布规律

大量统计研究表明,船舶到港时间间隔分布是随机的,船舶在泊位上作业占用泊位的模式也是随机的,可以用某种理论分布函数来近似描述。认识船舶运行实际符合某种数学规律是十分有益的,它可以使预测和规划不仅仅采用纯经验性方法,可以从模型化、最优化决策方法中得到许多有益的启示,弥补经验判断方法的不足。将平均到船率和平均装卸船率与吞吐量和泊位的装卸效率联系起来,运用数学方法,预测未来港口生产的某些特征。

1) 船舶到港分布规律

多种原因导致船舶(包括班轮)无法按规定时间准确到港。首先,由于风、浪、流的影响,船舶的航速产生 2 kn 左右的变化是完全可能的,这种变化会使航速为 15~20 kn、航期为 5 d 左右的船舶,到港时间与既定时刻表相差 12~16 h;其次,船舶到离港还会受到气候恶劣、库场货物不足、装卸速度缓慢以及调度上的种种因素影响。因此,船舶不能准时到港是一种正常现象。统计所有到港船舶提前或延迟到港的现象,发现它与典型的随机分布模式相近,其中用得比较多的是泊松分布,其概率分布规律为 $P_n = (\lambda)^n \times e^{-\lambda}/n!$,相应 1 a 中到港 n 艘船的理论频率为 $F_n = 365 \times P_n$。

例如,研究我国某港口实际统计数据,根据港口 1 a 间每天到达船舶艘数,统计 1 d 内到达 1 艘、2 艘、3 艘……的天数,然后计算经验频率和平均到船率,列于表 3-7。其中,日均到船率 $\lambda = 1\ 617/366 = 4.418$(艘 /d)。

表 3-7 经验频率和平均到船率计算结果

日到港船数 n/(艘/d)	经验频率		到港船数/艘	泊松分布 P_n/%	$F_n = P_n \times 365$/d
	/d	/%			
0	7	1.91	0	1.21	4.43
1	20	5.46	20	5.33	19.51
2	44	12.02	88	11.77	43.08
3	63	17.21	189	17.33	63.43
4	72	19.67	288	19.14	70.05
5	54	14.75	270	16.91	61.89
6	42	11.48	252	12.45	45.57
7	32	8.74	224	7.86	28.77
8	14	3.83	112	4.34	15.88
9	7	1.91	63	2.13	7.8
10	10	2.73	100	0.94	3.44

（续表）

日到港船数 n/ (艘/d)	经 验 频 率		到港船数/ 艘	泊松分布 P_n/ %	$F_n = P_n \times 365$/ d
	/d	/%			
11	1	0.27	11	0.38	1.39
合计	366	100	1 617	100	365

根据 $\lambda = 4.418$，计算 P_n 和 F_n 的数值列入表 3-7 中。将经验频率与泊松分布比较，并绘于图 3-1 中，两者是很接近的。

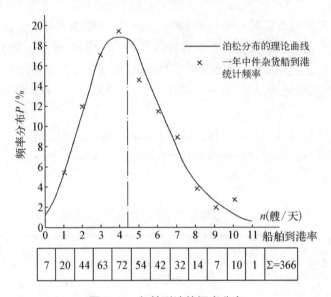

| 7 | 20 | 44 | 63 | 72 | 54 | 42 | 32 | 14 | 7 | 10 | 1 | $\Sigma = 366$ |

图 3-1　船舶到达的概率分布

2）船舶占用泊位时间分布

船舶占用泊位时间通常指从靠泊到离泊的总时间。这个时间的长短会因气象条件、装卸货物量多少、装卸效率波动、货物储存及集疏运变化、船舶装载情况等许多因素的影响而具有随机性。大量统计资料分析表明，它基本符合负指数分布或爱尔朗分布。当装卸一艘船占用泊位为 t 的概率符合负指数分布时，其概率密度为 $f(t) = \mu \times e^{-\mu \times t}$；当其符合爱尔朗分布时，其概率密度如式(3-4)所示。$1/\mu$ 为平均装卸每艘船的时间，它除了能反映装卸效率水平外，同时也是衡量营运管理水平的重要指标。当 $K = 1$ 时，式(3-4)即为负指数分布函数；当 $K = 2$ 时，称为二阶爱尔朗分布函数，此时 $E_2 = 4 \times \mu^2 \times t \times e^{-2\mu \times t}$。$K$ 取不同值时的爱尔朗分布如图 3-2 所示。

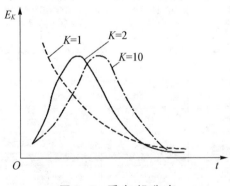

图 3-2　爱尔朗分布

$$f_K(t) = \frac{K \times \mu \times (K \times \mu \times t)^{K-1}}{(K-1)!} e^{K \times \mu \times t} \quad (3-4)$$

表 3-8 是我国某港船舶占用泊位时间的统计分布,表 3-8 中也计算了二阶爱尔朗分布和负指数分布。结果表明,二阶爱尔朗分布与该港实际吻合较好。

表 3-8　我国某港船舶占用泊位时间的统计分布

1	装卸一艘船占用泊位的时间 t	d/艘	0~1	1~2	2~3	3~4	4~5	5~6	6~7	7~8	8~9	9~10
2	对应占用泊位时间 t 的经验频率	艘	195	359	304	224	153	123	78	41	32	24
		%	12.31	22.66	19.19	14.14	9.66	7.77	4.92	2.59	2.02	1.52
3	占用泊位时间为 t 的 E_2 分布频率	%	12.50	21.05	19.69	15.47	11.16	7.65	5.08	3.29	2.09	1.31
4	E_2 分布的理论频率	艘	198.0	333.4	311.9	245.0	176.8	121.2	80.5	52.1	33.1	20.8
5	占用泊位时间为 t 的负指数分布的概率	%	25.00	18.73	14.03	10.51	7.87	5.90	4.42	3.31	2.48	1.86
6	负指数分布的理论频率	艘	396	296.6	222.2	166.5	124.7	93.5	70.0	52.4	39.3	29.5

1	装卸一艘船占用泊位的时间 t	d/艘	10~11	11~12	12~13	13~14	14~15	15~16	16~17	17~18	18~19	
2	对应占用泊位时间 t 的经验频率	艘	18	12	3	7	4	1	2	3	1	
		%	1.14	0.76	0.19	0.44	0.25	0.06	0.13	0.19	0.06	
3	占用泊位时间为 t 的 E_2 分布频率	%	0.81	0.50	0.30	0.18	0.11	0.07	0.04	0.02	0.01	
4	E_2 分布的理论频率	艘	12.8	7.9	4.8	2.9	1.7	1.1	0.6	0.3	0.2	
5	占用泊位时间为 t 的负指数分布的概率	%	1.39	1.04	0.78	0.58	0.44	0.33	0.25	0.18	0.14	
6	负指数分布的理论频率	艘	22.0	16.5	12.3	9.2	6.9	5.2	4.0	2.9	2.2	

3) 排队论模型应用

船舶到港(到达)是随机的,每艘船在港装卸服务的时间也是随机的,这种随机服务系统可以用排队论方法进行计算。当船舶到港时,假如此时所有泊位都已停满,到港船舶依次排队待泊,泊位一旦空闲,立刻依次靠泊作业,作业结束离开泊位。假设货源充足且船舶不断到达。船舶在港内排队概念如图3-3所示。

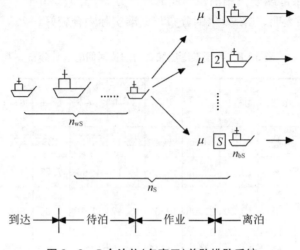

图 3-3　S 个泊位(多窗口)单队排队系统

反映船舶到达规律的参数,平均到船率 λ 可按 $\lambda = (Q/N)/G$ 式计算。平均每艘船的装卸时间用平均装卸船率 μ 表示时,$1/\mu$ 可按 $1/\mu = G/R$。将船流密度 $\alpha = \lambda/\mu = Q/(R \times N)$。因 $Q = R \times S \times N \times \rho_S$,故 $Q/(R \times N) = S \times \rho_S = \bar{n}_{bS} = \alpha$。由此说明船流密度 α 在数值上等于日平均装卸船数 $\bar{n}_{bS}$。

在港口服务系统中,不同的输入过程、服务机构和排队规则可以构成不同的排队模型。实践证明,大多数港口随机服务系统的排队模型为 $M/E_K/S(\infty)$,其中,M 表示船舶到达服从泊松分布;E_K 表示船舶占用泊位时间服从 K 阶爱尔朗分布;S 是港口的泊位数;∞ 表示船舶排队长度无限制。当 $K \to \infty$ 时,爱尔朗分布就变成定长分布,即为 $M/D/S(\infty)$ 排队模型。对装卸效率稳定、船型较统一、载货量相差不大的情况,每装卸一艘船所需时间可以近似认为是定值。如专业化的油码头和矿石、煤炭等码头,就可以用 $M/D/S(\infty)$ 模型分析。当 $K = 1$ 时,爱尔朗分布就是负指数分布,即为 $M/M/S(\infty)$ 排队模型。该模型计算公式齐全,使用方便,并且适合多数港口随机服务系统。当 $K < 1$ 时为超指数分布。利用排队论模型确定平均在港船数的步骤如图3-4所示。不同模型中船舶平均待泊时间与平均靠泊时间的比值参见拓展阅读3-1~拓展阅读3-3。

　拓展阅读3-1　$M/M/S$ 模型中船舶平均待泊时间与平均靠泊时间的比值

　拓展阅读3-2　$M/E_2/S$ 模型中船舶平均待泊时间与平均靠泊时间的比值

　拓展阅读3-3　$E_2/E_2/S$ 模型中船舶平均待泊时间与平均靠泊时间的比值

大多数件杂货码头的船舶随机到港的模式比较接近于泊松分布,船舶占用泊位时间分布接近爱尔朗二阶分布,也有一些港口船舶占用泊位时间符合负指数分布。对专业码头或以停靠班轮为主的码头,由于使用码头的船方、货主相对集中,因而在某种程度上比较容易做到合理安排船舶到港,随机性更多源于自然因素,故一般认为船舶相继到港的时间间隔分布用爱尔朗二阶分布更适宜,即采用 $E_2/E_2/S$ 模型。

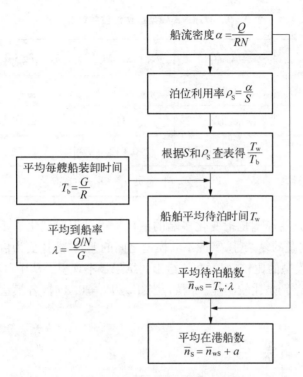

图 3-4　基于排队论模型的平均在港船舶数量确定思路

例如,研究 A 港一作业区 5 a 后的最优泊位数。预测 5 a 后货物吞吐量为 $Q = 146$ 万 t/a,1.5 万吨级多用途泊位通过能力 P_t 为 40 万~50 万 t/泊位。船舶到达符合泊松分布,占用泊位时间基本符合负指数分布。有关参数:$R = 2\,000$ t/d, $G = 5\,000$ t/艘, $c_b = 2.92$ 万元/d, $c_s = 8$ 万元/d。由已知条件可知,3 个 1.5 万吨级泊位在能力上可以完成吞吐量任务。但规划上从营运竞争力考虑,期望 5 a 后的泊位数,既有利于吸引船公司来港,又使本港有合理的投资效益。因此,应当首先粗略估算泊位需求数量(即 $S = Q/P_t = 150/50 = 3$)。然后假设初始泊位数为 3 个,再按照图 3-4 进一步确定最优泊位数,具体估算思路如下。

第一步:计算船流密度, $\alpha = Q/(R \times N) = 1\,460\,000/(2\,000 \times 365) = 2$。

第二步:计算泊位利用率, $\rho_S = \alpha/S = 2/3 \approx 0.667$。

第三步:根据船流密度和泊位利用率,查拓展阅读 3-1 得 $T_w/T_b = 0.454$。

第四步:计算单船平均装卸时间, $T_b = G/R = 5\,000/2\,000 = 2.5$ d/艘。

第五步:计算船舶平均待泊时间, $T_w = 0.454 \times T_b = 0.454 \times 2.5 = 1.135$ d。

第六步:计算平均到船率, $\lambda = (Q/N)/G = (1\,460\,000/365)/5\,000 = 0.8$ 艘/d。

第七步:计算平均待泊船数, $\bar{n}_{w3} = T_w \times \lambda = 1.135 \times 0.8 \approx 0.91$。

第八步：计算平均在港船数，$\bar{n}_3 = \bar{n}_{w3} + \alpha = 0.91 + 2 = 2.91$。

第九步，再假设初始泊位分别为 4 个和 5 个，依次重复第一步至第八步，最终得到不同初始泊位数的相关参数，如表 3 - 9 所示。从表 3 - 9 中可以看到，满足不等式条件的泊位数为 4，所以最优泊位数应为 4 个。

表 3 - 9　M/M/S 模型最优泊位数计算结果

S/个	ρ	T_{w}/d	$\bar{n}_{\text{wS}}$ /(艘·d^{-1})	$\bar{n}_{\text{S}}$ /(艘·d^{-1})	$\bar{n}_{\text{S}} - \bar{n}_{\text{S}+1}$
3	0.67	1.135	0.91	2.91	
4	0.50	0.218	0.174	2.17	0.74
5	0.40	0.050	0.040	2.04	0.13

$0.13 < (0.365 = 2.92/8) < 0.74$，满足 $\bar{n}_4 - \bar{n}_5 < (c_b/c_s) < \bar{n}_3 - \bar{n}_4$

需要注意的是，这些模型是把变化多端的港口营运过程典型化了，所以在选择模型时，应当充分考虑实际问题的复杂性，掌握不同模型之间的差异，选择更为恰当的模型。图 3 - 5 是在 $S = 6$ 时，三种模型的比较，$M/M/S$ 给出的结果最不理想。从中可以看出，在高泊位利用率时，三种模型的差别是比较明显的。例如，当 $T_w/T_b = 0.3$ 时，各模型的泊位利用率差别较大。

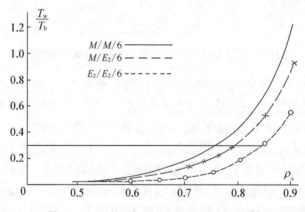

图 3 - 5　M/M/6、M/E₂/6、E₂/E₂/6 比较

3.2　码头平面布置类型

码头布置形式与水陆域的环境条件及码头性质有关，一般应依据建港地点的自然条件，从有利于船舶作业和陆上货物疏运、储存等营运条件出发加以考虑，按平面布置形式可分为顺岸式布置、突堤式布置、挖入式布置、沿防波堤内侧布置、岛式及栈桥式布置。

3.2.1 顺岸式布置

顺岸式码头布置是指码头前沿线大体上与自然岸线平行或成较小角度的布置,是一种最常见的布置形式,如图3-6(a)所示。它尤其适合于港口规模不大,可利用的岸线较多、水域宽度有限制的港口,是河口港和中小型海港常见的布置形式。

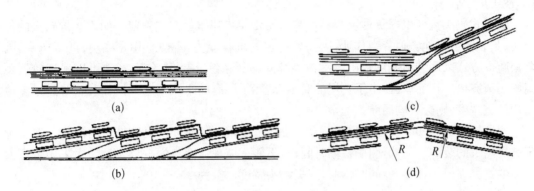

图3-6 顺岸式码头的布置形式

顺岸式布置的优点是可利用天然岸线建设码头,工程量小,泊位可占用的陆域面积较大,便于仓库、堆场、集疏运设施布置以及其他辅助设施的设置,大型装卸机械可以灵活调度,适合于杂货及集装箱作业。但这种布置形式的泊位平均占用的水、陆域面积较多,需要岸线较长,如果岸线有限,则布置的泊位数较少。

顺岸式布置的前沿如果需要布置铁路线,当泊位数量较多时,将它们布置成一条直线对铁路调车行走十分不便。为了方便火车掉头,可以将前沿线布置成锯齿形,如图3-6(b)所示,在河港和河口港,为了顺应河道的自然走向,常将前沿线布置成折线形,如图3-6(c)、图3-6(d)所示。

3.2.2 突堤式布置

突堤式布置是将码头的前沿线布置成与自然岸线有较大的角度的布置形式,如图3-7所示。突堤码头又分窄突堤(突堤是一个整体结构)和宽突堤(两侧为码头结构,当中用填土构成码头地面)。突堤式码头广泛应用于海港。这种布置可与岸线垂直伸向水中,有时由于

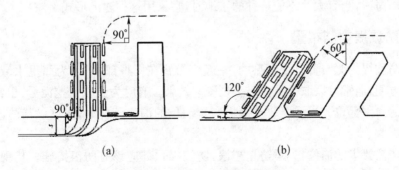

图3-7 突堤式码头的布置形式

地形条件,铁路进线和方便船舶靠离等原因,与岸线斜交伸向水域。它的交角一般不小于45°和不大于135°,斜交布置时锐角一带岸线较难利用,角度愈小岸线利用率愈低。

在天然海湾及人工掩护的水域中建设的港口,由于水域范围受限制,采用突堤式布置可建设的泊位数较多,如大连、天津、青岛等港口均采用了这种形式。这种布置形式的优点是不仅可以节省自然岸线,而且在一定的水域范围内可建设较多的泊位,使整个港区布置紧凑,便于集中管理。

突堤式码头宽度根据货种及货物集疏运需要和装卸作业方式确定。如货运量较大的件杂货、集装箱或其他类似货类作业,因需要一定的堆存能力,一般宜用宽突堤;散货码头,因其集疏运方式采用管道或皮带机等其他连续式输送系统,码头与储存场地可以保持较远距离则用窄突堤。在河口区,由于突堤的突出,破坏了原有的水流流态,易引起淤积,且过多地占用河道宽度,则会影响通航。

宽度较窄(10~60 m)的突堤码头优点是当岸线不足时,可以提供最多的泊位。但这种窄突堤码头的装卸效率低,船舶在港时间长,不能适应现代港口的需要。目前多采用宽度大得多的宽突堤码头,两侧能同时作业,这类码头宽度一般为250~400 m。

突堤式布置和顺岸式布置是码头平面布置最常见的两种形式,它们各有特点。同样泊位数量,突堤式较顺岸式占用自然岸线少,布置紧凑,故在岸线较短的条件下,宜优先考虑突堤式。为了减少防波堤的长度,采用突堤式码头也较有利。其长度,一般以2~3个泊位为宜,最长不宜超过5个泊位。

3.2.3　挖入式布置

挖入式布置的码头和港池水域是向岸的陆地内侧开挖而成的布置形式。挖入式布置充分利用天然岸线,在有限的岸线上可根据需要建设较多的泊位,大大提高了天然岸线的利用率,当主航道船舶航行密度较大、河道较窄时,不影响船舶航行;掩护条件好,选择合适的港池轴线,可有效地避开风和浪,在降雨天数较多的地区,便于修建雨棚,可全天候作业;由于挖入式港池是在向岸的陆域一侧开挖而成的,不降低河道的泄洪能力。挖入式布置的码头不足之处在于,当河流流速和含沙量较大时,港池内淤积较严重,维护工作量较大;当开挖工作量较大时,工程造价较高。

在向岸的陆域内侧开挖港池来布置码头,利用河口及滨海洼地开挖港池,并将疏浚土方填筑陆域,在工程上是比较经济合理的。挖入内陆的布置形式为合理利用土地提供了可能性。在泥沙质海岸,当有大片不能耕种的土地时,宜采用这种建港形式。

3.2.4　沿防波堤内侧布置

码头沿防波堤内侧布置是很常见的,一般多布置在堤根部位,因为那里水域相对平静,与后方连接方便,通常可以取得减少码头投资的效果。有时为了减少挖泥量,也常将泊位布置在防波堤的深水部位。当需要改善沿堤布置泊位的泊稳条件时,可增设与防波堤轴线近似垂直的短堤。

对于有防浪要求的泊位,为了防止越浪,防波堤顶部应该有防浪措施。从现实角度讲,越浪是不可避免的。经验表明,当防波堤外波浪较大时($H_{1/10} > 3$ m),尽管防波堤胸墙设计很高,在风的伴随下,溅浪越过堤顶是不可避免的,这种溅浪可飞溅至距胸墙十几米处。因此,在此范围内不宜布置固定的装卸运输设备,可布置如矿石之类不致因溅浪而影响货物质量的堆场。通常该种布置方式适用于泊位较少或专业化的港口。

3.2.5　岛式及栈桥式布置

岛式及栈桥式码头布置,也称离岸式布置,常布置在离自然岸线较远的深水区,在码头与岸线之间的水域也可以用于布置驳船泊位,进行水上过驳作业。这种码头布置是为了适应现代大型油船而发展起来的一种深水码头,一般为开敞式的,不设防波堤,当发生超过作业标准的自然条件时,泊位会停止作业,船舶暂时离开码头。一般大型散货船、油船和液体化工船大多采用这种形式。

大型开敞式离岸码头常采用蝶形布置形式,一般由工作平台、靠船墩、系缆墩组成,其中靠船墩有主靠船墩和副靠船墩。当深水区距岸线不太远时,大型原油码头可将输油管线铺设在码头与岸连接的栈桥上,这种称为栈桥式布置,如大连港鲇鱼湾油码头、青岛港黄岛 20 万吨级油码头[见图 3-8(a)]。原油码头也可用铺设在海底的管线将原油输向岸上,这种形式称为岛式布置,如日本苫小牧港原油进口岛式码头,如图 3-8(b)所示,码头最大停船吨位为 28 万吨。

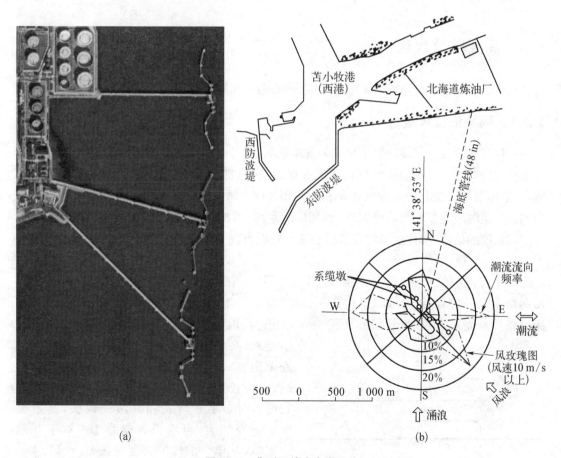

图 3-8　典型开敞式离岸码头

大型干散货码头亦多采用开敞式码头,通过布置在栈桥上的工艺设备与岸连接,故将此类码头称为栈桥式布置。图3-9为阿根廷矿石出口码头,采用弧线式装船机,船舶根据浪流条件可在3个不同方向的码头前沿线上停泊,从而提高了开敞式码头的作业天数。

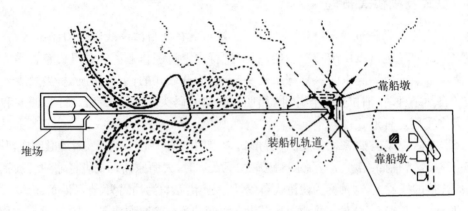

图3-9　阿根廷离岸干散货栈桥码头

3.3　码头陆域尺度

码头陆域尺度主要包括码头泊位尺度、码头前沿高程和码头陆域纵深。

3.3.1　码头泊位尺度

泊位尺度的确定以设计船型尺度为基本依据,并考虑适当的富余量,以保证船舶在码头停靠作业的安全。码头泊位尺度包括码头岸线长度(即泊位占用岸线的长度,又称泊位长度,一般由设计船长 L 和富余长度 d 构成)、码头前水域宽度(即泊位宽度,一般取2倍船宽,当回淤严重时应适当增加泊位宽度)和相应的水深(即泊位水深)三方面构成。本节重点讨论泊位长度的确定,泊位水深将在港口水域及外堤布置中介绍。

1. 单个泊位

对于有掩护的水域,单个一字型布置(见图3-10)泊位长度 L_b 可根据设计船长 L 加两端富余长度 d 确定,即 $L_b = L + 2d$。富余长度应满足船舶系缆、靠泊、离泊和装卸设备检修要求,可根据设计船长按表3-10进行取值。其中,端部泊位应考虑系缆安全要求,必要时可增加2 m左右的带缆操作安全距离。码头两端单独设置首尾系缆墩时,泊位长度应计入首尾系缆墩外侧结构的长度。对于半开敞式和开敞式码头,富余长度应适当加大,可取设计船宽 B。对于开敞式水域,其单个泊位的长度可按 $L_b = (1.4 \sim 1.5)L$ 进行计算。

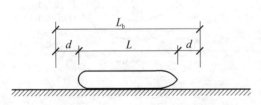

图3-10　一字形布置单个泊位长度

表 3-10 富余长度 d

设计船长 L/m	<40	41~85	86~150	151~200	201~230	231~280	281~320	>320
富余长度 d/m	5	8~10	12~15	18~20	22~25	26~28	30~33	35~40

2. 多个泊位连续布置

对于有掩护的水域,在同一岸线上一字形连续布置多个泊位时(见图 3-11),其端部泊位长度为 $L_d = L + 1.5d$,中间单个泊位长度为 $L_z = L + d$。假设共布置 n 个泊位,则码头总长度 L_b 可按 $L_b = n \times L + (n+1)d$ 进行计算。当两相邻泊位船型不同时,富余长度应按较大船型选取。

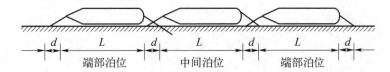

图 3-11 连续布置多泊位长度

需要注意的是,连续设置多个泊位多为集装箱或杂货码头,且为顺岸布置。在港口运营时,允许泊位数不按设计船型分割,而按照码头连续岸线长度和到港船舶实际长度制订柔性靠泊计划。多泊位连续布置的集装箱港区容易形成规模,便于增加集装箱作业的效率和设备调度使用的灵活性,降低项目的工程投资。上海洋山三期码头岸线全长 2 600 m,共连续布置 7 个 7 万~15 万 t 级集装箱船舶泊位。此时,码头岸线的长度比泊位数更能反映码头规模。

对于油品码头来说有严格的防火要求,应与其他货种保持一定的安全距离(即油品码头相邻其他货种码头所停靠设计船舶首尾间的净距)。当闪点<28 ℃或≥28 ℃且<60 ℃,安全距离为 150 m;当闪点≥60 ℃且≤120 ℃时,安全距离为 50 m。当受条件限制布置有困难时,可减小安全距离,但应采取必要的安全措施。

油品码头相邻两泊位间的船舶间距(间距指油品码头相邻两泊位所停靠设计船舶首尾间的净距)不应小于表 3-11 的规定。突堤或栈桥两侧靠船时,不受这一船舶间距的限制。

表 3-11 油品码头相邻两泊位间的船舶间距

设计船长 L/m	<110	110~150	151~182	183~235	>235
安全间距/m	25	35	40	50	55

其他危险品码头的布置,当危险品数量较少时,其装卸作业可与港区其他码头泊位混合使用,但应采取必要的安全措施;当危险品数量较大且货源稳定时,可设置专用危险品码头,其布置可根据危险品性质参照油品码头及其他有关规定确定。

3. 折角布置的泊位

当码头布置成折线时,其转折处的泊位长度如图 3 - 12(a)所示,应满足船舶靠离作业的要求,并应根据码头结构形式及转折度确定。在突堤式码头布置中,突堤与顺岸相接的两泊位呈折角布置。我国现有码头岸线折角有 45°～90°,从使用上看,以大于 70°为好。折角太小,岸线损失太大,而且不利于港内水体的交换。转折处的泊位长度应满足船舶靠离作业的要求,并根据码头结构形式及转折角度确定。直立式岸壁折角处的泊位长度应按 $L_b = \xi L + 0.5d$ 计算。其中,ξ 为船长系数,按表 3 - 12 取值。对 1 000 t 级以下的船舶,折角处的富余长度可适当减小。如图 3 - 12(b)所示,当直立式码头与斜坡式护岸或水下挖泥边坡边线的夹角 $\theta \geqslant 90°$ 时,靠近护岸处的泊位长度与单个一字型布置泊位长度的计算方法相同。

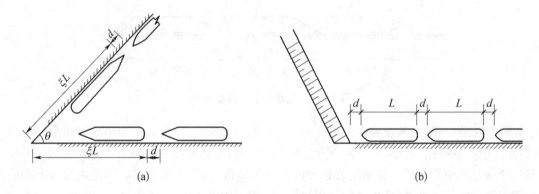

(a)　　　　　　　　　　　　　　(b)

图 3 - 12　折角布置的泊位长度

表 3 - 12　船 长 系 数

$\theta(°)$	60	70	90	120
DWT>5 000 t	1.45	1.35	1.25	1.15
DWT≤5 000 t	1.55	1.40	1.30	1.20

3.3.2　码头前沿高程

码头前沿高程应考虑当地大潮来临时,码头面不被淹没,便于作业和码头前后方高程的衔接。码头前沿高程应根据泊位性质、船型、装卸工艺、船舶系缆、水文、气象条件、防汛要求和掩护程度等因素,并参照邻近现有码头前沿高程确定。码头前沿高程在考虑当地潮位特征、作业要求以及与后方地形衔接等几个方面因素的基础上,还应考虑节省投资的原则。开敞式码头与有掩护的码头的前沿高程确定方法有所不同。

1. 有掩护码头

对于有掩护港口的码头的前沿高程为计算水位与超高值之和,并分别计算基本标准和复核标准,然后取其最大值。其中,基本标准为设计高水位(即潮累积频率10%对应的水位)

加上 $1\sim1.5$ m 的超高值,复核标准为极端高水位(即重现期为 50 a 一遇的年极值高水位)加上 $0.3\sim0.5$ m 的超高值。位于陆沉地区的港口,码头前沿高程应适当留有沉降富余量;当码头附近陆域过高时,为便于同铁路、道路在高程上的合理衔接,码头前沿高程经论证后可以适当调整。

2. 开敞式码头

开敞式码头前沿高程应满足码头面不被波浪淹没的要求,通常不考虑码头及连接桥上部结构直接承受波浪力的作用。因此码头面高程确定时,应考虑上部结构高度,按 $E=H+\eta_0+h+\Delta$ 确定,必要时应通过模型试验确定。其中,E 为码头面高程,m;H 为设计高水位,m;η_0 为设计高水位时重现期为 50 a 的 $H_{1\%}$(波列累积频率为 1% 的波高)静水面以上的波峰面高度,m;h 为码头上部结构高度,m;Δ 为波峰面以上至上部结构底面的富余高度,m,一般取 $0\sim1.0$ m。对于上部结构允许承受波浪力的开敞式码头,可根据结构的受力条件,适当降低码头面高程。

码头前沿高程确定之后,还应根据排水、装卸工艺及运输系统的要求,结合当地地形、地质等条件确定库场、道路、铁路、停车场、辅建区和排水系统等的高程。高程设计应尽可能减少土石方工程量,使港区挖填基本平衡,降低工程投资;同时,须与周边已建工程和后续工程场区标高相协调衔接,并根据使用要求,考虑地基沉降情况进行适当预留。

3.3.3　码头陆域纵深

码头陆域纵深是指码头岸线的陆域部分直接或间接用于港口生产和辅助生产用地的尺度。受后方地形等条件限制,多数港口陆域不是规则的图形,不具备统一的纵深尺度,一般所说的陆域纵深是个平均概念,指从码头前沿线(突堤式码头自根部算起)至后方港界线的平均宽度,数值上等于单位长度码头岸线拥有的土地面积。陆域纵深的确定应根据泊位性质、货种运量、装卸工艺要求、铁路分区车场形式及集疏运条件等综合分析。陆域纵深过小会对港口生产产生限制,过大则会浪费宝贵的土地资源。陆域纵深是反映港口适应快速发展、拓展功能与推进环保对策的前瞻性的重要尺度。

目前我国沿海港口件杂货港区的陆域纵深一般为 $200\sim400$ m。集装箱码头堆场作业模式的不同,使得堆场面积具有较大的弹性。欧洲港口堆场面积大、堆箱层数少,个别港口采用底盘车堆存;亚洲港口堆场容量大、堆箱层数多、堆场密度高。根据对各国集装箱码头的调查,用于集装箱装卸、堆存的港口作业用地的陆域纵深一般为 $450\sim650$ m,如果考虑仓储业、物流业等的需求,还应该再增加额外的使用面积。

欧美主要港口的陆域纵深一般在 $500\sim1200$ m,单泊位陆域面积大多在 1 万 m^2 以上。近年来,我国主要港口新建的集装箱码头面积也在不断扩大。上海港外高桥四期及五期码头的陆域纵深达到了 1250 m,单泊位陆域面积达 45 万 m^2。上海国际航运中心洋山深水港区的建设非常注重为集装箱码头提供足够的后方陆域(相关技术参数如表 3-13 所示)以满足生产和发展的需要,并专门在东海大桥的大陆段配套建设了芦潮辅助作业区,有效解决了洋山岛上重箱堆场、危险品箱堆场及查验场地不足的问题。

表 3 - 13　洋山深水港区一~三期码头纵深情况

工　程　名　称	一期工程	二期工程	三期工程	一~三期工程
泊位数/个	5	4	7	16
岸线长度/m	1 600	1 400	2 600	5 600
港区面积/万 m²	134	89	390	613
平均陆域纵深/m	838	636	1 500	1 095
芦潮辅助作业区面积/万 m²	92.29	34.2	103.55	230.04
总面积/万 m²	226.29	123.2	493.55	843.04
折合平均陆域纵深/m	1 414	880	1 898	1 505

数据来源:王晓、李文娟:《港航工程与规划》,上海交通大学出版社,2015,第 241 页。

3.4　码头陆域布置

　　码头陆域布置主要包括生产区内的码头前沿作业地带、码头储存作业区、道路、关检设施、管网、集疏运通道等设施以及辅助区和生活区的布置。码头陆域布置的基本模式是以生产区为单元将各部分组合成一体,生产性建筑物及主要辅助生产建筑物宜布置在陆域前方的生产区,其他辅助生产建筑物及生活建筑物宜布置在陆域后方的辅助区,使用功能相近的辅助建筑物宜布置在陆域后方的辅助区,且宜集中组合布置。对不同类型的码头,其陆域平面布置原则和方法存在一定差别。

　　本书重点聚焦多用途码头和集装箱专用码头进行讲解,如需了解干散货码头、液体散货码头、滚装码头等其他专业化码头的陆域布置,请参考《港口规划布置(第 3 版)》和《港航工程与规划》。

3.4.1　件杂货、多用途码头

1. 平面组成

件杂货码头由数个泊位(一般为 3~8 个)组成一个作业区,其陆域布置基本趋于定型化。件杂货码头生产区纵深不宜小于 250 m,一般分为三个部分:① 码头前沿作业地带,包括前沿通道及门机、货物接卸操作场(有时包括临时堆场)以及库(场)前道路,主要供船舶货物装卸使用,范围为自码头前沿至前方库(场),其总宽度宜为 40~50 m,并可根据地形条件及工艺布置做适当调整;② 前方库(场)区,包括库(场)及铁路(或公路)装卸作业带,主要供进港货物暂时存放和出港货物在装船前临时集中之用,其长度一般为泊位长度减 20~30 m,且容量应能接卸相应泊位设计船型的载货量,在布置时应处于码头前沿旁,并尽可能与泊位对应;③ 后方库(场)区:主要供货物集中和疏运的周转之用,一般紧邻前方库(场)区布置,应满足设计船型一次载货量的需要,需要有装卸车的便利条件,必要时可选择布置铁路及道路。

除上述生产区外,码头还需设置辅助生产及管理设施。在平面布置上,这些设施既要紧邻生产区,又要靠近出入口,并利用一部分生产区的边缘地带布置建筑物,同时尽可能将工具库、工人休息室布置在靠近作业现场,避免相互干扰。由于车船载货量相差较大,必须设置缓冲储存区,以加快车船周转。此外,进出口货种繁多、到发地各异,在库(场)内还需分类、查验,履行必要的通关和发货手续。码头上的库(场)对加速车船周转、提高港口通过能力是十分重要的。

传统的多甲板杂货舱运力正逐步减少,致使传统件杂货码头在港口中比重亦随之逐渐减少,码头要适应杂货舱型变化。与传统件杂货码头相比,多用途码头有以下特点:① 装卸设备配套能力强,能够适应货物类型多样化需要(从集装箱到各种包装形式的杂货乃至散货);② 码头纵深大,以适应多类型货物储存,特别是集装箱占用场地大(包括拆装箱库)。

2. 布置形式

在布置上可视货种情况选用以下形式:① 前沿仓库式,即邻近前沿布置仓库,适用于货物入库比重较大泊位;② 前沿堆场式,即邻近前沿为堆场,其后为仓库;③ 半库半场式,是一种灵活布置,对货种适应性好一些。图 3-13 是以集装箱、件杂货为主的多用途泊位的布置形式,泊位按 2 个 15 000 t 级泊位设计,可同时停靠 1 个 2 万 t 级船和 1 个万 t 级船,或 3 个 0.5 万 t 级船。

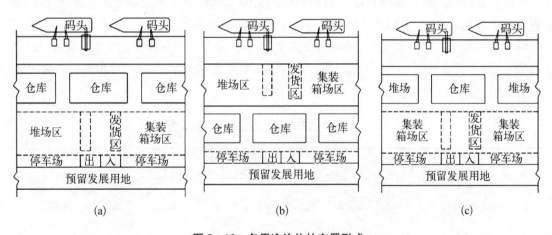

图 3-13 多用途泊位的布置形式

(a) 前沿仓库式;(b) 前沿堆场式;(c) 半库半场式

3. 库场规模

由于车船两者容量相差很大,必须在船岸间的快速货流和码头腹地间缓慢、零散的集疏运间设置缓冲储存区,以加速车船周转。此外,进出口货种繁多、到发地各异,在库场内需分类、核查,履行必要的验关和发货手续。因此,充足的码头库场面积对加速车船周转、提高港口通过能力十分重要。

库(场)所需容量按 $E = (Q_h \times K_{bk} \times K_t) \times t_{dc} / (T_{yk} \times \alpha_k)$ 计算,该方法同样适用于散货码头。其中,Q_h 为年货运量,t;K_{bk} 为库(场)不平衡系数,在数值上等于月最大货物堆存吨

天 $H_{\max}$ (t•d)与月平均堆存吨天 H (t•d)之比,即 $K_{bk}=H_{\max}/H$; K_t 为货物最大入库(场)百分比(%); T_{yk} 为库场年营运天,d; α_k 为堆(场)容积利用系数,对件杂货取 1.0,对散货取 0.7~0.9; t_{dc} 为货物平均堆存期,d,应根据不少于连续 3 a 的统计资料分析确定,并考虑两批货物出入库场间隔期(可取 1~2 d),当无资料时可采用表 3-14 的数值。

表 3-14　货物平均堆存期

货　种	平均堆存期/d	说　明
钢铁、机械设备	7~12	包括钢板、钢材、生铁等
大宗件杂货	7~10	包括袋粮、化肥、水泥、盐等
一般杂货	10~15	
散粮	7~15	在筒仓的堆存期应考虑熏蒸后散发气体所需时间(可取 3 d)

　　件杂货仓库或堆场总面积可按 $A=E/(q\times K_k)$ 计算。其中, A 为库场总面积,m²; q 为单位有效面积的货物堆存量,t/m²; K_k 为库场总面积利用率,为有效面积占总面积的百分比,%; E 为库场所需容量,t。

　　单位有效面积的货物堆存量 q 应根据库场条件、货物特性、堆垛要求及形式、所选用的机械和工艺要求确定。对大宗散货,应考虑货物实际堆高的因素。杂货单位有效面积的货物堆存量可参考表 3-15。当开展成组装卸作业时,单位有效面积的货物堆存量应按设计条件确定,但不能低于表 3-15 所列数值;大宗货物,如化肥、糖、盐、大米等宜在堆场堆垛,q 值可取上限。

表 3-15　单位有效面积的货物堆存量取值

货　物	包 装 形 式	$q/(\mathrm{t\cdot m^{-2}})$	
		库	场
糖	袋	1.5~2.0	—
盐	袋	1.8~2.5	—
化肥	袋	1.8~2.5	—
水泥	袋	1.5~2.0	—
大米	袋	1.5~2.0	—
面粉	袋	1.3~1.8	—
棉花	袋	1.5~2.0	—

(续表)

货　物	包装形式	$q/(\text{t}\cdot\text{m}^{-2})$	
		库	场
纯碱	袋	1.5～2.0	—
纸	—	1.5～2.0	—
小五金	—	1.2～1.5	—
橡胶	块	0.5～0.8	—
日用百杂货	—	0.3～0.5	—
杂货	箱	0.7～1.0	—
综合货种		0.7～1.0	1.5～2.0
生铁		—	2.5～4.0
铝、铜、锌		—	2.0～2.5
马口铁、粗钢、钢板	—	—	4.0～6.0
钢制品	—	—	3.4～5.0

件杂货库场总面积利用率应根据库场所选用的机械、货物特性、仓库结构和通道布置等因素确定。当缺乏资料时,可参考表 3-16。

表 3-16　库场总面积利用率取值

库场类型	K_k/%	
	大批量货物	小批量货物
单层库	65～75	60～65
多层库	55～65	50～60
堆场	70～80	

3.4.2　集装箱码头

1. 平面组成

集装箱码头陆域布置的功能比较明确,已逐步形成典型的模式(见图 3-14)。专业化的集装箱码头均采用封闭式管理,要求在平面布置上便于与周边的作业区、交通系统及非集装箱区的建筑物实现隔离。码头作业的前沿地带至集装箱堆场,除特殊情况下设有码头变电所外,无其他固定建筑物。大门及道口通常是集装箱区的唯一出入口,管理用房集中设置在大门的一侧。大门外与交通干道的连接段应尽可能留有一定的空间,作为集装箱专用车辆进入大门前的临时等待区。拆、装箱作业在大门内的集装箱货运站。

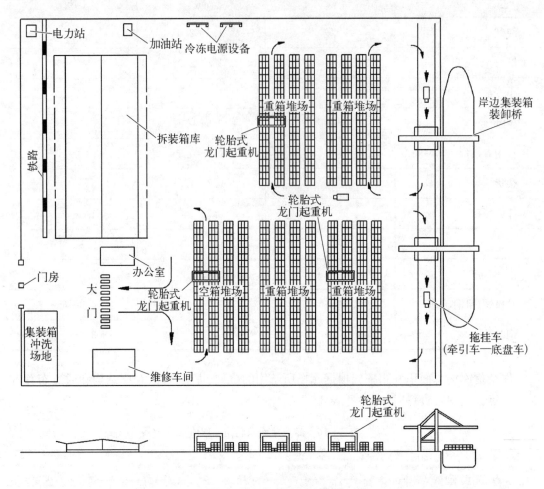

图 3-14　集装箱码头布置

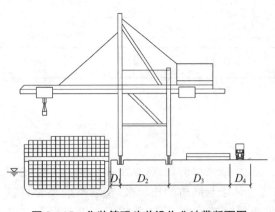

图 3-15　集装箱码头前沿作业地带断面图

2. 码头前沿装卸作业地带

一般码头前沿装卸作业均采用岸桥,作业活动涉及的空间范围包括岸桥至码头前沿段、装卸桥轨距段、舱盖板等临时堆放区和码头前沿道路等,如图 3-15 所示。其中,D_1 为岸桥海侧轨道中心至码头前沿的距离,主要供船舶系解缆作业、放置舷梯以及布置电缆槽等设施,其宽度最小值为 2.5 m;国内新建集装箱码头一般为 3~4 m,国外有些码头考虑到大型集装箱船的船首形状、靠泊时的最大角度等因素取

7.5 m(含护舷)。D_2 为岸桥轨距,国内集装箱码头大多为 30 m 或 35 m,最小也有 16 m;枢纽港干线班轮靠泊时,由 3~7 台岸桥并联作业,此时集卡通道布置一般不采用"一机一道"方式,而是采用对角式布置,在 30 m 轨距范围内布置 6 条通道,即 2 条集卡行车通道、2 条停车作业通道和 2 条辅助作业通道。D_3 为舱盖板堆放区,一般布置在岸桥后轨外,宽度为16~20 m,该区域也可作为临时堆箱区。D_4 为舱盖板外侧行车通道,一般布置 1 或 2 条行车通道,在装卸船作业密度大、效率高时尤为重要。

3. 集装箱堆场

集装箱堆场是集装箱码头进行集装箱装卸、交接、存放以及保管的场地。为提高码头作业效率,有些集装箱码头将集装箱堆场分为前方堆场和后方堆场两个部分。前方堆场位于码头前沿与后方堆场之间,主要用于出口或进口集装箱的临时堆放,其面积应能堆放该泊位可靠泊的最大船舶载箱量的 2 倍;后方堆场紧邻前方堆场,是码头堆放集装箱的主要部分,按用途又可分为重箱、空箱、冷藏箱、特种箱场地等几个部分。

1) 布置形式

集装箱堆场应根据装卸工艺的设计要求进行布置,按照集装箱的摆放方向可分为顺岸式和垂岸式两种方式。选择布置方式时,首先,主要考虑的因素包括堆场装卸设备有一定的调配使用余地,以降低设备故障时对营运效率造成影响的风险;其次,还应使集卡的行走路线尽可能顺畅,减少转弯次数;最后,还应尽可能减少堆场作业与水平运输之间的干扰。在陆域面积充足,采用传统集装箱装卸工艺的情况下,堆场一般采用顺岸式布置。其优点在于后方有较大的陆域面积,以便布置各类堆场及其他辅助设施,装卸工艺的配置、生产作业的组织、码头交通流的安排等比较成熟。目前,多数集装箱码头集装箱采用顺岸式布置。垂岸式布置多用于自动化集装箱码头。

2) 堆场规模

集装箱堆场规模常用指标包括堆场容量和平面箱位数(也称地面箱位数)。集装箱堆场容量按 $E_y = (Q_h \times t_{dc} \times K_{bk})/T_{yk}$ 进行计算。其中,E_y 为集装箱堆场容量,TEU;Q_h 为集装箱码头年运量,TEU;t_{dc} 为到港集装箱平均堆存期,d,按本港统计资料确定,若无资料可采用表 3-17 中的数值;K_{bk} 为堆场集装箱不平衡系数,按本港统计资料确定,若无资料可取 1.1~1.3;T_{yk} 为集装箱堆场年工作天数,d,取 350~365 d。

表 3-17 集装箱堆场平均堆存期

集 装 箱 类 别	平均堆存期 t_{dc}/d	运量比例/%
进口箱	7~10	约 50
出口箱	3~5	约 50
中转箱	7	0~30
空箱	10	10~30

集 装 箱 类 别	平均堆存期 t_{dc}/d	运量比例/%
冷藏箱	2~4	1~5
危险品箱	1~3	1~6

地面箱位数按 $N_s = E_y/(N_1 \times A_s)$ 进行计算。其中，N_s 为堆场所需地面箱位数，TEU；N_1 为堆场设备堆箱层数，A_s 为堆场容量利用率，%，一般可按表 3-18 进行取值。

表 3-18　集装箱堆场堆箱层数及容量利用率

作 业 设 备	堆箱层数 N_1	堆场容量利用率 A_s/%
轮胎龙门起重机	3~5	55~70
跨运车	2~3	70~80
轨道龙门起重机	5~8	60~70
正面吊	3~4	60~70
空箱堆箱机	5~8	70~80

每个 20 ft 箱的平面箱位所需面积，依据装卸系统一般为 22.7~28.8 m^2，40 ft 箱为 44.6~56.8 m^2。年通过能力 20 万 TEU 的堆场约需 2 000 个平面箱位，所需堆场面积为 4.6~5.8 万 m^2；年通过能力 30 万 TEU 的堆场约需 3 200 个平面箱位，所需堆场面积为 7.3~9.3 万 m^2。

4. 集装箱拆装箱库

集装箱拆装箱库是指把货物装进集装箱或将其从中取出，并把其作为收发、储存、保管和交接的作业场所。集装箱拆装箱库一般建于码头后方，侧面靠近码头外公路或铁路的区域，尽可能保证陆运车辆不必进出码头库场，而直接进出库。集装箱拆装箱库所需容量可按 $E_w = (Q_h \times K_c \times q_t \times K_{bw}) \times t_{dc}/T_{yk}$ 计算。其中，E_w 为拆装箱库所需容量，t；Q_h 为集装箱码头年运量，TEU；K_c 为拆装箱比例，%，不宜大于 15%；q_t 为标准箱平均货物重量，t/TEU，按本港统计材料确定，若无资料可取 5~10 t/TEU；K_{bw} 为拆装箱库货物不平衡系数，按本港统计材料确定，若无资料可取 1.1~1.3；t_{dc} 为货物在库平均堆存期，d，按本港统计材料确定，若无资料可取 3~5 d；T_{yk} 为拆装箱库年工作天数，d，取 360~365 d。

近年来，随着集装箱化和物流业的高速发展，竞争促使市场细分不断深入，专业化分工也不断发展。在一些大型集装箱港口，随着集装箱吞吐量的增加，船公司开始将自己的空箱集中到指定的码头外堆场进行专业化管理，同时也出现了专业化的进口拆箱分拨和出口拼箱的码头外物流公司，形成了集装箱拆装箱库和空箱堆场移至码头外物流园区或保税物流园区的趋势。

5. 道口

道口,又称检查桥、闸口、大门等,是集装箱码头的出入口,也是集装箱和集装箱货物的交接点,因而也是区分码头内外责任的分界点,是集装箱进出码头的必经之口。道口一般设置在集装箱码头的后方,出于保证码头机械、船舶积载的安全性和海关监管需要,还设有地磅,又称地秤、地衡,另外还配有计算机、智能卡(IC)机、收放栏杆、闭路电视监控系统(CCTV)和箱号自动识别系统等设备。大门不仅是出入口,还具有称重、检查、交接、指挥等功能。集装箱码头大门所需车道数按 $N=[Q_h \times (1-K_b) \times K_{bv}]/(T_{yk} \times T_d \times p_d \times q_c)$ 计算。其中,N 为集装箱码头大门所需车道数;K_b 为水运、铁路中转及港内拆装箱之和占码头年货运量的比例,%;K_{bv} 为集装箱车辆到港不均衡系数,按本港统计材料确定,若无资料,可取为 $1.5 \sim 3$;T_{yk} 为堆场年工作天数,取为 $350 \sim 360$ d;T_d 为大门日工作时间,h,取 $12 \sim 24$ h;p_d 为单车道小时通过的车辆数,辆/h,为 $20 \sim 40$ 辆/h;q_c 为车辆平均载重量,TEU/辆,按本港统计材料确定,若无资料可取 $1.2 \sim 1.6$ TEU/辆。

6. 调度管理中心

调度管理中心又称控制中心、中心控制室、控制塔或指挥塔。调度管理中心常设在码头操作或办公楼的最高层,以便能够环视整个码头的作业情况。调度管理中心装有集装箱码头操作管理软件,并配有用于指挥码头现场作业的无线对讲机、用于监控码头作业现场的CCTV 等设备,它是码头现场作业的中枢机构。随着计算机、通信技术的快速发展,通过全球定位系统(GPS)、地理信息系统(GIS)等技术,可以实现集装箱码头的虚拟可视化控制,其位置安排变得更加灵活方便。

📱 拓展阅读 3-4 我国自动化码头典型陆域布置形式

数字课程学习

📝 ○ 本章要点 ○ 思考题 ○ 更多内容……

港口水域布置

学习目标

（1）理解港口水域的组成及功能。

（2）掌握码头前沿水深与海港航道水深之间的区别与联系；掌握码头前沿水深和海港航道水深的确定方法。

（3）理解靠泊方式对港池尺度的影响、锚泊方式对锚地尺度的影响、码头平面布置形式对连接水域尺度的影响、回转性能对回旋水域尺度的影响；掌握港池、锚地、连接水域、回旋水域、制动水域等水域尺度的确定方法。

（4）理解航道选线的基本原则、航道的通航要求；掌握航道宽度的确定方法。

（5）理解防波堤的平面布置形式及特点、防波堤布置的基本原则、口门平面布置形式及特点；掌握口门数量和口门宽度的确定方法。

广义上的港口水域是指港界范围内所包含的全部水域面积，主要包括港池、连接水域、回旋水域、制动水域、进出港航道、锚地等。港口水域既要保证船舶航行和港口作业的安全高效，又要保障港口发展的可持续性。因此，在港口规划、设计时，应结合该港的布局考虑今后的发展，并根据当地的自然条件和特点确定港口水域，同时满足以下条件：① 具有足够水深，满足相应吨级船舶吃水的要求；② 具有足够面积，能满足船舶回旋、制动、港内航行、停泊作业等方面的要求；③ 具有良好泊稳条件，以便船舶能安全、顺利地完成货物装卸作业和旅客上下船；④ 航道走向应满足船舶安全进出港口的要求，港池和航道的维护性挖泥量应尽量小；⑤ 除满足设计船型的航行、停泊所需的水域外，还应考虑港口辅助船舶（港作、工程、海事、边防等）的航行和停泊要求，在有小船运输的港口，还应考虑这部分船舶对水域的特殊要求，但在布置上应尽量减少大小船之间的干扰。

4.1 港口水域的组成及功能

根据所处位置不同，港口水域可分为港内水域和港外水域。根据功能不同，港内水域一般包括泊位前水域（用于船舶停靠和操作，采用突堤式布置时一般将其称为港池）、连接水域、回旋水域、制动水域、港内锚地等，港外水域主要包括进出港航道和港外锚地。在港口规划、设计时，应将不同功能的水域集中设置，以充分利用港内水域，降低工程造价。

4.1.1 港内水域

1. 泊位前水域

一般人工开挖的港口，为节省疏浚量多按使用功能将泊位前水域分为船舶停泊装卸作业水域和船舶靠离码头操纵水域两部分。对于泊位前停泊水域，应保证在设计低水位船舶满载时能安全停靠。对于泊位前船舶靠离码头操纵水域，其深度应保证在乘潮水位时船舶能安全靠离岸作业。

2. 连接水域

港池与航道的连接水域是指顺岸码头和突堤码头港池与航道连接段的水域，其功能是保证船舶安全进出港池。一般情况下考虑船舶自航转向进出港池，在困难情况下也可按拖船协助转向进出港池考虑。对突堤码头前港池的连接水域多兼顾出港船舶在此转头的需要。

3. 回旋水域

船舶回旋水域是指船舶转头出港或回旋转向所需的水域。其尺度与回转性能、是否自行掉头等因素有关。对于少数具有天然水深条件、水域开阔的港口，船舶可自航转头，但大多数的人工港是借拖船协助转头，个别中小港口缺乏拖船时，也有利用当时的风、流条件，运用船舶的车、舵、锚配合作业的方式进行船舶转头。

4. 制动水域

船舶进港时为克服横向风、浪、流的影响，必须保持一定的航速以维持舵效。进港船舶为了确保在横风、横浪情况下安全进港，应保持 6～8 kn 的航速，在困难条件下可考虑中速进港。船舶以一定航速进港后，为停靠泊位或转向应减低船速乃至静止，该过程即为船舶制动过程，该段水域称为制动水域。最小制动水域是指船舶进港后采用全速倒车克服船舶前进惯性时所需的水域长度，其宽度要满足船舶制动过程中随舵效减弱、横向风影响加大和螺旋桨侧压力所引起的船舶横向漂移的距离。

5. 港内装卸锚地

有些港口利用港内空闲水域设置港内装卸锚地，以解决港口货运需求和泊位供给不匹配问题。在设计时，应充分考虑锚地解系作业时的具体条件，以及锚地距航道与码头的安全距离。

4.1.2 港外水域

1. 进出港航道

进出港航道是指海上航线或内河航道与港内水域相连接的这部分航道。由于港外水域多处于比较开敞的海区或水流、泥沙运动比较复杂的河段，因此对该区域航道的选线除应注意船舶航行和航道维护条件外，还应统筹考虑导助航设施的设置条件以及航道与锚地的相互关系，以免出现航道视线被阻和航道切割锚地的情况。在港外水域布置航道时还应考虑今后到港船舶大型化对航道的要求,即对航道拓宽、加深和延伸的可能性应予以足够重视。

2. 港外锚地

锚地是在水域中的指定区域专供船舶停泊或进行水上装卸作业、避风防台的场所,根据其功能不同可分为以下类型:① 引航锚地,是指到港船舶在此停泊,等候引航员在此登船执行引航任务的锚地;② 检疫锚地,是指供外轮抵港后进行卫生检疫的锚地,海关签证也多在此进行;③ 停泊锚地,是指到港船舶在此候潮或等待进港的锚地;④ 避风锚地,是指在大风大浪期间,船舶不能在码头前停靠而出港系泊避风的场所,同时也为过往船舶到此躲避风浪而使用;⑤ 其他专用锚地,是指有些港口根据作业需要结合当地的水域条件设有油船、危险品、熏蒸和减载的锚地等。在港口规划、设计中,不同功能的锚地应根据港口的具体情况,组合在一起集中设置,也可按船舶吨级、不同的掩护要求和功能分别设置。

4.2　港口水深

港口水深是港口的主要技术指标之一,它应保证船舶安全行驶和停泊。一般来说,港口应具有较进港船舶满载吃水稍大的水深,也就是船底和水域底之间应保持有一定的空间,即为富余水深,这将给船舶带来安全方便的航行条件。但若不适当地增加港口水深,往往会增加港口设施的造价和挖泥费用。所以,港口水深应该既能满足使用要求而又不过大,也就是要确定一个合理的富余水深。

4.2.1　富余水深的构成

确定富余水深大小所考虑的条件可区分为两类:① 船舶航行或停泊不致触底所需的富余水深;② 减少船舶操纵困难所要求的富余水深。

1. 船舶航行或停泊不致触底所需的富余水深

船舶航行或停泊不致触底所需的富余水深应考虑水深误差和因船舶运动吃水增加所留出的富余水深,如图 4-1 所示。

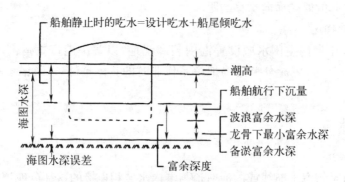

图 4-1　富余水深的构成因素

1) 水深误差及船锚障碍所引起的富余水深

因水深误差及船锚障碍所引起的富余水深主要包括水位变化、测量误差和船舶抛锚引起的富余量。

水位变化是指实际水位与测量水位间存在差异，可能源于潮高预报误差。水位预报误差一般为 0.2 m，但由于港口营运均有自己的验潮站，并以验潮数据为依据，故此项误差一般不超过 0.01~0.02 m。

测量误差是指因测深仪器精度不同导致的误差。国际上海图标准容许误差，水深小于 20 m 为 0.3 m，水深 20~100 m 为 1 m。我国港口工程测量技术规范规定：水深 10 m 以内为 0.15 m，水深 20 m 以内为 0.2 m，水深超过 20 m 为水深的 1/50。

船舶抛锚引起的富余量是指船锚不碰坏船底所需要的富余水深。船舶在抛锚时，船锚相当于航道上的障碍物，其突出海底尺寸的大小取决于锚的形式、重量、尺寸和底质土壤性质。以 10 万吨级船舶为例，其配锚重 13 t 左右，在不利的下锚状态时，锚爪突出海底面 1.3 m。

2）因船舶运动吃水增加所预留的富余水深

船舶运动较静止时吃水增大，一般主要考虑两方面：航行时船体下沉和因波浪作用船体产生的垂直运动。

（1）在航行中船体下沉。船舶在浅水中航行时发生船体下沉和纵倾变化。这主要是由于船舶航行时将部分水体推向船后，使从船首分散的三向水流，在浅水中被强制变为二向水流，船侧流速较在深水中航行时为大，船体周围的水位降低也较在深水航行时为大，因而促使船体下沉和纵倾。为便于计算，船长以船舶载重吨表示，此时船体下沉量与航速、载重吨之间的关系如图 4-2 所示。

（2）在波浪中船体下沉。船舶在波浪中航行时，随波高、波周期、波向、船舶吨级

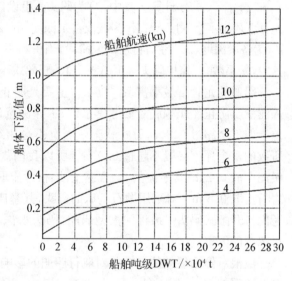

图 4-2　船舶航行时船体下沉曲线

（船长）和水深不同，将产生不同程度的纵倾、横摇和升沉三种垂直运动。一般而言，当波浪周期与船舶自振周期（纵摇、横摇、升沉）接近时，船体相应形式的运动将会增大。近似反映上述现象可采用下沉量 Z 与波高 $H_{4\%}$、船浪夹角 φ 的关系，如表 4-1 所示。表中数据适用于波平均周期 $T < 10$ s，当船舶载重吨 DWT $<$ 10 000 t 时，表中数值增加 25%。

表 4-1　船、浪夹角 φ 与下沉量 Z 的关系

$\varphi/(°)$	0	10	20	30	40	50	60	70	80	90
	180	170	160	150	140	130	120	110	100	90
$Z/H_{4\%}$	0.24	0.32	0.38	0.42	0.44	0.46	0.48	0.49	0.50	0.52

2. 减少船舶操纵困难所要求的富余水深

对于减少船舶操纵困难所要求的富余水深，一般包含两个方面：① 考虑船舶操纵性能所要求的富余水深。这是因为船舶进入浅水域航行，舵效明显降低，船舶回旋直径比在深水中增大。② 保护主机冷凝器取水口堵塞所要求的富余水深，这是因为主机冷凝器冷却水取水口距海底泥面太近，泥沙容易被吸入而易损坏冷凝器，一般富余水深大于冷却取水口的口径（很少会超过 0.2 m）的 1.5～2.0 倍是必要的。

4.2.2　码头前沿水深

码头前沿水深，即泊位水深（又称港池水深），通常是指在设计低水位以下的深度，它由停靠本泊位的设计船型满载吃水和必要的富余水深构成。船舶在码头前的航速很小，一般不超过 0.2 m/s，几乎不存在因船舶航行增加船舶吃水的现象。因此，富余水深主要考虑水深误差、波浪引起的船舶垂直升降、配载增加的吃水等因素。码头前沿水深可按 $D = T + Z_1 + Z_2 + Z_3 + Z_4$ 计算。其中，D 为码头前沿设计水深，m；T 为设计船型满载吃水，m；Z_1 为龙骨下最小富余深度，m；Z_2 为波浪富余深度，m；Z_3 为船舶因配载不均匀而增加的尾吃水，m；Z_4 为备淤深度，m。在可行性研究阶段，当资料不足时，码头前沿水深可按 $D = k \times T$ 估算。其中，k 系数，有掩护码头取 1.10～1.15，开敞式码头取 1.15～1.20；T 为船舶满载吃水，m。

船舶的龙骨下最小富余深度 Z_1，主要是防止船舶触底，同时兼顾防止从冷却取水口吸入泥沙。防止船舶触底需要考虑水位、水深测量误差和海底土壤的软硬程度。深度测量误差一般不会超过 0.2 m；万一软土触底也不会招致严重后果；防止从冷却取水口吸入泥沙，所取的富余深度一般不超过 0.3 m。所以我国规范取值主要依据海底土壤性质取值，一般淤泥土取 0.2 m；含淤泥的沙、含黏土沙、松沙土取 0.3 m；含沙或含黏土的块状土取 0.4 m；岩石土取 0.6 m。对采用抛石基床的码头，其基床宽度超出码头护舷前沿时，Z_1 值按岩石土考虑。开敞式码头一般停泊大型船舶，码头水深超过 15 m，故水深测量精度的保留量是不可忽视的因素。

波浪对停泊船舶的影响与对航行船舶的影响规范采用不同的取值方法。码头前沿波浪富余水深按 $Z_2 = K \times H_{4\%} - Z_1$ 计算。其中，K 为系数，顺浪取 0.3，横浪取 0.5；$H_{4\%}$ 为码头前允许停泊的波高，m，在有掩护水域通常小于 1.0 m，开敞式码头允许停泊波高可能在 0.8～2.0 m。当出现负值，波浪富余水深为 0。由于系泊船舶在波浪作用下，其运动十分复杂，因此需要借助模型试验加以确定。以大连港鲇鱼湾码头为例，顺浪作业波高 2.0 m、周期 8 s，根据模型试验资料，其纵倾与升沉叠加的波浪富余在设计时取 1.51 m。

从航行方面考虑，船长们希望尾倾，以减少航行阻力且对舵效有利并增加安全感，油船和散货船多为满载营运，一般首尾吃水差为 0.3～0.6 m。此项配载尾倾系人为控制因素，为节省投资，对设计船型不宜取得过大，故规范规定油船和散货船 $Z_3 = 0.15$ m，集装箱船、件杂货船 $Z_3 = 0$ m。

备淤富余深度 Z_4 决定于码头前回淤情况及前后两次疏浚的时间间隔，Z_4 不应小于挖泥船挖土的最小厚度，一般不小于 0.4 m。

需要说明的是，按 $D = T + Z_1 + Z_2 + Z_3 + Z_4$ 计算得到的为设计水深。码头的有效水深（又称公告水深）不应包含备淤富余深度，即 $D_0 = T + Z_1 + Z_2 + Z_3$。

4.2.3　海港航道水深

船舶在外航道航行时,其航速一般不会超过 $12 \, \text{kn}$,通常为 $6 \sim 8 \, \text{kn}$,在接近口门时为 $4 \sim 6 \, \text{kn}$。船舶为保持有一定舵效的最低航速为 $2 \, \text{kn}$。与确定码头水深相比,航道水深需要考虑船舶航行时船体下沉增加的富余水深,即 $D' = D + Z_0$。其中,D' 为航道设计水深,m;Z_0 为船舶航行时船体下沉增加的富余水深,m,按图 4-2 确定,其余符号的含义与码头前沿水深 $D = T + Z_1 + Z_2 + Z_3 + Z_4$ 一致,但取值略有不同。例如,龙骨下的最小富余深度 Z_1 除考虑海底土壤类别外,还应考虑船舶吨级大小(见表 4-2)。需要说明的是,航道通航水深 D'_0 不应包含备淤富余深度 Z_4,即 $D'_0 = T + Z_0 + Z_1 + Z_2 + Z_3$。

表 4-2　航行时龙骨下最小富余深度 Z_1 取值　　　　　　　　　　　m

土 壤 类 别	船舶总吨/t				
	$<5\,000$	$[5\,000,$ $10\,000)$	$[10\,000,$ $50\,000)$	$[50\,000,$ $100\,000)$	$100\,000,$ $300\,000)$
淤泥土	0.2	0.2	0.3	0.4	0.4
含淤泥沙、含黏土的沙松沙	0.3	0.3	0.4	0.5	0.6
沙或含黏土的块状土	0.4	0.4	0.5	0.6	0.6
岩石土	0.5	0.6	0.7	0.8	0.8

在设计河口港时,要注意到船舶吃水 T 由海洋水域进入河口水域,因水密度减少,吃水 T 增大。例如在上海港,长江口外航道在枯洪季的涨落潮时,铜沙段水密度 $\rho = 1.015 \, \text{t/m}^3$,进入黄浦江口内航道高桥段 $\rho = 1.000\,2 \, \text{t/m}^3$,吃水 $9 \, \text{m}$ 的船舶由外海至铜沙吃水增加约 $0.09 \, \text{m}$,由铜沙至高桥吃水再增加约 $0.13 \, \text{m}$。

4.3　港池、锚地及连接水域

4.3.1　港池

突堤码头从岸边伸入水域中,突堤码头之间的水域称为港池;顺岸码头前供船舶停靠的水域和船舶靠离码头的操作水域亦称为港池。港池的尺度主要取决于船舶的尺度和靠离码头的操作方式。

1. 船舶靠岸离港方式

船舶停靠码头时,需依当地风、水流、拖船设备、码头形式和船舶装载等不同情况而采取不同的操作方法(顺岸靠泊或掉头靠泊),其过程相当复杂,但通常顶风顶流靠较为有利,有助于防止船舶带着较高速度撞击码头。

1) 顺岸靠泊

就顺岸式码头而言,顺岸靠泊所需港池宽度小于掉头靠泊。但对突堤式码头,因受突堤间宽度所限,一般不允许在突堤内掉头,而是需要拖轮协助靠泊。在近代港口,较大吨位船舶靠离码头时,通常都配有全回转拖船(功率大,操作灵活,几乎可以原地旋转360°)协助。因此,借助拖轮靠离码头既方便操作,也可减少靠离作业所占用的水域面积。图4-3(a)为在吹拢风的不利靠泊条件下,大型船舶的靠泊过程。船到位置1时开始转向,拖船准备协助,转向角一般不会超过10°;图4-3(b)为吹拢风的困难条件下,用两艘拖船协助船舶离码头。

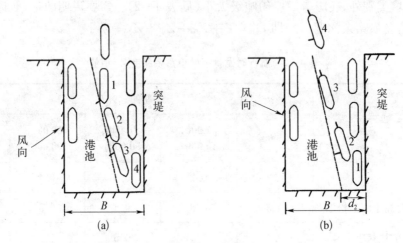

图4-3　船舶靠离突堤式码头示意图

(a) 靠码头;(b) 离码头

2) 调头靠泊

由于顺岸靠离泊会增加船舶公司向港方支付的费用,因此有些船舶即便是较大型的船舶,也力求尽量少动用港方的拖轮,而采取自行掉头的方式。图4-4为船舶在顺岸式码头泊位前调头离泊的过程,在两艘拖船的协助下,该船舶向内调头所需水域宽度为$1.5L$;而向外调头需要$2L$的水域宽度,这种方式可以让船舶更早地操舵进车,出港速度更快。

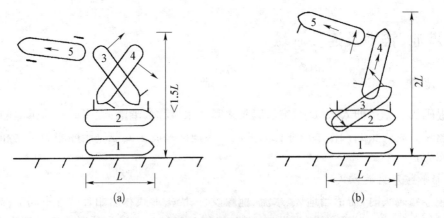

图4-4　顺岸式码头船舶调头、离泊示意图

(a) 向内调头;(b) 向外调头

表4-3为船舶掉头靠泊和船舶掉头离泊时,不同吨位船舶占用水域宽度的实际统计资料。

表4-3 船舶调头靠离泊所需水域宽度统计

方式	简图	船舶载重吨/t	靠船角度/(°)	水域宽度	使用拖轮情况
掉头靠泊		10 090	20		
		10 500	32		
		12 400	50	$1.2L \sim 1.5L$	一般拖轮
		9 774	40		
		15 400	37		
		10 500	15		
掉头离泊		10 090	—		
		10 500	—		
		12 400	—	$1.2L \sim 1.5L$	—
		9 774	—		
		15 400	—		
		10 500	—		

2. 港池尺度

码头前沿停泊水域通常是指在一般码头前方$2B$范围内的水域,但对于回淤严重的港口,可根据维护挖泥的需求适当增加该宽度。

1) 顺岸式码头

顺岸式码头前沿港池,若考虑船舶转头需要,其宽度不应小于$1.5L + B$。对多泊位连续布置的顺岸式码头,当水域狭窄或疏浚困难时,经技术经济论证,可在码头两端设置回旋水域,但码头前沿港池宽度不应小于$0.8L$。此外,端部泊位港池底边线与码头前沿线的夹角α(见图4-5)一般取值应为$30° \sim 45°$。当航道离码头较远,且有拖船配合作业时,α值可适当增大。港池顶端泊位的α可不受上述规定限制。

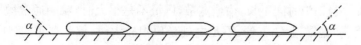

图4-5 顺岸式码头端部泊位港池底边线与码头前沿线夹角 α

2) 突堤式码头

突堤式或挖入式港池的布置应综合分析当地的自然条件,避免建筑物或航道对海岸或河口的自然平衡产生不利影响。港池朝向应根据当地的自然条件、船舶安全进出、铁路进线、码头岸线的利用和连接水域挖泥数量等因素进行综合分析和比较。掩护条件差的港口应避免与强浪方向一致。港池宽度的确定应根据船舶安全进出港池、靠离码头作业要求、岸线的合理利用和疏浚土方量等因素进行综合分析。港池两侧布置有两个以上泊位数,船舶在港池内转头作业时,水域宽度不宜小于 $2.0L$。船舶不在港池转头时,水域宽度可取 $0.8L \sim 1.0L$。当港池两侧为单个泊位,或者风向对船舶靠离作业有利时,可适当缩小港池宽度。对有水上过驳作业的港池(外挡靠泊过驳),应按过驳作业要求相应增加宽度,且其设计水深宜与航道水深保持一致。

4.3.2 锚地

1. 锚泊方式及锚地尺度

船舶在锚地停泊的方式主要有抛锚系泊和浮筒系泊两种(见图4-6)。由于锚地的条件和抛锚目的不同,锚泊方式一般也可分为单锚泊和双锚泊两种,其中双锚泊又可分为一字锚和八字锚;浮筒系泊包括单浮筒系泊和双浮筒系泊。港外锚地宜采用锚泊,港内锚地宜采用锚泊或设置系船浮筒等设施。

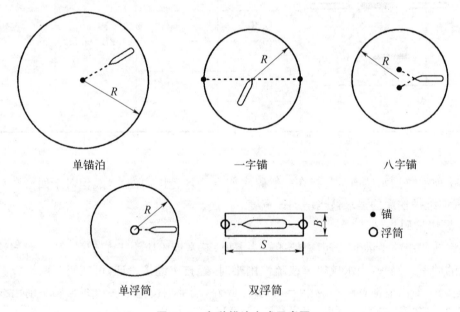

|单锚泊|一字锚|八字锚|

|单浮筒|双浮筒|

图4-6 各种锚泊方式示意图

1) 抛锚系泊

(1) 单锚泊。当锚泊时间不长,锚地宽敞,风浪不是很大时,船舶通常抛单锚进行锚泊。这种方式作业容易,抛锚、起锚方便,不足之处是风浪较大时,偏荡严重,且所需水域面积相对较大。

(2) 一字锚。在船舶锚泊旋回受限的水域,如在有潮汐影响的狭窄河道中,可在与潮流流向相一致的方向上,先后抛下 2 只首锚成一直线,双链交角近 180°,使船首系在两锚之间,这种锚泊方式称为一字锚。在风流影响下,船舶随风流的变向而转动,其中对外力影响起主要系留作用的锚和链称为力锚和力链,而另一锚和锚链称为惰锚和惰链。一字锚方式回旋所需水域最小,主要适用于狭窄水域或内陆江河,短时间锚泊,但一字锚操作较为复杂和费时,风流方向多次变化后,双链容易绞缠,锚泊抓力也较小,故不宜在抵抗大风强流时使用。

(3)八字锚。在锚地底质较差、风大流急、单锚泊抓力不足时,可抛八字锚。八字锚是将左右两锚先后抛出,使双链保持一定交角(一般为 50°~60°),呈倒八字形。这种锚泊方式可同时起到增大锚抓力和抑制偏荡两方面的作用。其作用的大小随两链的交角不同而不同,若夹角为 60°时,则上述两方面均有明显增强。缺点是操作较复杂,而且在风流多次变向后,双链常发生绞缠。

船舶锚泊时所占水域尺度可参考表 4 - 4。

表 4 - 4　船舶锚泊所需水域尺度

锚 泊 方 式	环 境 条 件	所需水域尺度/m
单锚泊	风力≤7 级	$R = L + 3D + 90$
	风力>7 级	$R = L + 4D + 145$
双锚泊	底质好,风、浪、流弱	$R = L + 4.5D$
	环境条件差	$R = L + 4.4D + 25$

注: R 为圆形水域半径,m; D 为锚地水深,m; L 为设计船长,m。

2) 浮筒系泊

单浮筒系泊的优点是系泊方便,船舶能随水流和风向改变方向,在海港的商港中采用较多,所需回转半径按 $R = L + r + l + e$ 计算。其中,R 为单浮筒水域系泊半径,m;L 为设计船长,m;r 为由潮差引起的浮筒水平偏位,m,每米潮差可按 1 m 计算;l 为系缆的水平投影长度,m;DWT<10 000 t 时取 20 m,10 000 t<DWT<30 000 t 时 25 m,DWT>30 000 t 时可适当增大;e 为船尾与水域边界的富余距离,m,取 0.4L。

双浮筒系泊时,船舶掉头和船尾带缆在操作上比较麻烦,但占用面积小,可在锚地中进行中转时采用,因此,它是港内一种常用的锚泊方式。设计船型在锚地采用双浮筒系泊方式时,锚地宽度按 $B = 4b$ 计算。S 为所需水域长度,m;B 为所需水域宽度,m;b 为设计船型宽度,m。当双浮筒系泊用于过驳作业时,应按照工艺要求,增加驳船及浮式装卸设备所占用的水域宽度,其中 $S = L + 2(r + l)$。

2. 锚地位置

锚地位置应选在靠近港口,天然水深适宜,海底平坦,锚抓力好,水域开阔,风、浪和水流较小,便于船舶进出航道,并远离礁石、浅滩以及具有良好定位条件的水域。选择锚地位置时,应符合以下要求:① 港外锚地应邻近航道的出入口,边缘距航道边线不应小于 2L~3L。单锚或单浮筒系泊的港内锚地距航道边缘不应小于 1L,而双浮筒系泊时的宽度不应小于 2B。② 港外锚地水深不应小于 1.2T,当波高超过 2 m 时,应增加波浪富余深度。港内锚地水深一般可与码头前沿水深相同。③ 锚地底质以软硬适度的亚砂土和亚黏土较好,其次是淤泥质沙土,应避免在硬黏土、硬砂土、礁石地带、抛石地区设置锚地,以免发生走锚。④ 应尽量避免在横流较大的地区设置双浮筒锚地。

3. 锚地规模

锚地锚位数取决于同时系泊的船数。水上装卸作业、进港后待泊及候潮出港三种锚泊地都安排在港内,一般有掩护的水域;其他进港等引水、候潮、检疫及恶劣天气避灾锚泊地则可布置在港外。港内外两部分锚地的设置区域一般以防波堤口门为界,也有的分别设置在海湾的内部和外部。锚地的水深与进港航道水深的考虑因素基本相同,由于航行速度较小,安全富余水深比航道要小一些,但均应按设计低水位计算,而不能采用乘潮水位作为锚地的设计水位。

(1) 水上装卸锚地。这类锚地的泊位的数量按 $n_w = Q_w/P_w$ 计算。其中,n_w 为港口水上装卸作业泊位数;Q_w 为港口月最大水上装卸作业吞吐量;P_w 为水上泊位的月装卸能力。在计算时,应注意扣除利用码头泊位的船舶在外挡完成的水上作业吞吐量,但这部分吞吐量在安排驳船和疏运能力时不应忽视。对于岸线比较紧张的港口,常需要较多的水上泊位。

(2) 候潮出港锚地。由于我国海港一般为规则或不规则半日潮型,所以等潮的锚地周转较快,这部分锚地可按主航道船舶密度的 1/4 来考虑。

(3) 避灾锚地。对于一次不太长的恶劣天气,所需避灾锚地的数量按 $n = K \times [Q/(30 \times G_c)] \times T$ 计算。其中,n 为避灾锚地船位数;Q 为港口最大月进(出)口吞吐量,t;T 为一次恶劣天气的连续天数,天数太长时船舶不会继续到港;G_c 为到港船舶的平均载重量(吨/艘),一般为其载重吨的 1/3~1/2;K 为锚地富余系数,取值为 1.5~3。一个综合性港口或周围港口密度不大时,避灾锚地应该有较大的富余系数。对于有大量驳船的港口,港内锚地总是紧张的。驳船及小船的避灾锚地又常常不得不布置在港内锚地,因此驳船及小船的避灾锚地一般不予单独计算和布置,而与其装卸作业锚地调剂使用。

对于港外锚地规模,由于船舶到港的随机性,目前尚无成熟的计算方法,一般都应不小于港内锚地规模。在我国由于外贸发展迅速,目前港口泊位和能力不足,导致在港等待船舶增多,待引水锚地周转周期长,锚地需求不足。

4.3.3   连接水域

1. 顺岸式码头的连接水域

在河口地区建设顺岸码头,由于码头岸线要服从当地规划岸线的要求,一般多建在天然水深较大的位置,故港池与航道连接水域比较简单,船舶可以选择任意角度靠、离码头。对于人工开挖的港池就有连接水域的布置问题。一般情况下,为方便船舶进出港池和靠、离岸作业,有关技术规范建议港池与航道用 35°~45° 来连接。但对于在浅水区建深水码头,港池挖泥量大的泊位,连接水域的形式就值得研究比较。在备有良好港作拖船的港口中,当连接水域挖泥量较多时,也可考虑采用折线连接水域的布置方式(见图 4-7)。

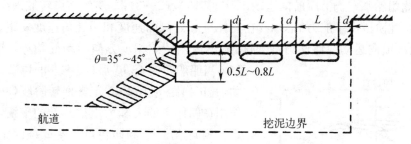

图 4-7 采用折线连接水域布置图

2. 突堤式码头的连接水域

突堤式码头港池前连接水域的尺度,应满足船舶进出港池或船舶在此转头的要求(通常指窄港池),因此很难规定一个统一的尺度。对船舶进出港池的要求,随航道与港池夹角不同而异。图 4-8(a)、图 4-8(b)分别为船舶要求双向、单向进出时连接水域的尺度,可见两者相差甚大。

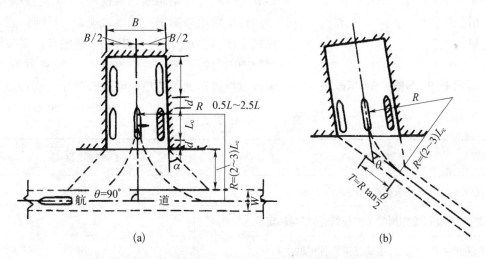

图 4-8 航道与港池不同夹角时的船舶进出港示意图

(a) $\theta = 90°$;(b) $\theta < 90°$

因此,建议按船舶转向半径要求来确定其尺度。通过对船舶回旋试验、实船测定等资料分析,船舶在港内自行转向,半径 R 选用 $3L$,用拖船帮助转向可按 $R = 2L$ 考虑。如船舶需在连接水域转头,其内接圆直径 D 不应小于 $2L$。

4.3.4 回旋水域

回旋水域(又称转头水域)是为船舶在靠离码头、进出港口需要转头或改向时而设置的水域,其尺度与回转性能有关。船舶回转运动的轨迹如图 4-9 表示,其不同阶段的特征如下:① 转舵阶段(1→2),由于船体惯性很大,转舵时间很短,船体尚未产生侧向速度和回转角速度,因此船舶基本仍沿原航向运动;② 过渡阶段(2→3),是船舶结束转舵进入定常回转运动的过程,此阶段由于舵力的影响,在船体重心处侧向速度和回转角速度发生作用,开始克服船舶沿原航向运动的惯性力,此时船舶出现朝转舵相反方向运动的趋势,其反横距为

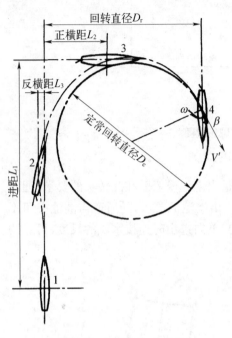

图4-9 船舶回旋水域图

L_3,当船舶转向至 $90°$ 后(图中 3 的位置)为定常运动,其正横距为 L_2;③ 定常回转阶段(3→4),此时作用在船体上的力和力矩达到新的平衡,船舶以一定的侧向速度 V' 和回转角速度 ω 绕固定点做圆周运动,其定常回转直径为 D_c,与原航向距离为回转直径 D_r。

船舶回旋水域一般设在口门和码头泊位之间,习惯上用数倍设计船长为直径的内接圆来表示,其大小与船舶尺度、转头方向、水流、风速风向等因素有关。在内河港口,当船舶从上游驶向顺岸码头时,先调头,再靠岸;当船舶离开码头驶向下游时,要逆流离岸,然后再调头行驶。为此,顺岸码头的前水域要有足够的宽度供船舶调头使用,其尺度按表 4-5 中建议的数值来确定。在港口规划、设计时,若水域比较平稳,且风力小于 5 级,那么船舶自行调头所需回旋圆的直径一般比表中数值要大(通常为 $3L$),而未设首推进器的集装箱船回旋圆直径可达 $6L$。

表4-5 回旋圆直径

适 用 范 围	回旋圆直径
允许借码头或转头墩协助转头的水域	$1.5L$
有掩护水域,港作拖船条件较好,可借岸标定位	$2.0L$
无掩护的开敞水域,或缺乏港作拖船的港口	$2.5L$

受水流影响较大的港口,垂直水流方向的回旋水域宽度为 $1.5L\sim2.0L$
沿水流方向的长度为 $2.5L\sim3.0L$

4.3.5 制动水域

《海港总体设计规范》(JTS 165—2013)规定,船舶制动水域设在进港方向的直线上,当布置有困难时,可设在半径不小于 $3L\sim4L$ 的曲线上。船舶制动距离压载状态可取 $3L\sim4L$,满载状态可取 $4L\sim5L$。对于超大型散货船以及航行条件复杂的港口,具备条件时可适当加大制动距离,必要时可借助操船模拟试验确定。例如,当进港条件较差时,对 $50\,000$ t 以上的重载船舶,其制动距离可适当加大,但不宜超过 $5L$。

4.4 航道

4.4.1 航道轴线选择

航道轴线选择是港口总体规划、工程可行性研究和总平面布置中的一项重要工作,实践中应贯彻操船安全、挖方量少、施工期短、疏浚维护方便和投资省等技术经济合理原则,按图4-10思路进行论证。当进出港口的水域水深满足船舶航行要求时(此时无须考虑疏浚工程费),航道选线仅考虑风、流、浪、导助航设施布设等因素,否则需要考虑疏浚工程量、施工、维护等因素。选择航道方位要注意研究分析水文、气象、潮流、泥沙和地质条件等特点,应充分利用自然条件最大限度地满足船舶航行要求,并与港口总平面布置相协调,考虑远景规划对航道的要求等。为提高船舶进出港口的安全性和方便程度,满足良好的船舶航行条件,航道选线时应贯彻以下的基本原则和要求。

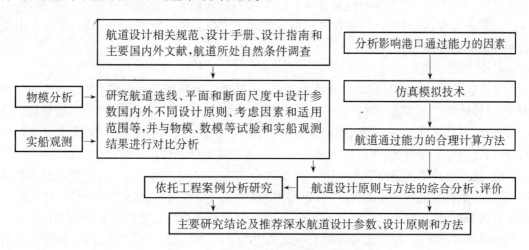

图 4-10　港口航道选线总体论证思路

1. 做好相关条件调查分析

在布置进港航道选线方案时,应首先按设计阶段要求进行地形水深测量、水文气象观测、地质地貌勘查以及分析研究工作。在满足港口总体规划的前提下,要根据地形条件尽量利用天然水深选择较短航道,避免大量开挖岩石、暗礁和底质不稳定的浅滩,并对航道的泥沙回淤做出论证,其主要工作内容:① 调查港口腹地的经济资源资料及近期、中期、远期发展状况;调查港口货源、货种、流向和不同发展时期的货运量,以此论证船舶运输的合理性和航道建设规模;② 调查通航船舶的有关资料,包括历年来进港船型统计及增长率、来港船舶不平衡系数、最大船型和平均船型尺度;不同专用船,特别是 LPG、LNG 及其他危险品船来港情况;经济船型论证及设计船型的发展趋势;③ 地形、水深测量应摸清和注明岩石、暗礁位置、标高和范围;④ 地质勘查工作要严格,按规范规定布孔,孔深按港口规划发展船型的航道控制,以满足确定航道设计水深和边坡设计;论证航道的可挖性和经济性;选择挖泥船类型,确定其生产能力等要求;⑤ 整理分析水文气象资料,应满足对船舶运动和泥沙回淤问题进行科学研究和分析论证工作;⑥ 进行海岸和河口的地质构造和动力地貌调查,研究分析海岸和河口的泥沙运移机理,以及海岸发展趋势、岸滩变形、河床演变等情况。

2. 减小水文气象条件的影响

选择航道方位要注意研究分析水文气象条件对港内泊稳、船舶运动和操船作业,以及对防波堤及其口门的影响,一般应按以下要求和原则进行:① 为减小船舶在航道上的风流压偏角,并在口门处易于操船,把正船体进港,选择的航道方位应尽量减小航道轴线与强风、强浪和水流主流向间的夹角,避免船舶受常风、常浪和流的横向作用,通常要求夹角控制在 ±20°范围内为最佳方向,在 70°~110°范围内为恶劣方向;② 对于港口具有正向口门的航道布置,入射波浪与航道轴线间的临界角,通常为 15°~20°;③ 航道的淤积取决于港口附近沿岸泥沙输送的特点,因此,根据潮流和沿岸流方向确定合理的航道方位,以减少波浪掀沙、潮流输沙对航道的影响,减轻航道疏浚维护工作量;④ 确定航道轴线时,应参考类似港口航道布置实例,调查与研究船舶进出港口航迹情况,听取引水员和船长的实践经验,采用数字模拟或航模试验等方法确定;⑤ 航道方位还与船舶进港的限界风速、波高和流速有关,根据目前我国各港航道实际操船要求和对外通告以及有关技术经济限制条件,为保证船舶安全进出目的港,建议对航行船舶水文气象条件进行一定的限制,但对于出港船舶可适当放宽限制。

3. 提高航道通过能力

为保证船舶在航道中安全方便进出港口,满足良好的操船作业条件,提高航道通过能力,航道轴线的平面布置应符合以下要求:① 航道轴线应尽量顺直,避免出现 S 弯转向。当水域狭窄,地形条件复杂,选线困难而必须采用时,可按③的要求设计。② 航道需要转向时,转向角应尽量控制在 30°以内。超过 30°时,可根据具体条件采取适当加大转弯半径、加宽航道、减小航速或拖船助航等措施。③ 应避免多次转向,但当航道较长,又受地形地质条件限制,必须转几次弯道才能进港时,要根据船舶性能、吨级大小、航道断面尺度、导助航设施和自然条件等,除减小转向角外,还应满足船舶转弯前调整修正船位的直线段和两次转弯间的直线段长度要求,建议按转弯前直线段长度为 $2L\sim4L$(见图 4-11)、两次转弯间的直线长度不小于 $6L\sim7L(L\leqslant200\text{ m})$ 或不小于 $9L\sim10L(L>200\text{ m})$ 取值。④ 邻近防波堤口门外的航道应按直线布置,若受地形条件限制必须转弯进港时,其直线长度可按上述两次转弯间的直线长度要求控制。⑤ 防波堤口门内航道与调头水域连接时最好按直线布置,并应满足制动距离要求(杂货船和多用途船为 $3L\sim4L$;第二、三代集装箱船 $4L\sim5L$;大型散货船、大型油船,第四~六代集装箱船 $5L\sim6L$;LNG、LPG 等危险品船 $6L\sim7L$),对于进口门后必须转向的航道其转弯半径建议为 $5L\sim8L$。⑥ 船舶进入航道口门之前,在航道延长线上至少应有 $4L$ 的直线段长度(以满足船舶由锚地进入航道前调整船位对标进线要求);对水域狭窄或锚地较近时,其航道进出口段要扩大成喇叭状,与航道边线夹角以 30°~45°为宜;锚地的布置

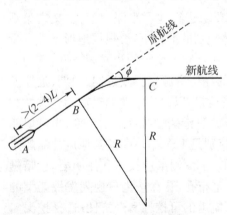

图 4-11　航道轴线转向图

要与航道分开,港内锚地离开航道中心线不小于 $2L$,无掩护条件下港外锚地离开航道中心线不小于 $1\,\mathrm{n\ mile}$。⑦ 当航道进线与码头斜交时,其夹角应尽量小于 $60°$;对于重载船舶顺靠、空船调头的码头,在右舷靠泊时,航道与码头岸线夹角为 $5°\sim10°$;在左舷靠泊时,其夹角 $10°\sim30°$ 为宜;对于有掩护的港内航道与突堤距离应控制在 $200\,\mathrm{m}$ 左右;无突堤时,与顺岸码头距离要从港口设施合理布置和有效利用水域来考虑,将靠离岸转头的水域和航道结合在一起,但在船舶通航频繁的地方最好各自单独分开,其间距为 $1.5L\sim2.0L$。

4.4.2 航道宽度

1. 确定航宽的方法

国内外对确定进港航道宽度的研究,主要采用实船观测、船舶模拟试验、操船模拟装置试验、数学模拟计算以及理论和统计计算等方法。

1) 实船观测

实船观测有陆测和航测两种。通常,陆测是选择有代表性的港口航道,采用陆上测绘仪器,根据不同的自然条件,分别连续观测不同船型的运行方位和轨迹,绘制各测点的船位图和航迹线,统计特定条件下风流压偏角和航迹线宽度。国外有些港口对所有进出航道的船舶进行常年或几年观测,根据其大量的行船航迹,绘制航迹包络线作为航迹带宽度,进行航道宽度设计。航测是采用航空摄影方法拍录船舶进出航道全过程。例如,瑞典哥德堡港航道利用此方法记录了 7.5 万 t 级船舶不同航程不同阶段的位置和轨迹,为研究航道加宽设计提供了可靠基础。

2) 船舶模拟试验

将船模放置在按比例制作的港口航道模型中,同时按实际情况模拟不同方向的风浪流影响,通过电脑发出指令对推进器和舵进行操作,并用激光系统观测船舶航行轨迹及其运行特征,以确定合理的航道宽度。

3) 操船模拟装置试验

目前,操船模拟装置试验在英国、荷兰、挪威等国家主要应用于训练船舶驾驶人员和港口航道设计工作。这种装置具有和实际船舶一样大小的驾驶台,通过电脑图像发生器,在驾驶台的前后左右圆形屏幕上,显示出周围一切静态和动态目标,如海岸、码头、防波堤和口门、航道导标、灯浮、港作拖船和其他船舶等,同时还能模拟风、浪、流、雾、白天、黑夜等自然条件及其共同作用下的船舶实际反应,周围环境和船舶运动极其逼真。对于新建港口进行航道设计时,为保证人船动态合一效果,可由一名熟练的驾驶员身临其境驾船沿选定的航道进出港,由电脑记录不同自然条件下的数条航迹线,绘制航迹包络线作为航迹带宽度,进行航道宽度设计。

4) 数学模拟计算

为节约投资和简便化工作程序,可用一台计算机进行模拟演示和计算:其输入程序是根据船舶自动操舵,维持航迹稳定特性和实际港口的自然条件以及船舶动态运行特性等编制。例如,在比选不同进港航道方案时,可用计算机多次模拟各种操船条件下安全航行时的航迹外包线,据以确定最佳方案和航道设计宽度。目前,航道操船模拟软件已在许多航道方案设计中得到应用。

5) 理论和统计计算

航宽主要是根据新建港口的风浪流雾和地质情况等自然条件,以及船舶特征和操船特点等,按理论计算和统计法综合确定。一般可归纳为四种方法:一是统计国内外具有代表性的港口航道,按其不同自然条件和不同类型船舶的航迹带宽度、错船间距和岸边富余宽度确定;二是根据导助航设施灵敏度计算;三是用设计船长和最大风流压偏角及船舶间距和岸边富余宽度的经验值决定;四是用船长或船宽的经验倍数决定。上述这些方法虽然已普遍应用于港口航道设计,但考虑影响因素不够全面,例如波浪对船舶运动的影响;驾驶员的心理影响和驾驶技术的熟练程度等对航道宽度的要求问题,至今都无法定量地掌握。

2. 单双航道的确定

在确定进港航道宽度时,首先要决定该航道采用单向航道还是双向航道。因为到达港口的船舶,除了港内泊位不够和船舶等码头外,一个主要因素就是单向航道的通过能力不足,造成港口堵塞、船舶排队。实践中,可根据对到港船舶的概率和航道通过能力保证率的技术经济论证结果进行合理确定。

根据我国天津港、青岛港、秦皇岛港等主要港口的调查结果,船舶到港艘数的分布在大多数情况下具有最简单输入流性质,并服从泊松分布律,其概率分布函数为 $P_K(t) = [(\lambda \times t)^K \times e^{-\lambda \times t}]/K!$ ($K = 0, 1, 2, \cdots$)。 当 t 以天为单位,即 $t = 1$ d 时,$P_K(1) = (\lambda^K \times e^{-\lambda})/K!$。 其中,$P_K(t)$ 为每昼夜有 K 艘船舶到达港口的概率;λ 为每昼夜到港船舶的平均艘次数。当每昼夜有 n 艘船舶通过航道时,保证率为 $Q_n = \sum_{i=0}^{n} P_i = \sum_{i=0}^{n} (\lambda^n \times e^{-\lambda})/n!$。

设计港口航道时,保证率 Q 要根据各港的内外贸情况、码头的重要性和船舶类型确定。目前,根据我国的具体条件,建议定期外贸班轮和集装箱船 $Q \geqslant 90\%$;其他一般货轮、油船和散货船等 $Q = 80\%$。 这样,结合各港的潮型情况、航道长度和航速,即可计算出该航道每天平均服务的艘数 μ 和航道的利用率 $\rho = \lambda/\mu$。 根据统计结果和技术经济论证表明,$\rho = 50\% \sim 90\%$ 为宜。$\rho < 50\%$,说明航道利用不充分,没有发挥其较好的经济效益;$\rho > 90\%$ 时,船舶待泊时间较长,应适当加深航道或由单向航道拓宽为双向航道,延长通航时间,提高船舶进出港艘数。但对于运输 LPG、LNG 及其他特殊的危险品船,要求必须按单向航道航行。

单航道拓宽为双航道,可按以下几种情况确定:① 每天进出港船流密度大于航道全天候通航时船舶艘次数的 90%;② 航道较长,船流密度较大,经技术经济论证拓宽航道比浚深航道节省投资;③ 到港船舶吨位范围较大时,可采用复式航道(即一侧为大船,另一侧为小船航行),大船为单航道,小船为双航道;④ 当河口港航道较长,中途有较长的浅滩或多处浅段时,船舶不能调度避让,可建设双向航道。

3. 航道宽度计算

航道宽度是指航槽断面设计水深处两底边线之间的宽度。航道宽度一般由三部分组成,即航迹带宽度 A、船舶会船时的安全距离 b、船舶外舷至航道边缘的安全距离 c,航道有效宽度如图 4-12 所示。

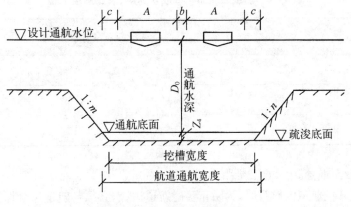

图 4－12　航道有效宽度

1）航迹带宽度

　　船舶在航道上行驶受风、流影响，其航迹很难与航道轴线平行，即使在无风流状态下行驶，由于螺旋桨产生的横力矩，也会导致船舶发生偏转。船舶常需不断地操纵舵角才能保持航向，故其航迹是在导航中线左右摆动呈蛇形的路线（见图 4－13）。为了克服风、流的影响保持航向，船舶常使实际航向与真航向形成一个风流压偏角，如图 4－14 所示。

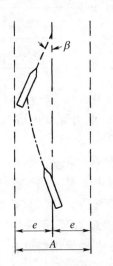

图 4－13　船舶航行的蛇形路线

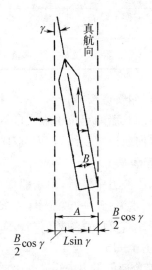

图 4－14　船舶真航向与风流压偏角

　　船舶以风流压偏角在导航中线左右摆动前进所占用的水域宽度称为航迹带宽度，其数值按 $A = n(L\sin\alpha + B)$ 计算确定，一般在 $(2.0\sim4.5)B$ 之间。其中，n 为船舶漂移倍数；γ 为风、流压偏角，其取值如表 4－6 所示；L 为船长，m；B 为船宽，m。

2）船舶会船时的安全距离

　　船舶相遇会船时，为了防止船吸现象，保证安全，两航迹带之间应留有一定安全距离。由于航迹带有一定宽度，会船时两船可注意调整船位，使本船尽量靠右舷侧航行，故此值取设计船宽 B。

表4-6　满载船舶漂移倍数 n 和风、流压偏角 γ 值

风　　力		横风≤7级		
横流 $V/(\text{m}\cdot\text{s}^{-1})$	0.25	$0.25<V\leqslant0.50$	$0.50<V\leqslant0.75$	$0.75<V\leqslant1.0$
n	1.81	1.69	1.59	1.45
$\gamma/(°)$	3	7	10	14

3) 船舶外舷至航道边缘的安全距离

船舶在人工开挖航道内航行时,为防止触碰航道边缘,必须与航道边缘保持一定距离。更重要的是,如果船舶外舷与航道边缘没有足够的安全距离,船舶有被吸向岸边的趋势,这将导致操纵困难,甚至可能引发水上交通事故。船舶外舷至航道边缘的安全距离 c 按表4-7取值。

表4-7　船舶外舷至航道边缘的安全距离

船　　种	船速/kn		富余宽度 c/m	
杂货船或集装箱船	≤6	>6	$0.5B$	$0.75B$
散货船	≤6	>6	$0.75B$	B
油船或其他危险品船	≤6	>6	B	$1.5B$

综上所述,单向航道按 $W_1=A+2c$ 计算,双向航道按 $W_2=2A+b+2c$ 计算。当航道较长、导标不易控制、船舶定位困难或自然条件特别恶劣时,航道宽度可适当加宽,否则可以缩窄。典型的单向航道宽度约为 $5B$,双向航道宽度约为 $8B$。

4. 航道转弯加宽

船舶在弯曲段航道中航行,由于船舶在转向时的漂动和受到风、浪、流的影响以及航道断面变化,将引起水流强度的改变等,要求的航道宽度比直线段大,因此,必须增加宽度并确定航道转弯半径。需要加宽的数值与转向角 φ 和转弯半径 R 有关,可采用规范建议的图解法进行确定(见图4-15)。当 $10°<\varphi\leqslant30°$、$R=(3\sim5)L$ 时采用切角法,如果水域狭窄致使切角有困难,经论证可采用折线切割法;当 $30°<\varphi\leqslant60°$、$R=(5\sim10)L$ 时采用折线切割法;当 $\varphi>60°$、$R>10L$ 时,航道转弯半径和转弯加宽方法可采用船舶操纵模拟试验验证。

4.4.3　通航要求

1. 分道航行

联合国国际海事组织曾颁布船舶服务准则及规划航道系统原则,提倡建立分道航行制,将反向航行的船流予以分隔,以减少船首正遇的范围,图4-16(a)是以分道线分隔船流的标准图式,图4-16(b)是大连港黄白嘴交管站(VTS)监控大三山分道通航航道及港内锚地的位置图。

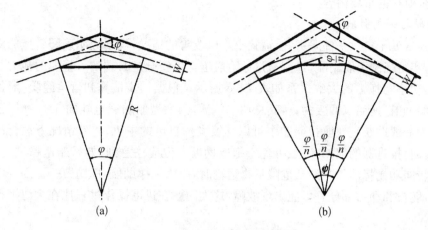

图 4-15　航道转弯段加宽图解法

(a) 切角法；(b) 折线切割法

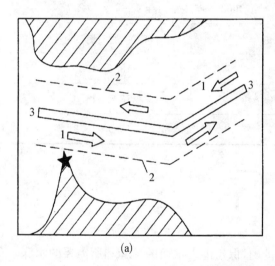
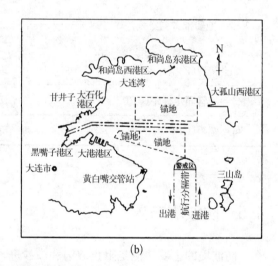

1—通航方向；2—外界线；3—分道线。

图 4-16　航道分道通航图

(a) 以分道线分割船流；(b) 大连港黄白嘴交管站及进出港分隔带

2. 安全航行

船舶应以安全航速在航道内行驶，且与前船保持安全间距，以便能采取适当有效的避碰行动，并能在适合当时环境和情况的距离内把船停住。各港根据实际情况，为确保船舶在航道内航行的畅通和安全，对航道内的船舶速度作出了具体规定，称为限制速度。这种限制速度的规定仅仅是对船舶在特定水域内的航行速度作出的限制性规定。我国上海港港内航道限速为 6~8 kn，港外航道不限速。欧洲引航协会推荐：港内航道航速为 6 kn，港外航道航速为 8 kn，外海航道航速为 12 kn。安全航速随船舶吨级的增加而减小，万吨级以下小船航速为 8~10 kn，万吨级以上大船航速为 6.8 kn，10 万吨级以上大型船舶航速为 4~6 kn。此外，为了减少危险性，在船舶航行密度大的航道上，结合实际条件限制超越、大小船分开航行等都是安全航行的重要内容。

　　3. 助航与强制引航

　　对于经常处于自然条件恶劣,航道狭窄难以改善的情况,规划应明确配备拖船对较大型船舶助航,实行强制引航制度,这对通过危险航道保证安全是必须的。拖船的拖力与推进器类型有关,功率与拖力的大致关系如表4-8所示。根据初步估算和营运经验,配备Z型推进器的拖船助航,拖船以两艘为宜,其总功率(kW)为大型船舶载重吨的5%～6%已是很理想了。因为一般助航是在航行船舶中可以继续发挥自己的主机、舵效情况下运行的。对装置首部(转向)推进器的船舶,一般可免于拖船助航。但应注意到,如果船速超过5 kn,船首推进器的转向功能将消失。涉及危险货物运输时,应该一律助航,以防万一。因为船舶在进港过程中,舵机和动力部分有可能出现故障,这类问题在进港操作过程比在大海上操作更为经常发生。

表4-8　不同拖轮推进器类型功率与拖力关系

拖船推进器类型	100 kW 产生拖力/kN	
	前　进	后　退
全会转型(Z 型)	20.4	18.4～19.7
带导流管固定螺距(FPP)	15.0	13.5～14.0
可变螺距(CPP)	17.7	15.9～16.8

4.5　防波堤布置

　　防波堤的主要功能是阻止波浪和漂沙进入港内,保持港内水面的平稳和所需要的水深。选择防波堤布置形式时,应根据港口的使用要求、发展规模和到港船型,并充分分析当地的波浪、水流、风、泥沙、地形地质等自然条件确定,使港内具有良好的掩护条件,即足够的水域、岸线和陆域,以满足船舶的航行、泊稳和码头装卸等营运要求;此外还应考虑到施工、工程造价以及对海洋生态环境及海岸地形变化的影响等问题。

4.5.1　防波堤的平面布置形式

　　防波堤的平面布置形式因地形、风浪等自然条件及建港规模要求等而异,一般可分为单突堤、双突堤坝、岛堤和混合堤四大类型(见图4-17)。

　　1. 单突堤

　　在海岸的适当地点筑一条堤,伸入海中,使堤端到达适当深水处,这种堤叫作单突堤。当波浪频率相对集中在某一方位,泥沙运动方向单一或港区一侧已有天然屏障时,可采用A_1或A_2形式的防波堤。单突堤内水域有限,多半仅能形成小港,当强风浪变化范围较大时,此种布置形式只能阻一面风浪于一时,而不能挡住全年各方风浪,也不能有效阻止漂沙进入港内,故在沿岸泥沙活跃地区不宜采用。A_3 式适用于海岸已有天然湾澳,其水域已足够港区使用的情况。此种天然湾澳的漂沙量一般不大(若漂沙量大,即无法形成广阔的天然湾澳),最适合布置单突堤。

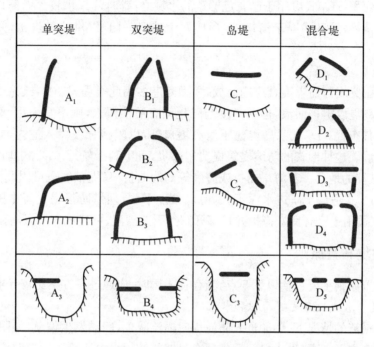

图 4 - 17　防波堤的平面布置形式

2. 双突堤

双突堤系海岸两边适当地点,各筑突堤一道伸入海中,遥相对峙,并到达深水线,两堤末端形成一突出深水的口门,以围成较大水域,保持港内航道水深。其中 B_1 式双突堤用于海底平坦的开敞海岸,堤端伸至海岸航道深水线,形成狭长而突出的港内水域。此种堤式可以阻拦两侧方向的波浪与漂沙进入港内,至于迎面而来的波浪亦因港口缩突而减小。在漂沙方面,亦因堤端已伸达深海水流,含沙量较小。但此种堤式只适用于中、小型海港。B_2 式用于海底坡度较陡,希望形成较宽港区的中型海港。两堤轴线向内弯曲环抱而成近似三角形或方形的港口水域;如一侧风浪特强,两堤可长短不一,下风一侧堤较短。B_3 式多建于迎面风浪特大,海底坡度较陡而水深的海岸。若口门一侧为浅水滩岸,则船舶有发生搁滩的危险,故应注意口门不宜靠岸滩太近,船只进港的航道方向避免与岸平行。B_4 式为海岸已有天然湾澳,港内水面已敷应用,湾口中央为深水的情况,港内水面平稳,淤沙极少,筑堤费用亦较省。

3. 岛堤

岛堤系筑堤于海中,形同海岛,专门阻拦迎面袭来的波浪和漂沙。堤身轴线可以是直线、折线或曲线,C_1 式岛堤堤身与海岸平行,可形成窄长港区,适用于海岸平直、水深足够、风浪迎面但方向变化范围不大的情况,对迎面有暗礁、小岛等可以利用的港址为佳。在有泥沙沿岸运移的海岸采用这种大致与岸平行的岛堤,虽然没有挡住泥沙沿岸运移的通道,但由于堤后波动减弱,降低了水流的挟沙能力,造成港区淤积,在沿岸输沙量大的地区,如不经常维护,可能形成连接海岸与防波堤的连岛堤,从而使港口完全堵塞。C_2 式适用于港址海岸稍具湾形而水深良好的情况。港内水域进深长度不够时,C_2 式岛堤比 C_1 式距岸较远,可以增加港内水域面积。C_3 式堤用于已有足够宽的水域之湾澳,两岸水较深而湾口有暗礁或沙洲。为适应此情势,筑岛式堤于湾口外,形成两个港口口门,以供船舶进出,并阻挡迎面的风浪。

4. 组合堤

组合堤系由突堤与岛堤混合应用而成,大型海港多用此类堤式。D_1 式系因突堤端有回浪而必须再建岛堤以阻挡回浪,但若岛堤与陆地间有波浪侵入,则不宜采用,而需根据地形环境适当改变其布置。D_2 式系岛堤建于双突堤口外,以阻挡强波侵入港内,非如此不足以使港内水面平静。这种形式的防波堤筑堤费用昂贵,且不利于航行。D_3 式适用于岸边水深大、海底坡度甚陡的地形。若海岸曲折或海底等高线曲折,岛堤轴线也可因此而曲折,D_3 式能建成大港。D_4 式适用于岸边水深不大,海底坡度平缓,须借防浪堤在海中围成大片港区的情况。D_5 式适用于已有良好掩护并足够开阔的天然湾澳,可建成大型海港。

4.5.2　防波堤布置原则

防波堤布置原则主要包括以下 5 点,当存在矛盾时,应通过多方案比较寻求最佳方案。

1. 防波堤内水域应有足够面积和水深

在有口外横流的情况下,船舶进入防波堤时横流减少,船舶发生偏航,如图 4-18 所示。从船舶航行安全方面考虑,进入口门后应留有足够的航行水域让船舶对准泊位航行,或惯性滑行,或其他意外操纵而留有调整航向的水域。邻近口门的内水域轮廓宜容纳一个直径为 3 倍船长的圆(掉头圆),如图 4-19 所示。

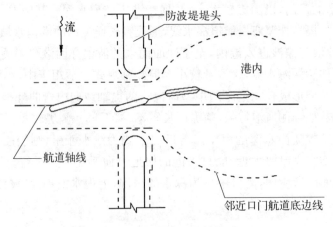

图 4-18　船舶入港后轨迹

2. 防波堤内水域应兼顾泊稳条件、工程造价和未来发展

防波堤内水域并非越大越好,因为面积过大时港内的自生波浪对泊稳条件不利,同时也

会增加防波堤造价。在淤泥质海岸的港口,以悬移状态进港的泥沙往往因港内水域平稳、流速减小而造成悬沙落淤,且水域面积越大,纳潮量就越大,产生的淤积总量亦越大。因此,应缩小无用水域面积,以减少纳潮量和进港泥沙。除此以外,还应尽可能顾及港口发展的极限和港口极限尺度的船型,为未来发展保留空间。

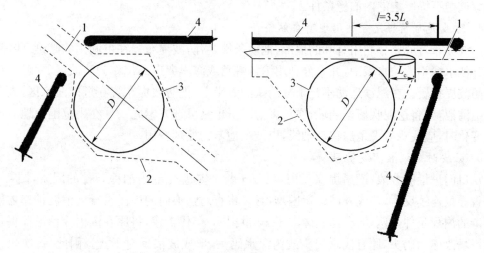

1—口门轴线;2—航道边界;3—调头水域边界;4—防波堤。

图 4‑19　口门附近水域

3. 防波堤轴线应与码头岸线相匹配

布置防波堤轴线时,应与码头岸线布置相配合,并符合直线加圆滑曲线或折线、与波向斜交、扩散式等要求,以满足允许作业波高要求。防波堤轴线线形一般采用直线,转弯时的折角宜为 120°～180°,并在折角处根据结构尽可能采用圆滑或多折线型连接,如图 4‑20(a)所示。防波堤轴线应与波向斜交(一般为 60°～80°比较适宜,太小将形成顺堤波),以减小作用于堤上的波力,且有利于增加直立式防波堤的安全储备,如图 4‑20(b)所示。口门处的防波堤轴线应布置成扩散式,以使进入口门的波能快速扩散在较长的波峰线上、波高迅速减

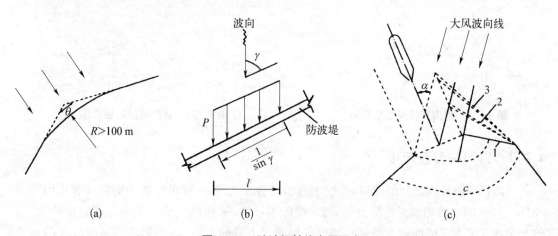

(a)　　　　　　　　　(b)　　　　　　　　　(c)

图 4‑20　防波堤轴线布置要求

(a)防波堤轴线转弯;(b)单宽波能的波力分布;(c)口门附近防波堤轴线方向

小,而且有利于在口门附近布置回旋水域,如图4-20(c)所示。

此外,需要注意的是,长周期波对船舶装卸作业及安全停靠危害极大,其周期超过30 s,甚至以分钟计,波高很小亦会引起系泊船舶很大运动量,并导致船舶断缆。对有长周期波的地点,应研究防波堤所围成水域、港池的自振周期,防止与长周期波产生共振,还应防止长周期波穿透抛石堤影响港内泊稳条件。

4. 防波堤布置应充分利用现有自然条件

防波堤布置应充分利用有利的地形、地质条件,将防波堤布置在可利用的暗礁、浅滩、沙洲及其他水深不大的水域中,并充分利用湾口岬角或海岸突出部位作为防波堤的接岸点,以减少防波堤投资。在泥沙运动不是十分活跃的海岸上,把防波堤布置在近岸浅水区,人工疏浚航道港池,并将挖泥吹填至陆域,在很多情况下也是可选方案之一。在小范围内地质条件发生变化时,应注意考虑稍加移动轴线,以减少地基的处理费用。

5. 必要时应设置消波护岸

从口门进港的波浪,遭遇堤身反射,反复干扰亦是恶化港内泊稳条件的因素,图4-21的布置导致连续反射,造成外港营运困难,必须将直对强浪向的岸段设置成消波护岸才能改善外港的泊稳条件。例如,台湾基隆港于20世纪60年代扩建,将原在港内为消浪面保留的海水浴场改建为码头,原有浅水码头改为深水码头,形成波浪反射干扰。因此,每次风浪过后,尽管外海已恢复平静,但港内却因波浪反射导致数日不能恢复平静,不得不采取在东防波堤口外再建一个防波堤的措施,以阻挡N、NE向浪进入港口,如图4-22所示。

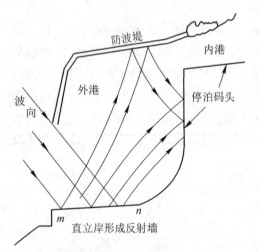

图4-21 港内连续反射示意图

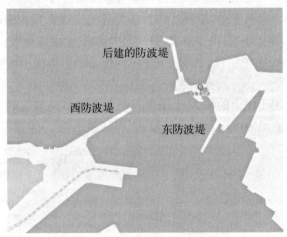

图4-22 基隆港防波堤改建

4.5.3 口门布置及尺度

"口门"即防波堤之间的开口,是船舶进出港必经之路,一般可设置为侧向式和正向式两种(见图4-23),若船舶进出港方便,海岸泥沙不活跃,采用侧向式可避免强浪直射码头,为码头布置有更多灵活性创造条件。口门处堤端设有导航灯标,以便船舶在风浪较大的条件下也能安全通过。

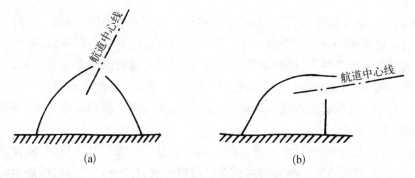

图 4-23 口门的平面形式

(a) 正向口门;(b) 侧向口门

1. 口门布置原则

口门对港口使用和未来发展影响较大,在布置时除有利于航行外,还应结合港口的防浪、防沙以及改善口门附近的水流条件进行综合考虑,具体布置原则包括以下方面:

(1) 选址要求。口门位置应尽可能位于防波堤突出海中最远、水深最大的地方,以便船舶出入。其次,为减少淤积,沙质海岸下口门宜布置在泥沙活跃的临界水深之外,而淤泥质海岸下口门宜布置在远离波浪破碎带、含沙量小的深水处。

(2) 方向要求。口门方向力求避免大于 7 级横风和大于 0.8 kn 的横流,避免强浪对港内水域主要部位的直射,对泊稳要求高的泊位,尽量不布置在面向口门外主浪向的位置。进入口门的航向与强浪向的夹角不宜过大,以不超过 $30°\sim35°$ 为宜,在条件困难时应专门考虑。同时,还应力求避免大于 7 级的船尾直向风和大于 $2.5\sim3.0$ m 尾向浪。此外,可通过调整口门处防波堤轴线,以减少波能。例如,将图 4-20(c)防波堤轴线由位置 1 改为位置 2,大约可减少 50% 的波能。

(3) 尺度要求。从口门至码头泊位一般宜有大于 $(3\sim4)L$ 的直线航行水域和调头区,以便于船舶进入口门后控制航向、降低航速、与拖轮配合或完成紧急转头等操作。

(4) 掩护要求。口门段的流速要充分考虑,一般宜控制在 2.5 kn 以下,以利船舶进口的操作。在条件困难时,可在口门处采取如图 4-24 所示的掩护措施。

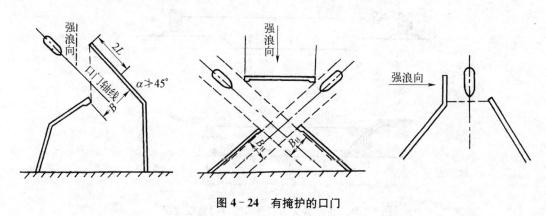

图 4-24 有掩护的口门

2. 口门数量

口门数量应根据船舶通航密度、自然条件和总体布置要求等因素确定，一般采用一个口门，有条件时也可采用两个或两个以上的口门。在满足泊稳要求条件下，设两个口门会比一个口门好；在恶劣天气条件下，船舶可按风向而选择口门；也可以一个作为进口，一个作为出口，或分大船小船出入，增加运行的灵活性，对港内污染的防治、消除亦有效。但在泥沙活跃的海岸，要注意是否会引起泥沙进入港内，增加淤积，或是由于港内流速增大、减少悬砂落淤而有利于减少港区淤积。

在船舶周转量大的港口，还应核算口门的通过能力。一般以月为单位，即计算在一个月内容许进出口门的船舶艘数。核算时应结合口门航道及自然条件确定船舶进出港占用口门的时间，一般一艘船 0.3～0.5 h。

3. 口门宽度

口门宽度是指口门处防波堤堤头之间的距离，而口门有效宽度是指口门宽度在通航水深处沿航道中心线对应垂线上的投影宽度，如图 4-25 所示。实践中，航行安全与港内泊稳对口门宽度的要求是矛盾的。为方便船舶航行，口门宜宽；为维持港内水域平稳，口门宜窄，但太窄时，恶劣气候下船舶进出困难，且潮差大时，口门处可能引起潮流，港内也容易发生荡涤，故口门宽度应相互兼顾。

在实践中，口门有效宽度通常取 $1.0L～1.5L$，而口门有效宽度底边线到防波堤的距离 d_0 应根据堤的结构形式（见图 4-26）及船舶航行安全要求确定。当潮差大、港内水域面积宽阔且防波堤结构是

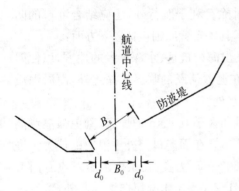

图 4-25　口门有效宽度

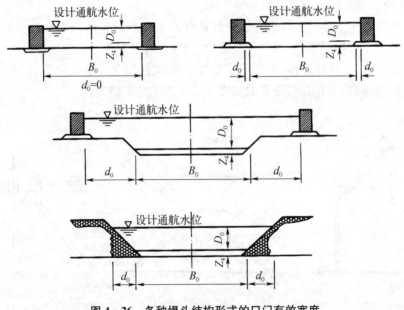

图 4-26　各种堤头结构形式的口门有效宽度

不透水结构时,应验算通过口门的涨落潮流速(一般不宜大于 3 kn)。有的地区平潮时间较长,验算时要注意处理。

数字课程学习

📝　○ 本章要点　　○ 思考题　　○ 更多内容……

港口配套设施

学习目标

(1) 了解港口集疏运系统的组成、功能;理解港口道路的组成、分类、技术指标、路面结构和布置要求,港口铁路的组成、技术指标、轨道类型和布置要求。

(2) 了解港口供电负荷分级和供电特点;理解港口照明问题的解决途径。

(3) 了解港口供水系统的分类;掌握港口供水量的确定方法。

(4) 了解港口通信与信息系统的组成与功能。

(5) 了解港口商务功能建设对港口发展的影响。

5.1 集疏运系统

5.1.1 集疏运系统的组成与功能

港口集疏运系统是指以港口为枢纽,以衔接港口与外部区域为目的,利用各种运输方式不同的技术经济特征合理分工、相互协作,共同建成港口货物集散的交通运输系统。从广义来说,港口业务相关信息也属集疏运范畴,现代港口对传统货物装卸、储存、分拨等也包含着信息分送。

1. 集疏运系统的组成

集疏运系统由集疏运设施、集疏运方式及集疏运管理三个部分组成,系统结构如图 5-1 所示。港口集疏运系统的线路数量、运输方式构成和地理分布等主要取决于各港口与腹地运输联系的规模、方向、运距及货种结构。一般与腹地运输联系规模大、方向多、运距长或较长,以及货种较复杂多样的港口,其集疏运系统的线路往往较多,运输方式结构与分布格局也较复杂。

2. 集疏运系统的功能

集疏运系统是港口经济能量传输的动脉,其功能主要有以下方面:① 为港口货物或旅客的集中与疏散提供依托;② 保障各种运输方式合理高效地衔接,尤其是实现水陆运输方式的零距离换乘和无缝对接;③ 保证港口的畅通无阻,弥补港口通过能力的不足;④ 促进多式联运发展,使港口能力得到充分发挥。由于集疏运系统涉及的影响因素较多,其中许多影响因素超出了港口管理当局或港口企业的控制范围。如不加以特别注意,这些因素往往成为港口综合生产系统中的薄弱环节。因此,必须确保港口外部集疏运系统可以适应港口的综合通过能力。

表 5-1　集疏运系统的组成结构

集疏运系统	各 部 分 构 成 要 素
集疏运设施	包括运输节点、运输通道和运输工具 运输节点:港口、仓库、堆场、内陆集装箱中转站等 运输通道:公路和铁路运输通道、水运航线、航空航线和管道 运输工具:汽车、火车、船舶、飞机和管道
集疏运方式	由运输通道决定,包括水路运输、铁路运输、公路运输、航空运输、管道运输、输送带运输等
集疏运管理	对运输计划进行组织、制订和协调,以充分发挥各种运输方式的优势,实现集疏运能力的优化

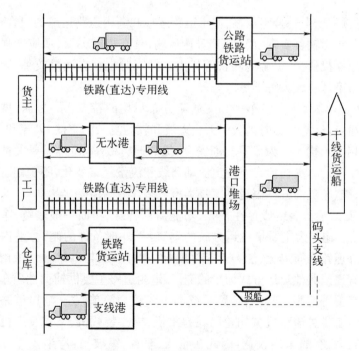

图 5-1　港口集疏运系统结构

5.1.2　港口道路

　　道路运输主要包括城际道路运输(主要是公路运输)和城市道路运输。其中,公路运输有广义和狭义两种含义。从广义来说,公路运输是指货物和旅客借助一定的交通工具(人力车、畜力车、拖拉机、汽车等)沿着公路(一般土路、有路面铺装的道路、高速公路)的某个方向做有目的的移动过程;从狭义来说,公路运输即汽车运输,因为目前汽车在很多国家已取代人力车、畜力车和拖拉机等慢速的运输工具。

1. 港口道路的组成及特点

1) 组成

港口道路包括疏港道路和港内道路两部分。疏港道路是指连接港区大门与城市道路或公路的道路,根据港区性质、规模可分为四个等级:① 进港高速路,为大型集装箱港区的主要对外道路,需供汽车分向、分车道行驶,全部控制出入的全封闭、全立交的高速道路,车道数可设置 6 车道;② 一级疏港道路,为大型综合性港区的主要对外道路,需供汽车分向、分车道行驶,并控制部分出入、部分立交的道路,车道数可设置 4 或 6 车道;③ 二级疏港道路,为中型港区的主要对外道路,车道数可设置 2 或 4 车道;④ 三级疏港道路,为小型港区的对外道路,车道数可设置 2 车道。

港内道路按其重要性分为三类:① 主干道,是指港区内交通繁忙的主要道路,一般为连接主要出入口的全港性道路;② 次干道,是指港内码头、库场、流动机械库等之间相互连接的道路,或连接港区次要出入口的道路,交通运输较繁忙;③ 支道,是指消防道路,即港区内车辆、行人均较少的道路。

2) 特点

港口道路运输本质上是公路运输、城市道路运输和港内道路运输的组合,各区段具有不同特点。其中,公路运输可实现"门到门"直达运输,具有机动灵活、适应性强,中、短途运输速度较快,以及原始投资少、资金周转快等优点。但同时也存在运量较小、运输成本较高以及安全性较低、污染环境较大等不足之处。

(1) 城市道路运输具有人多车多和交通流分布不均的特点。一方面,城市中有大量的交通集散点、枢纽点,这些地方时刻吸引大量人流和较为复杂的车流,人流和车流、车流和车流之间交叉多,相互干扰大。为保障交通安全、提高通行效率,通常需要大量附属设施和交通管理设施。另一方面,交通流在空间上流动路线和流量经常变化,不稳定。在时间上周期性地形成早晚人流、车流高峰。因运输工具类型较多,车速存在差异。

(2) 港内道路运输具有组成存在差异、功能需求特殊、路面一般较宽、车速通常较低等特点。① 以公路运输作为主要集疏运方式的港口,受外部条件的制约,港内道路除自成体系外,尚需与港外道路在布局上、能力上相互匹配,方可形成与港口吞吐量相适应的集疏运能力。以铁路、管道或其他疏运方式为主的港口,港内道路主要供辅助性质车辆通行以及生产、生活、消防、警卫等使用,则港内道路系统的组成较为简单。② 港口道路除通行载重量较大的汽车外,常有各种流动机械如轮胎式起重机、单斗装载机、叉式装卸机械等大型机械行驶,有的轮重较大,有的车体较宽,因此在轮压、车宽、纵坡、转弯半径等方面都有特殊要求,一般选用高级或中级路面且不设置高出路面的路缘石,码头前方作业地带和库场区的道路与堆场无明显分界。③ 应根据港口营运需要,设置停车场和汽车装卸台位等设施,在布置上尚应考虑港区道路与铁路的交叉和满足装卸工艺要求等特点。④ 港内作业区的道路受到装卸机械和作业方式的控制,其路面宽度一般较宽,有时超过港外道路的路面宽度。⑤ 与公路和城市道路相比,港内道路上的行车速度较慢,一般不超过 15 km/h。

2. 港口道路技术标准

1）疏港道路

疏港道路的主要技术指标应遵守《海港总体设计规范》(JTS 165—2013)的有关规定,其主要技术指标如表5-2所示,Ⅰ、Ⅱ类港外道路的其他技术指标可分别按《厂矿道路设计规范》中平原、微丘的二、三级厂外道路的技术标准设计。邻近港区主要出入口道路的宽度应与港内主干道宽度相适应。

表5-2　港外道路主要技术指标

指 标 名 称		单　位	Ⅰ类港外道路	Ⅱ类港外道路
计算行车速度		km/h	80	60
路面宽度		m	2×7.5	7.0～9.0
路肩宽度		m	0.75～1.50	0.75～1.50
极限最小圆曲线半径		m	250	125
不设超高最小圆曲线半径		m	2 500	1 500
停车视距		m	110	75
会车视距		m	220	150
最大纵坡		%	5	6
极限最小竖曲线半径	凸形	m	3 000	1 400
	凹形	m	2 000	1 000

2）港内道路

港内道路的主要技术指标可参考表5-3的数据。其中港区主要出入口内外路段可根据使用要求适当加宽路面,混合交通量较大路段可根据实际情况适当加宽路面(客车与货车混行时应根据客车流情况适当加宽)或分设慢车道、人行道。

表5-3　港内道路主要技术指标

指 标 名 称		单　位	主干道	次干道	支　道
计算行车速度		km/h	15(35)	15(25)	15(15)
路面宽度	一般港区	m	9～15	7～9	3.5～4.5
	集装箱港区	m	15～30		4～7.5

(续表)

指　标　名　称		单　位	主干道	次干道	支　道
最小圆曲线半径	行驶单辆汽车	m	15		
	行驶拖挂车	m	20		
交叉口路面内缘最小转弯半径	载重 4～8 t 单辆汽车	m	9		
	载重 10～15 t 单辆汽车 载重 4～8 t 单辆汽车带挂车	m	12		
	集装箱拖挂车 载重 15～25 t 平板挂车	m	15～18		
	载重 40～60 t 平板挂车	m	18		
停车视距		m	15		
会车视距		m	30		
交叉口停车视距		m	20(40)	20(30)	20(20)
最大纵坡		%	5		8
竖曲线最小长度		m	15(30)	15(20)	15(15)
竖曲线最小半径		m	100(250)	100	

注：电瓶车道、非机动车道的道路纵坡宜放缓，电瓶车道纵坡不宜大于 3%；非机动车道纵坡不宜大于 2%；()中的数值为集装箱港区要求的标准。

港内道路的转弯半径，一般不小于表 5-3 中的规定。库、场引道和条件困难的主、次干道、支道，除陡坡处外，表 5-3 中的交叉口面内边缘最小转弯半径可减少 3 m，但应根据实际行驶车辆进行核定，如不能满足应采取必要措施。

港内道路的纵坡，一般不大于表 5-3 的规定。为排除路面雨水，其最小纵坡一般不小于 3%；困难时也不宜小于 0.2%，但这时布置雨水井应加密。在特别困难的情况下(如纵坡小于 0.2%)，应采取特殊排水方式(如路面采取横坡变化)来排除雨水。在设计港内道路时，应保证港内主要道路有较好的纵坡，而次要道路的纵坡应服从主要道路，主要道路应采用较长的坡段和较缓的纵坡。当港内道路纵坡连续大于 5% 时，应按规定长度设置缓和坡段，缓和坡段的坡度不应大于 3%，长度一般不应小于 50 m。停车场、停车道以及回车场的路面坡度，应根据自然地形、气候、降雨量以及采用的路面结构种类、港内竖向布置情况等确定，最大坡度不宜大于 3%，最小不应小于 0.3%，一般不应采用过大或过小的坡度，条件许可时，以采用 0.5%～1% 为好。

3. 道路横剖面

道路的横剖面形式的选择与道路形式、路宽及排水条件有关。

1）城市型道路

城市型道路的横向有单、双面坡、道牙、雨水井排水，其横剖面形式如图 5-2 所示。一般路面宽度≥6 m 时，采用双面坡，有道牙的城市型道路，一般适用于美观要求较高的区的主干道，港区库、场及码头周边道路。为便于车辆的进出，一般不设置道牙，采用带盖板的暗沟（或雨水井）排水。路面宽度≤4.5 m 时，采用单面坡，港区内是否设置道牙，应视作业要求而定。

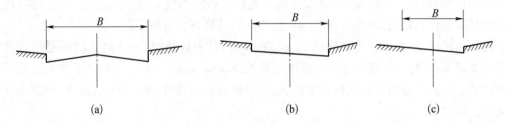

图 5-2　城市型道路横剖面

(a) 双坡；(b) 单坡；(c) 单坡

2）公路型道路

公路型道路的横向有单、双面坡，路面排水采用侧沟排除，一般用于港外道路及港区后方的边缘地带，以双面坡为宜，其横剖面形式如图 5-3 所示。

图 5-3　公路型道路横剖面

(a) 双坡；(b) 单坡

4. 路面结构

路面结构一般由面层、基层和垫层组成（见图 5-4）。面层为直接承受车轮作用力和自然因素影响的结构层，由一层或数层组成。基层为路面的主要承重部分，和面层一起把荷载作用力传至土基，由一层或数层组成。垫层为介于基层与土基之间的结构层，在土基水、温状况不良时，用以改善土基的水、温状况，提高路面结构的水稳性和抗冻胀能力，并扩散荷载、减少土基变形。

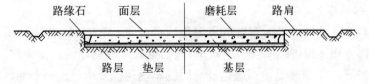

图 5-4　路面结构层和常见路面类型

道路面层分为柔性路面、水泥混凝土路面、联锁块路面和块料路面等。① 柔性路面系指面层为沥青类、粒料类或其他简易面层的路面。② 水泥混凝土路面一般指现浇混凝土大板结构。③ 联锁块路面系指由高强混凝土预制块或精加工的块石与砂垫层共同组成的面层结构,由于此种面层按特定的施工工艺铺砌,边界设置了约束,只要块体的几何尺寸符合有关规定、块体的质量和铺砌质量符合要求,彼此孤立的块体间就能形成竖直、水平、旋转三维联锁,就能在荷载作用下像弹性层一样共同工作。④ 块料路面系指用尺寸大于联锁块的条石、块石、预制混凝土板(块)铺砌的路面。此种面料或为刚性体(板)或为半刚性体(板),彼此间的联锁作用较弱,因此它与前述几种路面的计算方法有所不同。

按使用特性,路面可分为高级路面、次高级路面和中级路面,各级路面的面层结构和适用范围如表 5-4 所示。港口道路一般采用高级或次高线路面,交通运输量不大的道路可采用中级路面。选择路面应根据行车密度、通行车辆的类型、使用要求、当地材料、自然条件和路基情况综合考虑。

表 5-4　各种路面的适用范围

路 面 等 级	面 层 类 型	适 用 范 围
高级路面	(1) 水泥混凝土路面 (2) 沥青混凝土路面 (3) 黑色碎石路面 (4) 联锁块路面 (5) 整齐块石或条石路面	主要道路
次高级路面	(1) 沥青贯入式碎、砾石路面 (2) 沥青或渣油砾石路面 (3) 沥青(渣油)表面处治 (4) 半整齐块石路面	主要道路、次要道路
中级路面	(1) 碎石或砾石路面(包括泥结、水结与级配) (2) 石灰或沥青或水泥加固土路面 (3) 石灰土类(包括石灰炉渣土)路面 (4) 不整齐块石路面 (5) 其他粒料路面(包括工业废渣) (6) 粒料加固土路面	次要道路

港口道路应有长远规划,根据不同时期的使用任务、交通量的发展和投资情况,有计划、有步骤地分期建造道路,路面可以逐步改造,路面宽度可以分期加宽。原则上前期所做工程,在后期工程中仍能充分利用。

5. 港口道路的布置

港口道路布置是港口总平面布置的重要组成部分,应与港口货物装卸工艺流程和港口总平面中其他部分相适应,便利运输,为汽车、流动机械提供良好的行车条件,并满足消防要求。具体要求如下:① 应满足港口疏运高峰时的车辆运输要求;② 一个港区宜设置两个或两个以上的出入口,港内道路应尽量布置成环形系统,尽头式道路应具备回车条件;③ 应按港区车辆及流动机械的数量设置停车场,小的停车场可利用零星陆域,按汽车和机械类型分散设置,也可集中布置在机械队处;④ 应结合地形条件做到平面顺适、纵坡均衡、路面平整、排水畅通;⑤ 纵断面设计应与港区陆域高程设计相适应,并应与港区铁路、管道及其他建筑物相协调;⑥ 港口主要道路应避免与运输繁忙的铁路线路和牵出线平面交叉,港口道路与道路或与其他公路、铁路平面相交时宜正交,必须斜交时交叉角不宜小于45°,港口道路与高速公路、快速路交叉时应采用立体交叉;⑦ 港内道路边缘至铁路中心线的距离应不小于3.75 m,至建筑物、构筑物的最小净距应符合表5-5的规定;⑧ 码头前方作业地带和库场区道路一般不设置高出路面的路缘石;⑨ 港口客运站通向码头的客货流通道宜分开设置。

表 5-5 道路边缘至相邻建筑物的最小净距

相邻建(构)筑物		最小净距/m
建筑物外墙	当建筑物面向道路一侧无出入口时	1.5
	当建筑物面向道路一侧有出入口时,但不通行机动车辆	3.0
	当建筑物面向道路一侧有流动机械出入时	4.5
	当建筑物面向道路一侧的出入口经常有汽车出入时	6.0
地上管线支架、柱、杆等边缘		1.0
货堆边缘		1.5
围墙		1.0

5.1.3 港口铁路

港口铁路运输是当前运输结构调整的重要方向,也是支撑港口可持续发展的基础条件。在当今港口规划、设计工作中,铁路集疏运系统规划与设计是其中一项极为重要的工作。

1. 港口铁路运输的组成及特点

1) 组成

完善的港口铁路系统,一般应包括港口车站、分区车场、装卸线,以及将这些部分连成整体的港口铁路区间正线、联络线和连接线等(见图5-5)。

目前我国港口铁路的管理方式因各港具体情况的不同,有归港口管理和路网管理两种方式。对于港口管理的铁路,尚应配备机车及机务准备设施。根据港口铁路远期或最大设计能力所承担中车方向货运量Q,港口铁路可划分为Ⅲ级(500万t≤Q<1 000万t)和Ⅳ级(Q<500万t)。

(1)港口车站。港口车站又称港前编组站,是专为港口服务的车站,也是国家铁路网与港口铁路的接合点。在港口货运量大的情况下,为提高港口装卸效率和减轻路网车站的负担,应设置专为港口服务的港口车站。根据港口车站的功能,一般具有到发线(接发小运转列车)、编组线(按港口各分区车场或各码头库场装卸线进行车辆编组)、牵出线、机车走行线、连接线等。港口车站的功能是办理往路网车站方向的到发、交接业务(运量较大时可采用车辆交接,否则可采取货物交接),对港内分区车场(或装卸线)的列车进行解体、选分车组、取送车辆的作业。港口站的位置宜靠近港口各作业区,便于取送车辆作业,具体应根据港口作业区与路网交接站的距离、作业量及交接方式,与路方协商后确定。

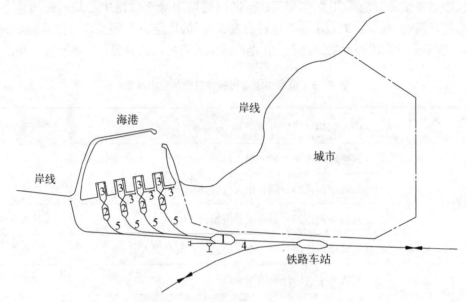

1—港口车站;2—分区车场;3—码头库场装卸线;4—港口铁路区间正线;5—联络线。

图 5-5　港口铁路的基本组成

(2) 分区车场。当港口规模较大、货种较多时,为及时供应装卸线所需车辆,保障码头和库场作业的连续均衡进行,同时缩短运距、加速车辆周转,可根据港口作业区的布置(如距车站较远)和货运情况(如泊位数目多、货运量较大),把港内码头与库场装卸线划分为若干分区,在每个分区设置分区车场。分区车场的线路包括到达线(接受从港口车站送来的车组)、编组线(供分编送往各码头、库场装卸线的车组之用)、集回线(停放从各装卸线收回的车辆)、机车走行线(供机车通行之用),必要时应设置供编组用的牵出线和称重量用的轨道衡线。分区车场的功能是接纳从港口车站送来的车组、办理本区内的车辆分编和联送车辆作业,集结由码头、库场取回的车辆,送往港口车站。根据车流性质,有条件时亦可编组直达列车。分区车场宜布置在邻近泊位或库场装卸线的位置。如果某一作业区距车站很近,作业量又不大时,可考虑不设分区车场。

(3) 装卸线。装卸线按工艺要求布置在码头上、库场内供停车进行装卸作业的铁路线,根据需要考虑在装卸线旁布置重车和空车停留线;一般码头前沿不设供车船直取的码头装卸线,仅在重大件码头等有特殊要求时才布置码头前沿装卸线。

(4) 联络线。联络线承担分区车场与港口车站之间的连接功能。

(5) 连接线。连接线承担分区车场与装卸线之间的连接功能。

(6) 港口铁路区间正线。港口铁路区间正线承担路网接轨站与港口车站之间的连接功能,规划时应科学确定港口铁路与路网铁路的接轨站位置。

2) 特点

(1) 整体特点。铁路运输具有运量较大、运输成本较低、安全性较高、环境污染较小等优点,但同时也存在不能实现"门到门"直达运输,中、短途运输速度较慢,以及原始投资高、资金周转慢等不足之处。

(2) 作业流程特点。港口铁路作业流程如图5-6所示。来自路网的列车在接轨站解编后,以小运转方式牵引至港口车站,路港之间一般在接轨站或港口车站的到发线办理车辆交接手续。到达港口车站的列车在港口车站按码头作业区分类编组后送往分区车场,一个分区车场一般分管若干个泊位及其库场装卸线。到达分区车场的车组,尚需按去往的装卸线解编,然后按作业进度,随时向装卸线取送车辆。在港口完成装卸作业后的车辆,在港口车站集结后,以小运转方式牵引至路网接轨站,再按去向进行编发。

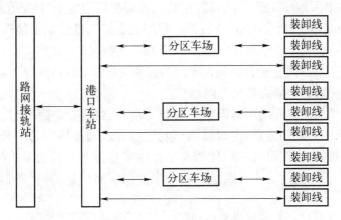

图5-6 港口铁路作业流程

在运量大、货种单一、货源稳定的专业化港口(如煤、油、矿石),港口铁路也可不设港口车站,其功能由接轨站承担,可开行单元列车,列车在港内不做解编作业,港口铁路非常简化,只设空、重车场(线)及装卸线(见图5-7),如秦皇岛港东港区的三期、四期煤码头;而集装箱专列宜在分区车场解编和集结。

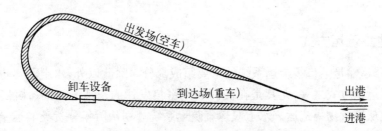

图5-7 适用于单元列车的港口铁路

2. 港口铁路规划与设计

1) 办理港口铁路的接轨手续

在港址选择阶段,需要完成以下工作:① 向拟接轨车站所属路局和有关铁路设计单位介绍建设意图、港口大致运量以及港口对铁路的要求;② 向所属路局及车站了解铁路运营情况、设备情况、站内线路、接轨点的技术条件;③ 向有关铁路设计单位了解规划、设计中的铁路及设计意图,线路走向,车站布置等情况;④ 应与拟接轨车站所属的铁路局或设计单位(在建干线)取得协议文件或会议纪要,初步确定接轨的地点与接轨条件。

在初步设计阶段,承担港口设计的单位应向有关铁路局提出港口铁路接轨方案图、港口的远近期运量、自接轨站至港口站的线路及港站平面图和纵断面图(有独立港口站并设有自备机车时提供)或标明线路坡度的港口铁路线及港内各部分线路平面图(由铁路机车担任调车工作时提供)等资料,并取得协议文件,附在初步设计文件中。

在选择接轨站位置时,一般应符合以下要求:① 应结合城市及港口规划,经技术经济比较后,与铁路部门、城建部门共同商议,并取得铁道部门的书面协议后,方可确定;② 新建港口铁路,只有在特殊情况下,经铁路局同意,方可在区间与路网铁路接轨,但在接轨点应设置车站或线路所(辅助所)管理;③ 当港口规模较大及货类较为复杂时,宜在铁路的区段站上接轨,其次是在中间站(包括会让站、越行站),但不宜在路堑处的车站接轨;④ 站线纵坡大于2.5‰时,不允许机车摘钩作业,只有在无调车作业和整列车进出港口时,方可考虑在该站接轨,否则必须进行技术经济论证并提出车站的技术改造方案后,方可考虑。

2) 初步设计阶段与路局需确定的问题

初步设计阶段与路局需确定的问题主要包括港口自备机车或用路局机车,货物及车辆的交接方式、取送方式和地点,港口铁路(包括港内线)及运输设备的维修,港内线路的主要标准和技术条件(由铁路机车担任调车工作时依据机车型号洽商确定),以及港口与腹地之间的运输衔接(通过国家铁路运输时应事先同所属路局协商)等,均需取得相应的协议文件。

3) 委托港口铁路设计需要提供的资料

委托港口铁路设计需要提供的资料主要包括国家或省、市计划部门批准建设文件的抄件,区域位置和总平面图,铁路进港点坐标、方位、标高及对线路的要求,港口铁路的接轨点、线路大致走向及长度示意图(根据实际情况提供),勘查时可以用的水准点位置、标高以及地质、水文和地形图等(根据实际情况提供),港口铁路运输量表(包括远景运量)、货物种类以及对铁路的特殊要求,港内装卸设备能力及作业情况,以及要求的设计进度。

5.1.4　其他集疏运方式

道路、铁路运输是港口集疏运系统的重要组成部分。除此以外,水上驳运也是港口集疏运系统的重要运输方式之一,尤其是在江河水网密集发达的长江三角洲、珠江三角洲,各港口利用自航驳从事货物集疏运。水上驳运集疏运系统规划从历年分货类驳运量流向分析入手,依据国家技术、行业政策,结合内河水系航道的发展规划,腹地社会经济发展情况,自航驳船、非自航驳船与拖轮经济船型的发展等因素而定。内河水运的设施及规划参见本书航道工程与规划部分的相关内容。

随着中国陆上和海上石油工业、石化工业的发展,港口油气、液体化工品吞吐量的剧增,管道运输也已成为液体散货港区重要的集疏运方式。管道集疏运系统规划要着重从安全性、可靠性、先进性等方面做好规划工作。

📖 拓展阅读 5-1　宁波舟山港铁路集疏运设施

5.2　港区供电设施

5.2.1　供电

港口供电对象主要是装卸机械、辅助设施、照明、通信及导航等设施。按用电设备的重要性和中断电源所造成的损失或影响程度来划分,供电负荷种类一般分为三级:① 一级负荷,指中断供电将造成人身伤亡或重大政治、经济损失的负荷(如重要通信导航设施、铁路信号等),应由两个电源供电,当从电力系统取得第二电源有困难时,可配备柴油发电机组;② 二级负荷,指中断供电将造成较大政治或经济损失的负荷(如港口的主要生产用电),应有一条专用线路供电,宜再取得一条备用回路;③ 三级负荷,指不属于一级、二级负荷的其他负荷,可采用一般供电方式。港口主电源来自国家电网,并根据港口规模及负荷的等级和容量,选择合理的电压等级。大中型港口一般设有 35～110 kV 专用变电站,港内供电高压多为 10 kV 和 6 kV 两种,低压宜为 380 V/220 V。港内各变电所位置应尽量靠近负荷中心。

1. 港口供电设计基本资料

港口供电设计基本资料主要有如下几点:① 新建港口的规模包括泊位数量、吞吐量、码头吨级、码头类型等,根据不同的码头、用电负荷确定不同的供电方案。② 了解码头的装卸工艺和主要用电设备。码头装卸工艺是完成生产任务的主要手段,通过熟悉装卸工艺可以了解每个生产环节用电设备的用电情况及用电设备的工作制,以便做好用电设备的供电工作。③ 了解码头的结构形式是高桩,还是重力式码头。通过了解码头结构,为今后码头电缆铺设和做好防雷接地设计打好基础。④ 了解新建码头附近供电情况和已有线路规格型号及走向。⑤ 了解港口发展规划。⑥ 了解附属建设项目中对供电有影响的建设项目,如自来水厂、污水处理厂、大型采暖锅炉、国际海员俱乐部及交通控制中心等。

2. 港口供电特点

(1) 用电负荷不均匀。码头与一般工厂不同,码头的用电设备主要是门座式起重机,该设备为反复短时工作制负荷。设备负荷的集中点是把货物从船上卸下来或是把货物装上船。为了加快船舶周转,船舶在港停留时间越短越好,希望快装快卸。在具体管理过程中,会遇到许多抢装、抢运任务,这就需要增加作业线,增开舱口,增开装卸用的门座式起重机。如此,用电负荷相应增加,有时比正常负荷多 1 倍左右。这样的抢装抢运一般集中在一两个泊位,在计算变电所负荷时,应适当考虑。

(2) 照明面积大、照度要求高。码头装卸、运输作业露天较多,船—堆场、船—仓库、装火车直取等露天作业占 80% 以上,而且场地开阔,运输繁忙。一般我国港口都有夜班装卸作业,夜班工作必须有足够的照度,否则容易造成人身事故,给生产和工作带来不良的影响。现在运输量不断增长,车辆、机械运行速度不断提高,给照明提出了更高的要求,特别是集装箱码头夜间作业时,工作人员和司机应能看清集装箱号码和标签传票等,而又不能竖立过多的杆塔,否则会影响车辆速度和造成碰杆事故,故需要杆塔增加高度。

(3) 电气设备保护要求高。一方面,港口地下水位高,受潮汐影响严重。因此,在确定110 kV 变电站、35 kV 变电站、6(10)/0.4 kV 变电站标高时应引起注意。例如,110 kV、35 kV 变电站标高应在历史最高潮位之上,6(10)/0.4 kV 变电所也需高出码头标高 30~40 cm。这是因为,当特高潮位高出码头标高时,尽管码头前沿已不能进行装卸作业,但变电所不能停电,必须维持照明和一些重要的负荷,进行抢运货物,使货物少受损失。另一方面,港口受海雾、海风夹杂盐、碱等化学物质影响,侵蚀、腐蚀现象严重。因此,港口的 110 kV 变电站、35 kV 变电站及 6(10)/0.4 kV 变电所多做成室内型,全部电气设备均安装在室内,以减少污闪(即闪络)和腐蚀等酿成事故。在设计中必须有裸露的电气设备时,如穿墙套管、避雷器等,则需提高绝缘等级。

(4) 多用电缆,少用架空线。港口是装卸货物的集散地,由码头、堆场、仓库、起重运输机械等组成了一个装卸、堆存的工艺整体。一般件杂货码头在装卸堆存过程中流动机械比重较大,各种流动式起重机、叉车、铲车、拖车到处都可以看到,流动机械多要求作业面要开阔,特别是流动式起重机,经常从这一作业地点移动到另一作业地点。这就要求在作业区内没有架空线,深入作业区的 6(10)/0.4 kV 变电所进出线也都应该是电缆。实际上,港口供电中的电缆线路占绝大多数。架空线不但影响装卸作业,也带来一些不应有的事故。例如,某港在道路旁有一条 6 kV 架空线(不在作业区),一年之内造成起重机碰杆或碰线事故达 3 次之多,还有人身伤亡事故,给港口带来不应有的损失。

5.2.2 照明

港区室外照明包括码头、堆场、仓库、道路等,各部分的照度要求如表 5-6 所示。

表 5-6 港内主要场所一般照明的照度标准值

场 所 名 称		规定照度的平面	照度标准值/lx			说 明
			低	中	高	
码头	件杂货	地面	5	10	15	—
	钢材,木材	地面	5	10	15	—
	大宗散货	地面	5	10	15	—
	石油	地面	5	10	15	—
	煤炭	地面	3	5	10	—
	集装箱	地面	15	20	30	—

（续表）

场所名称		规定照度的平面	照度标准值/lx			说　明
			低	中	高	
堆场	散货	地面	3	5	10	指堆场道路
	集装箱	地面	15	20	30	含堆场道路
	件杂货	地面	5	10	15	—
仓库	件杂货	地面	5	10	15	—
	散货	地面	5	10	15	—
道路	主干道	地面	2	3	5	—
	次干道	地面	1	2	3	—
	辅助道路	地面	0.5	1	2	—
	铁路装卸线	地面	5	10	15	—

注：① 对油品码头的防爆，安全等级要求高的区域内，照度标准值可适当降低；② 对集装箱码头和堆场等，照度标准值可适当提高。

照明方式可分为一般照明和局部照明。一般照明是指大面积的普通照明；局部照明是指工作部位加强照明。一般照明可采用路灯式或投光式，路灯式照明用电省，光照均匀，但在有起重机作业的码头面及堆场区，灯杆对作业有影响，因此在这些部位往往只设置少量的照明塔，采用投光灯照明。投光灯容易产生耀眼及阴影，要求对照明塔的布置及灯具的选择做细致的考虑。对于因照明熄灭后会造成重大损失或人身安全事故的场所，应设置事故照明，其电源需采用蓄电池或柴油发电机等第二电源。

1. 件杂货、木材、钢铁码头区及堆场区照明

件杂货、木材、钢铁的装卸主要通过船吊和门座式起重机（简称门机）进行。因门机完成货物装卸需沿码头轨道往来行驶，故码头门机工作区域不允许装设任何照明灯杆，其照明问题一般由码头后方高杆照明和门机上的照明灯解决。其中，高杆高度不应低于 30 m，一般多采用 30、35、40、45 m 等规格高杆；高杆距码头前沿距离不应小于杆高的 1.5 倍，即 $l \geqslant 1.5 \times H$。其中，l 为照明高杆距码头前沿的距离，m；H 为照明高杆的高度，m。综合考虑，其最大距离不得超过 2 倍灯杆高度，但不小于 45 m。安全起见，杆顶需设置航空障碍灯（不少于 2 套）及防雷装置。

码头堆场照明大多采用升降式高杆，确定升降式高杆的高度时应结合堆场纵深（码头前沿至后方的距离）等因素综合考虑。照明灯杆的布置分为单列布置（见图 5-8）、双列相对布置（见图 5-9）和双列交错布置（见图 5-10）。

码头堆场照明单位容量一般为 $W_0 = 0.55 \sim 0.8 \text{ W/m}^2$。光源可采用高压钠灯，容量为 400、2×400 或 1 000 W 的投光灯，每个灯杆三相负荷要平衡。由于高压钠灯功率因数很低，要求静电电容器分装在各灯杆的杆前控制箱内,功率因数不低于0.9。堆场内线路应采用电缆线路,电缆宜穿钢管敷设。当照明高杆采用高度较高(45 m以上)、杆数较少的照明方案时,由变电所引出的回路供电杆数不宜超过2根。

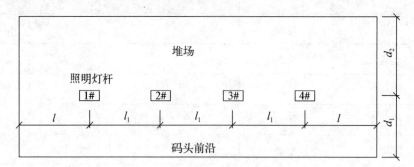

图5-8　照明灯杆单列布置

注:$l = 3H$;$l_1 = (3 \sim 4.5)H$;$d_1 = (1.5 \sim 2)H$;$d_2 = (2 \sim 2.5)H$;H 为照明灯杆高度,m。

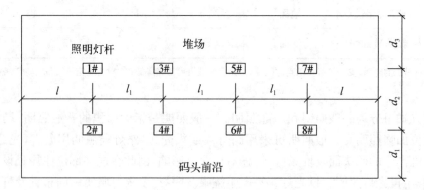

图5-9　双列灯杆相对布置

注:$l = 3H$;$l_1 = (4 \sim 4.5)H$;$d_1 = (1.5 \sim 2)H$;$d_2 = (4 \sim 4.5)H$;$d_3 = (2 \sim 2.5)H$;
H 为照明灯杆高度,m。

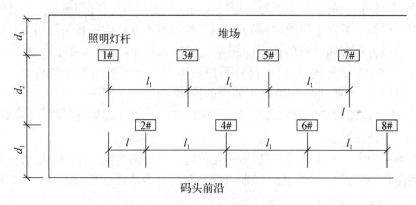

图5-10　双列交错布置

注:$l = 2H$;$l_1 = 4H$;$d_1 = (1.5 \sim 2)H$;$d_2 = 4H$;$d_3 = (1.5 \sim 2)H$;H 为照明灯杆高度,m。

2. **集装箱、多用途码头区及集装箱堆放区照明**

集装箱码头主要由岸桥或多用途门机完成集装箱装卸,码头和堆场的照明宜采用高杆解决照明问题。由于集装箱堆放高度较高,为避免阴影,高杆的高度不宜太高,以 25 m 为宜;照明高杆距码头前沿距离不应小于 45 m;照明灯杆宜采用双列交错布置(见图 5-10),对有冷藏箱的堆场应根据工艺布局适当调整杆位。

码头堆场照明单位容量一般为 $W_0 = 0.75 \sim 1\ \text{W/m}^2$;码头及堆场水平面平均照度不低于 20 Lux,垂直照度不低于 10 Lux,均匀度 0.4~0.6。为提高显色指数,光源宜采用高压钠灯与高压汞灯的混光光源,容量为 250、400 或 2×400 W。各杆设计时,要按三相平衡设置灯的个数,功率因数在就地控制箱内用静电电容器补偿,功率因数不低于 0.9。堆场内线路敷设方法同件杂货码头。

3. **煤码头区、散粮码头区及煤堆场照明**

(1)大型自动化程度高的煤码头,在码头上设有高架皮带机。装船机跨在皮带机上沿码头行驶、移动,以完成各舱口的装煤任务。码头上的照明可由安装在高架皮带机机架上人行道外侧的灯具解决,灯具可选用道路照明用灯型即可,灯具安装高度既要考虑维修、巡视人员在机架人行道上行走,又要照顾码头面上操作人员的往来。码头面上的水平平均照度应不低于 20 Lux,光源可采用高压钠灯。

(2)散粮码头的照明亦由高架皮带机机架上设置的照明灯具解决码头面上及皮带机架上人行道的照明,其水平平均照度应不低于 15 Lux,光源可采用高压钠灯。

(3)煤堆场照明。煤堆场照明实际上是指堆料机、取料机行走轨道上地面处的照明,一般煤堆场长度由数百米至 1 000 多米长,堆上煤以后,煤堆间的地面处照明很难解决。另外正常作业也没有工作人员出入,所以也无须照明。堆煤或取煤时,堆料机或取料机在其端头都有自己的局部照明灯将工作面照亮,机上操作人员可借助该灯监视工作面的情况。煤堆场照明布置如图 5-11 所示,照明灯杆布置在两端,由两端向中间投照。照明灯杆可采用单面投照式高杆灯,也可用固定式灯塔。光源可采用高压钠灯。堆料机、取料机行走轨道上水平平均照度不低于 0.5 Lux,照明单位容量为 $0.2 \sim 0.3\ \text{W/m}^2$。

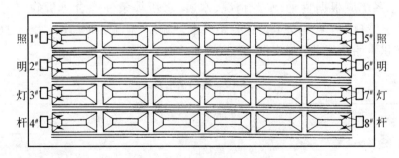

图 5-11 煤堆场照明灯杆布置

4. **集装箱交接库、件杂货仓库、流动机械库照明**

(1)集装箱交接库内灯具宜采用交错均匀布置,一般采用混光光源照明,其光源为高压汞灯和高压钠灯。集装箱交接库的地面水平平均照度不低于 20 Lux,垂直照度不低于 10 Lux。此外,应在库外墙壁上设置局部照明变压器,副边电压不超过 36 V,设置间隔不超过 40 m。采用混光光源照明时,其开关应采用自动开关集中控制,每路开关控制灯数不宜超过 4 套。线路采用瓷珠明配线或穿管明敷。

(2)件杂货仓库灯具宜采用均匀布置,一般采用单光源或混光光源,其光源为高压汞灯或高压钠灯。件杂货仓库地面水平平均照度不低于 15 Lux。由于采用高强气体放电灯,其开关应采用带有自动开关的照明配电箱集中控制,每路开关控制灯具数不宜超过 4 套,照明配电箱应采用带有前级中偏保护的配电箱。线路亦可采用瓷珠明配线或穿管明敷。

(3)流动机械库内灯具采用均匀布置或交错布置时,按工艺布局流动机械停放的上方可少设灯具,流动机械之间的空间,其上方应有适当的照明。光源可采用单一光源(例如高压汞灯、高压钠灯)或者用混合光源。流动机械库地面上水平平均照度不宜低于 20 Lux,垂直照度不低于 10 Lux。为方便流动机械维修,需在库内侧墙上设置插座箱,插座箱内需配有三孔和两孔插座,每隔 25 m 设一处,两侧墙可相对设置或交错设置。插座箱可选用带中性线断裂保护或漏电保护的 ZPB - C 型插座箱。高强气体放电灯应采用带有自动开关的照明配电箱集中控制,每路开关控制灯具数不宜超 4 套,照明配电箱应采用带有中性线断裂保护的 ZPB - T 系列的配电箱。线路可采用钢管明配线沿墙沿梁敷设,配电箱明装。

5.3　港区供排水设施

港口应设置供水、排水设施,其能力应满足船舶、生产、生活、环境保护、消防等用水,以及雨水、生活污水、生产污水、生产废水等排放的要求。供水排水工程设计应在满足港口总体设计的要求下,全面规划,远近结合,以近期为主并考虑扩建的可能。对扩建或改建的给水、排水工程,应从实际出发,充分发挥原有设施的效能。

5.3.1　港口供水

1. 港口供水系统的分类

港口供水系统应根据货种、水源情况、水质、水压等条件综合分析确定,其系统可按表 5 - 7 采用。港口除了在码头上设置船舶供水设施外,对于锚地待泊、水上过驳等船舶的用水,宜设置供水船及其岸上供水设施。

表 5 - 7　港口供水系统

货　种	用　水　区　域	
	码头、库场区	辅助生产区
件杂货	(船舶＋生产＋生活＋消防)系统	(生产＋生活＋消防)系统
油	(船舶＋生产＋生活)系统、消防系统	(生产＋生活＋消防)系统
煤	(船舶＋生产＋生活＋消防)系统 (喷洒防尘＋消防)系统	(生产＋生活＋消防)系统

（续表）

货　种	用　水　区　域	
	码头、库场区	辅助生产区
矿石	（船舶＋生产＋生活＋消防）系统 （喷洒降尘＋消防）系统	（生产＋生活＋消防）系统

注：当采用上述给水工程系统不能满足船舶供水要求时，可设置独立的船舶供水系统。

2. 港口水源的选择

港口水源的选择应同当地主管部门协商，尽量选用城市自来水作为水源。当条件困难需设置独立水源时，应进行技术经济论证。

对于喷洒、降尘、冲洗、绿化、消防等低质用水应因地制宜广辟水源和考虑水资源的综合利用。随着煤、矿石、油等专用码头的增多，港口用水量猛增。为节约饮用水，可采用江水、船舶压舱淡水、不能饮用的地下水、海水等来代替自来水，从而满足喷洒防尘、消防及绿化用水的要求。

在水资源综合利用上，可考虑煤、矿石堆场雨污水和各类冲洗废水的回收；对于设有生活污水处理厂的港口，可进一步完善处理设施，利用处理后的污水作为绿化、冲洗用水，也可在港区内设置中水道。

3. 港口供水量的确定

港口设计用水量 Q 一般按最高日用水量考虑，并根据船舶日用水量 Q_1、生产日用水量 Q_2、生活日用水量 Q_3、环境保护日用水量 Q_4、消防日用水量 Q_5 和未预见日用水量 Q_6 确定。若消防用水和环境保护用水采用独立水源时，应单独计算其用水量。

1）船舶日用水量 Q_1

船舶日用水量包括货船日用水量 $Q_{1.1}$、客船日用水量 $Q_{1.2}$、港作拖轮日用水量 $Q_{1.3}$ 和锚地待泊船舶日用水量 $Q_{1.4}$，即 $Q_1 = Q_{1.1} + Q_{1.2} + Q_{1.3} + Q_{1.4}$。

（1）货船日用水量 $Q_{1.1}$ 按 $Q_{1-1} = \sum(q_i \times n_i)$ 计算。其中，q_i 为不同货种不同吨级船舶用水量标准，$m^3/艘 \cdot 次$，如表 5-8 所示；n_i 为不同货种不同吨级船舶的日上水艘次，艘·次/d，其数值等于港口生产不平衡系数 K_b［其数值等于月最大货运量 q_{max}（t）除以月平均货运量 $\bar{q}$（t），即 $K_b = q_{max}/\bar{q}$］与码头年靠泊总艘次 N（艘）之积除以码头年作业天数 T_y，d，即 $n_i = (K_b \times N)/T_y$。

表 5-8　船舶用水量指标　　　　　　　　　　　（m³/艘·次）

船舶吨级 DWT	船　舶　类　型			
	杂货船	干散货船	油　船	集装箱船
3 000	200～250	—	150～200	—
4 000	200～250	—	150～200	200～250

(续表)

船舶吨级 DWT	船 舶 类 型			
	杂货船	干散货船	油 船	集装箱船
5 000	250～300	—	200～250	200～250
10 000	300～350	300～350	300～350	200～300
15 000	350～400	300～350	350～400	300～350
20 000	350～400	350～400	350～400	350～400
25 000	—	350～400	350～400	350～400
30 000	—	350～400	350～400	400～450
35 000	—	350～400	350～400	400～450
40 000	—	400～450	350～400	400～450
50 000	—	400～450	400～450	400～450
60 000	—	400～450	400～450	—
70 000	—	400～450	400～450	—
80 000	—	400～450	400～450	—
100 000	—	400～450	450～500	—
＞100 000	—	450～500	500	—

(2) 客船日用水量 $Q_{1.2}$ 按 $Q_{1.2}=\sum(q_i'\times n_i')$ 计算。其中，q_i' 为不同旅客正铺定员船舶用水量标准，$m^3/$艘·次，当船舶正铺定员为 400～600 人时取值 150～200 $m^3/$艘·次，当船舶正铺定员为 601～800 人时取值 250～300 $m^3/$艘·次，当船舶正铺定员为 801～900 人时取值 450～500 $m^3/$艘·次；n_i' 为不同旅客正铺定员船舶的日上水艘次，艘·次/d。

(3) 港作拖轮日用水量 $Q_{1.3}$ 按 $Q_{1.3}=5\times n$ 计算。其中，n 为港作拖轮数量，艘。

(4) 锚地待泊船舶日用水量 $Q_{1.4}$ 按 $Q_{1.4}=\sum(q_k\times n_k)$ 计算。其中，q_k 为不同吨级船舶锚地待泊用水量标准，$m^3/$艘·次，如表 5-9 所示；n_k 为不同吨级船舶锚地待泊的设计最大数量，艘。

表 5-9 锚地待泊船舶用水量标准表

船舶吨级 DWT/万 t	0.3～0.5	1～2	3～5	8～10	＞10
用水量标准/($m^3/$艘·次)	10～15	15～25	25～30	30～40	40～50

2）生产日用水量 Q_2

生产日用水量包括港口冲洗日用水量 $Q_{2.1}$、港属机车日用水量 $Q_{2.2}$、国内航线客运站用水量 $Q_{2.3}$ 和其他生产日用水量 $Q_{2.4}$，即 $Q_2 = Q_{2.1} + Q_{2.2} + Q_{2.3} + Q_{2.4}$。

（1）港口冲洗日用水量 $Q_{2.1}$ 应根据冲洗用水量标准和冲洗对象的数量计算确定。根据设备种类及作业污染程度，冲洗用水量标准可按表 5-10 确定。

表 5-10　港口冲洗用水量标准

用 水 类 别	用 水 量 标 准	用 水 场 所
流动机械冲洗	600～800 L/（台·次）	洗车台
汽车冲洗	600～800 L/（台·次）	洗车台
苫布冲洗	900～1 500 L/（台·次）	冲洗场
集装箱冲洗	300～500 L/（TEU·次）	洗箱间、场

（2）港属机车日用水量 $Q_{2.2}$ 应根据港属机车用水量标准[内燃机车为 $0.5\ \mathrm{m}^3$/（台·d）、机车洗炉及补水为 $35～60\ \mathrm{m}^3$/（台·d）]、机车日上水台数和机车日洗炉及补水次数计算确定。机车日洗炉及补水次数，可根据供水水质、机车作业频繁程度等因素确定，一般为 20～30 d 洗炉一次。

（3）国内航线客运站用水量 $Q_{2.3}$ 按设计客流量（日出港人数）计算，用水量标准为 15～20 L/人。

（4）其他生产日用水量 $Q_{2.4}$ 主要包括港口所属的修理厂、航修厂、污水处理厂、垃圾加工厂等所属的各个车间的生产用水，以及港区锅炉房的生产用水以及港区皮带机和装卸用的网兜冲洗用水等。此项用水种类较多，差异较大，应根据生产工艺的要求确定。锅炉房用水量应与采暖专业协商确定。

3）生活日用水量 Q_3

港区生活用水量 Q_3 应根据港口生活用水量标准和各类人员的人数计算确定。港口生活用水量标准及小时变化系数应根据卫生设备完善程度和地区条件按表 5-11 来确定，水质满足国家饮用水标准。

表 5-11　港口生活用水量标准表

建 筑 物 名 称	用水量标准（最高日）	小时变化系数	说　　明
综合办公室	30～50 L/（人·班）	1.5～1.2	—
候工室	30～40 L/（人·班）	3.0～2.5	—
食堂	20～25 L/（人·次）	1.5～1.2	—

(续表)

建筑物名称	用水量标准(最高日)	小时变化系数	说　明
浴室	100～150 L/(人·次)	2.0～1.5	—
宿舍	100～150 L/(人·d)	3.5～3.0	有盥洗室、水冲厕所
一般性生产车间	25～35 L/(人·班)	3.0～2.5	—
医务室	15～25 L/(人·次)	2.5	—

4) 环境保护日用水量 Q_4

环境保护用水量 Q_4 应根据港口环境保护用水量标准、日洒次数及相应的喷洒面积计算确定。对于散货装卸作业过程中的环保用水量应根据不同货种按工艺要求计算确定。港口环境保护用水量标准按表 5-12 确定。堆场日喷洒次数应根据当地蒸发量及风速等因素确定，一般日喷洒次数可采用 2～3 次/d；道路喷洒次数一般为 2～3 次/d；绿化喷洒次数一般为 1～2 次/d。

表 5-12　港口环境保护用水量标准表

用水类别	用水量标准	供水方式
煤堆场喷洒	2.00 L/(m² ·次)	管道系统
铁矿石堆场喷洒装卸作业降尘	按工艺要求、气候条件、货种等确定	
煤和矿码头面、转运站冲洗	5.00 L/(m² ·次)	
码头及道路喷洒	0.15～0.25 L/(m² ·次)	洒水车
绿化	1.50～2.00 L/(m² ·d)	
危险品集装箱喷淋降温	按工艺要求、气候条件、箱内货种等确定	—

5) 消防日用水量 Q_5

港口消防日用水量 Q_5 应根据码头及库场储存物品的类别、储量情况、建筑物的情况，按照有关消防技术规范，确定同一时间内发生火灾的次数、代表性火灾的室外及室内消防用水秒流量以及火灾延续时间等因素综合考虑其用水量。一般按 $Q_5 = 3.6 \times (q_o + q_i) \times t_h$ 计算。其中，q_o 为室外消防水秒流量，L/s；q_i 为室内消防用水秒流量，L/s；t_h 为火灾延续时间，h。根据港区具体情况，如果 Q_5 不满足要求，可在港区设置供水调节站，以兼顾港区的消防供水。

6) 未预见日用水量 Q_6

未预见日用水量包括港口的杂项用水和管道漏水。杂项用水主要指无固定地点、时间和水量的零星用水,如一般码头的冲洗、皮带、仓库、工作船及港口修建队的短期施工用水等。未预见用水量可按港口最高日用水量的10%～30%计算。对于未预见用水量较小的一般港口,可取低值。

4. 输配水管道布置

港口输水管是指进港供水接管点至港口供水调节站(或自备水源至港口供水调节站)的管道;当港口无供水调节站由市政给水管网直接供水时,港口输水管是指进港供水接管点至港口配水管网的管道。港区配水管是指由港口供水调节站(或由港口输水管)直接向港区用户配水的管道。

1) 输水管道布置

线路应尽量做到距离短、起伏小、土石方少、造价经济、少占农田。走向和位置应符合城市的规划要求,并尽可能沿现有道路或规划道路敷设,以利于施工和维护。应尽量避免穿越河谷、山脊、沼泽、重要铁路和泄洪地区,并注意避开滑坡、塌方以及易发生泥石流和高侵蚀性土壤地区。路线的选择应考虑近远期结合和分期实施的可能。

港区输水管根数应根据输水规模、分期建设的安排以及是否有安全储水池等因素全面考虑确定,一般宜设置2条;当有其他安全供水设施时可只设一条,如输水距离较远时也可敷设一条,同时修建有相当容量的安全储水池;港区由市政给水管网直接供水,同时港区配水环状管网兼作消防给水管时,向配水环状管网输水的输水管不应少于2条,当其中一条发生故障时,其余的输水管应能通过全部设计流量。

设置两条以上的港口输水管一般设连通管,连通管的根数可根据断管时,满足事故用水量的要求,通过计算确定;连通管的直径一般与输水管相同,或较输水管直径小20%～30%,但应考虑任何一段输水管发生事故时仍能通过事故水量,即为港口的输水管设计流量的70%。

设有连通管的输水管上,应设置必要的阀门,以保持任何管段发生事故或检修阀门时切换,阀门直径应与输水管直径相同;输水管的阀门间距需要根据事故抢修时允许的排水时间确定,具体位置常结合地形起伏,穿越障碍物及连通管位置等因素综合考虑而定;输水管道上的隆起点及倒虹管的上、下游侧一般应设进气阀和排气阀。

在输水管的低凹处应设置泄水管及泄水阀,泄水管应接至河沟或低洼处,当不能自流排出时,可设集水井,用提水机具将水排走;泄水管直径一般为输水管直径的1/3。

对压力输水管,应分析出现水锤的可能性,必要时需设置消除水锤的措施。

2) 配水管网布置

配水管网应根据用水要求合理分布于全供水区。港区管网宜布置成环网状;当采用枝状布置时,应考虑港口发展后有连成环状管网的可能。

配水管网的布置应使干管尽可能以最短距离到达主要用户(港区较大的用水户有船舶上水、浴室、锅炉房、食堂以及职工宿舍等)及管网中的调节构筑物。干管的位置应布置在两侧均有较大用户的道路上,以减少配水支管的数量。冰冻地区的港口,码头给水干管宜敷设在防冻较好的地带。对于重力式码头,当有门座起重机时,一般埋设在门机轨道后方或轨道之间,当无门座起重机时,应尽量靠近码头前沿。对于高桩码头,一般埋设在接岸结构后方。配水干管之间应在适当间距设置连接管以形成环网,连接管的间距应根据港区道路的布置、码头的类型、仓库和建筑物的布置以及货场堆货的种类等因素确定。

配水管网上的消火栓数量及布置必须遵守消防有关规定,应保证在 150 m 范围内有足够的消火栓数量,满足火灾时消防用水的需要(每个消火栓供水能力为 10~15 L/s),同时应取得当地消防管理部门的同意。港区负担消防给水任务的管道,其最小直径应不小于 100 mm,设有 2 个及 2 个以上消火栓的给水管道,其管径通常不小于 150 mm。

需要注意的是,港区生活饮用水的管网严禁与非生活饮用水的管道连接。

5.3.2　港口排水

港口排水系统要求及时排除港区的污水、废水和雨水,有害的污水必须进行净化处理,达到环境保护要求后才能排放。

港口污水水质分为生活污水、生产性废水、生产性冲洗污水和被露天散货污染的雨水以及生产性有害污水。港口的生活污水应尽量排至所在城镇的污水管网,集中到城镇污水处理厂进行处理。当港口距城市较远或有其他困难时,设置单独的排水和污水处理设施。油码头的含油污水及煤、矿石堆场的污水应单独设置污水处理设施。

排水系统有分流制、合流制两种主要制式。分流制指用不同管渠系统分别收集和输送各种污水和雨水的排水方式,需设置 2 套管道,投资大,优点是减少了污水处理量,能保持污水管道有适当的充满度和自洁流速(使污物不在管道内沉积),在技术上是合理的。合流制是指用同一管渠系统收集和输送污水和雨水的排水方式,这种制式管理布置方便,但管径和污水处理设施均需加大,非雨季管道流速过低,工作状态差。

港口排水采用分流制或合流制应根据港口所在城镇的排水规划、环境保护要求、排水水质、水量及港口水域等条件确定,新建的排水系统宜采用分流制。当港区布置 2 个或 2 个以上排水系统时,宜使各排水系统所分担的汇水面积均匀、合理;应尽量避免和减少与铁路、干道、其他地下管构筑物、地下管线的交叉。

污水管道的平面布置应按照主管道、支管道和支管的顺序依次定线。排水管道应顺坡排水,排水路线应短捷,充分利用重力流坡降,尽量避免穿越管沟、廊道等地下构筑物以及港区铁路车场。主干管道应尽量避开软土地基和其他不良地基带。

5.3.3　港口消防

码头以及停靠在码头的船舶一旦发生火灾,通常会导致船舶搁浅、沉船、堵塞航道,甚至破坏港口设施,造成伤亡和损失。因此,港区应建设消防站及水上消防设施,配备必要的消防车和消拖两用船等设备,其用水可采用生产、生活、消防合一的供水管网供给,供水采用低压制。

油品是港口火灾主要风险源,其危险性分类如表 5-13 所示。

装卸区和储存区是港口防火的重点区域。装卸、储存易燃易爆危险货物应使用专用的码头、仓库和货场。各类物资在储存时宜按照火灾危险性分区布置。火灾危险性较大的部位应该设在全年主导风向的下侧,并尽量位于相邻主要桥梁、大型锚地、固定停泊场、造船厂和码头等重要建筑物的下游。易燃易爆危险品装卸码头、专用车站、储存区以及载运该类货物的船舶锚地,应设在相对独立的安全地带,例如可以布置在港区的边缘地带。装卸油品码头不宜与其他码头建在同一港区水域内。确有困难需要设置在同一水域的,应设有可靠的消防安全设施。

表 5-13 油品危险性分类

类 别		特 性	常 见 品 种
甲	A	15 ℃时的蒸汽压力≥0.1 MPa	液化石油气
	B	闪点＜28 ℃(甲 A 类以外)	原油、汽油、石脑油
乙		28 ℃≤闪点＜60 ℃	煤油、-35 号轻柴油、喷气燃料
丙		闪点≥60 ℃	柴油、重油、沥青、润滑油、渣油

在港口码头的普通建筑之间,根据类型、层数、面积和耐火等级等条件的不同设置防火间距,是预防和控制港口码头火灾的有效方法。通过设定一定的安全距离,将火灾危险部位与其他建筑分开,一方面有利于火灾危险部位进行专门的防护和管理,尽可能减少可燃物与引火源的接触,降低火灾发生的概率;另一方面,一旦发生火灾,也有助于阻止火势的蔓延,且便于消防扑救的展开。严禁在防火间距内搭建任何建筑或堆放物资。

港口新建的各类建筑应采用一、二级耐火等级的建筑,控制三级耐火等级建筑,严格限制四级耐火等级建筑。在港区重要建筑、火灾危险较大的场所以及消防水源取水部位,应该设置消防车道,相邻两条消防车道的道路中心线间距不宜超过 160 m;建筑物沿着消防车道一侧的长度超过 150 m 或总长度超过 220 m,应设置穿过建筑物的消防车道;消防车道的宽度不应小于 3.5 m,净高不小于 4 m;消防车道穿过建筑物的门洞时,其净高与净宽不应小于 4 m,门垛之间的净宽不小于 3.5 m;环形消防车道至少应有两处与其他车道相通。

易燃易爆危险品装卸泊位应与其他货种泊位保留足够的安全距离,具体要求如下:① 甲、乙类油品泊位与其他货种泊位的安全距离不少于 150 m,丙类油品泊位与其他货种泊位的安全距离不少于 50 m;② 油品泊位与海港客运泊位、位于油品泊位上游河港客运泊位的安全距离不少于 300 m,与位于油品泊位下游河港客运泊位的安全距离不少于 3 000 m;③ 油品码头相邻泊位的船舶间距应符合表 3-11 的规定。

其他方面的要求还包括:① 海港或河港中位于锚地上游的装卸甲、乙类油品泊位与锚地的距离不宜小于 1 000 m,装卸丙类的油品泊位与锚地的距离不宜小于 150 m;河港中位于锚地下游的油品泊位与锚地的距离不宜小于 150 m。② 海港甲、乙类油品泊位的船舶与航道边线的净距离不宜小于 100 m;河口港及河港,可根据实际情况适当缩小,但不宜小于 50 m。③ 甲、乙类油品码头前沿线与陆上储油罐的防火间距不宜小于 50 m,甲、乙类油品的泊位与明火或散发火花场所的防火间距不宜小于 40 m;油品码头与装卸作业无关的其他陆上设施的间距不宜小于 40 m。

5.4 通信与信息系统

港口通信与信息系统是港口生产、管理的重要组成部分,也是向国内外船舶提供公众通信的重要手段,对保障港口安全、高效运转具有重要作用。

5.4.1　通信系统

港口通信设计应符合交通通信技术的相关安全和技术政策规定。港口可根据实际需要设置长途电话及长途电话中继线。

调度电话系统是港口企业中生产指挥调度工作的主要手段,用其保证生产指挥的及时与可靠。系统可采用一级调度制,即局调度电话系统;二级调度制,即局调度电话系统和作业区调度电话系统;也可以采用三级调度制,即局调度电话系统、作业区调度电话系统和第三级输运(装船、卸车)生产调度电话系统。也可根据港口的特点及生产需要设置专用调度电话,如船调、煤调以及铁路运输、电力、消防等调度电话系统。

港口移动自动无线电话系统属于港口专用移动业务网,对港口的管理、运营及生产效益都起着很重要的作用。它不同于公众网的蜂窝状方式,根据港口的布局通常建一个基地控制台,最多不超过2个无线基地台。

港口短波海岸电台是指配有中频、高频或中/高频工作频段且从事水上移动业务的陆地电台。短波海岸电台一般由发信台、收信台和中央控制室组成。

港口一般均设置甚高频海岸电台(VHF coast station),它是对国内外船舶开放的公众船舶通信业务的陆地甚高频电台。港口海岸的甚高频海岸电台应设置有线/无线转接设备以及连接用户的有线线路,并提供高质量的话务服务,此时的甚高频海岸电台既要承担甚高频港口电台(VHF port station)的业务,又要承担专用电台的通信业务。

5.4.2　信息系统

信息化建设是提高港口服务水平和港口竞争力的重要途径。在港口信息服务上,建设与政府机构、港方、船方、货主互联的网络系统,集成港口信息资源,通过整合政策公告、执法监管以及港口设施、港口服务、港口动态、监管对象等信息,建立港区以信息共享和综合查询为核心功能的港口信息服务系统,使其成为港区对外信息服务的统一窗口。

信息系统及信息技术应用于港口生产、经营、管理和服务的各个环节,推动港口生产的智能化发展,形成以组织保障、政策标准体系为核心的完善的信息化发展环境。在港口生产上,港口信息系统可实时记录船舶状态、堆场状态、装卸设备和水平运输设备状态,将各生产环节的状态转化为生产参数,制订生产作业调度计划。在港口的信息共享方面,通过统计船舶在港时间、装卸时间、泊位利用情况、吞吐量等数据,并对各类数据进行综合分析,全面反映港口营运状况,为管理部门的宏观决策提供支持,以便引导港区更好地发展。

📖 拓展阅读5-2　自动化码头的"中国芯"

5.5　其他配套设施

随着港口大型化和综合化发展,港口商务设施已成为港口重要的配套设施,是建设现代化港口的必要组成部分。港口活动产生于贸易和运输中,现代较大型港口已成为国际运输链和世界贸易活动的组成部分。世界贸易的 70% 以上是由跨国公司引发的。

进入 20 世纪 80 年代,物流管理已从传统的独立管理时代逐步跨入综合物流管理时代,特别是国际贸易的综合物流管理发展更快。综合物流管理的显著特征是使生产、贸易、运输、储存、分运、销售、信息一体化,并以整个系统效益最优为综合管理的目标。这样,港口(运输枢纽环节)已和生产、贸易、运输、储存、分运、销售有机地、密切地联系在一起。现代物流管理发展与跨国公司生产过程全球化有直接联系,跨国公司物流需要港口一整套服务,而不是单向服务,需要与港口生产有关联的单位、部门共同服务,并使各项活动协调、高效率。这正是现代港口在功能上逐步向国际贸易综合运输中心和后勤基地方向发展的原因。

与港口活动有密切关联的单位、部门主要有托运人(集团)、货运代理、理货、货物装卸公司、多式联运经营人、陆地运输经营人、包装公司、货物分运商、船务公司(船东)、船务代理、船舶维修公司以及银行、保险公司、法律业务等金融综合体、海关、各类查验部门等。

现代港口的商务功能建设有两个非常重要的因素:时间和各种行动的协调。因此,国外不少港务局为使港口能进行一整套与港口活动有关的服务,组建当地的"世界贸易中心",为上述众多单位、部门提供商务条件,创造一个国际运输的完整舞台和国际贸易服务的后勤基地,包含办公、洽谈、会议、高度发达的通信设施、信息处理、展览、咨询等设施。通过物流服务优化与港口相关的所有活动:对传统货物装卸,储存配有信息分送;通过电子数据交换(EDI)提供需要的商务、技术或行政信息以及高效率的各种单证、票据处理;通过物流分送将运输链上各环节结成一个整体,适应跨国公司生产全球化的需要,提高服务质量;加快船舶、货物进出清关速度;提高金融信贷的依存度和可靠度;承兑结汇的及时快捷性;提高保险业的信誉和效率;促进代理业的发展和工作效率等。

在世界贸易中心可以找到涉及国际贸易、国际运输的任何单位和组织,还有与世界网络连接的电子数据交换系统,因此这里是重要的港口信息中心。大量信息在这里经过积累、提炼、加工,并传递作用于贸易、商务运动过程中,帮助和促进其达到预期的贸易、商业目标,减少活动的盲目性。

世界贸易中心的位置宜设在城市的商务金融机构聚集的街区,建筑亦是当地带有象征性的建筑。现代港口的陆域设施应超越传统的港口界限的概念,由封闭的港区向开阔的港口社区概念发展,把港口社区的覆盖范围延伸至码头以外可达几千米至 10 km 以上。世界上最大的美国纽约世界贸易中心是纽约的新泽西港经营的,同时也是港务局所在地,它位于纽约曼哈顿的中央商务区。纽约世界贸易中心不仅完善拓展了港口功能,在财务上也是港口的主要盈利部门。

数字课程学习

📝 ○ 本章要点　○ 思考题　○ 更多内容⋯⋯

中篇

港口工程

　　本篇内容包括码头概述、典型码头、防波堤与护岸，其中以典型码头为重点。码头概述部分包括码头结构分类与选择、码头结构上的作用及组合、几种主要载荷的确定方法；典型码头部分包括重力式码头、板桩码头、高桩码头；防波堤和护岸部分包括防波堤功能与分类、典型防波堤、护岸功能与分类、典型护岸。

6

码 头 概 述

学习目标

　　（1）了解码头结构形式的分类和组成；理解不同因素对码头结构形式选择的影响。

　　（2）了解码头结构上的作用分类；理解不同作用的组合。

　　（3）掌握四种主要荷载的确定方法。

　　码头有广义和狭义之分。本章所讲的码头为狭义上的码头，是指供船舶停靠并装卸货物和上下旅客的建筑物，是港口最基本的水工建筑物。码头按平面布置形式可分为顺岸式、突堤式、挖入式、岛式及栈桥式；按前沿横断面形式可分为直立式、斜坡式、浮式、半直立式和半斜坡式；按结构形式可分为重力式、板桩式、高桩式及混合式。本章重点从码头结构形式方面进行论述。

6.1 码头结构形式

6.1.1 分类

1. 重力式码头

　　重力式码头又称实体式码头（见图6-1），它是依靠结构本身及其上面填料的重量来保持结构自身的滑移稳定性和倾覆稳定性的。由于自重大，因而地基承受的压力也大，故重力式码头适用于较好的地基，例如岩石、砂、卵石、砾石及硬土的地基。重力式码头在我国海港中应用广泛，例如黄埔港、湛江港、厦门港、青岛港、烟台港、秦皇岛港及大连港等，在河港中应用也很广泛。

2. 板桩码头

　　板桩码头又称薄壁码头（见图6-2），它是依靠板桩

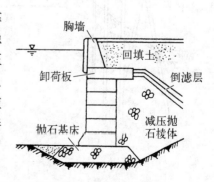

图6-1 重力式码头

入土段侧向土压力和安设在码头上部的锚碇结构来维持其整体稳定,除特别坚硬或过于软弱的地基外,一般均可采用。钢筋混凝土板桩作为钢板桩码头的主要构件,由于其耐久性好,用钢量少,造价低,因此被广泛采用,但由于强度的限制,一般只适用于水深不大的中小型码头。对于深水码头,要求板桩有较大的抗弯能力,此时可采用圆形钢管桩或组合型钢板桩截面;对于可在陆上施工的深水板桩码头,可采用先成孔后栽桩(或就地浇筑,类似于地下连续墙结构)的板桩结构。

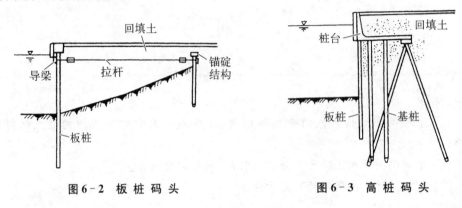

图6-2　板桩码头　　　　　　图6-3　高桩码头

3. 高桩码头

高桩码头(见图6-3)是在软土地基上修建的一种码头结构,其工作特点是通过桩台将作用在码头上的荷载经桩基传给地基。长三角地区绝大部分码头采用这种结构形式。以往,由于打桩设备能力及桩身材料的限制,使桩基无法打入较坚硬的土层,现在由于大能量桩锤的出现以及钢桩的应用,使桩基可以沉入硬亚黏土或中等密实的砂层中,因此扩大了高桩码头对地基条件的适应性。

4. 混合式码头

除上述三种主要结构外,根据当地的地基、水文、材料、施工条件和码头使用要求等因素,码头也可采用各种不同形式的混合结构,如梁板式高桩结构和板桩相结合[见图6-4(a)]、带锚碇的L形墙板[见图6-4(b)]等形式。

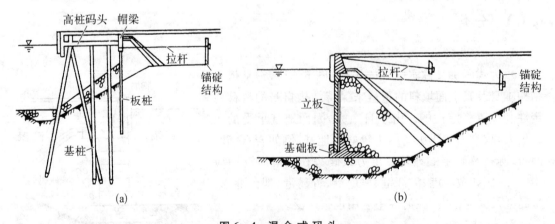

(a)　　　　　　　　　　　　　　(b)

图6-4　混合式码头

(a) 梁板式高桩结构和板桩相结合;(b) 带锚碇的L形墙板

6.1.2　码头结构的组成部分

码头由主体结构和码头设备两部分组成。主体结构又包括上部结构、下部结构和基础（见表6-1）。

表6-1　码头结构的组成部分

组成部分		重力式码头	板桩码头	高桩码头
主体结构	上部结构	胸墙	帽梁或胸墙	桩台或承台
	下部结构	墙身	板桩墙	桩基
	基础	抛石基床		
	其他	墙后回填料	拉杆、锚碇结构	挡土结构
码头附属设备		系船设施、防冲设施、工艺设施、安全设施、路面		

上部结构的作用：① 将下部结构的构件连成整体；② 直接承受船舶荷载和地面使用荷载，并将这些荷载传给下部结构；③ 作为设置防冲设施、系船设施、工艺设施和安全设施的基础。它位于水位变动区，又直接承受波浪、冰凌、船舶的撞击磨损作用，要求有足够的整体性和耐久性。

下部结构和基础的作用：① 支撑上部结构，形成直立岸壁；② 将作用在上部结构和本身上的荷载传给地基。板桩码头设置拉杆、锚碇结构，分别是为了挡土或保证结构的稳定，高桩码头设置独立的挡土结构。

码头附属设备用于船舶系靠和装卸作业。

6.1.3　码头结构形式的选择

码头结构形式的选择是港口工程可行性研究和工程设计的主要内容之一。码头结构形式选择恰当与否，不仅关系到码头建成后能否安全正常使用，而且还关系到码头工程造价。选择时除考虑各种结构形式的特点外，还应考虑以下条件。

1. 使用条件

码头是船舶停靠的场所，码头结构形式除了必须满足船舶的使用要求外，码头前停靠的船舶类型、吨位及尺度，港口装卸工艺，库场上堆存的货种及堆存方式等条件都对码头建筑物应具有的强度和耐久性提出要求，因而影响到所选用的码头结构形式。

2. 自然条件

自然条件对码头结构形式的选择往往起决定性作用，主要包括地质条件、波浪状况、潮位变化等因素。结构形式必须与地质条件相适应，否则就会增加码头造价，影响工程质量及正常使用。在岩石、砂土及较硬黏土、砂质黏土地基上，一般采用重力式结构；在中等密实的土壤地基上，通常采用高桩或板桩结构；在淤泥质地基上，主要采用高桩结构，必要时可采取换砂的方法强化地基之后选择重力式结构。

当码头前水域比较开阔,有时出现影响泊稳条件的波浪时,如果采用直立式岸壁,则会因波浪反射而影响船舶装卸作业,若采用底部透空的结构形式,则可减轻水面波动。

在确定码头建筑物高度时,一般要求在码头前水位变化范围内,设计船型在任何装载条件下,均能安全地停靠并进行装卸作业,因此码头前水位的变化幅度决定了码头建筑物的总高度,同时也影响着码头结构形式的选择。例如,当码头前水位变化较大,码头建筑物高度很高时,一般不宜采用重力式结构形式。

3. 施工条件

码头结构形式必须与当地的具体施工条件相适应,以达到降低工程造价的目的。首先,施工单位的技术水平、施工经验、机具设备、预制能力等都是选取结构形式的主要影响因素,例如起重运输能力是确定大型预制构件的前提,能否提供沉箱预制场是采用沉箱结构的关键等。其次,选择结构形式还应本着就地取材的原则,对钢板桩、预应力高强度钢材、大量水泥及砂石料等材料的来源应做充分的调查研究,例如采用重力式方块结构,其先决条件是当地有无大量砂石料和水泥。此外,施工期限要求及采用的施工方法也是选择结构形式应考虑的因素。

4. 经济条件

在满足以上各项条件的基础上,所选择的码头结构应力求构造简单,制造和安装方便,节省建筑材料的消耗,并尽量减少码头在使用过程中可能发生的养护和维修费用,以降低工程造价和港口营运成本,提高经济效益。

6.2　码头结构上的作用及组合

6.2.1　码头结构上的作用分类

码头结构上的作用可按时间变异、空间变异和结构反应进行分类,分类的目的主要是满足作用效应组合的需要。

1. 按时间变异分类

按时间变异可将作用分为永久作用、可变作用和偶然作用三种。① 永久作用指在设计基准期[为确定可变作用等的取值而选用的时间参数,我国《港口工程结构可靠度设计统一标准》(GB 50158—2010)规定,永久性港口工程结构的设计基准期宜取为 50 a]内,其量值随时间的变化与平均值相比可忽略不计的作用,如自重力、预加应力、土重力及由永久作用引起的土压力等。② 可变作用是指在设计基准期内,其量值随时间变化与平均值相比不可忽略的作用,如堆货荷载、流动机械荷载、起重机械荷载、可变作用引起的土压力、船舶荷载、波浪力等。③ 偶然作用是指在设计基准期内不一定出现,但一旦出现,其量值很大且持续时间很短的作用,如地震作用。

2. 按空间变异分类

按空间变异可将作用分为固定作用和自由作用两种。① 固定作用是指在结构上具有固定分布的作用,如结构自重、固定设备自重等。② 自由作用是指在结构的一定范围内可以任意分布的作用,如堆货、流动机械荷载等。

3. 按结构反应分类

按结构反应可将作用分为静态作用和动态作用两种。① 静态作用是指加载过程中结构产生的加速度可以忽略不计的作用,如自重力、土压力等。② 动态作用是指加载过程中结构产生不可忽略的加速度的作用,如船舶撞击力、汽车荷载等。

6.2.2　码头结构上的作用组合

1. 作用组合的分类

为了使建筑物的设计经济合理,在设计基准期内有可能同时在码头建筑物上出现的作用分别按承载能力极限状态和正常使用极限状态考虑效应组合。对于承载能力极限状态可分为持久组合、短暂组合、偶然组合三种:① 持久组合是永久作用和持续时间较长的可变作用组成的作用效应组合;② 短暂组合是包括持续时间较短的可变作用所组成的作用效应组合;③ 偶然组合是包含偶然作用所组成的作用效应组合。对于正常使用极限状态分为持久状况和短暂状况两种,其中持久状况作用又分为短期效应(频遇)组合和长期效应(准永久)组合两种。

2. 作用代表值的取值

进行结构设计时,应在设计表达式中针对不同的极限状态和组合采用不同的作用代表值。作用代表值可分为标准值、频遇值和准永久值三种:① 标准值是作用的主要代表值;② 频遇值是代表作用在结构上时出现的较大值;③ 准永久值是代表作用在结构上经常出现的量值,它在设计基准期内具有较长的总持续期。

永久作用的代表值仅有标准值,可变作用的代表值有标准值、频遇值和准永久值;偶然作用的代表值一般根据观测和试验资料或工程经验综合分析确定。在港口工程结构设计中,设计水位也是一个相当重要又比较复杂的问题,而可变作用代表值的取值和设计水位的考虑都与作用效应组合情况有关(见表 6-2)。

表 6-2　可变作用代表值的取值和设计水位

极限状态	组合情况	可变作用代表值的取值	计 算 水 位	
			海 港	河 港
承载能力极限状态	持久组合	主导可变作用取标准值;非主导可变作用取组合值(标准值×组合系数 Ψ)	对极端高、低水位,设计高、低水位及期间某一不利水位分别计算	对设计高、低水位及与地下水位相组合的某一不利水位分别计算
	短暂组合	对环境条件引起的可变作用按有关结构规范确定,其他作用取可能出现的最大值作为标准值		
	偶然组合	按行业标准规定执行		

（续表）

极限状态	组合情况		可变作用代表值的取值	计 算 水 位	
				海 港	河 港
正常使用极限状态	持久状况	短期效应(频遇)组合	取可变作用的频遇值(标准值×频遇值系数 Ψ_1、Ψ_1 取 0.8)	与承载能力极限状态相比,可不考虑极端水位	
		长期效应(准永久)组合	取可变作用的频遇值(标准值×频遇值系数 Ψ_2、Ψ_2 取 0.6)		
	短暂状况		取值标准		

6.3　几种主要荷载的确定方法

6.3.1　建筑物自重

　　建筑物自重包括建筑物自身的重量,以及位于其上的各种填料和固定设备的重量,它可根据建筑物的尺寸和材料重度计算。对于新建码头,其尺寸可参照已有类似建筑物拟定。材料重度如无实测资料,可参照表 6-3 中的数据。

表 6-3　主要建筑材料重度

材 料 名 称	重度/$(kN \cdot m^{-3})$		材 料 名 称		重度/$(kN \cdot m^{-3})$	
	水上	水下			水上	水下
混凝土	23~24	13~14	路面	铁路上部建筑(碎石到砟)	20	
钢筋混凝土	24~25	14~15		泥结碎石路面	21	
浆砌料石	26~27	16~17		沥青混凝土路面	22	
浆砌块石	24~25	14~15	钢、铸钢		78.5	
干砌块石	21~22	14~15	铸铁		72.5	
抛填块石	17~18	10~11	松木	半干	5.5	
抛填碎石	16~17	10~11		湿的	6	
砂性土	18~20	9~10		经常在水中	10	
砂	18	9~9.5				
煤渣	12~13	4				

6.3.2　码头地面使用荷载

1. 堆货荷载与人群荷载

堆货荷载是在码头建筑物上主要使用的一种荷载,确定堆货荷载时应考虑下列主要因素:① 装卸工艺确定的堆存情况。装卸机械的不同性能直接影响货物堆存的极限高度,如散货的堆垛,用一般流动皮带机,一次堆高达 5.5 m,用门座起重机配抓斗可达 9~10 m,而用单斗装卸车则只能堆到 2.5 m。② 货种及包装方式。在相同的堆存高度条件下,由于货物重度不同,其荷载值也不同。有些货物必须对堆高加以限制,如煤堆太高会引起自燃,袋装水泥堆得太高不仅会压坏纸袋,而且还会使水泥结块,造成货损。③ 货物批量与堆存期。小批量货物不可能堆成大堆,临时堆存的货物为拆垛方便也不便形成大堆。④ 码头结构形式,不同结构形式的码头对堆货荷载反应的敏感程度有很大差别。采用高桩梁板结构的码头,堆货荷载的增加使构件内力以相同的倍数增大,而采用重力式实体结构的码头,堆货荷载通过土的侧压力传到结构上,堆货荷载增加时,土压力增加的倍数小于堆货荷载增加的倍数。

根据港口码头实际运行情况和多年使用经验,《港口工程荷载规范》(JTS 144—1—2010)(以下简称"规范")将码头划分为三个地带:码头前沿地带、前方堆场和后方堆场地带,不同地带采用不同的堆货荷载值。

1) 码头前沿地带

码头前沿地带是指码头前沿线向后一定距离的场地,其宽度根据装卸工艺确定。对于有门机的码头,宽度一般取 14 m;对于没有门机的海港码头通常取 10 m;集装箱码头的前沿地带宽度根据不同的装卸工艺确定。必须指出,上述宽度与平面布置中的前沿宽度是两个概念,前者仅适用于码头结构设计,后者是从港口使用管理的角度来说的。前沿地带一般是不堆货的,通常作为装卸作业的场地和运输机械的通道,只有少数情况下才临时堆货,因此前沿堆货荷载值是根据结构计算上的需要并参照以往设计上采用的数值及建成后的使用情况确定。根据我国的建港经验,一般取 20 kPa,对于前沿无门机的中、小型港口矿石码头、煤码头和五金钢铁码头,有时需在码头前沿堆货,取 30~50 kPa。油码头前沿地带不进行装卸作业,取 5~10 kPa。

2) 前方堆场

前方堆场(临时堆货的场所)是港口最繁忙的场所,一般指紧接前沿地带,门座起重机能直接堆垛的临时堆货场地。门机最大回转半径为 25 m 和 30 m 的码头,前方堆场宽度相应为 18 m 和 23 m;不设门机的码头,可根据各港装卸设备和管理的实际情况确定;有前方仓库的码头,习惯上采用前方仓库的宽度。由于货物堆垛之间有通道,散货货垛四周还有自然坡角,所以地面堆货荷载是不均匀的,设计时应根据计算项目考虑两种情况:构件设计时不考虑通道和货垛坡角的影响,取值较大;码头整体计算时,采用大面积的平均堆货荷载,取值较小。

3) 后方堆场

后方堆场是指前方堆场以后的堆场。后方堆场的堆货荷载按"规范"取值,通常位于港口水工建筑物边缘或以外,对码头结构设计一般影响很小,主要用于堆场设计。

对于客运码头的人行栈桥、引桥、专用码头中的人行检修道和各类码头中有可能作为人行通道的部位,均应考虑人群荷载,设计时按"规范"取值。

2. 港口机械设备荷载

港口机械设备的种类、形式比较多,其中起重运输机械有门座式、轮胎式、汽车式和履带式起重机、集装箱装卸桥等,装卸搬运机械主要有叉车、牵引车、单斗车、跨运车、缆车等。港口机械设备在码头上的作用主要为竖向集中荷载,其荷载值与机械设备的型号、规格等有关。

1) 门座起重机荷载

门座起重机是我国海港、河港直立式码头的通用性装卸机械,其荷载应按实际机型确定。当缺乏实际资料时,国产门机荷载标准值可结合其最大起重量、最大幅度、轨距等参数,按"规范"取值。门机的自重较大,起重操作也较为平稳,且在荷载值上考虑了 0.4 kPa 的风荷载,所以对门机荷载不再考虑冲击系数。

2) 轮胎式和汽车式起重机荷载

轮胎式起重机不受地面轨道限制,运行底盘上设有 4 个可收放的支腿。不打支腿时,可在一定条件下带载行驶,机动灵活;打支腿时,起重能力较大,且稳定性好,在港口码头上采用较多。汽车式起重机的性能与轮胎式相似。国内各港使用的这类起重机类型很多,结构计算时,根据装卸工艺选定的实际机型确定或按《港口工程荷载规范》的规定取值。轮胎式和汽车式起重机在一般起重时,冲击系数取 1.10~1.30,在最大起重量时不考虑冲击力。

3) 汽车荷载

作用在港口水工建筑物上的汽车荷载,包括各级汽车和平板挂车。汽车荷载按单辆汽车总质量分为 5 个等级:10 t、15 t、20 t、30 t、55 t,其技术指标和平面尺寸按《港口工程荷载规范》的规定采用。对一般的透空式结构,汽车荷载的冲击系数可取 1.1~1.3;当装载钢铁重件或用抓斗装卸化肥及用门机、集装箱装卸桥装汽车时,冲击系数取大值;对实体式结构或填料厚度大于 500 mm 的透空式结构以及港口水工建筑物上不经常出现的大型汽车、平板挂车,可不计冲击系数。

6.3.3　船舶荷载

1. 系缆力

船舶停靠在码头前进行货物装卸以及其他各种作业时,需要用船缆牢固地系在码头系船设施上,以抵抗风、水流、波浪和流冰的作用。另外,在船舶进行靠离码头、移泊等作业时,也需要借助于船缆。船舶受到的各种自然力和操作力通过船缆传到系船设施上,这种力称为船舶系缆力。对于有掩护的海港码头,系缆力主要是由风产生的;对于外海无掩护的码头,系缆力主要是由风和波浪共同作用产生的。对于河港码头,系缆力主要是由水流或水流和流冰共同作用(北方河港)产生的。船舶系缆力的作用方向即为船舶系缆缆绳的方向。船舶系缆力是一空间力,在进行码头设计时,需将其分解为垂直于前沿线(N_x)、平行于前沿线(N_y)、垂直于码头平面(N_z)三个方向的分力(见图 6-5)。

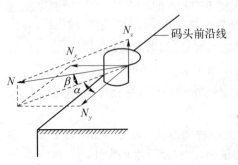

图 6-5　系缆力的分解示意图

系缆力主要是由风与水流共同作用于船舶的结果,计算时应根据可能出现的风和流的情况,一般按最大计算吹开风和同时可能出现的水流来叠加,但不应将两者最大值叠加。

1) 作用于船舶上的风荷载

作用在船舶上的风压力计算,可分为垂直于码头前沿线的横向分力和平行于码头前沿线的纵向分力,横向分力按 $F_{xw} = 73.6 \times 10^{-5} A_{xw} V_x^2 \zeta_1 \zeta_2$ 计算,纵向分力按 $F_{yw} = 49.0 \times 10^{-5} A_{yw} V_y^2 \zeta_1 \zeta_2$ 计算。其中,F_{xw}、F_{yw} 分别为作用在船舶上的计算风压力的横向和纵向分力,kN;A_{xw}、A_{yw} 分别为船体水面以上横向和纵向受风面积,m^2;V_x、V_y 分别为设计风速的横向和纵向分量,m/s;ζ_1 为风压不均匀折减系数;ζ_2 为风压高度变化修正系数。A_{xw}、A_{yw}、V_x、V_y、ζ_1、ζ_2 按《港口工程荷载规范》的规定选取,ζ_2 通常取 1。

2) 作用于船舶上的水流力

随着港口的大型化,已有不少码头建于无掩护的开敞海域,码头常处于强潮流或海流区,一些内河码头受到的水流作用也较强,这种情况下,系泊于码头的船舶,水流的作用不能忽略。可根据水流条件和靠船建筑物形式按《港口工程荷载规范》附录 F 确定。

3) 系缆力标准值计算

系缆力标准值 N,垂直于码头前沿线的横向分力 N_x、平行于码头前沿线的纵向分力 N_y 和垂直于码头面的竖向分力 N_z 可按式(6-1)计算:

$$N = \frac{K}{n} \left(\frac{\sum F_x}{\sin \alpha \times \cos \beta} + \frac{\sum F_y}{\cos \alpha \times \cos \beta} \right)$$

$$\begin{cases} N_x = N \times \sin \alpha \times \cos \beta \\ N_x = N \times \cos \alpha \times \cos \beta \\ N_z = N \times \sin \beta \end{cases} \qquad (6-1)$$

式中,N、N_x、N_y、N_z 分别为系缆力标准值及横向、纵向和竖向分力,kN;$\sum F_x$、$\sum F_y$ 分别为可能同时出现的风和水流对船舶作用产生的横向分力总和与纵向分力总和,kN;K 为系船柱受力分布不均匀系数,当实际受力的系船柱数目 $n=2$ 时,K 取 1.2;$n>2$ 时,K 取 1.3;n 为计算船舶同时受力的系船柱数目;α 为系船缆的水平投影与码头前沿线所成的夹角(°);β 为系船缆与水平面之间的夹角(°)。

4) 计算系缆力标准值限制

计算系缆力标准值不应大于缆绳本身的破断力(应按产品材质和规格确定),作用于系船柱或系船环上的计算系缆力标准值不应小于表 6-4 所列数值。其中,海船仅列出了载质量为 50 000 t 及以下的船舶系缆力标准值,50 000 t 以上海船系缆力标准值请参考《港口工程荷载规范》表 10.2.5-1。

2. 挤靠力

船舶挤靠力的计算分两种情况:一种是在防冲设施连续布置时,挤靠力标准值 F_j,kN/m 应按 $F_j = (K_j \sum F_x)/L_n$ 计算。其中,K_j 为挤靠力分布不均匀系数,取值 1.1;$\sum F_x$ 为可能同时出现的风和水流对船舶作用产生的横向分力总和,kN;L_n 为船舶直线段与防冲设施接触长度,m。另一种是在防冲设施间断布置时,作用于一组(或一个)防冲设施上的挤

靠力标准值 F'_j(kN)应按 $F'_j = (K'_j \sum F_x) / n$ 计算。其中，K'_j 为挤靠力不均匀系数，取值 1.3；n 为与船舶接触的防冲设施组数或个数。

表 6-4   船舶系缆力标准值

海 船		内河货船、驳船	
载质量 DW/t	系缆力标准值/kN	载质量 DW/t	系缆力标准值/kN
1 000	150	DW≤100	30
2 000	200	100<DW≤500	50
5 000	300	500<DW≤1 000	100
10 000	400	1 000<DW≤2 000	150
20 000	500	2 000<DW≤3 000	200
50 000	650	3 000<DW≤5 000	250

3. 撞击力

船舶撞击码头时产生的力称为撞击力，撞击力主要有两种：一种是船舶靠离岸时，船舶以靠岸速度碰撞建筑物引起的撞击力。从理论讲，船舶撞击动能为 $E = mv^2 / 2$。船舶靠岸碰撞码头时，其动能转化为橡胶护舷压缩变形、船壳弹性变形、码头结构弹性变形能和船舶转动、横摇，以及船与码头之间水体的挤升、振动、摩擦、发热等能量的吸收耗散，其中橡胶护舷、船壳板、码头变形三者吸收的能量称为有效撞击能量，一般为船舶撞击动能的 70%～80%。对于设置橡胶护舷的码头，有效动能基本全部由橡胶护舷吸收，码头结构物吸收的能量可以忽略不计，此时按 $E_0 = \rho m v_n^2 / 2$（ρ 为有效动能系数，取 0.7～0.8；m 为船舶质量，按设计船型满载排水量计算；v_n 为船舶靠岸法向速度）计算有效撞击能量，然后再根据橡胶护舷的性能曲线，查出撞击力。船舶撞击力的大小取决于靠岸速度，它与风、流等自然因素和操作因素有关。

另一种是系泊于系船构件上的船舶在波浪作用下发生运动碰撞建筑物引起的撞击力。这种撞击力主要由横向波浪引起，是外海开敞式大型码头的重要船舶荷载之一，在某些情况下，可能大于靠船时的船舶撞击力。这种撞击力相对复杂，其标准值一般均应通过模型试验确定。

6.3.4   土压力

对于墙体后有回填土的港工建筑物，如重力式码头、板桩式码头、直立式护岸等，其墙体要承受填土的土压力，它是设计墙体的一项主要荷载，因此计算正确与否直接影响建筑物的安全和造价。

土对墙体的压力，由于墙的位移方向和大小而不同。当墙体静止不动，既无位移也无变形时,墙后土体处于静止状态,此时土体对墙产生的侧压力称为静止状态的土压力,简称静止土压力;当墙体朝向土体一侧移动到一定程度(一般移动量达到墙高的 1/100)时,土体处于被动极限平衡状态,此时土体对墙体产生的侧压力称为被动状态的土压力,简称被动土压力;当墙体背向土体一侧移动到一定程度(一般移动量达到墙高的 1/100)时,墙后土体处于主动极限平衡状态,此时土体对墙产生的侧压力称为主动状态的土压力,简称主动土压力。后两种土压力都是极限值,在工程设计中,应根据墙体的实际情况、位移的方向与大小计算其承受的土压力。

土压力的分析理论和计算方法很多,这里介绍的是应用库伦理论的公式计算作用在码头上的土压力。假定墙后填土表面水平,墙背竖直,并忽略墙与填土之间的摩擦阻力,则均质无黏性土中距墙顶 y 点处(见图 6-6)的主动土压力强度可按 $e_a = \gamma y K_a$ 计算。其中,γ 为土的重度(kN/m³);K_a 为主动土压力系数,$K_a = \tan^2(45° - \varphi/2)$,$\varphi$ 为土的内摩擦角(°)。

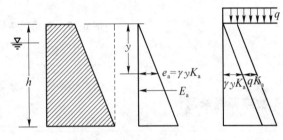

图 6-6   匀质无黏性土压力示意图

可以看出,墙背所受到压力强度是按直线规律变化的,即压力强度分布图为三角形。墙后土压力可根据土压力强度分布图形求得,土压力分布图形的形心即为土压力的作用点。因此,在上述情况下,高度为 h 的墙体所受总主动土压力为三角形的面积,即 $E_a = (\gamma h^2 K_a)/2$,其作用点位于距墙底 1/3 的墙高处。当地面上作用有强度为 q 的均布荷载时,则距表面为 y 点处的主动土压力为 $e_a = (q + \gamma y)K_a$。这时压力强度分布图为梯形,墙顶的压力强度为 $e_{a0} = qK_a$,墙底的压力强度为 $e_{ah} = qK_a + \gamma h K_a$,作用在墙背上的总压力为梯形的总面积,即 $E_a = (e_{a0} + e_{ah})h/2 = (2qK_a + \gamma h K_a)h/2$。

由于港口水工建筑物后方的填土往往在全部墙高范围内并不都具有相同的物理性质。例如,一部分填土在水面以上,而另一部分填土则处于水面之下,因此其上层重度和内摩擦角各不相同。此时,墙后某深度处的主动土压力可按 $e_a = (\sum \gamma_i h_i + q)K_a$ 计算。其中,h_i 和 γ_i 分别为计算点以上各土层的厚度和重度。

在码头中经常会遇到墙背不是竖直的情况(如呈倾斜或呈阶梯形),此时,为便于计算土压力,通常在墙底后边缘做一假想的竖直墙背作为计算墙背,把建筑物与假想墙背之间的填土作为建筑物的一部分来考虑(见图 6-7)。

作用在挡土建筑物上的被动土压力与主动土压力的计算相似。当地面为水平并作用有均布荷载 q 时,均质无黏性土、在竖直光滑墙背上墙后某深度处的被动土压力 $e_p = (\sum \gamma_i h_i + q)K_p$。其中,$K_p$ 为被动土压力系数,$K_p = \tan^2(45° + \varphi/2)$。

作用在挡土建筑物上的静止土压力强度则按 $e_0 = (\sum \gamma_i h_i + q)K_0$ 计算。其中,K_0 为静止土压力系数,$K_0 = 1 - \sin \varphi$。

港口水工建筑物承受的荷载还有水流力、冰荷载、地震荷载等,这些荷载可根据港口所在地区的自然条件、建筑物结构特点等参照规范确定。

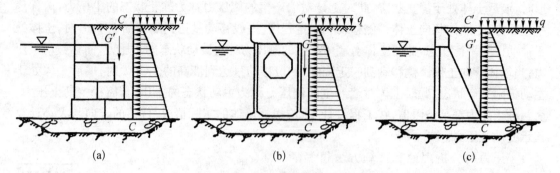

图 6-7   常见码头的假想垂直墙背

(a) 方块码头;(b) 沉箱码头;(c) 扶壁码头

数字课程学习

○ 本章要点   ○ 思考题   ○ 更多内容……

7

典 型 码 头

学习目标

（1）了解重力式码头的组成及特点；理解重力式码头的结构形式；掌握重力式码头的一般构造。

（2）了解板桩码头的组成及特点；理解板桩码头的结构形式；掌握板桩码头的一般构造。

（3）了解高桩码头的组成及特点；理解高桩码头的结构形式；掌握板桩码头的一般构造、结构布置和结构计算。

在工程实践中，常见的典型码头结构包括重力式码头、板桩码头和高桩码头。它们的组成、特点和结构形式等各不相同，适用条件也有较大差异。

7.1 重力式码头

7.1.1 重力式码头的组成及特点

重力式码头主体结构由基床、墙身和胸墙、墙后回填组成（见图7-1）。重力式码头的优点是：抗冻和抗冰性能好，坚固耐久；可承受较大码头地面荷载；对码头地面超载和装卸工艺变化适应性强；施工比较简单；用钢材少，有些结构（如混凝土方块码头）基本不用钢材；造价低；设计和施工经验比较成熟。因此，它是使用单位和施工单位比较欢迎的一种码头结构形式。其缺点是：施工速度较慢；需要大量的砂石料。

7.1.2 重力式码头的结构形式

重力式码头的结构形式主要取决于墙身结构。墙身结构的形式主要有方块结构、沉箱结构、扶壁结构等。

1. 方块码头

方块码头通常由实心混凝土方块或浆砌石砌筑而成，有时也会用空心混凝土方块（见

图 7-1,可节约混凝土用量和减少块体的重量,增加抗滑力和抗倾力矩,但模板用量较多)或异形块体。块体一般在预制场预制,然后运到现场进行水下安砌,砌筑时采用水平分层砌筑。方块码头适用于地基较好、当地石料充沛、缺少钢材、冰冻或腐蚀严重的情况。其中,根据断面形式不同,实心方块码头又可分为阶梯式、衡重式和卸荷板式,如图 7-2 所示。

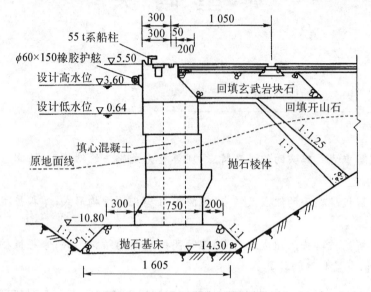

图 7-1　重力式码头的组成部分

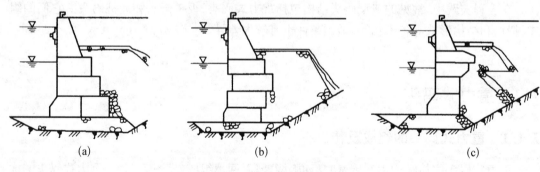

图 7-2　实心方块码头的断面形式
(a) 阶梯式;(b) 衡重式;(c) 卸荷板式

1) 阶梯式

阶梯式结构是比较早期使用的形式,它的断面和底宽均较大,方块数量、种类和层数都多,横向的整体性较差,地基应力不均匀,但由于它重心较低,其抗震性比另两种要好(见图 7-3)。

2) 衡重式

衡重式结构是在阶梯式基础上演变而来,其主要特点是重心后移,稳定性得到提高;墙后土压力减少;基地应力分布均匀,横向整体性好;但重心上移使得抗震性能降低,且在施工中容易产生块体后倾稳定性问题。

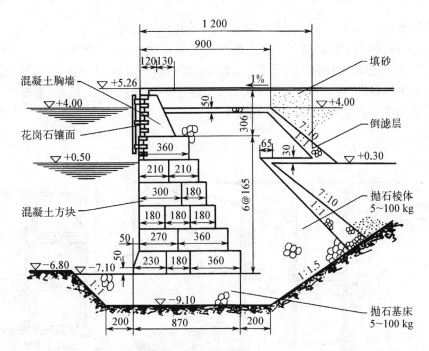

图 7-3 阶梯式方块码头的断面结构图(尺寸单位：cm；高程单位：m)

3) 卸荷板式

卸荷板式结构由于卸荷板的遮掩作用，使墙后土压力大为减少(约减少20%)，并使重心后移，增加了稳定性；地基受力均匀，结构整体性好，材料用量少，施工方便。但因其重心上移，故抗震性能差，在地震区应慎用(见图7-4)。

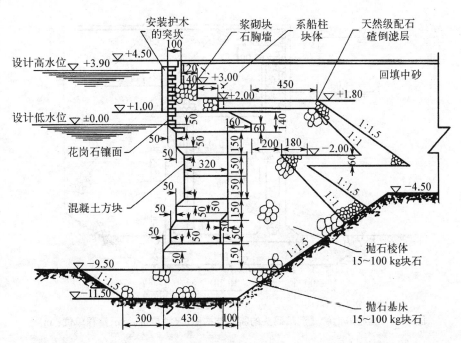

图 7-4 卸荷板式方块码头的断面结构图(尺寸单位：cm；高程单位：m)

2. 沉箱码头

沉箱是一种具有巨型舱格(如厦门港刘五店南部港区 6 号泊位单个沉箱的质量在 2 178 t 到 2 975 t 之间,其中最大一座长 18.25 m,宽 16.15 m,高 18.5 m)的薄壁钢筋混凝土空箱体,一般采用矩形,包括对称式和非对称式,如图 7-5 和图 7-6 所示,也有采用圆形或其他形状,适用于工程量大、工期短的大型码头。

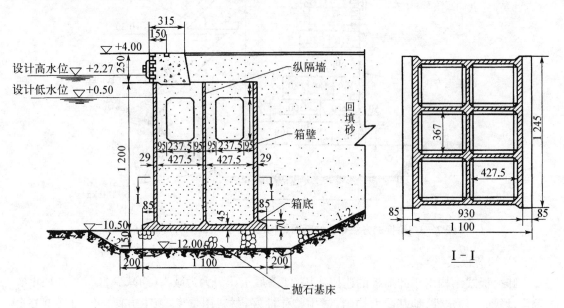

图 7-5   矩形对称式沉箱码头的断面结构图(尺寸单位:cm;高程单位:m)

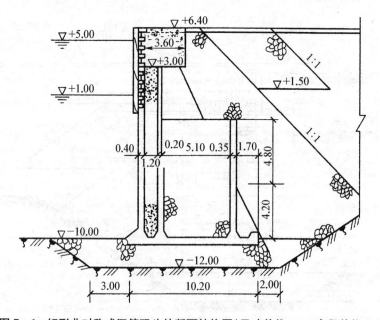

图 7-6   矩形非对称式沉箱码头的断面结构图(尺寸单位:cm;高程单位:m)

沉箱一般需在专门预制厂预制,在滑道上用台车溜放下水,有的用浮船坞下水,也有的工程在已有的岸壁上预制,用浮吊下水。沉箱通常通过浮运至码头位置,然后向箱体内填充砂、卵石或块石。沉箱码头较方块码头整体性好、抗震性能强,地基应力小,水上安装工作量少、施工速度快;但沉箱一旦遭到破坏,修复工作难度较大,耐久性也不如方块式码头,还有就是沉箱结构用钢量较大,而且需要专门的设备和施工条件。

3. 扶壁码头

钢筋混凝土扶壁结构主要由立板、底板和肋板整体连接而成的一种轻型钢筋混凝土结构(见图7-7),其中底板又包括趾板、内底板和尾板三部分。立板的作用是挡土和形成码头直立墙;底板的作用是将结构所受外力传递到地基上;肋板是将底板和立板连成整体并支撑立板。在工程实践中,扶壁结构也逐步得到了改进:① 将底板尾部翘起(即成尾板),不仅减少了底板前趾后踵之间的反力差,使基底反力均匀,而且还可减小基床宽度,不仅减少了抛石基床的工程量,也减少了岸坡的填挖方量;② 墙后采用当地量大价廉的砂回填,代替价格较贵的抛石棱体,为防止砂从安装缝流失,在安装缝处设置倒滤井。

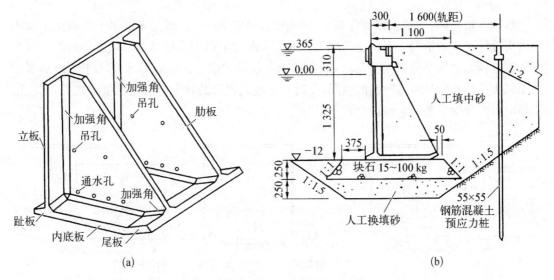

图7-7 扶壁码头结构(尺寸单位:cm,高程单位:m)

(a) 双肋扶壁结构立体示意图;(b) 广州黄埔新港扶壁码头断面结构

扶壁结构的优缺点介于方块结构和沉箱结构之间,其结构简单,造价低,混凝土和钢材的用量比钢筋混凝土沉箱少,施工速度比混凝土方块结构快,耐久性和沉箱结构相当;主要缺点是在施工期间抗浪稳定性、对不均匀沉降的适应性、整体性均较差,一般适用于墙高10 m以下的中、小型码头。

7.1.3 重力式码头的一般构造

1. 基础

重力式码头的基础根据地基情况、施工条件和结构形式,可采用不同的处理方式。岩石地基承载力大,一般不需另做基础。对于现场浇筑混凝土和浆砌石结构,可直接做在岩面上。当岩面向水域倾斜较陡岩面时,为减小滑动的可能性,墙身砌体下的岩基面宜做成阶梯

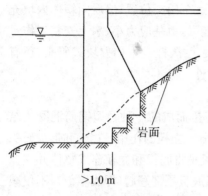

图7-8　台阶形岩面

形断面。阶梯形断面最低一层台阶宽度不宜小于1 m (见图7-8)。

对于预制安装结构,为使预制件安装平稳,应以两片石和碎石整平岩面,其厚度不小于0.3 m。对于非岩石地基,当采用现场浇筑混凝土和浆砌石结构时,分两种情况处理:① 当地基承载力足够时,可设置100～200 mm厚的贫混凝土垫层,为保证墙身的施工质量,垫层的埋置深度不宜小于0.5 m,且应在冲刷线以下;② 用水下施工的预制安装结构时,应设置抛石基床。抛石基床是重力式码头中广泛应用的一种基础形式,其设计内容包括选择基床形式、确定基床厚度及肩宽、确定基槽的底宽和边坡坡度、规定块石的重量和质量要求、确定基床顶面的预留坡度和预留沉降量等。

1) 基床形式

基床有暗基床、明基床和混合基床3种形式(见图7-9)。暗基床适用于原地面水深小于码头设计水深的情况。明基床适用于原地面水深大于码头水深且地基较好的情况。但当海流流速较大时应避免采用明基床,或在基床上设防护措施。混合基床适用于原地形水深大于码头设计水深且地基较差的情况,此时需将地基表层的软土全部挖除填以块石,软土层很厚时可部分挖除换砂。

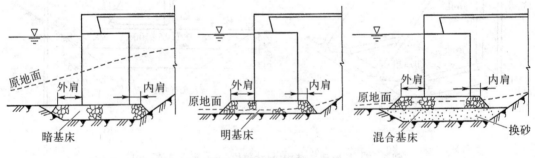

图7-9　抛石基床形式

2) 基床厚度

当基床顶面应力大于地基容许承载力时,抛石基床起扩散应力的作用,其厚度由计算确定,但不宜小于1 m。当基床顶面应力不大于地基容许承载力时,基床只起整平基面和防止地基被淘刷的作用,其厚度不宜小于0.5 m。

3) 基槽底宽及边坡坡度

基槽底宽决定于对地基应力扩散范围的要求,不宜小于码头墙底宽度加两倍的基床厚度,基槽底边线与墙前趾和后踵的距离应符合图7-10的规定。对于不受土压力作用的码头,基槽底边线距墙前趾和后踵的距离相等,且不宜小于d(d为基床厚度)。对于受土压力作用的码头,基槽底边线距墙前趾和后踵的距离分别不宜小于$1.5d$和$0.5d$。基槽边坡坡度一般根据土质由经验确定。基槽距岸较近需要开挖岸坡时,其坡度应按施工时的岸坡稳定性由计算确定。

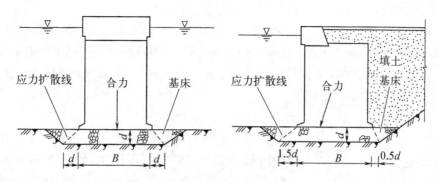

图 7 - 10 基槽底宽的确定

4）基床肩宽

为保证基床的稳定性，基床肩部（特别是暴露在外面的外肩）应有一定的宽度。夯实基床肩宽不宜小于 2 m；不夯实基床肩宽不应小于 1 m。当码头前的底流速较大，地基土有被冲刷危险时，应加大基床外肩宽度，放缓边坡，增大埋置深度或采用其他护底措施。

5）基床夯实

为使抛石基床紧密，减少建筑物在施工和使用时的沉降，我国水下施工的抛石基床一般进行重锤夯实。重锤夯实的作用有两方面：一是破坏块石棱角，使块石互相挤紧；二是使与地基接触的一层块石嵌进地基土内，当地基为松散砂基或采用换砂处理时，对于夯实的抛石基床底层设置约 0.3 m 厚的两片石垫层，以防基床块石打夯振动时陷入砂层内。现在也开始使用爆炸夯实法，通过埋在抛石基床内的炸药爆炸时产生的振动波使基床抛石密实。对于中小码头，基床是否做夯实处理，可根据地基情况、基床厚度、使用要求和施工条件酌定。例如，根据施工经验，在墙高小于 10 m、基床厚度小于 1.5 m 和地基为岩基或砂基情况下，当施工条件困难时，抛石基床也可不夯实，而事先预留抛石基床的沉降量。

6）对抛石基床块石质量和品质的要求

基床块石的质量既要满足在波浪水流作用下的稳定性，又要考虑便于开采、运输和施工，一般采用 10～100 kg 的混合石料（对于不大于 1 m 的薄基床采用较小的块石）。石料品质应保证遇水不软化、不破裂、不被夯碎，具体要求包括两方面：一是未风化，不成片状，无严重裂纹；二是在水中饱和状态下的抗压强度，夯实基床，抗压强度不低于 50 MPa，不夯实基床，抗压强度不低于 30 MPa。

7）抛石基床的预留沉降量及倒坡

为了保证建筑物在允许沉降范围内正常工作，基床顶面预留沉降量和倒坡（即向墙里倾斜）。对于夯实基床，设计时只按地基沉降量预留；对于不夯实基床，还需预留基床压缩沉降量。基床压缩沉降量按 $\Delta = \alpha_k \sigma d$ 估算。其中，α_k 抛石基床的压缩系数，m^2/kN，一般采用 0.000 5；d 为基床厚度，m；σ 为建筑物使用期最大平均基底应力，kPa。重力式码头在土压力作用下，其前趾的地基应力大于后踵的地基应力，不均匀沉降使码头向临水一侧倾斜。为避免出现这种情况，施工时在基床顶面预留的向墙里倾斜的坡度应根据地基土性质、基床厚度、基底应力分布、墙身结构形式、荷载和施工方法等因素确定，一般采用 0%～1.5%。

2. 墙身和胸墙

墙身和胸墙是重力式码头必需的主体结构，其作用是构成船舶系靠所需要的直立墙面，阻挡墙后回填料坍塌，承受作用在码头上的各种荷载，并将这些荷载传到下面的基础和地基中。在进行墙身和胸墙的构造设计以及结构物的平面布置时，除必须满足稳定性、强度和耐久性要求之外，还应解决以下问题。

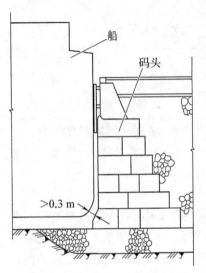

图 7-11　码头临水面轮廓要求

1）临水面轮廓

为增加码头建筑物的抗倾稳定性，墙底前趾一般伸出墙。考虑到船舶停靠安全，码头底部突出部分与船壳舭龙骨之间的最小净距不应小于 0.3 m（见图 7-11）。

2）变形缝

为适应地基的不均匀沉降和温度的变化，重力式码头必须沿长度设置沉降缝和伸缩缝，一般是一缝两用，通称变形缝。缝宽为 20～50 mm，做成上下通缝，即胸墙与墙身的变形缝设在一个垂面码头上。现场浇筑混凝土和浆砌石部位的变形缝用弹性材料（沥青、砂板等）填充。变形缝间距根据气温情况、结构形式、地基条件和基床厚度确定，一般设在新旧建筑物衔接处、码头水深或结构形式改变处、地基土质差别较大处、基床厚度突变处和沉箱接缝处，其间距为 10～30 m。

3）墙身

重力式码头墙身的结构形式较多，构造也各不相同。本节仅介绍方块码头和沉箱码头的构造，其他结构形式的构造请参考《码头结构设计规范》（JTS 167—2018）。

实心方块码头宜采用混凝土方块结构。为防止方块受弯或受扭时断裂，其长边尺寸与高度之比不大于 3，短边尺寸与高度之比不小于 1，对于个别方块不小于 0.5，同时短边尺寸不小于 0.8 m，方块间垂直砌缝的设计宽度宜采用 20～30 mm。为保证结构的整体性，上下两层相邻方块间垂直砌缝应互相错开，错缝间距在横断面内不小于方块高度的 1/2 或 0.8 m，在纵断面和平面内不小于方块高度的 1/3 或 0.5 m。

空心块体码头可采用素混凝土或钢筋混凝土空心块体，横截面形式主要有"Ⅱ""区""口""T""日"字形等。这类码头宜采用一次出水的单层形式，单层空心块体的长度应根据起重设备的起重量确定，但不宜小于高度的 1/3。块体间垂直缝设计宽度应不大于块体高度的 4‰，且不小于 40 mm。当采用多层空心块体时，宜采用通缝砌筑。素混凝土空心块体的立壁厚度不应小于 400 mm。

沉箱码头的沉箱内设纵、横隔墙，宜对称布置。隔墙厚度可采用隔墙间距的 1/25～1/20，但不宜小于 200 mm；内隔墙上部挖洞时，孔洞下边缘至箱底的距离不宜小于隔墙间距的 1.5 倍。沉箱外壁和底板的厚度应由计算确定，但壁厚不宜小于 250 mm。对有抗冻要求的大、中型码头，沉箱潮差段的临水面，其厚度不宜小于 300 mm，底板厚度不宜小于壁厚，底板的悬臂长度不宜过大。沉箱间垂直缝的宽度宜采用沉箱高度的 4‰，但不小于 50 mm。

4）胸墙

胸墙是将墙身预制构件连成整体的构件,常用于固定防冲设施、系船设施、系网环、铁扶梯等。有时在胸墙中设置工艺管沟,或在其顶部固定起重机轨道。由于胸墙直接承受船舶荷载,且处于水位变动区,外界影响因素多,其受力情况相对复杂。因此,在设计胸墙时,除保证其抗倾和抗滑稳定性外,还应有良好的整体性、足够的强度和刚度,对于胸墙内设电缆沟等单薄的胸墙断面还应通过计算配置钢筋。

胸墙一般采用现浇混凝土胸墙、浆砌石胸墙或预制混凝土块体胸墙。现浇混凝土胸墙的优点是结构牢固、整体性好,是采用最多的一种形式。浆砌石胸墙可节约模板,如当地石料丰富,也可采用。但断面不宜过小,并要注意砌筑质量,保证有良好的整体性。为减少现场浇筑量,有的码头采用预制安装混凝土胸墙,但预制块之间应采取良好的整体联系措施。

为了保证胸墙有良好的整体性和足够的刚度,胸墙高度越高越好。但对于现浇或现砌的胸墙,底部高程不得低于施工水位。施工水位根据胸墙的浇注量或砌筑量、结构形式、施工能力和水位变化的情况确定,有潮港的胸墙施工水位一般取平均潮位,河港一般在枯水季节施工。

胸墙的顶宽由构造确定。为适应船舶的撞击作用,顶宽一般不小于0.8 m。对于停靠小型内河船舶的码头,顶宽不小于0.5 m。胸墙底宽由抗滑和抗倾稳定性计算确定。

胸墙顶面高程还宜预留沉降量(不包括胸墙灌注前的沉降量),因为在浇筑胸墙至顶面时,墙身和胸墙的自重已在施工中加上,地基和基床的沉降已完成了一部分,所以胸墙顶面的预留沉降量应按浇筑胸墙后的后期沉降量预留。

5）卸荷板

对于采用卸荷板的码头,卸荷板设置在胸墙底下,卸荷板应选用钢筋混凝土结构,一般采用预制安装方式。当起重能力不足时,也可部分预制、部分现浇。卸荷板的悬臂长度和厚度应通过后倾稳定性和强度计算确定[见图7-12(a)]。根据岸墙高度,悬臂长一般可取1.0～3.0 m,厚度取0.8～1.2 m。具有悬臂式卸荷板的重力式码头不仅从构造上减少主动

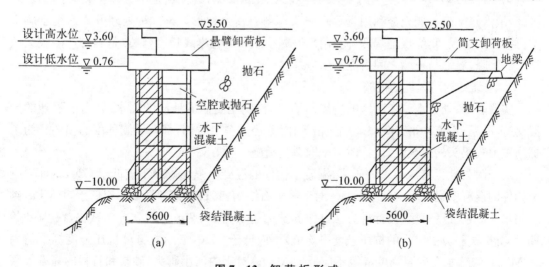

图7-12 卸荷板形式

(a)悬臂卸荷板空心块体码头;(b)简支卸荷板空心块体码头

土压力,而且能利用一部分上部填土的重量增加结构物的稳定性,因而在我国港工结构中得到广泛应用。其缺点是受结构强度的制约,悬臂长度受到限制。有的码头采用简支式卸荷板代替悬臂式卸荷板,卸荷板的一端搁在重力式岸壁上,另一端支承在抛石棱体顶部的地梁上,其卸荷效果更好,可用于地面使用荷载较大的情况,如图 7 - 12(b)所示。

6) 码头端部的处理

顺岸式码头端部在一般顺岸方向做成斜坡或在端部设置翼墙。当翼墙长度超过10 m 时,应设置变形缝(见图 7 - 13)。

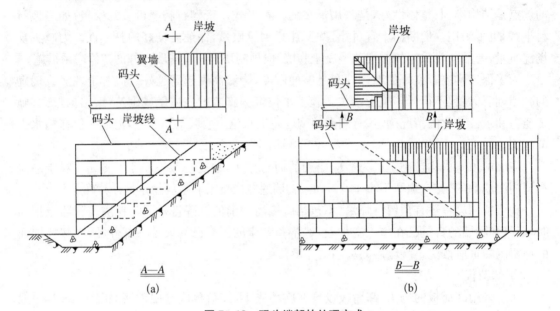

图 7 - 13   码头端部的处理方式

(a) 码头端部做成翼墙;(b) 码头端部做成台阶

第一种处理方式一般适用于码头有接长要求的情况,其优点是不会发生较大的不均匀沉降,缺点是端部不能充分利用且要求码头端部有富余地形。第二种处理方式适用于码头不再接长的情况,其优点是端部可利用来停靠小船和节省岸线长度,缺点是容易产生较大的变形和沉降,翼墙与正墙之间可能产生裂缝。

7) 增强结构耐久性的措施

实践表明,处于水位变动区的胸墙与墙身,特别是受冰冻地区的临水面,由于强烈的干湿交替、冻融、水流冲击、冰磨、船舶撞击等作用,经过一定时期,都有不同程度的损坏。为了提高重力式码头的耐久性,设计时应采取适当措施。

对于耐久性无特殊要求的码头,混凝土构件的混凝土强度等级不应低于 C20,钢筋混凝土构件的混凝土强度不应低于 C25。对于浆砌石结构,其石料饱和强度不应低于 50 MPa,砌筑用水泥砂浆强度等级(按标准方法制作养护的边长为 70.7 mm 的立方体试块,在 28 d 龄期,用标准试验方法测得的抗压强度平均值)不应低于 M10(表示立方体抗压强度标准值为10 MPa),勾缝水泥砂浆强度等级不应低于 M20。对于内河小码头,砂浆和石料的强度等级可适当降低。对于受冰冻作用的码头,水位变动区的临水面还可考虑采用钢筋混凝土镶面、花岗岩镶面或抗蚀性强、抗磨性高、抗冻性好的新材料。对于构成墙身的空心块体、沉箱、扶壁等构件折角处宜设置加强角,其尺寸一般采用 150～200 mm。此外,应适当增大钢筋混凝土构件厚度和钢筋混凝土保护层,保护层厚度不得低于表 7-1 的标准。

表 7-1　混凝土保护层最小厚度　　　　　　　　　　　　　　　　　(mm)

构件所在部位			大气区	浪 溅 区		水位变动区	水下区
				一般构件	板、桩等细薄构件		
海水港	钢筋混凝土	北方	50	50	50	50	30
		南方	50	65	50	50	30
	预应力混凝土		75	90	50	75	75
淡水港	预应力混凝土		60		50	60	60
	钢筋混凝土	北方	40			40	25
		南方	40			30	25

注:构件所在部位的划分参照《海港工程高性能混凝土质量控制标准 JTS 257—2—2012》(JTS 257—2—2012)的规定;其他有关规定见《水运工程混凝土结构设计规范》(JTS 151—2011)。

3. 墙后回填

1) 墙后回填的方式

在岸壁式码头中,墙后需进行回填,以形成码头地面。墙后回填一般分为两种情况:一种情况是紧靠墙背用颗粒较粗和内摩擦角较大的材料(如抛石)做成抛石棱体,以减小墙后土压力。然后在棱体顶面和坡面设置倒滤层,防止墙后回填的细粒土从抛填棱体的缝隙中流失。实心方块码头的安装缝多且分散,墙后减压后,墙身断面减小,节省混凝土方量较多,经济效果比较显著,故多采用上述方式。另一种情况是墙后直接回填细粒土,只在墙身构件间的拼缝处设倒滤装置,防止土料流失。沉箱码头、扶壁码头和空心块体码头为薄壁结构,从受力情况看,其稳定性除靠墙身预制件的自重维持外,还有相当部分是靠结构内部填料的重量来维持的。墙后回填细粒土,墙后土压力较大,但并未增加多少混凝土方量,特别是在石料来源困难的地区,可能在经济上更为有利。实践中具体采用何种方式进行墙后回填,应根据结构形式和当地材料情况,通过技术经济比较确定。

2) 抛填棱体

抛填棱体的材料选用块石或当地量大、价廉、坚固、质量轻、内摩擦角大的其他材料。块石的质量和品质不像抛石基床块石那样严格,但要求在水中浸泡不软化、不裂碎。

抛填棱体的断面形式一般有三角形、梯形和锯齿形三种(见图 7-14)。以防止回填土流失为主的抛石棱体,常采用三角形断面,因为此时所用抛填材料最少。以减压为主的抛填棱体(又称减压棱体),一般采用梯形和锯齿形断面。在减压效果相同的情况下,锯齿形比梯形节省用料,但施工程序多,影响工期,品质也不易保证,因此分级时一般不多于两级。棱体较高时(如大于 15 m),也可采用三级。为避免棱体密实下沉后,填土从墙身缝隙中流失,棱体顶面应高出预制安装的墙身不小于 0.3 m。

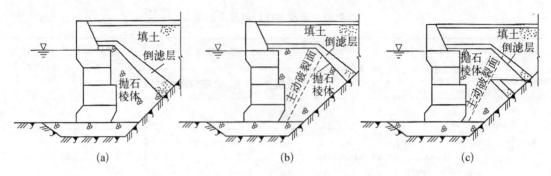

图 7-14   抛填棱体断面形式

(a) 三角形;(b) 梯形;(c) 锯齿形

3) 倒滤层

为防止回填土的流失,在抛填棱体顶面、坡间、胸墙变形缝和卸荷板顶面接缝处均应设置倒滤层。而且在抛石棱体顶面和坡面的表层与倒滤层之间应铺盖 0.3~0.5 m 厚的二片石(粒径为 8~15 cm 的小块石),以防止倒滤材料漏到抛石的缝隙中。

倒滤层可采用碎石倒滤层和土工织物倒滤层。碎石倒滤层又分为分层倒滤层和不分层倒滤层两种。分层倒滤层一般由碎石层和"瓜米石"或粗砂或砾砂层组成,每层厚度不宜小于 0.15 m,总厚度不宜小于 0.4 m。不分层倒滤层(混合石料倒滤层)应采用级配较好的天然石料(如石渣、砂卵石)或粒径为 5~80 mm 的碎石,天然石料和碎石的厚度分别不得小于 0.6 m 和 0.4 m。对于多级棱体,水下倒滤层厚度宜适当加大。抛填棱体及碎石倒滤层的坡度应根据所用材料的水下自然坡角确定。抛填棱体坡度一般采用 1∶1,碎石层坡度一般采用 1∶1.5。当施工期间有波浪影响时,坡度应适当放缓。

土工织物倒滤层是一种新的倒滤层形式。直接设置在墙身接缝处的土工织物倒滤层宜采用双层结构,要求有较大的垂直渗透系数和伸长率,有较高的抗拉、抗撕裂强度和较好的抗老化性能。当接缝较大时,宜加钢筋混凝土插板。

码头的漏砂问题与倒滤层的设计和施工有关。为避免码头漏砂,无论对何种形式的倒滤层,都要求倒滤层必须高出卸荷板顶面(即在卸荷板上面抛填不小于 0.3 m 厚的二片石,然后在二片石上做倒滤层),而且在分段施工时一定要搭接好(土工织物倒滤层的搭接宽度一般为 1 m)。

对于不设抛石棱体的沉箱、扶壁和空心块体码头,其缝隙少且集中,可分别在安装缝处设置倒滤空腔和倒滤井(见图 7-15),施工也较方便。

4) 回填土

重力式码头的墙后回填土应以就地取材为原则,并按照以下三个条件选用:一是土源丰富,运距近,取填方便;二是回填易于密实,沉降量小,有足够的承载力;三是产生的土压力小,通常采用砂、块石、山皮土或炉渣作回填料,水上部分也可采用黏性土、建筑残土和垃圾土回填,但需进行分层夯实或碾压处理。墙后采用吹填时,应遵守《码头结构设计规范》(JTS 167—2018)对施工要求的规定。

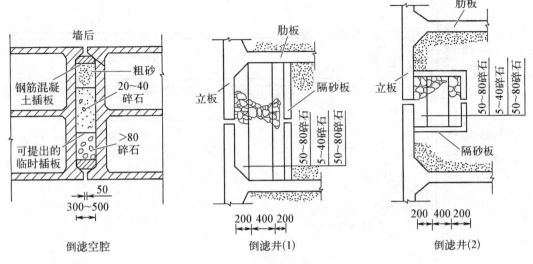

图 7‑15　倒滤空腔与倒滤井

7.2　板桩码头

7.2.1　板桩码头的组成及特点

板桩码头主体由板桩、拉杆、锚碇结构、胸墙(或帽梁和导梁)组成(见图 7‑16)。板桩码头的主要优点是结构简单、用料省、造价较低;大部分构件可以预制(除帽梁外),现场施工工作量小、施工方便迅速、工期短;多数情况下,可先打板桩,后挖港池,且板桩后面挖方也少,所以可以节省大量的挖方和码头后面的填方。板桩码头的主要缺点是耐久性不如重力式码头(但比高桩码头好),使用年限较短,钢板桩易受海水锈蚀,钢筋混凝土板桩也可能开裂导致钢筋锈蚀,而且整体性也不够好;此外,板桩码头使用时不能承受较大的水平荷载,故不适于在无掩护的海港中应用;板桩码头的施工需要专门的打桩船或沉桩设备等。

7.2.2　板桩码头的结构形式

板桩码头按锚碇系统可分为无锚板桩码头和有锚板桩码头,与无锚板桩相比,有锚板桩的弯矩和墙顶位移均减小很多。就有锚板桩而言,可分为单锚板桩、双锚板桩、斜拉板桩和主桩板桩结合板桩。其中,最常用的是带有单拉杆锚碇的板桩码头结构。在采用钢筋混凝土板桩时,应尽量利用预应力钢筋混凝土,海港码头若采用钢板(管)桩结构,尚应考虑防腐措施。

1. 无锚板桩

无锚板桩靠板桩自身嵌入土中的长度来保持结构的稳定性,当水深浅、荷载小或其后方不便设置锚碇结构时,可选用这种结构形式。实际上,这种结构形式多用于护岸工程,而在码头工程中一般不采用。

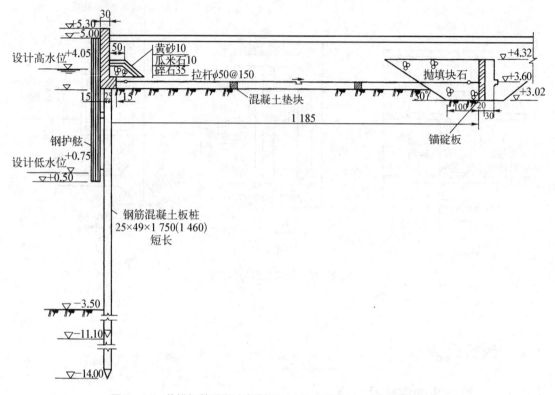

图7-16   单锚钢筋混凝土板桩码头(尺寸单位:cm;高程单位:m)

2. 单拉杆锚旋板桩码头

单拉杆锚旋板桩是板桩码头中最常用的一种结构形式,其锚旋结构可采用锚碇板(墙)、桩、板桩式叉桩。以往板桩结构多用于中、小型码头,目前我国已设计和建造了许多万吨级的深水板桩码头。图7-17为唐山港万吨级地下连续墙式板桩码头。

3. 双(多)拉杆锚旋板桩码头

当水深较大或地基软弱时,为使板桩所受弯矩不致过大,有些板桩码头采用双拉杆锚旋,这种结构构造比较复杂,下层拉杆多需在水下安装,受力复杂,结构的内力分析是要重点解决的主要问题之一。图7-18是广州黄埔双拉杆钢板桩码头。

4. 斜拉桩式板桩码头

斜拉桩式板桩结构不仅结构简单,便于快速施工,造价较低,而且占地面积小,特别适用于施工地域比较狭窄,不便设置锚碇拉杆的地区。斜拉桩可以起到减小板桩土压力的作用,从而使板桩入土深度和厚度较其他锚碇结构为小。板桩和斜拉桩结合,可在码头后方回填之前,承受一定的波浪作用。主要缺点是结构受力复杂,结构节点处理不当易发生问题。该结构刚度较小,容易变形,墙后回填量不宜过大。图7-19为上海铁路局东站斜拉桩板桩岸壁。

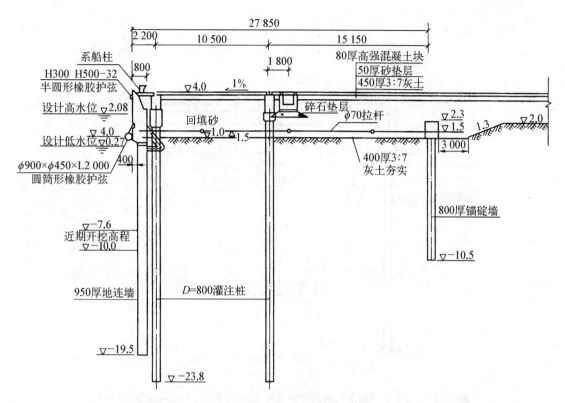

图 7-17 唐山港万吨级地下连续墙式板桩码头(尺寸单位:cm;高程单位:m)

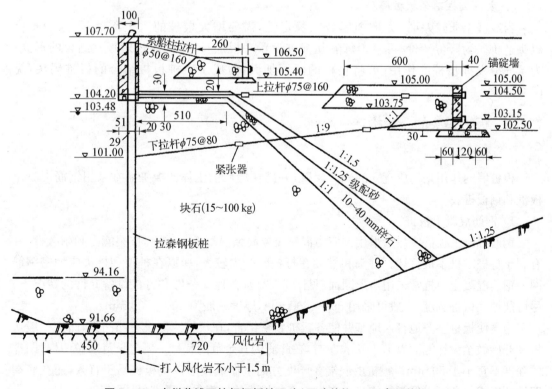

图 7-18 广州黄埔双拉杆钢板桩码头(尺寸单位:cm;高程单位:m)

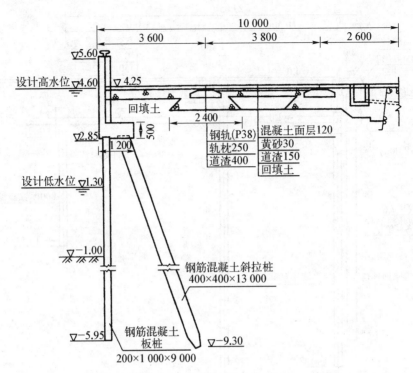

图 7 - 19　上海铁路局东站斜拉桩板桩岸壁(尺寸单位: cm;高程单位: m)

5. 主桩板桩结合板桩码头

当地基土质较差时,为增加岸坡的稳定性,需要增大板桩的入土深度,但这会提高码头造价。为降低造价,可采用每隔几根桩设置一根加长桩,构成长短板桩结合的形式。为了充分发挥长桩的作用,可将长桩的断面加大,便成了主桩板桩结合的板桩码头(见图 7 - 20)。

7.2.3　板桩码头的一般构造

1. 板桩

板桩墙的作用是构成直立的码头岸壁,并挡住墙后的土体。板桩墙常采用钢筋混凝土板桩和钢板桩。

1) 钢筋混凝土板桩

钢筋混凝土板桩应尽量采用预应力混凝土或高强混凝土,以提高抗裂能力和耐久性,并有利于打桩时桩不被打坏。桩头和桩尖在打桩时受力较大,所以在桩顶和桩头应加密钢筋网。钢筋混凝土板桩常采用矩形断面(见图 7 - 21),在地基条件和打桩设备允许的情况下,尽可能加大板桩宽度,一般可采用 500~600 mm,厚度一般为 200~500 mm。

为了使板桩整齐地打入地基并使各板桩紧密结合,在板桩两侧设有凹凸榫,凸榫一般从桩尖开始做至设计泥面以下 1.0 m 左右,在此侧的其余范围和另一侧全长范围做凹榫,凹榫的深度不宜小于 50 mm。板桩的底端在厚度方向上做成楔形以使板桩易于打入,而在底端凹榫侧削成斜角可以使板桩施打中产生一个挤推力使桩靠得更紧密(见图 7 - 22)。

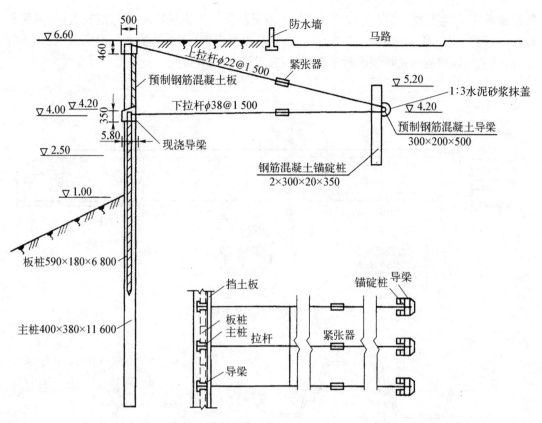

图7-20　主桩板桩结合的板桩码头(尺寸单位: cm;高程单位: m)

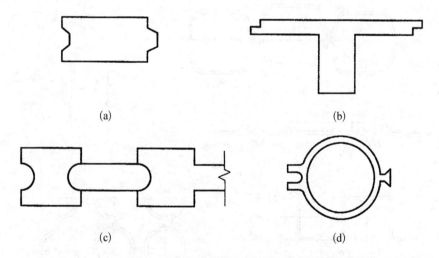

图7-21　钢筋混凝土板桩断面形式

(a) 矩形;(b) T形;(c) I字形;(d) 圆形

2) 钢板桩

钢板桩的常用断面形式有 U 形[见图7-23(a)]、Z 形[见图7-23(d)]和平板形[见图7-23(c)],前两种钢板桩的断面系数大,抗弯能力强,适用于建板桩岸壁。平板形钢板桩的断面系数小,但其横向抗拉能力大,适用于格形结构。当板桩墙所受弯矩较大时,可采用H形[见图7-23(f)]、圆管形[见图7-23(g)]和组合形钢板桩[见图7-23(b)]。在码头转角处,常采用焊接或铆接拼制的异形转角板桩[见图7-23(e)]。

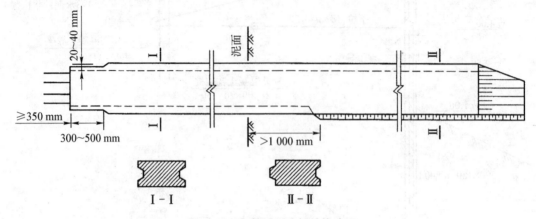

图7-22 钢筋混凝土板桩构造图

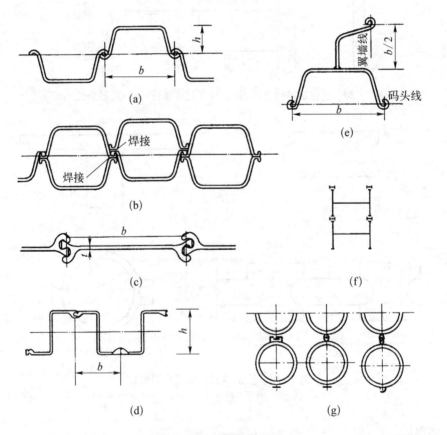

图7-23 钢板桩断面图

(a) U形钢板桩;(b) 双U形板桩组合;(c) 平板形钢板桩;(d) Z形钢板桩;(e)钢板桩码头转角构造;(f) H形钢板桩;(g)圆管形钢板桩

为便于钢板桩的打入,在桩尖前进方向侧削角,削角的坡度一般为 $1:2\sim1:4$。钢板桩在水中和空气中易锈蚀,因此必须采取防锈措施。目前常用防锈措施有涂料保护、阴极保护、改进钢材化学成分和采用防腐蚀钢种等。

2. 导梁、帽梁与胸墙

为了使板桩能共同工作和码头前沿线整齐,通常在板桩顶端用现浇混凝土做成帽梁,从而加强结构的整体性;为了使每根板桩都能被拉杆拉住,在拉杆和板桩墙的连接处设置导梁,无锚板桩墙只设帽梁。

钢筋混凝土板桩码头一般采用钢筋混凝土导梁,导梁通常现浇较多,帽梁一般采用现浇钢筋混凝土梁。当水位差不大、拉杆距码头面距离较小时,一般将导梁和帽梁合二为一设计成胸墙。

钢板桩的导梁一般由一对背靠的槽钢组成,导梁的分段长度不宜小于 4 倍的拉杆间距,并与帽梁(或胸墙)的分段长度一致。

3. 锚碇结构

常用的锚碇结构有三种形式:锚碇板(墙)、锚碇桩(板桩)和锚碇叉桩(见图 7-24)。锚碇结构形式的选择,应根据码头后方的条件、码头规模、水平力大小以及对锚碇结构要求来加以确定。

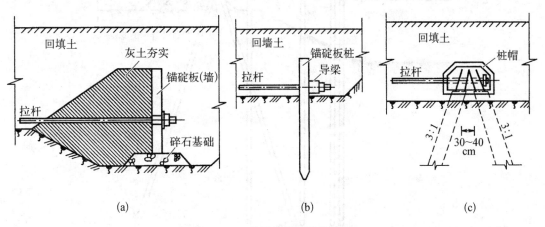

图 7-24 常用的锚碇结构形式

(a) 锚碇板(墙);(b) 锚碇直桩(板桩);(c) 锚碇叉桩(斜拉桩)

4. 拉杆

拉杆是板桩墙和锚碇结构之间的传力构件,因此拉杆是板桩码头的重要构件之一。从减小板桩墙跨中弯矩来说,拉杆的高程设得越低越好。但是,为了保证水上安装拉杆和现浇混凝土构件(如导梁、胸墙等)的施工条件,拉杆的高程不宜低于施工水位。通常,拉杆是水平放置,但也有采用向上斜和向下斜的拉杆,拉杆向下斜是为了增大锚碇板的埋深,以增大锚碇能力;拉杆向上斜是为了既能把拉杆在板桩墙上的位置放低,又不降低锚碇结构的高程,这样可减少锚碇板(墙)基坑或基槽的挖方量,通常是在设置水下拉杆时采用。

拉杆要承受拉力,所以一般是采用钢拉杆。钢拉杆的直径较粗,所以钢拉杆要采用焊接质量有保证和延伸率不低于 18% 的高强度钢材。

7.3 高桩码头

7.3.1 高桩码头的组成及特点

高桩码头是应用广泛的主要码头结构形式,其主体结构由上部结构、基桩、接岸结构和码头设施等部分组成(见图7-25)。高桩码头的优点是适宜做成透空式结构,波浪反射轻,泊稳条件好;上部结构的自重轻,传给桩基的自重荷载小;桩是在陆地上预制的,只需在水上进行打桩和少量的上部结构施工,因而不需要水下作业,施工方便且迅速;砂石料用量少。高桩码头的缺点是结构承载能力有限,对地面超载适应性差;结构构件往往是按既定装卸工艺方案布置的,对装卸工艺变化适应性差;耐久性不如重力式和板桩码头;构件易损坏,损坏后难以修理;需要专门的打桩设备。

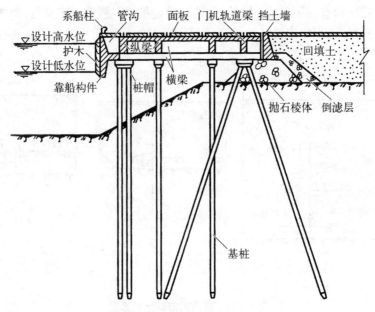

图7-25 高桩码头的组成部分

7.3.2 高桩码头的结构形式

1. 按上部结构分类

根据上部结构不同,高桩码头可分为梁板式、无梁板式、框架式和承台式码头等。

1) 梁板式高桩码头

梁板式高桩码头的上部结构主要由横梁、纵梁、面板、桩帽、靠船构件组成,如图7-25所示。该结构各构件受力明确、合理,可以采用预应力结构,提高了构件的抗裂性能;横向排架间距大,桩基的承载力能充分发挥,节省材料;此外,结构装配化程度高,结构高度比框架式小,因此施工便利、工期短,造价便宜。梁板式高桩码头适用于水位差不大、码头荷载较大且复杂的大型码头。

2) 无梁板式高桩码头

无梁板式高桩码头的上部结构由预制面板、桩帽及靠船构件组成,面板直接支承在桩帽上,其结构简单,预制构件种类及数量少,施工速度快,造价也低,适用于施工水位高,码头上部结构高度受到限制的地区。无梁板系双向受力构件,对连续性集中荷载的适应性较差,故它特别适用于以均布荷载为主,没有门式起重机、火车等连续性集中荷载(或集中荷载较小),且水位差不大的中小型码头。图 7‑26 为上海黄浦江沿岸某无梁大板式高桩码头。

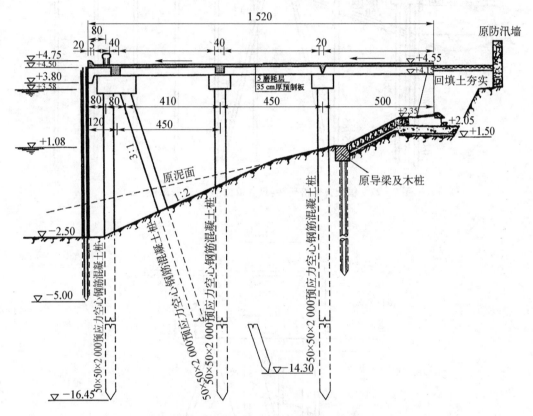

图 7‑26 无梁板式高桩码头(尺寸单位: cm;高程单位: m)

3) 框架式高桩码头

框架式高桩码头上部结构主要由面板、纵梁、框架和水平支撑等组成(见图 7‑27),由于该结构整体性好,刚度大,下层在低水位时还可以提供便利的系缆,因此,在一些水位差较大的河口码头中(如长江下游水位差达 6～10 m)采用。由于这种结构用料多,构造复杂、节点多,施工麻烦,施工速度慢,耐久性差和造价高等缺点,目前在水位差不大的海港、河口港已被梁板式所替代。

4) 承台式高桩码头

承台式高桩码头的上部结构主要由水平承台、胸墙和靠船构件组成(见图 7‑28),适用于良好持力层不太深且能打支承桩的地基。这种码头的承台一般采用混凝土或钢筋混凝土结构,承台上面用砂、石料回填,具有结构刚度大、整体性好等优点,但因自重(包括填砂、石

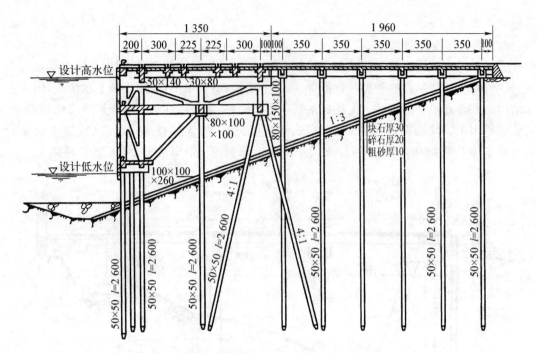

图 7-27　框架式高桩码头(尺寸单位：cm；高程单位：m)

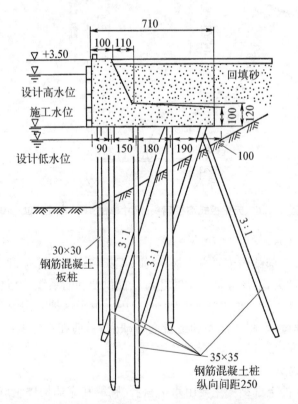

图 7-28　承台式高桩码头(尺寸单位：cm；高程单位：m)

料)大,需设置的桩较多,现浇工作量大等不足,目前已经很少采用。

2. 按桩台宽度分类

根据桩台宽度不同,高桩码头可分为窄桩台高桩码头和宽桩台高桩码头。前者设有较高的挡土结构,后者无挡土结构或设有较矮的挡土墙。

1) 窄桩台码头

窄桩台码头的岸坡依靠挡土结构来维持稳定,挡土结构可根据土质选用挡土墙或板桩墙,设置在桩台后面,使桩台不承受土压力。相对来说码头宽度较窄,一般称窄桩台高桩码头(见图7-25)。在地基较好、土方回填量较小或回填料较便宜的地区,采用窄桩台一般比较经济。当良好持力层埋藏较深,而上层土质又较差时,经技术经济比较也可采用深层水泥搅拌加固地基,并在其上建造挡土墙作为接岸结构。采用板桩或深层水泥搅拌加固地基可以减少岸坡软土地基变形对码头基桩的影响。

2) 宽桩台码头

宽桩台码头的岸坡依靠自身维持稳定,即使在码头后方采用挡土墙,其尺寸也较小,且一般建在天然地基上。此种情况下建设的码头相对较宽,一般称为宽桩台高桩码头(见图7-29)。在地基较差(如淤泥、软黏土等)、土方回填量较大或回填料较昂贵的地区,采用宽桩台相对更为经济。宽桩台高桩码头前后方的使用要求不同,设计时用纵向变形缝将宽桩台划分为前桩台和后桩台两部分。前桩台使用荷载比较复杂,既有门机、堆货等引起的竖向荷载,又有系靠船舶引起的水平力,因此对码头结构的整体性要求较高;后桩台一般作为堆场或行驶小型流动机械的通道,均以水平力为主,可设计成简支结构。

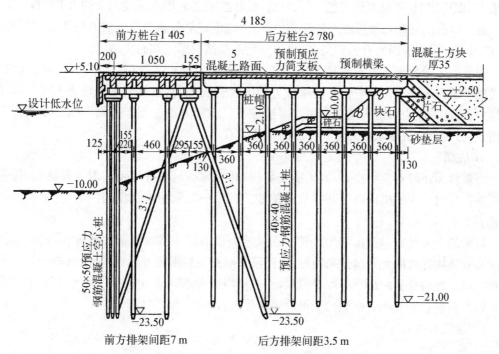

图7-29 宽桩台高桩码头(尺寸单位: cm;高程单位: m)

7.3.3 高桩码头的一般构造

1. 桩和桩帽

1）桩

桩按材料分为钢筋混凝土桩、钢桩以及两种材料构成的组合桩。钢筋混凝土桩耐久性好、节省钢材、造价较低，在高桩码头中得到普遍采用。在工程实践中，桩基常用预应力混凝土方桩和预应力混凝土大管桩，非预应力的钢筋混凝土桩可在内河小型码头中采用。

预应力混凝土方桩的断面一般为 40 cm×40 cm～60 cm×60 cm，当断面边长大于或等于 45 cm 时，可做成圆形空心（一般采用充气胶囊作内模），以减轻自重，节省材料，也有利于存放、吊运。

预应力混凝土管桩通常做成空心的，故称管桩，我国生产的管桩节长 4 m，外径 1 000、1 200 和 1 400 mm，运至施工工地后按需要的桩长进行拼接。管桩的拼接包括用黏结剂黏结管节，用自动穿丝机将钢丝束穿入预留孔，在管桩两端同时张拉并对预留孔道用压力灌入水泥浆填塞。这种大直径管桩与预应力混凝土方桩比，强度高，密度大，耐锤击，承载力大；与钢桩比，耐久性好，使用寿命长，不需经常维护，用钢量仅为钢桩的 1/6～1/8，成本仅为钢桩的 1/2～1/3。大管桩目前在大型海港码头中应用较多，较适用于 3.5 万～15 万 t 级的码头，已在连云港、深圳港赤湾等多项工程中采用。

钢桩一般采用钢管桩，在工厂用钢板螺旋焊接而成，常用外径为 500～1 200 mm，壁厚为 10～18 mm。对于沉桩困难的工程，应适当增加壁厚。但外径与壁厚之比不宜大于 70，以免在打桩时因壁厚较薄导致部分钢桩破坏。工程实践中，特别是在外海工程中，其水深大、自然条件恶劣，采用钢管桩不仅制作方便、打入容易，而且能穿过硬土层、承受较大的水平荷载。

由于所有的荷载均通过桩基传递到地基，因此单桩承载能力与土质的好坏、桩的断面尺寸、桩的入土深度等因素有密切关系，也关系到上部结构形式和码头造价。

在承受水平荷载不大的情况下，可由单桩承担一定的水平荷载；水平力较大时，就必须由叉桩来承担水平力。影响桩轴向承载力的因素有很多，但主要取决于地基承受桩轴向力的能力，且这种能力与桩的类型有关。摩擦桩抗压承载力由桩侧摩擦阻力和桩端阻力两部分组成，而端承桩抗压承载力主要作用的是桩端阻力。

2）桩帽

当桩台为预制安装结构时，为了能安装预制的梁或板，在桩的顶端需设置桩帽，桩帽还能调整打桩时产生的桩顶高程和桩位的偏差。桩帽一般采用现浇钢筋混凝土，桩帽的平面形状有方形和圆形等。

桩帽的平面尺寸包括顶面尺寸和底面尺寸。顶面尺寸按预制梁的宽度、梁或板的搁置长度和安装构件时的允许偏差来确定；底面尺寸对直桩桩帽要考虑桩的边长（桩径）、打桩允许偏差以及外包桩身的最小厚度等因素，叉桩桩帽应考虑斜桩与垂线的夹角、斜桩的水平扭转角以及两斜桩轴线在桩帽底面交点的距离等因素。

2. 横梁与纵梁

1）横梁

横梁是梁板式高桩码头的主要受力构件。作用在码头上的几乎所有载荷都是通过它传给基桩,受力比较复杂。为了构成横向的整体结构——横向排架,要求横梁与下面的基桩整体连接,所以横梁应做成连续梁。对于宽桩台高桩码头的后方桩台,因其受力简单(不受水平力作用),横向整体性要求不高,故横梁一般采用矩形简支梁,面板直接搁置在横梁上。横梁的高度由计算确定,一般为 1 200～2 000 mm,最高达 3 000 mm。

横梁的横断面形式一般有矩形、倒 T 形、花篮形和倒梯形四种(见图 7 - 30)。当横梁和纵梁的底面在同一高程时,横梁可采用矩形断面[见图 7 - 30(a)],其模板和配筋都比较简单,但为了保证预制板在横梁上的搁置长度,其宽度较大。为了减小横梁的宽度,又能保证板的搁置长度,可采用花篮形断面[见图 7 - 30(c)]。当纵梁高度比横梁矮时,纵梁需要搁置在横梁上,可采用倒 T 形断面[见图 7 - 30(b)],倒 T 形横梁下部(下横梁)一般采用预制安装,上部(上横梁)采用现浇,从而构成叠合式横梁结构。后方桩台一般不设纵梁,只由板和横梁组成,横梁断面简单。为了减小梁的宽度又要满足板的搁置长度的要求,一般采用倒梯形断面[见图 7 - 30(d)]。

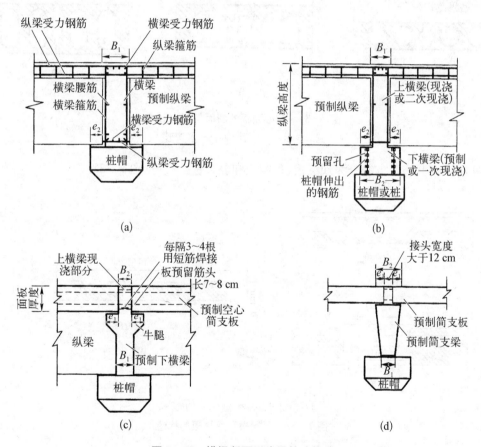

图 7 - 30　横梁断面形式及接头构造
(a) 矩形;(b) 倒 T 形;(c) 花篮形;(d) 倒梯形

2) 纵梁

设有门座起重机或其他轨道式装卸机的码头,考虑到轨道轮压力较大,在轨道下面都设有纵梁,称为轨道梁。除此之外,是否设置其他纵梁,应根据码头地面荷载性质、大小并结合梁板布置系统确定。在铁路轨道下面一般都设置纵梁,每条铁路下面可布置一根纵梁,也可每根轨道布置一根纵梁。

纵梁的横断面形式多采用工字形、矩形和花篮形,纵梁的高度根据受力计算确定,一般为900~1 200 mm。轨道梁由于高度大,并且为了预埋固定轨道的螺栓,通常采用下部预制、上部现浇的叠合梁。

3. 面板与面层

钢筋混凝土面板有空心板和实心板两种结构形式。空心板常用的孔洞断面形式如图7-31所示,因为是单向空心,故空心板只能作为单向板使用,厚度一般为400~600 mm。空心板的优点是抗弯和抗裂能力强,钢筋和混凝土的用量少,重量轻,可增大预制的尺寸。空心板一般适用于中小型码头,或码头的后方桩台和引桥。

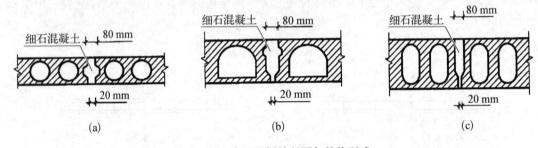

图7-31 空心面板的断面与结构形式
(a) 圆形空心;(b) D形空心;(c) 长圆形空心

实心板按其施工方法分为现浇板、预制板和叠合板三种(见图7-32)。

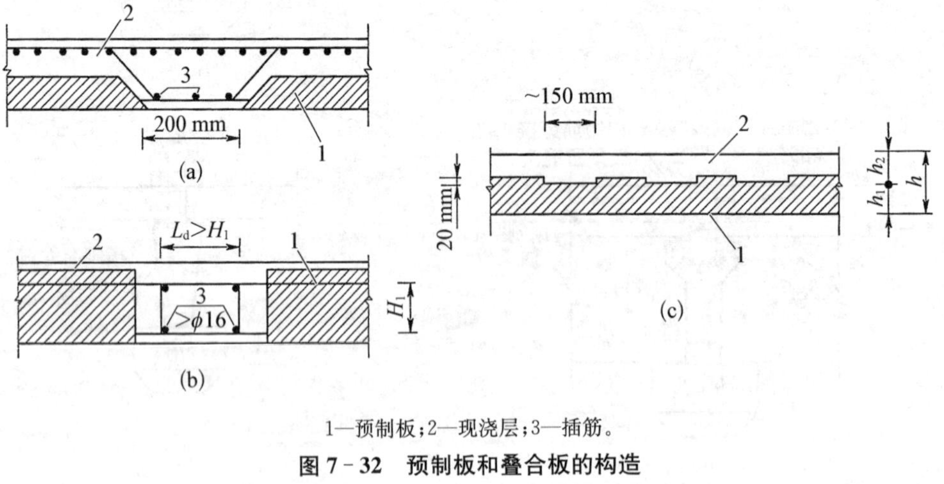

1—预制板;2—现浇层;3—插筋。
图7-32 预制板和叠合板的构造

现浇板只能是非预应力;预制板通常采用分块预制,现场安装拼接;叠合板除了能充分发挥预制板的预应力作用外,板的整体性比较好,而且与面层一起浇筑,面层不会出现剥落现象,叠合板的缺点是现场工作量较大。

在承重的面板上还需设置面层,一方面铺平码头,另一方面作为磨耗层。面层与面板一起浇筑时,面层厚度应不小于2 cm;分开浇筑时,厚度应不小于5 cm。面板顶层宜设纵、横向构造钢筋,构造钢筋面积可取受力钢筋截面面积的15%。为了减少现浇面层在横梁顶部出现裂缝,宜在横梁顶面垂直于梁的长度方向增设短筋。为防止气温变化时面层混凝土由于膨胀和收缩产生裂缝,应在面层设间距为3～5 m的伸缩缝,缝宽为0.5～0.1 cm。码头面还应设排水坡和泄水孔,排水坡的坡度一般采用0.5%～1.0%。

4. 靠船构件

高桩码头的靠船构件是为了固定防冲设备设置的,一般分悬臂梁式和悬臂板式两种(见图7-33)。梁板式码头的靠船构件一般采用悬臂梁式,其主要构件为悬挂在横梁前端的悬臂梁,悬臂梁式靠船构件之间一般宜设纵向水平撑,以加强悬臂梁的纵向刚度,一般断面不小于35 cm×30 cm。悬臂板式靠船构件由悬臂板、胸墙板和水平纵梁组成,沿码头长度方向有全面防护,小船不至于误入码头下面,并可防护桩免受冰凌及其他漂浮物的桩基,特别适用于无梁板式码头。

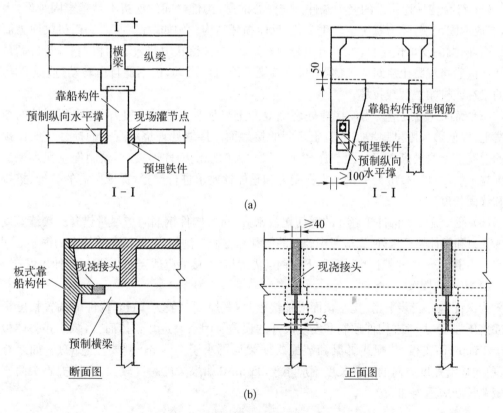

图7-33 靠船构件类型与构造(尺寸单位:mm)
(a) 悬臂梁式;(b) 板式

5. 构件的连接与搁置

1) 构件的连接

梁板式高桩码头的预制程度高。预制构件连接处的构造与连接质量对于码头的刚度、耐久性有直接影响。构件连接的方式有固接、铰接和不连接三种。固接要求构件之间能传递弯矩和剪力,例如前述的整体板的连接(见图7-34);铰接要求构件之间只传递剪力或轴

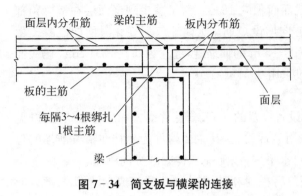

图 7-34　简支板与横梁的连接

力,如空心板的横向拼接(只传剪力);不连接的构件之间不需要传力,仅在构件之间留宽度为 2~3 cm 的安装缝。采用何种连接方式,根据受力情况而定。构件之间除按受力需要进行连接外,有时为了构件的稳定性和结构的整体性也需要连接,例如放在横梁上的简支板,按受力不需连接,但考虑板的稳定搁置和码头结构的纵向整体性,可将构件两端下面伸出的钢筋头每隔 3~4 根用短筋焊接起来(见图 7-34)。

无论采用何种连接方式。构件的连接必须满足以下三点要求。

(1) 符合构件连接处的受力条件。需注意的是,构件之间的连接不是越牢固越好,太牢了,便成为固定端,受力状况会发生变化,反而损坏结构。例如,我国某码头门机梁原为简支梁结构,两端的支承位于桩帽上,但预制梁安好后,在预留孔中穿入了两根钢筋,与桩帽预埋钢筋连接后将混凝土浇筑成整体,结果梁端既不能自由滑动,也不能自由转动,造成 80% 以上的梁端或桩帽拉裂或拉坏。

(2) 确保连接质量。为使接缝处现浇混凝土与预制件的结合良好,应将预制件的结合面凿毛,以便最大限度地增加混凝土之间的接触面。接缝处现浇混凝土的标号一般比预制件的混凝土标号要高一级。预制件与比其尺寸大的现浇构件连接时,预制件应埋入现浇混凝土规定的深度。接缝处的钢筋根据受力和整体性要求进行配置,保证所需的数量、搭接长度和锚固长度。

(3) 便于施工。构件接缝处的钢筋比较密集,布置构件钢筋时应尽量错开。接缝宽度除考虑受力和整体性要求外,尚应考虑施工的便利和方便。例如,预制板两端伸出的钢筋之间应留有不小于 5 cm 的间隙;对于厚板,下层钢筋需焊接时,接缝应适当加宽,保证能伸入焊枪。

2) 构件的搁置

为保证构件安装平稳,支座顶面应铺垫砂浆,其厚度一般为 1 cm,构件的搁置长度根据局部挤压强度,并考虑构件预制和安装尺寸的误差等因素确定。具体而言,装配式整体板不小于 15 cm,简支板、装配式纵梁和装配式横梁均不小于 20 cm。需要注意的是,如果有横梁,单向板沿宽度方向的搁置长度不应小于 25 mm;如果梁的跨度较大,无掩护码头简支梁的搁置长度应适当加大。

6. 接岸结构

接岸结构形式的选择应考虑自然条件、材料来源、使用要求和施工条件等因素,并通过技术经济比较确定。高桩码头接岸结构形式可采用直立式(见图 7-35)和斜坡式(见图 7-36)。直立式接岸结构可采用有锚板桩、斜顶板桩、小型沉箱、扶壁等结构,常用于窄桩台码头和大型深水码头。斜坡式可由斜坡堤(可采用抛填砂、石或袋装材料等形成)、护面和堤顶的挡土结构等组成,具体应根据地基、水深和挡土深度等条件选型。引桥式码头的引桥与陆域之间可采用挡土墙或承重桥台作为挡土接岸结构;地基承载力较差时,承重桥台应采用桩基础。地基软弱层较厚或码头后方回填量较大时,宜在码头建造前先形成陆域并完成地基处理;不具备条件时,应采取措施控制码头后方回填速率和地基处理时对码头及接岸结构和岸坡稳定的影响,并应对陆域形成、地基处理的施工顺序、间隔时间、回填高度和必要的监测等提出明确要求。

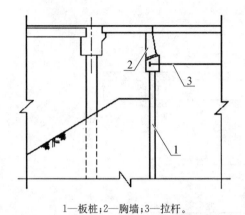

1—板桩;2—胸墙;3—拉杆。

图 7-35　直立式接岸结构示意图

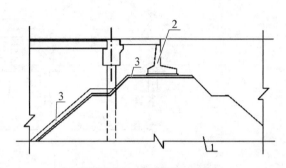

1—抛填堤身;2—堤顶挡墙;3—护面。

图 7-36　斜坡式接岸结构示意图

7.3.4　高桩码头的布置设计

高桩式码头的设计,首先要拟定轮廓尺寸,选择上部结构形式及传力系统的结构布置,即设计高程、总体布置、基桩布置和上部结构布置。

1. 码头设计高程

码头前沿高程按 $H_1 = H_t + \Delta H$ 计算,其中,H_1 为码头前沿高程,m;H_t 为设计高水位,m;ΔH 为超高,m。码头前沿设计水深按 $D_m = T + Z + \Delta Z$ 计算,其中,D_m 为码头前沿设计水深,m,下同;T 为设计船型满载吃水,m;Z 为龙骨下最小富余深度,m;ΔZ 为其他富余深度,m。码头前沿底高程按 $H_2 = H_b - D_m$ 计算,其中,H_2 为码头前沿底高程,m,H_b 为设计低水位,m。

2. 总体轮廓布置

1) 码头长度及分缝

码头总长度主要由泊位数、停泊船舶的长度、系缆要求的船舶之间和码头两端的距离确定。码头桩台范围内应设置伸缩缝和沉降缝。伸缩缝的间距,应根据本地区的温度差、平面布置形式、上部结构的特性、桩的自由长度和刚度等因素综合确定。上部结构为装配整体式结构时,宜取 60~70 cm;上部结构为整体浇注混凝土时,不宜大于 35 cm。当有实践经验或可靠论证时,伸缩缝的间距可适当增减。沉降缝的位置应根据荷载情况、结构形式和地质条件确定。伸缩缝和沉降缝可结合设置。码头伸缩缝和沉降缝分段处,可采用悬臂式结构或简支结构,分段处的缝宽可取 20~30 mm。当有抗震要求或可能产生较大温差时,缝宽应根据计算或当地经验确定。伸缩缝内应采用柔性材料填充。

伸缩缝、沉降缝和防震缝统称为变形缝,其结构形式一般有如图 7-37 所示的 3 种。第一种形式是将缝设在两桩间,缝两侧为悬臂结构,如图 7-37(a)所示。由于纵梁的悬臂不宜过长(一般为 1.25~1.5 m),致使横向排架的数量增加;悬臂部分一般采用现浇,施工较麻烦。第二种形式是设简支梁跨,梁两端设变形缝,如图 7-37(b)所示。这种布置结构简单,施工方便,横向排架数基本不增加,但简支结构的支座构造较复杂,抗横向作用力的能力差。第三种形式是将变形缝设在支座上,如图 7－37(c)所示。这种布置结构最简单,施工方便,不增加横向排架的数量;缺点是支座结构较复杂。

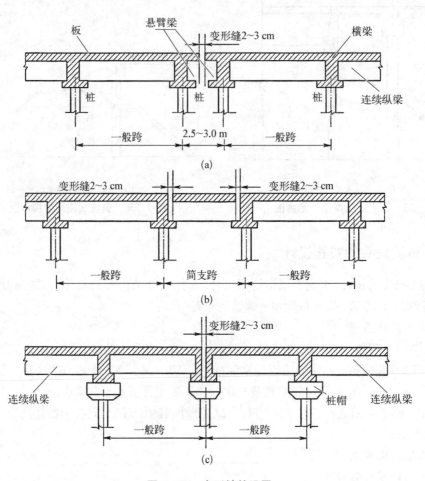

图 7－37　变形缝的设置

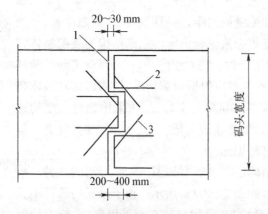

1—伸缩缝;沉降缝;2—加强钢筋;3—加强斜筋。

图 7－38　码头分缝处结构加强平面示意图

当码头采用有轨装卸设备时,应防止码头的相邻两段水平位移差异影响有轨装卸机械行驶,分段处可采用悬臂结构,悬臂分缝处宜做成凹凸缝(见图 7－38)。

梁板式码头分段缝也宜采用凹凸缝。凹凸缝的构造要求:齿高可取 200～400 mm,齿宽不宜过短;分段处凹凸缝的缝宽可取 20～30 mm,沿码头宽度方向应当紧密接触,当结构承受较大荷载时,在分缝截面改变处应适当加强,凹凸缝转角处宜设置 45°斜向加强钢筋,钢筋沿厚度方向的间距不宜大于 250 mm,直径不宜小于受力钢筋。沿齿槽的凸形边可设 π 形加强钢筋，并布置为上、下两层，板厚超过 400 mm 时，宜布置为上、中、下 3 层，直径不宜小于受力钢筋，保护层厚度可参考梁的标准，齿口边沿宜采用角钢保护。必要时可对凹凸缝的齿槽强度进行验算。

2）码头宽度

码头宽度与桩台形式有关。对于窄桩台码头，结构宽度等于码头宽度，一般根据使用要求并参照已建码头的结构拟定。装卸工艺对结构宽度影响较大，例如设门机的码头，结构宽度为 14～14.5 m，不设门机的码头为 8～10 m；有集装箱装卸桥的码头，结构宽度则大得多。对于宽桩台码头，其上部结构总宽度取决于码头前沿线和码头后方挡土结构的位置，与码头前水深、岸坡的稳定性、码头的使用和施工要求均有关，需综合考虑。例如，采用较小的挡土结构时，回填量较小，但此时平台的造价会增加；反之亦然。同窄桩台一样，根据使用要求等拟定好前桩台的结构宽度，其与结构总宽度之差即是后桩台的结构宽度。

3. 基桩布置

基桩和上部横梁组成的横向排架是码头的主体。桩的布置主要由码头荷载大小、桩台宽度、排架间距和桩的承载力确定。良好的布置不仅可使上部结构合理，而且也能使各桩受力比较均匀。因此，基桩的布置不仅直接关系到整个码头的受力情况和施工程序，而且也直接影响到工程造价。

1）横向布置

基桩为横向排架的立柱，排架中基桩的数量取决于排架宽度（即桩台宽度）。从受力要求考虑，在荷载较大的门机前沿轨道下方可设双直桩，后侧轨道下方宜设叉桩。在铁路轨道下部纵梁的下方设置单直桩即可。摩擦桩的间距一般采用 3～5 m，不宜小于 6 倍的桩径或桩宽，支承桩可大些。根据水平力的大小，应设 1～2 对叉桩或半叉桩。后方桩台或受水平力不大的小码头，可仅设直桩。对于叉桩或半叉桩，为提高其抗水平荷载的能力，应将其倾斜度放缓，但倾斜度越缓，泥面以上的长度就越大，因自重产生的弯矩也越大，所以工程中限制其坡度不缓于 3∶1。此外，为便于施工，叉桩或半叉桩中相邻两桩的净距不宜小于 30 cm。当斜桩与其他桩在泥面以下相交时，交叉处的净距不宜小于 50 cm，以免打到另一根桩上。为此，斜桩在平面内应扭转一个较小的角度。

2）纵向布置

基桩的纵向间距即为横向排架的间距，其大小主要取决于码头的荷载特点、上部结构形式、土层承载力、施工条件等因素，应通过经济技术比较确定。排架的间距直接影响着面板、纵梁和横梁的内力。因此，随着排架间距的增大，上部结构因纵向跨度的增大而使造价提高，但却减少了桩的数量，因而总投资会降低。但是，当横向排架间距超过某一限度时就不仅使总投资变大，而且给靠船构件的设计、防冲设备的布置和纵向构件的预制吊装等带来困难。据工程经验，前方桩台的横向排架间距多采用 5～8 m，个别工程达 14 m；后方桩台的地面堆货荷载较大，排架间距一般采用 3～5 m。根据码头承受的纵向荷载大小和作用位置，应布置一定数量的纵向叉桩或半叉桩。在风暴系船柱和舾装码头中的试车系船柱的下方，应设纵向叉桩，以承受较大系缆力。一般仅在无约束的端部设纵向叉桩或半叉桩。

3）基桩长度

桩长除由承载力计算外，尚应满足以下三点要求。首先，应满足在地基中的嵌固条件，若岩面或打入困难的土层的高程较高,需采用钻孔载桩的方法来满足嵌固条件。其次,应尽量将桩打入硬土层,一般打入硬土层0.5~1.0 m,以提高其承载力和减少沉降量。此外,若地基为软土,下卧硬土层很深,桩可以不打入硬土层,但同一桩台的所有桩应打入同一土层,桩台高程最好一致,以免出现不均匀沉降使结构遭到破坏。

4. 上部结构的布置

进行上部结构布置时,应使结构系统简单、有足够的刚度、整体性好、受力明确而合理;构件的类型少、断面简单,且尽量采用预应力构件装配。

在常用的上部结构形式中,面板和横梁是必不可少的。纵梁的布置主要取决于上部荷载的大小与性质。设有门机的码头,至少要设两根纵梁;设有铁路的码头,宜设Ⅱ形断面的纵梁(面板与两条纵梁一起预制)。不设门机和铁路的码头,虽可不设纵梁,但为了保证码头的整体性和足够的刚度,仍以设纵梁为妥。

横梁应与基桩整体连接而构成刚度很大的横向排架,所以必须采用连续梁纵梁和板的结构形式,应视上部结构的刚度和整体性要求而定。由于对前方桩台上部结构的刚度和整体性要求高,纵梁应采用连续梁,板应采用连续板或四边固定板。相反,对后方桩台,纵梁和板采用简支的预应力预制件较为有利。当有大集中荷载(如集装箱叉车、正面吊)时,宜采用非预应力结构的双向板。

📱拓展阅读7-1　梁板式高桩码头的结构计算

📱拓展阅读7-2　洋山深水港区一期工程高桩梁板式码头

数字课程学习

📝○ 本章要点　○ 思考题　○ 更多内容……

8

防波堤与护岸

学习目标

　　(1)了解防波堤的结构类型及特点,掌握斜坡式防波堤的结构形式、一般构造和结构布置,掌握直立式防波堤的结构形式和一般构造,了解半圆形防波堤的特点及典型应用。

　　(2)掌握斜坡式护岸的断面形式和一般构造,了解直立式护岸的断面形式和一般构造,了解护坡的组成和结构。

8.1 防波堤

8.1.1 防波堤的分类及特点

　　防波堤按照结构形式可分为斜坡式、直立式和特殊形式(透空式、浮式、喷气式、喷水式),如图8-1所示。

　　1. 斜坡式防波堤

　　斜坡式防波堤是一种主要的防波堤结构形式,它适用于水深不太大,地基较软弱和当地石料来源丰富的情况。斜坡式防波堤的横断面为梯形,它可以单独用块石或混凝土块体抛筑而成,但最常见的是在块石堤心外面护以抗浪性能强、消波效果好的各种混凝土护面块体,块石质量一般为10~100 kg,也可部分采用开山石或石碴等材料。

　　斜坡式防波堤的主要优点是在波浪遇斜坡后,大部分在斜坡上破碎,波能消散,因而堤前的反射波小;对地基不均匀沉降不敏感,对地基承载力要求较低;结构简单,施工容易,不需要大型起重设备;在施工过程中或建成以后,如有损坏,易于修复。其主要缺点是:材料用量大致与水深平方成正比,水深时用量大;堤内侧不能直接兼作码头。

　　2. 直立式防波堤

　　直立式防波堤一般适用于水深较大的情况。直立式防波堤建筑物有重力式和桩式两种类型,其断面在临海和临港两侧均为直立或接近直立的墙面。重力式防波堤的底部基础多采用抛石基床,根据基床高矮的不同又可将其分为低基床和中、高基床。水下墙身一般采用混凝土方块、钢筋混凝土沉箱或扶壁结构,上部多采用现浇混凝土平台和防浪墙。

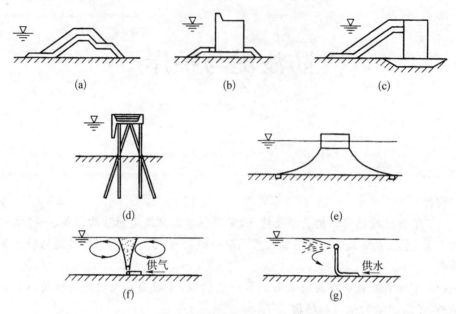

图 8-1　防波堤的结构形式示意图

(a) 斜坡式;(b) 直立式;(c) 斜坡式;(d) 透空式;(e) 浮式;(f) 喷气式;(g) 喷水式

直立式防波堤的优点是:当水深较大时,建筑材料用量比斜坡堤少,不需要经常维修,堤内侧可以兼作码头。其缺点是:港内波浪遇直立墙面几乎全部反射,堤附近水域波高增大,可能影响港内水面的平稳;重力式直立堤对地基不均匀沉降较敏感,一般要求较好的地基;一旦破坏,修复困难。

3. 特种形式防波堤

波浪现象的特征是波动主要发生在水体的上层,因此,波浪的能量大部分集中在水体表层,在表层 2~3 倍波高的水层厚度内集中了 90%~98% 的波能,根据波能这一分布特点,出现了下列几种适应此特点的防波堤形式。

1) 透空式防波堤

透空式防波堤由支墩和没入水中一定深度(低水位以下 2~2.5 倍波高)的挡浪结构组成,利用挡浪结构挡住波能传播,以达到减小港内波高的目的。支墩可采用重力式或桩式结构,挡浪结构可采用箱式或挡板式,如图 8-1(d)所示。透空式防波堤适用于水深较大而波高较小的情况,它具有材料使用合理、造价经济的特点,但它不能阻挡泥沙和强流侵入港内,同时也不宜建在可能封冻的水域中。

2) 浮式防波堤

浮式防波堤由有一定吃水深度的浮体和锚链系统组成,如图 8-1(e)所示。浮体为各种形式的浮箱或浮排,它被锚链锚碇,漂浮于水面上,浮体可以阻止波浪传播使波浪破碎,并利用浮体上下浮动和前后摆动来吸收和消散波能达到减小堤后波高的目的。浮式防波堤的设置可不受地基和水深的限制,而且修建迅速、拆迁容易、造价低。它的主要问题是锚链系统可靠性差,在波浪作用一段时间后容易走锚,甚至锚链被拉断。此外,浮体之间相互碰撞也容易损坏。由于上述原因,浮式防波堤应用较少,一般只作为临时性的防浪措施。

3) 喷气式防波堤

喷气式防波堤是利用敷设在海底带孔的管道喷放压缩气体,空气从管孔喷出后形成一系列的上升气泡,气泡上升带动水体垂直向上流动,此水流到达水面后又变成水平的表面流动,如图 8-1(f)所示。这种表面流动能使波浪的波长变短,波陡增大,甚至破碎,从而使进入港内的波浪减小。喷气式防波堤的优点是不占空间,对船舶航行无阻碍;安装和拆卸方便,基建投资少。其缺点是用气量大,营运费用高。

4) 喷水式防波堤

喷水式防波堤的消浪原理与喷气式防波堤类似,不同的是,它利用在水面附近的喷嘴喷射水流,形成与入射波逆向的水平表面流,使波浪破碎,达到消浪的目的[见图 8-1(g)]。其优点与喷气式防波堤相同,但它的营运费用更高,其耗能与被消散的波能为同一量级,除非在设备和方法上都有较大改进,否则难以实用。

8.1.2　斜坡式防波堤

1. 结构形式

斜坡式防波堤的结构形式主要有三种:抛石防波堤、砌石护面防波堤和人工块体护面防波堤。

1) 抛石防波堤

抛石防波堤有分级和不分级两种类型。不分级的抛石防波堤是一种古老的结构形式,它是利用开采出来的大小不等的块石,不经分选,混在一起抛填而成,这种防波堤的堤身密实,波浪和泥沙不易透过。但在波浪的作用下,海侧坡面上的块石易被波浪打落,堤坡被打缓甚至打平[见图 8-2(a)],因而,这种防波堤需要经常补抛块石,养护费用高。考虑到波浪在水面附近作用最为激烈,可在水位变动区段和港外采用较缓的坡面,而在其他区段采用较陡的坡面[见图 8-2(b)],这既可增加坡面抛石的稳定性,又可减少石方量。不分级抛石堤的最大特点是施工简单,可充分利用采石场石料,但抗波浪能力低,仅适用于波高不超过 2 m 的情况,并且多用于施工技术条件较差的地区。

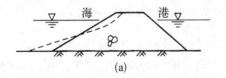
(a)

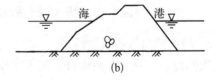
(b)

图 8-2　不分级抛石防波堤

分级抛石防波堤是按波浪对堤身各部位作用程度和大小,采用不同重量的块石,较小块石堆放在堤心和堤身的下部,较大块石抛放在坡面和堤顶防波(见图 8-3)。这种防波堤的抗波浪作用能力较不分级堤有很大的提高,但块

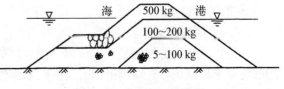

图 8-3　分级抛石防波堤

石分级抛填,作业烦琐,为简化施工,分级不宜过多,一般为 3 级,有的只分堤心和护面层两级。

另外一种分级抛石防波堤是宽肩台式抛石堤,这种堤只分堤心和护面层两级,在设计高水位以上采用较宽的肩台,肩台宽度一般大于 6 m。图 8-4 为美国圣乔治港宽肩台式抛石防波堤,它的特点是容许堤身断面外侧部分在波浪作用下发生变形,直至外坡达到稳定坡面为止。宽肩台式抛石防波堤的肩台宽且空隙率较大,因此波浪的大部分能量将消散在肩台上,这种防波堤可抵御较大的波浪作用。

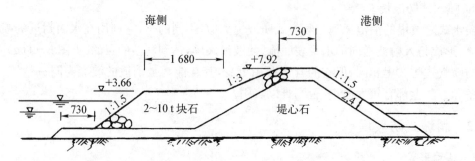

图 8-4　宽肩台式抛石防波堤(尺寸单位:cm;高程单位:m)

如果当地石料缺乏,并且有足够起重能力的起重船,可采用图 8-5 所示的抛填混凝土方块防波堤。

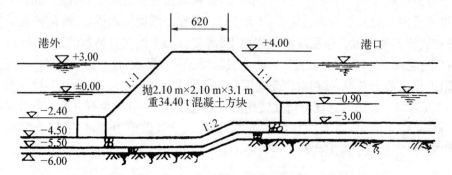

图 8-5　抛填混凝土方块防波堤(尺寸单位:cm;高程单位:m)

2) 砌石护面防波堤

当抛石防波堤的护面块石采用人工砌筑时,即为砌石护面防波堤。由于采用人工砌筑,因此,砌石护面设在施工水位以上(见图 8-6),与抛填块石防波堤相比,砌石护面防波堤有较好的整体性,但施工繁琐。由于砌石护面整体性较好,所以在波浪作用下护面层的稳定性主要取决于护面层的厚度,而不是单个块石的重量,砌石护面防波堤一般适用于波高不超过3~4 m 的情况。

3) 人工块体护面防波堤

人工块体护面防波堤是采用抗浪性能好、稳定性高的人工混凝土异型块体做护面层,常用的混凝土异型块体有四脚锥体、三柱体、六脚锥体、铁砧体、四脚空心方块、扭工字体,如图8-7 所示。

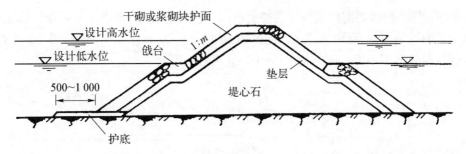

图 8-6　砌石护面防波堤(尺寸单位：cm)

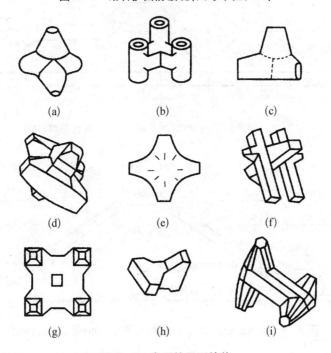

图 8-7　常用的异形块体

(a) 四脚锥体；(b) 三柱体；(c) 四足锥体；(d) 扭王字体；(e) 六脚锥体；(f) 合掌块体；(g) 四脚空心方块；(h) 铁砧体；(i) 扭工字体

混凝土异型块体的形状具有高度的不规则性,有利于块体之间互相咬合,增大块体的稳定性。此外,块体之间的空隙率及其表面粗糙度大,因此防波堤护面有很好的透水性和水力糙度,前者可使大部分波能消耗在护面层内,有利于块体稳定,后者可加快波浪破碎,消散波能,减小波浪爬高和反射。这种防波堤的缺点是块体形状复杂,预制比较麻烦,有些块体的肢体连接部位较弱,在施工和使用过程中容易断裂,从而失去块体的防护作用,给防波堤带来险情。图 8-8～图 8-10 为我国一些港口采用的混凝土异形块体防波堤断面。

2. 一般构造

1) 堤底垫层及堤前护底块石

可冲刷地基上的斜坡堤堤前护底块石层的设置应符合下列要求：斜坡堤护底块石层的宽度应根据堤前水深和流速大小确定,堤身段可采用 510 m,堤头段可采用 10～15 m。护底块石可采用 1～2 层,厚度不宜小于 0.5 m；对砂质海底,在护底块石层下宜设置厚度不小于

0.3 m 的碎石层。斜坡堤前沙质海底的护底范围,应根据其冲刷形态和冲刷深度确定;可冲刷地基上的斜坡堤,其护面块体或水下棱体的大块石均不应直接抛于海底面上,而应在海底面上设置一层厚度不小于 0.5 m 的 10～100 kg 块石垫层。

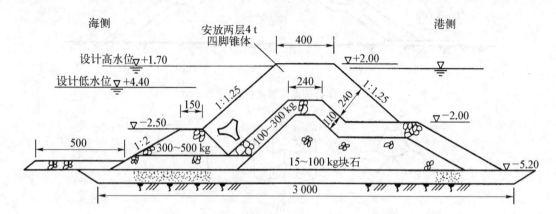

图 8‑8　四脚锥体斜坡堤(尺寸单位:cm;高程单位:m)

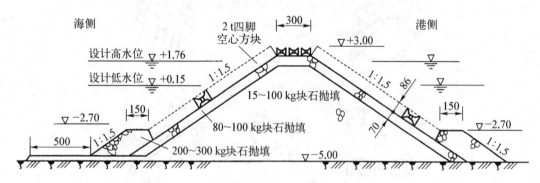

图 8‑9　四角空心方块斜坡堤(尺寸单位:cm;高程单位:m)

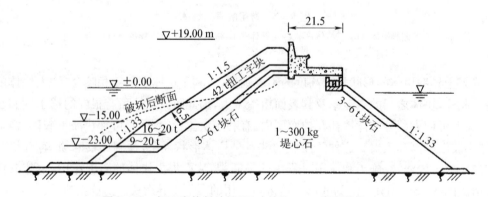

图 8‑10　扭工字体斜坡堤(尺寸单位:cm;高程单位:m)

2) 堤心

斜坡堤的堤心石可采用 10～100 kg 的块石,对工程量较大,石料来源缺乏的地区,经论证可采用开山石、石渣或袋装砂土等代用材料。代用材料与垫层块石间宜有足够厚度的 10～100 kg 块石。开山石应有适当的级配,开山石和石渣的含泥量应小于 10%。

3) 外坡护面块体下的垫层

异型混凝土块体需要良好的支持,因此护面块体下应设块石垫层。同时也可保护堤心石施工期免被冲散。外坡护面垫层块石的质量不宜小于护面块体质量的 $1/20\sim1/10$,当有困难时其质量不得小于 $1/40$。对于四脚空心方块和栅栏板护面,其垫层块石应按不超过护面空隙尺度确定。

4) 护脚块体

我国常用的人工护面块体尺寸与混凝土体积计算可参考《防波堤与护岸设计规范》(JTS 154—2018)的附录 B。

用四脚锥体或扭工字块体为护面,一般需安放 2 层。当四脚锥体质量大于 40 t、扭工字块体质量大于 20 t 时,应考虑配置配钢筋或采取其他加强措施。四脚锥体的安放方法为下层正放,一行一脚向坡顶,另一行两脚向坡顶,相间放置,彼此紧密连接,上层插空正放。扭工字块体的安放方法主要有两种:定点随机安放和规则安放。采用定点随机安放时,一般先按设计模块体数量的 95% 计算网点的位置和数量,用定点、定数的方法随机安放;安放完成后进行检查,对厚度不够或有遗漏处,再用预留的 5% 块体补放;块体在坡面上可斜向放置,并使块体的一半杆件与垫层接触,但相邻块体的摆向不宜相同。采用规则安放时,应使腰杆在坡面的下方,并压在前块体的横杆上;横杆落在垫层块石上,腰杆跨在相邻的横杆上,并尽量不使垫层块石外露。四脚空心方块一般单层铺放,护面坡度不宜陡于 $1:1.25$。

5) 胸墙

胸墙可以现场浇筑,也可以由浆砌块石构成,通常采用梯形断面。胸墙的形式有 L 形、反 L 形等,如图 8-11 所示。

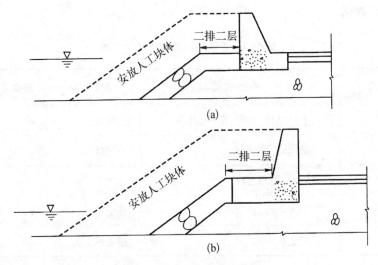

图 8-11 堤 顶 胸 墙

(a) L 形胸墙;(b) 反 L 形胸墙

3. 结构布置

1) 设计波浪的确定

(1) 设计波浪的确定方法。根据海浪的多年现场实测资料进行统计分析,可获得各种波浪要素的特征值,由此确定设计波浪要素。实测波浪资料的统计分析包括二部分内容:一是利用多年的年最大值进行长期极值分布,由保证率来换算成若干年一遇的特征波,如10 a一遇、50 a一遇等,此处的年限称为重现期;二是将长期极值分布计算所得到的波,对应于一个波浪记录时间序列的各种累积频率,用一次记录的分布特性,可求得各种累积频率的波高,如 $H_{1\%}$ 等。这样得到不同重现期下,对应于不同累积频率的波浪参数,依建筑物的不同部位、类型和设计内容选用相应的设计标准。海浪也可用海浪谱(波谱)加以描述。根据工程现场的海况,选用适当的波谱,也可求得各特征波高和其他波要素。

(2)设计波浪的标准。设计波浪的标准包括设计波浪的重现期和设计波浪的波列累积频率。设计波浪的重现期是指某一特定波列累积频率的波浪平均若干年出现一次,它代表波浪要素的长期(以 10 a 计)统计分布规律。重现期标准主要反映建筑物的使用年数和重要性。我国《港口与航道水文规范》(JTS 145—2015)规定:在进行直墙式、墩柱式、桩基式和一般的斜坡式建筑物的强度和稳定性计算时,设计波浪的重现期应采用 50 a;斜坡式护岸等非重要建筑物,破坏后不致造成重大损失者,其设计波浪的重现期可采用 25 a;对于特殊重要的建筑物,如海上灯塔等,当实测波高大于重现期为 50 a 的同一波列累积频率的波高时,可适当提高标准,必要时可按实测波高计算。

设计波浪的波列累积频率是指其在实际海面上不规则波列中出现概率,它代表波浪要素的短期(以几十 min 计)统计分布规律。在该统计期内,可认为海面处于定常状态,或者说波浪要素的平均状态不随时间而变化。设计波浪的波列累积频率标准主要反映波浪对不同类型建筑物的不同作用性质。《港口与航道水文规范》(JTS 145—2015)规定,在进行直墙式、墩柱式、桩基式和斜坡式建筑物的强度和稳定性计算时,设计波高的波列累积频率标准采用表 8 - 1 的数据。

表 8 - 1　设计波高的累积频率标准

建筑物形式	部　位	设计内容	波高累积频率 $F/\%$
直墙式、墩柱式	上部结构、墙身、墩柱、桩基	强度和稳定性	1
	基床、护底块石	稳定性	5
斜坡式	胸墙、堤顶方块	强度和稳定性	1
	护面块石、护面块体	稳定性	13 或 5
	护底块石	稳定性	13

注:当平均波高与水深的比值 $\bar{H}/d \geqslant 0.3$ 时,F 取 13%,否则取 5%。

2)断面形式的选择

当护面采用抛填块石、安放块石或混凝土人工块体时,断面的一般形式如图 8 - 12(a)所示,港外侧宜设置水下抛石棱体以支承护面,对地基较好的情况,也可不设置抛石棱体。当水上部分的护面采用干砌块石、干砌条石或浆砌块石时,断面的一般形式如图 8 - 12(b)所示,在施工水位附近设置肩台,用以支承水上的护面,肩台部分可安放大块石或混凝土方块。当施工时期波浪经常较大、石料缺乏,且有足够起重能力时,可采用抛填块体的断面,如图8-12(c)所示。当堤顶做通道或堤内兼作码头时,宜在堤顶设置胸墙,如图8-12(d)所示。当石料来源丰富,利用块石作护坡,且采用陆上推进法施工时,可采用宽肩台抛石斜坡堤,如图8-12(e)所示。当护面块体采用规则安放,如四脚空心方块、栅栏板等形式时,应设置抛石或方块水下棱体。

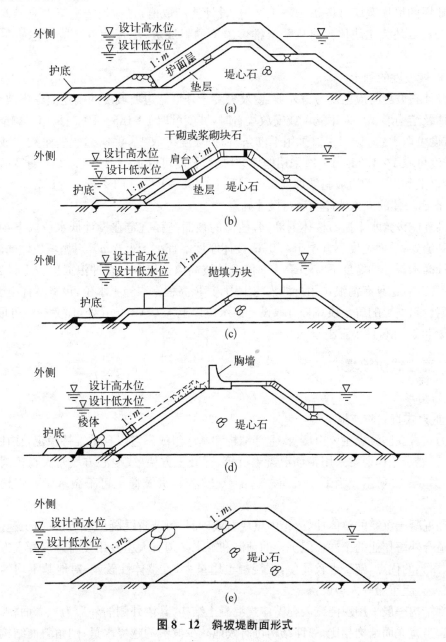

图 8-12 斜坡堤断面形式

3) 堤顶高程的确定

斜坡堤的堤顶高程根据港内要求的平稳程度来确定。对于允许少量越浪的斜坡堤,堤顶高程宜定在设计高水位以上,且不小于 0.6~0.7 倍设计波高值处。对基本不越浪的斜坡堤,堤顶高程宜定在设计高水位以上,且不小于 1.0 倍设计波高值处。对设胸墙的斜坡堤,胸墙的顶高程宜定在设计高水位以上 1.0~1.25 倍设计波高值处。当堤顶不兼作通道时,胸墙的顶高程可适当降低。对防护较高的斜坡堤,宜按波浪爬高计算确定其堤顶高程。宽肩台抛石斜坡堤,宜按基本不越浪确定。

4) 堤顶宽度的确定

斜坡堤的堤顶宽度可按 1.10~1.25 倍设计波高取值,且在构造上至少应能安放 2 排或随机安放 3 块人工块体。对从陆上推进施工的斜坡堤,堤顶宽度还应考虑施工机械的要求。

5) 斜坡坡度的确定

在设计斜坡堤时应主要考虑外坡,内坡可陡于外坡。边坡坡度的确定应考虑波浪要素、护面块体及结构形式。采用抛填或安放块石时,坡度可取 1:1.5~1:3;采用干砌或浆砌块石时,坡度可取 1:1.5~1:2;采用干砌条石时,坡度可取 1:0.8~1:2;采用安放人工块体时,坡度可取 1:1.25~1:2;采用抛填方块时,坡度可取 1:1~1:1.25。对宽肩台斜坡堤,肩台以上和以下的边坡斜坡坡度可分别取 1:1.5~1:3 和 1:1~1:1.5。

6) 护面块体的支承棱体和肩台尺寸确定

对港外侧设置水下抛石棱体的断面,棱体的顶面高程宜定在设计低水位以下约 1.0 倍设计波高值处;顶面宽度不宜小于 2.0 m;棱体厚度不宜小于 1.0 m。对抛填块体的断面,堤身在设计高水位处的宽度不宜小于 3.0 倍设计波高值。肩台是在迎浪面斜坡上设置平台,可供施工使用,也具有消浪作用。如为施工用,其顶高程常取施工水位,顶宽不宜小于 2 m。

宽肩台斜坡堤的肩台顶高程宜取设计高水位以上 1.0~3.0 m 处,顶宽一般可取 2.3~2.9 倍设计波高值,且不宜小于 6.0 m。

8.1.3　直立式防波堤

1. 结构形式

1) 重力式直立防波堤

重力式直立防波堤主要由墙身、上部结构和基床组成。它以自重维持稳定,往往有强大的墙身,其墙身结构通常采用钢筋混凝土沉箱、混凝土方块(或空心方块),大直径圆筒也有应用,如图 8-13 所示。当地基只有较薄的软土层时,大圆筒也可不做基床而直接伸入地基中。

钢筋混凝土沉箱的整体性好,箱内填块石或砂料,可节省混凝土和造价;施工速度快,而且特别适合外海作业的条件。但沉箱的预制和下水必须有大型专用设备。混凝土方块墙具有坚固、耐久的优点,施工也较简便,但混凝土用量大,且整体性较差,对地基不均匀沉降敏感,也需要有起重船等大型设备。

上部结构一般采用现浇或装配整体式混凝土结构,其港外侧的外形为直立面、弧面或削角斜面。与直立面结构相比,弧面结构可有效地减少波浪的越堤水量;削角斜面结构断面宽度和对波浪的反射较小,但其越浪量稍大。近年来,我国采用削角直立堤的工程较多,如葫芦岛港防波堤延长段、山海关船厂东防波堤和秦皇岛港扩建工程岛式防波堤等。

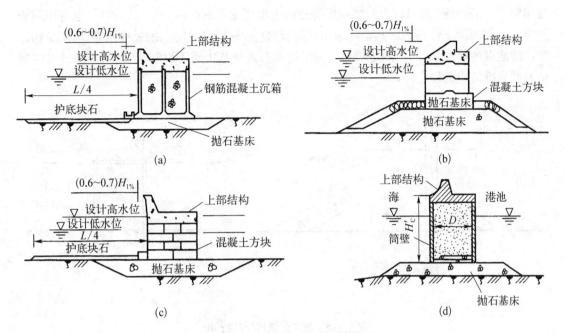

图 8-13　重力式直立防波堤断面图

(a) 钢筋混凝土沉箱；(b) 混凝土方块；(c) 空心方块；(d) 大直径圆筒

除了削角直立堤外，开孔直立堤（见图 8-14）也是直立堤在形式方面取得的重大进展。1960 年代加拿大首先采用迎波外壁开孔、前舱起消能室作用的沉箱防波堤。1975 年我国在秦皇岛油港二期工程中建设了第一座开孔消浪直立堤，与一般开孔直立堤不同的是其消能室位于堤的内侧，1982 年，在天津新港防波堤工程中，结合削角方块和开孔消浪结构两者的优点，设计成功了一种新型的高基床上削角空心方块防波堤。

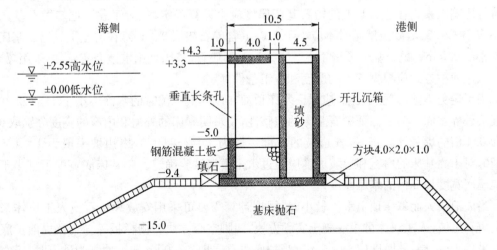

图 8-14　开孔直立堤断面图（单位：m）

2）桩式直立防波堤

桩式直立防波堤一般适用于地基较软弱的情况，最简单的形式是悬臂式单排管桩结构。

有用钢管桩的[见图8-15(a)],如我国援建的毛里塔尼亚友谊港近岸段防波堤;也有用后张预应力钢筋混凝土管桩的。其他还采用双排板桩[见图8-15(b)]、钢板桩格等,用定位构件形成防波堤的堤两侧,其中间是填料。薄壁通常打入地基中而不设基床,其入土部分及竖向填料共同维持堤的稳定。

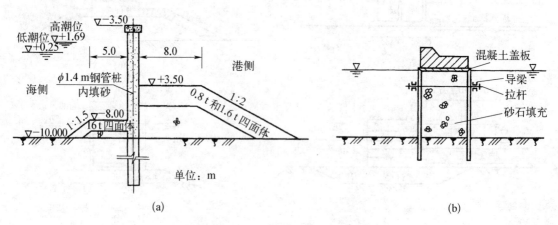

图8-15　桩式防波堤(单位:m)

(a) 钢管桩直立堤;(b) 双层板桩防波堤

2. 一般构造及布置

1) 抛石基床

重力式防波堤的抛石基床可根据地基承载力和波浪、水深条件等选择暗基床,明基床或者混合基床,当地基为软弱土层时可采用换砂、设置砂垫层、布置排水砂井或深层水泥搅拌等方法进行地基加固处理。

抛石基床厚度的确定除应考虑地基承载力外,还应考虑在堤前形成的波浪形态和工程造价等影响因素。在非岩基上的抛石基床厚度应由计算确定,但对于黏土地基抛石基床厚度不应小于1.5 m,砂土地基时不应小于1.0 m(含碎石垫层0.3 m),在岩基上的抛石基床厚度不小于0.5 m。抛石基床可采用10~1 000 kg的块石,基床宜用重锤夯实,也可采用爆夯,具体采用何种方式应根据基床的厚度和施工条件确定。

为了避免堤前出现近破波,应保证基床顶面在设计低水位时的水深不小于1.5~2.0倍的波浪破碎水深。为了保证抛石基床的完整性,要求明基床的外肩和内肩的宽度分别取0.6倍和0.4倍的堤身计算宽度,外边坡的坡度一般为1:2~1:3,内边坡一般为1:1.5~1:20,对于高基床的肩宽和边坡坡度应通过水工模型试验确定。暗基床底宽度不宜小于直立堤墙底宽度加2倍的基床厚度。

当波浪较大而基床顶上水深较小时,根据计算需要可采用安放大块石或人工块体来保护基肩和边坡,人工块体可用混凝土实心方块、四脚空心方块和栅栏板等。直立堤前护底块石可采用1~2层,其厚度应≥0.5 m。当护底块石质量>100 kg或者地基为砂土时,应在护底块石层下设置≥0.3 m厚的碎石垫层。

2) 堤身结构

堤身结构是指基床顶面以上、上部结构以下的部分,其高度既要考虑上部结构的施工,又要兼顾沉箱内回填料的施工时间,一般以基床顶至施工水位以上0.3~0.5 m为宜。

堤身结构是重力式防波堤的主体部分,主要形式有钢筋混凝土沉箱、混凝土方块和大直径钢筋混凝土圆筒等。防波堤用的沉箱与码头沉箱不同之处是可以采用梯形断面形式;防波堤用的混凝土方块应有足够的重量,以免被波浪抽出,其质量不宜小于表8-2所规定的数值,并应尽可能大,这样有利于实现结构的整体性。为增大方块尺寸和减少混凝土用量,可以考虑采用空心方块或钢筋混凝土空箱,这样防波堤堤身则可能一层出水,有利于施工和结构的安全稳定。

表8-2　重力式防波堤方块最小质量表

设计波高/m	方块质量/t	设计波高/m	方块质量/t
2.6~3.5	30	5.6~6.0	60
3.6~4.5	40	6.1~6.5	80
4.6~5.5	50	6.6~7.0	100

对于堤身混凝土方块,应尽量减少其尺寸的种类。方块长边尺寸与高度之比不应大于3.0,短边尺寸与高度之比不宜小于1.0,个别方块不应小于0.8。

钢筋混凝土圆筒墙身,其壁厚可取200~400 mm,圆筒筒身宜为整体,当必须分节预制时,分节高度不宜太小且应保证上、下两节接触良好。筒内为砂石回填料,回填料宜采用级配较好的石料、中粗砂或含泥量小于10%的石料,中粗砂或含泥量小于10%的石渣。

坐床式圆筒直立堤为了增加抗倾能力,圆筒底脚可向外、向内或向两侧加宽(见图8-16)。大直径圆筒防波堤具有沉箱式防波堤的一些优点,但因其为无底,因此必须处理好圆筒内漏砂问题,否则将影响防波堤抗倾抗滑的稳定性。对内部填砂的坐床式圆筒,应在圆筒底部设置倒滤层;对分节装配式圆筒,应在圆筒上、下节的接缝处设置倒滤层或采用其他防漏砂措施。

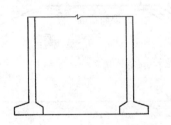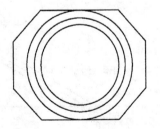

图8-16　圆筒底部加强图

3) 上部结构

防波堤上部结构可采用现浇或装配整体式混凝土结构,一般由平台和墙(挡浪墙)两部分整体浇筑而成。平台的作用是增强防波堤结构的整体性和保护堤身材料不被波浪淘刷,其顶面可兼作通道或其他使用;挡浪墙的作用是防止波浪水体大量越浪,并保证平台顶面的使用安全。防波堤迎浪面可考虑做成直立面、削角斜面或弧形面。

防波堤上部结构应有足够的刚度和良好的整体性,并确保与堤身连接牢固,厚度不宜小于1.0 m,嵌入沉箱的厚度不宜小于0.3 m。直立式防波堤的堤顶高程以挡浪墙顶为准,当允许少量越浪时,顶高程宜定在设计高水位以上0.6～0.7倍设计波高值处;当基本不允许越浪时,顶高程宜定在设计高水位以上1.0～1.25倍设计波高值处。

8.2　护岸建筑物

天然河岸或海岸因受波浪、潮汐、水流等自然力的破坏作用,会产生冲刷和侵蚀现象。因此,必须修建护岸建筑物来保护海(河)岸免遭波浪或水流冲刷,或者用于保护港口及码头陆域边界。一般而言,护岸方法可分为直接防护和间接防护两大类,前者主要是修建护岸建筑,防止岸坡侵蚀坍塌;后者主要是修建与岸成一定平角的丁坝、潜堤和锁坝(将在第12章航道工程中讲解),促使泥沙在护岸段落淤,从而起到保护岸坡的作用。根据外坡形式差异,直接护岸建筑物可分为斜坡式护岸、直立式护岸、混合式护岸等,实践中应根据水深、波浪、水流、地质和地形等条件变化进行分段,并采用不同的断面尺度或结构。

📖 拓展阅读8-1　天津港半圆形防波堤

8.2.1　斜坡式护岸

斜坡式护岸主要由堤心、护面和胸(挡浪)墙等组成,堤心可采用袋装砂、开山石、10～100 kg块石等;护面可根据波浪、水流条件采用混凝土人工块体、块石(抛石、干砌石或浆石、细骨料混凝土灌砌石等,见图8-17)、混凝土板、模袋混凝土等。对岸坡较缓、水深较浅、地基较差、用地(海)不紧张的地段和就地修坡的岸坡,宜采用斜坡式护岸。

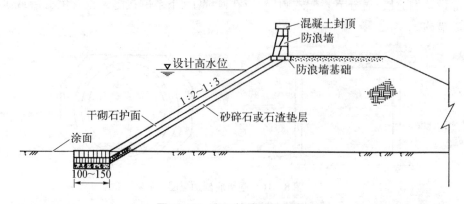

图8-17　砌石护坡结构示意图

1. 断面形式

斜坡式护岸可分为堤式护岸(见图8-18)和坡式护岸(见图8-19)两类。堤式护岸是在水上先筑成岸堤,然后回填形成陆域,并对岸堤进行防护,一般由堤身、护肩、护脚和护底结构组成。坡式护岸是对陆域已有的自然岸坡或陆域向水侧回填形成的自然岸坡进行防护，一般由岸坡、护肩、护面、护脚和护底结构组成。

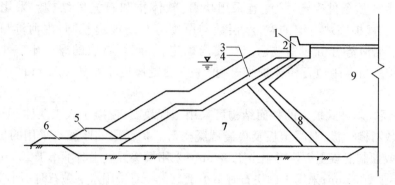

1—胸墙；2—护肩；3—护面层；4—垫层；5—护脚；6—护底；7—堤身；8—倒滤层；9—回填料。

图 8-18 堤 式 护 岸

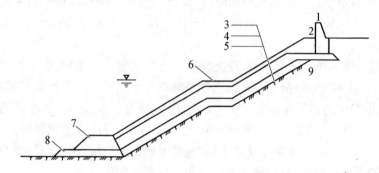

1—胸墙；2—护肩；3—护面层；4—垫层；5—倒滤层；6—肩台；7—护脚；8—护底；9—岸坡。

图 8-19 坡 式 护 岸

2. 一般构造

(1) 岸坡。护岸的边坡和平台的宽度一般由岸坡的整体稳定性和越浪量要求确定，坡度一般采用 1：1.5～1：3.5。沿海港口护岸采用变坡或不同的护面块体时，其分界点宜定在设计低水位以下 1.0 倍波高值处。

(2) 护肩和肩台。为了防止沥水渗入护面形成压力，在护坡的顶部设置护肩，其宽度为1.0～3.0 m，厚度根据使用要求确定。坡肩位于坡面的顶部，受爬坡水流的作用，将影响护面结构的稳定。对可能遭受破波水流打击的坡肩亦需进行保护，当胸墙前斜坡护面为块石或人工块体时，墙前坡肩宽度不应小于 1.0 m，且至少能安放一排护面块体；设置肩台的护岸，肩台宽度不宜小于 2.0 m，其顶高程可根据护岸整体稳定和施工条件确定。

(3) 护脚。护脚的作用有两个：一是支承护面结构；二是防止波浪淘脚。前者要求护脚对护面有足够的支承能力；后者要能防止底脚被淘刷，或发生淘刷时仍有足够的能力支承护面结构。护脚根据护坡坡体的稳定需要可选择抛石棱体、脚槽、基础梁和板桩等形式。当海岸受波浪作用为主时，一般在设计水位上、下一倍设计波高范围内的护面块体受波浪的作用最剧烈。因此，当采用抛石棱体护脚时，棱体顶高程宜按低于设计水位减 1.0 倍设计波高确定，内河护岸宜取最低通航水位或多年平均枯水位。棱体的顶宽不宜小于 2.0 m，厚度不宜小于 1.0 m,外坡坡度不宜陡于 1∶1.5。

(4)护底。对于易冲刷地基上的护岸,应采取护底措施。护底的范围根据波浪、水流、冲刷强度和土质条件确定,护底宜采用块石、软体排和石笼等结构。采用块石护底时,海港护岸工程护底块石层的宽度、层数与厚度等与防波堤相同;内河港口护岸工程的护底宽度根据河势分析和岸坡稳定性要求确定,护底块石层的厚度不宜小于 2 倍的护底块石粒径。当采用抛石棱体护脚时,护岸应设置厚度不小于 0.5 m 的 10～100 kg 块石垫层。

(5)护面层。斜坡式护岸的护面结构可采用抛埋块石、混凝土人工块体、干砌块石、干砌条石、浆砌块石栅栏板、混凝土板及模袋混凝土等。护面层的厚度与采用的护面结构有关,采用现浇或预制混凝土板块时不小于 80 mm;采用模袋混凝土时不小于 150 mm;采用浆砌块石时不小于 200 mm;采用干砌块石时不小于 250 mm;采用水下抛石时不小于 600 mm。

(6)护面垫层。海港护岸护面垫层块石的质量可取护面块体质量的 1/20～1/10,不得小于 1/40。采用四角空心方块和板护面时,其块石不应小于护面结构的空隙尺度。海港护岸的块石垫层厚度不小于 400 mm,内河的块石垫层厚度不宜小于 150 mm。必要时可采用土工织物垫层。

(7)变形缝和排水孔。浆砌块石、现浇混凝土板和模袋混凝土护面,需设置纵横变形缝和排水孔,防止岸坡不均匀沉降造成护面层断裂和减小渗流水压。变形缝的纵向间距,海港护岸取 5～10 m,内河港口护岸不宜大于 5 m;横向间距为 5 m 左右。排水孔的位置应避开板块中轴,其纵横间距可取 2～5 m,孔径可取 50～100 mm,并应设置倒滤层。

(8)倒滤层。护岸结构还应设置倒滤层,可采用碎石倒滤层、土工织物倒滤层或碎石与土工织物结合使用的倒滤层,具体要求可参见重力式码头相关内容。

(9)胸墙。对不允许越浪的护岸,岸顶应设置防浪胸墙,胸墙或防浪胸墙应设置变形缝。变形缝间距根据气温、结构形式和地质条件等确定,一般取 10～20 m,缝宽取 20～40 mm。当允许较大的越浪量时,陆域一定范围内应采取措施防止越浪水流的冲击,保护的范围和措施应通过物理模型试验确定。对于允许较大越浪量的护岸和挡浪墙高程较高的护岸,应注意施工过程中堤后坡或陆域被越浪冲击破坏的可能性,采取必要的保护措施或合理安排施工工期和工序。

8.2.2　直立式护岸

对岸坡较陡、水深较深、地基较好、岸线纵深较小、用地(海)紧张的地段或有特殊的景观要求时,可采用直立式护岸。

1. 结构形式

我国已建的直立式护岸工程,墙体结构以现浇混凝土、浆砌块石、混凝土方块、板桩、扶壁和沉箱结构最为常见。直立式护岸的上部结构可采用现浇混凝土或钢筋混凝土,结构临水面根据挡浪情况可采用直立面或弧面。

图 8-20 为墙体采用现浇混凝土(或浆砌块石)结构的护岸断面,适用于干地施工条件,图 8-21、图 8-22 和图 8-23 分别为墙体采用混凝土方块、扶壁和沉箱结构的护岸断面,适用于地基承载力较高的情况。

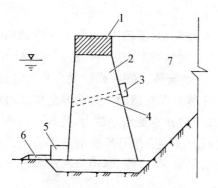

1—压顶；2—墙体；3—倒滤设施；4—排水孔；5—护脚；6—护底；7—回填料。

图8‑20　现浇混凝土(或浆砌块石)结构护岸

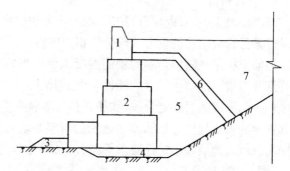

1—胸墙；2—墙体；3—护底；4 基床；5—抛石棱体；6—倒滤层；7—回填料。

图8‑21　混凝土方块结构护岸

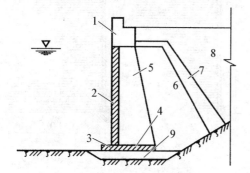

1—胸墙；2—立板；3—趾板；4—底板；5—肋板；6—抛石棱体；7—倒滤层；8—回填料；9—基床。

图8‑22　扶壁结构护岸断面

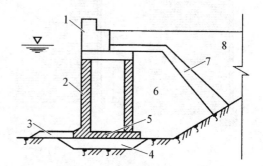

1—胸墙；2—外壁；3—护底；4 基床；5—底板；6—抛石棱体；7—倒滤层；8—回填料。

图8‑23　沉箱结构护岸断面

图8‑24为墙体采用有锚板桩结构的护岸断面，它由胸墙、板桩和锚碇系统组成；若护岸高度较小，墙体可采用无锚板桩结构。图8‑25为墙体采用加筋土结构的护岸断面，加筋土护岸由胸墙或帽梁、墙面板、加筋体和基础等组成。

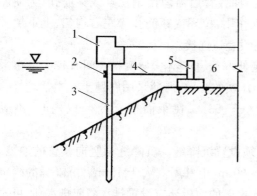

1—胸墙或帽梁；2—导梁；3—板桩；4—钢拉杆；5—锚碇结构；6—回填料。

图8‑24　有锚板桩护岸断面

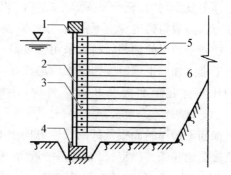

1—胸墙或帽梁；2—墙面板；3—倒滤层；4—基础；5—加筋体；6—回填料。

图8‑25　加筋土护岸断面

2. 一般构造

现浇混凝土(或浆砌块石)护岸、混凝土方块护岸、扶壁护岸、沉箱护岸、板桩护岸的构造要求可参见相应结构的重力式码头的相关内容。在此,仅对加筋土护岸的构造要求做介绍。

加筋土护岸一般由预制的钢筋混凝土墙面板、填料、加筋体、胸墙(或帽梁)、基床、倒滤层等部分组成。加筋土护岸的墙面板起到挡土作用,并形成直立墙面。加筋体是加筋材料与填料一起形成的柔性复合体,加筋材料与填料产生摩擦力并承受水平拉力,是维护加筋土内部稳定的重要构件。加筋体通过加筋材料与墙面板连在一起,维持岸壁的外部稳定。根据岸高、地形、地质和稳定性要求等条件,加筋土体可采用矩形、梯形、倒梯形和锯齿形等形式,如图 8-26 所示。

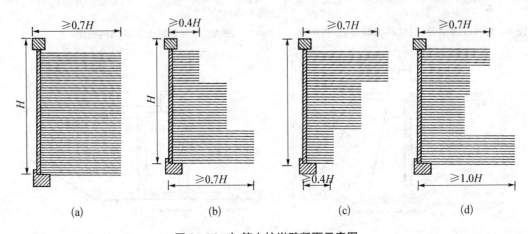

图 8-26　加筋土护岸壁断面示意图
(a) 矩形;(b) 梯形;(c) 倒梯形;(d) 锯齿形

加筋土护岸基础宜采用钢筋混凝土条形结构,主要考虑使墙面板的安砌质量和整体性得到保证,同时可减小墙面板的不均匀沉降。为保证护岸工程有较高的安全度,条形基础的宽度不应小于 500 mm、厚度不应小于 400 mm。

根据我国的工程实践,加筋土面板的长度宜取 0.8~2.0 m,宽度宜取 0.5~0.6 m,厚度由结构受力计算确定,一般取 0.15~0.25 m。面板背后需埋设钢拉环或穿筋孔,为使筋材在土体中分布均匀,充分发挥筋土之间的相互作用,拉环或穿筋孔应左右均匀、上下层间交错分布。面板组砌也应上下错缝,相邻面板宜设企口连接。

加筋土护岸的加筋材料可采用强度高、延伸率低、抗老化、与填料之间有较大摩擦系数的土工带。加筋土填料应选择水稳定性好、易压实的土类,严禁采用腐殖土和生活垃圾。填料的压实度在距面板 0.8 m 以外时,不应小于 93%;在距面板 0.8 m 以内时,不应小于 90%。

加筋土护岸的面板及基础长度方向上必须设置沉降缝。沉降缝为竖向设置的通缝,其间距根据地基条件确定,岩石地基一般为 20~30 m,土基不宜大于 15 m。沉降缝的缝宽一般为 20~30 mm,缝内填充弹性材料。加筋土岸壁的面板还应设置排水缝或排水孔,可避免面板后的剩余水压力过大,有效地保障护岸稳定。排水缝或排水孔的间距一般为 4~6 m。为防止回填土料从缝中流失,排水缝处面板内侧应贴铺无纺土工布滤层,并设置厚度不小于

300 mm 的碎石排水层。

8.2.3　混合式护岸

　　混合式护岸可以发挥斜坡式护岸和直立式护岸的各自优势,更好地满足复杂性护岸工程的需要。图 8-27、图 8-28 为不同结构形式的混合式护岸。

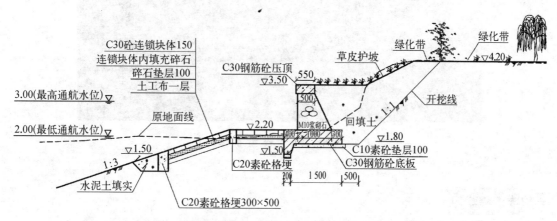

图 8-27　挡土墙为浆砌石结构的混合式护岸(尺寸单位: mm;高程单位: m)

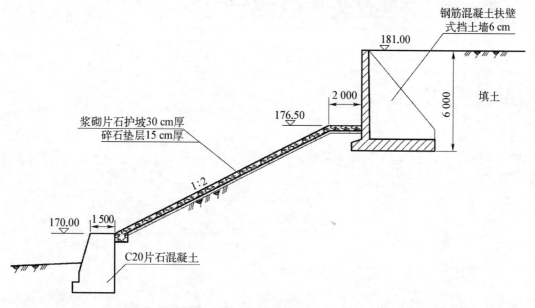

图 8-28　挡土墙为扶壁结构的混合式护岸(尺寸单位: mm;高程单位: m)

8.2.4　生态型护岸

　　无论是直接护岸,还是间接护岸,基本上都是以水泥、沥青等硬性材料为主要建筑材料,难免会损害河流的生态功能。生态型护岸(见图 8-29)的出现顺应了人与自然和谐共生的理念与要求,它重视发挥天然材料的性能,充分利用植物或将植物与土木工程相结合,通过坡面多孔化、粗糙化、近岸流态多样化三种主要途径,能有效改善传统护岸对河流环境及生态所带来的负面影响,同时产生一定的自然景观效果,是未来护岸工程建设的一大趋势。

图 8-29   生态型护岸

数字课程学习

📝 ○本章要点   ○思考题   ○更多内容⋯⋯

下篇

航道规划与工程

　　本篇内容包括航道规划简介、内河通航要求、碍航滩险、航道工程,其中航道工程为重点内容。具体而言,航道规划简介部分包括项目前期准备工作、航道规划调查、可行性研究;内河通航要求部分包括通航条件要求、通航水位确定;碍航滩险部分包括浅滩、急滩、险滩;航道工程部分包括航道整治工程、航道疏浚工程、渠化工程。

9

航道规划简介

学习目标

（1）了解航道规划前期准备工作的主要内容。

（2）了解航道规划不同阶段的调查项目。

（3）了解航道建设项目预可行性研究与工程可行性研究的主要内容，能够分析两者的区别与联系。

航道规划是港航规划的一个重要组成部分，它的主要任务是研究航道开发的经济意义、社会价值及技术上的可能性，制订近期与远景航道开发方案，并根据远景货流及运输组织提出适应远景发展的航道工程实施方案，拟定第一期航道工程的项目。航道工程项目的完成一般要经过"预可行性研究→工程可行性研究→初步设计→科学试验研究→施工图设计阶段→工程实施"六个阶段。其中，预可行性研究和工程可行性研究是航道规划的主要内容。

9.1 项目前期准备工作

航道规划方案一般应包括以下内容：① 根据综合利用的要求及河流的自然特点，确定航道的治理开发方式；② 拟定航道路线；③ 拟定航道等级及其建筑物的通航标准尺度，即航道的航深、航宽、弯曲半径、船闸尺度及跨河建筑物的净空等；④ 拟定改善通航条件的工程措施，即提出航道的疏浚、整治、爆破等方案，布置航行标志，计算航道工程量投资及年维修费用；⑤ 涉及水利枢纽的，应结合水利枢纽的规划，分析水工建筑物建成后对通航条件所产生的影响，提出航运流量及通航保证率的要求；⑥ 涉及运河开发的，应根据流域间远景货运的发展，提出运河开发方案。

航道规划的第一步必须搜集并整理资料，提供规划设计的依据，这些资料包括河流的自然地理情况、水文地质特点、河床演变的规律、现有航行的状况、已有的航道工程措施及各部门对开发河流的规划意见等，特别是对于航道规划中所需要的基本资料，如浅滩水位流量关系曲线、水深水位关系曲线、水深和流量的保证工作，确定各种资料的正确程度及参考价值。

在资料整理分析之后,即可拟定航道工程措施的初步方案和航道实地查勘计划,并进行查勘的准备与组织工作。

航道查勘的主要目的在于通过实地查勘增强规划人员的感性知识,查清和对证有关资料的正确性,并对资料进行修正与补充,征求地方和群众对规划的要求。此外,还对初步拟定的航道措施方案、梯级布置进行直接观察,为下一步的规划工作提供切实可靠的依据。

查勘的内容视河道的特性和规划工作的深度而异,一般应包括洪水、枯水的调查,浅滩、险滩的勘测,枢纽位置,地形地质的考证,航道障碍的记载,河床泥沙及河床演变规律的探索,以及沿岸状况调查等。

查勘的方法一般是沿着大致的航线方向,结合拟定的查勘重点进行调查访问,并进行野外视察证实、编制草图,有时也进行一些简单的测量、取样分析工作。

需要注意的是,航道查勘一般在枯水季节进行,对于浅滩较多、条件较复杂的航道,可考虑组织不同水期的多次查勘。查勘时一般可与港埠营运查勘相结合,经济调查由于腹地较大、牵涉面较广,其查勘多另行组织。

9.2　航道规划调查

9.2.1　预可行性研究阶段

预可行性研究需要调查的项目包括自然条件、航道条件、经济营运条件、船舶条件、港口条件及其他相关项目。

(1)自然条件调查内容包括:① 水位、流量系列和特征值等水文资料;② 降水、风、气温和雾等气象资料;③ 河床和岸坡的地质构造、地震烈度和河床覆盖层等地质资料;④ 悬移质和推移质等泥沙资料;⑤ 感潮河段的潮汐、波浪、含盐度和理论最低潮面等资料;⑥ 季节性封冻河流的封冻期和停航天数等资料。

(2)航道条件调查内容包括:① 航道基本特性、重点滩险的类型与分布、河床演变、碍航特性和整治历史、航道维护尺度、助航导航设施和海事情况等;② 整治河段地形图和重点滩险地形图;③ 已有的试验研究成果。

(3)经济营运条件调查内容包括:① 腹地内社会经济、交通运输状况和大型工矿企业对水运开发的要求与发展规划;② 客货运量现状和发展趋势。

(4)船舶条件调查内容包括:① 现有船舶的类型、吨位、尺度、数量和营运组织状况等;② 船舶规划中拟发展的类型、吨位和尺度等。

(5)港口条件调查内容包括:① 港口分布、泊位数、吞吐能力和客货运量现状等;② 港口发展规划。

除此以外,还需要搜集水利水电枢纽、取排水、过河建筑物、沿江防洪、城市建设和国土规划等相关资料。

9.2.2　工程可行性研究阶段

航道工程可行性研究需要调查的项目包括水文气象条件、地质地貌条件、地形条件、滩险演变与碍航状况等。

(1) 水文气象条件调查内容包括：① 水位资料除应搜集有关水文站、水位站的长期系列水位资料外,尚应根据工程和河道具体情况增设固定水尺施测水位,固定水尺观测时间不应少于 1 a,在滩上设置的临时水尺应与固定水尺同步观测;② 流量资料除应搜集水文站的流量和水位与流量关系曲线资料外,尚应搜集对整治河道有影响的水利水电枢纽取排水等工程的调度运行方式及相关的流量、水位变化资料,并应根据工程需要对重点汊道浅滩的分流比、分沙比和重点滩险的断面流速分布进行施测;③ 拟整治滩险的流速、流向和碍航流态;④ 水文站的悬移质、推移质及粒径级配资料,并对重要浅滩进行河床质采集,对于库区湖区和潮汐河口,应搜集或观测波浪、潮汐和沿岸流资料;⑤ 风、雾、雨和气温等与整治工程和航运有关的气象资料;⑥ 对于季节性封冻河流,应搜集封冻期冰凌厚度、流冰期水流流速和流冰对整治建筑物的破坏等资料。

(2) 地质地貌条件调查内容包括：① 对于河床组成复杂的滩段,应查明河床覆盖层性质、分层厚度、岩石性质及顶面高程;② 对于易变形的岸坡和洲滩,应搜集土质组成、物理力学指标和护岸资料;③ 根据工程需要进行溪沟调查,查明溪沟底的纵坡、泥石来源、暴雨径流及与溪沟滩体变形的关系;④ 对于崩岩和滑坡地区,应搜集岸坡稳定性评价资料。

(3) 地形条件调查内容包括：① 河道地形图测量范围应包括整治河段,并应根据工程需要向上下游适当延长,两岸高程宜测量至常年洪水位;② 浅滩测图范围应包括浅区及上下游稳定深槽的一部分;分汊河段测图范围应包括洲头分流点至洲尾汇流点及上下游稳定深槽的一部分;急滩和险滩测图的范围应包括滩段及上下游受影响的部位;③ 相互影响的相邻滩险测图应衔接;④ 地形复杂的滩险,应适当加大测图比例尺和扩大测区范围;⑤ 冲淤变化较大的浅滩应增加测次。

(4) 滩险演变与碍航状况调查内容包括：① 对于碍航浅滩,应搜集历年测图和航道尺度记录及已有的演变分析成果;② 对于碍航急滩,应搜集成滩原因、滩情历史变化、成滩水位、消滩水位、最汹水位和有关绞滩资料;③ 对于碍航险滩,应搜集碍航原因、碍航状况、成滩期滩段水流流态及变化、船舶或船队过滩航行主要难点等资料;④ 对于已进行模拟研究的复杂滩险,应搜集其试验或计算的成果。

9.2.3　初步设计阶段

年际变化不大的浅滩可在汛前、汛后和枯水期各进行一次水文和水下地形测量;年际变化较大的浅滩应至少进行 2 个连续水文年的地形测量;年内变化较大的浅滩宜增加浅区的测次。水文和地形资料应在同一时段观测。

滩险河段应施测比降、流速、流向和碍航流态,必要时应同步施测比降和流量。重点滩险应施测整治部位的大比尺地形图。需要疏浚的河段应查明挖槽和岸坡的土质情况;需要炸礁的河段应查明礁石性质和岩土级别等。

此外,还应补充搜集重点滩险的河工模型试验、船模航行试验和分析计算等研究成果。对于工程施工区域的施工条件、工程材料和自然条件影响等资料,应予以重视。同时应搜集与编制工程概算有关的定额和单价等资料。

9.2.4　施工图设计阶段

整治河段的施工图应满足下列要求：① 施工图设计应采用1~2 a 的地形测图，变化急剧的浅滩应采用当年地形图；② 施工区地形图应按分项工程的性质、规模、范围，采用不同的比例尺，陆上炸礁宜采用1：500~1：1 000；水下炸礁宜采用1：100~1：500；筑坝宜采用1：500~1：2 000；疏浚宜采用1：1 000~1：5 000；③ 应搜集施工机具、设备、船舶和其他与施工方法有关的资料，通航和临时封航有关的资料，爆破施工可能影响范围内建筑物的位置结构和性质资料，与工程施工有关的专项试验研究资料。

9.2.5　施工阶段

施工阶段应该关注工程区域河床地形和水文等变化、工程设计变更和补充的专项试验研究等的资料，相关的已建整治建筑物附近河床变形观测和流速、流态资料及分析成果。同时，施工阶段还应搜集工程影响范围内船舶通航状况、水环境变化和爆破影响、工程招投标文件和相关图纸、有关工程质量检验、材料检验、中间验收、施工安全检查和事故状况等资料。

9.3　可行性研究

9.3.1　概述

可行性研究是航道建设项目前期工作的重要阶段，也是建设项目立项、可行性研究报告审批和项目申请报告核准或者备案的主要技术依据。航道建设项目预可行性研究报告是编制项目建议书的主要技术依据，工程可行性研究报告是编制可行性研究报告和项目申请报告或备案文件的主要技术依据。

政府投资的航道建设项目应进行可行性研究，相应编制预可行性研究报告和工程可行性研究报告。小型项目和技术上较成熟的航道工程，经项目主管部门同意后，可直接开展工程可行性研究，编制工程可行性研究报告。企业投资的航道建设项目应开展工程可行性研究，编制工程可行性研究报告。

在进行航道建设项目可行性研究时，项目承担单位应遵循以下原则：① 严格执行国家有关方针、政策和法规，符合国家、行业规划及有关规范和技术标准；② 认真进行调查、勘查、试验及研究工作，使用的基础资料应当真实、准确、齐全；③ 应对研究内容进行多方案比较，从技术、经济、资源、环境和社会等方面进行全面论证，要有明确的结论和意见；④ 提出的建设方案应当安全可靠、技术先进、经济可行，并注重社会效益；⑤ 积极采用先进、适用的新技术，新工艺，新设备，新型材料；⑥ 重视水资源综合利用、能源及资源节约和环境保护等要求。

9.3.2　预可行性研究

预可行性研究主要对拟实施的航道建设项目是否可行进行初步判断，依据航道规划和水运相关规划；根据国民经济和社会发展要求，通过分析腹地经济发展趋势，预测货运量发展水平，把握航道存在的主要问题，论证航道建设项目的必要性和建设规模。在对项目的建设条件进行调查研究和必要的勘查及科学试验基础上，研究项目建设的可能性、工程方案的技术可行性和经济合理性，提出项目可行性的初步评价结论，为建设项目立项提供依据。预可行性研究阶段，应对建设项目主体工程（主要建筑物、构筑物，航运梯级工程主体建筑物、通航建筑物等）进行必要的地质勘查，对不同方案进行技术经济比较，并提出推荐方案。其他工程内容可按综合指标估列。

预可行性研究阶段的主要内容和深度应符合以下要求：① 通过现状调查和运输需求预测，论证航道建设项目的必要性，初步确定航道建设规模、建设标准和建设时机；② 分析自然条件、外部条件以及建设项目与有关规划、政策的关系，综合评价建设项目的可能性；③ 初步确定建设项目总平面布置方案；④ 初步确定整治、疏浚、吹填、航运梯级等工程方案以及水工建筑物结构、布置；⑤ 初步提出应采取的环境保护措施；⑥ 估算工程投资，按相关规定进行经济和社会影响评价；⑦ 提出研究结论存在的问题及有关建议。

9.3.3　工程可行性研究

工程可行性研究是确定航道建设项目是否可行的最后研究阶段，应依据批准的项目建议书，深入分析腹地经济社会发展趋势和运输市场变化情况，预测航道货运量发展水平及船型变化趋势，深入论证建设项目的必要性，合理确定建设规模与建设标准。通过全面调查研究和勘查、科学试验等，从技术、经济、资源、环境、社会等方面对航道建设方案进行论证、比选，得出项目可行性评价的结论，为项目决策提供技术依据。

工程可行性研究阶段的主要内容和深度应符合以下要求：① 通过深入调查现状和运输需求预测，进一步论证建设项目的必要性，确定航道建设规模和建设时机；② 分析水文、气象、地质等自然条件，把握海岸动力地貌或河势演变规律，了解外部配套条件；③ 通过多方案比选确定航道总平面布置方案；④ 通过多方案比选确定工程方案；⑤ 通过多方案比选基本确定水工建筑物结构及布置方案；⑥ 提出航道配套工程方案；⑦ 提出项目用地及水域使用方案；⑧ 提出节能与安全等措施；⑨ 提出工程建设采取的环境保护与水土保持措施；⑩ 基本确定主要工程的施工方案、工程工期和进度安排，拟定项目招标工作的组织与实施；⑪ 研究项目的工程管理方案；⑫ 提出主要工程量、设备及材料用量，估算工程投资；⑬ 研究提出融资方案；⑭ 深化经济和社会影响评价；⑮ 研究项目风险管理方案；⑯ 提出研究结论、存在问题及有关建议。

📖 拓展阅读9-1　《国家综合立体交通网规划纲要》航道部分

数字课程学习

📝　○ 本章要点　　○ 思考题　　○ 更多内容……

10

内河通航要求

学习目标

（1）理解内河船舶的航行方式及其特点、内河通航的航道尺度要求、通航净空尺度要求、通航水流要求，掌握航道宽度、通航净空宽度的计算方法。

（2）理解通航期、设计水位保证率、水位重现期的含义，掌握通航水位的确定方法。

（3）理解航道理论通过能力、可能通过能力、设计通过能力之间的区别与联系，了解三种通过能力的计算方法。

为保证代表船型（船队）在通航期内安全、方便地航行，内河航道必须满足一定的尺度要求、水流要求、水位要求和通过能力要求。其中，代表船型是指为确定通航尺度，通过技术经济论证优选确定的设计载质量可达到相应吨级的船型；代表船队是指为确定通航尺度，通过技术经济论证优选确定的、由代表船型的船舶组成的船队；通航期是航道在一年间能满足代表船型（船队）正常通航的天数。通航尺度要求包括航道尺度要求和通航净空尺度要求；通航水流要求包括流速、流态和比降三方面；通航水位要求包括设计最高通航水位和设计最低通航水位；通过能力要求包括理论通过能力和可能通过能力。

10.1 通航条件要求

10.1.1 内河船舶的航行方式

根据船舶的动力条件，内河船舶可分为自航与非自航两种。自航船就是船舶带有动力，可以自己单独行驶。非自航船也称驳船，自己没有动力，需要由机动船带动行驶。根据已经发布的国家标准、行业标准及各大水系的现实情况，内河货运船舶包括分节驳船、普通驳船、机动驳船、普通货船、内河集装箱船及江海直达货船等几大系列。在内河上常见船舶编队航行，由多个驳船编结在一起，用机动船带动。编队航行的主要优点为运量大，比单船行驶运输成本低。目前我国在内河上推荐采用的编队方式为普通驳顶推船队和分节驳顶推船队，拖带船队多在河道的下游及平原水网地区运营。

1. 拖带船队

拖带船队是指拖轮在前,用缆索拖带后面的驳船队。为了减少因拖轮螺旋桨搅起的尾流冲击到驳船队,避免加大船队的水流阻力,一般要求拖轮与第一艘驳船之间的缆索长度较长,具体长度按拖轮的动力大小而异。在航道尺度允许时,拖带船队为了减小船队阻力,在逆流行驶时,可以采用多排一列式[见图 10-1(a)];在顺流行驶时,可以采用多排并列式[见图 10-1(b)]。

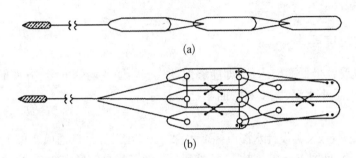

图 10-1　拖带船队的两种排列方式

(a) 多排一列式拖带;(b) 多排并列式拖带

拖带船队的编队方式在行驶时阻力大、运价高,但由于它是软联结,要求的航道条件可以低些,弯曲半径较顶推船队小。

2. 顶推船队

顶推船队作为动力船的推轮放在船队的后面,在驳船之间联结成一个整体(见图 10-2)。顶推船队有以下优点:① 阻力小,消除了拖轮在前面搅起的水流对后面船队引起的冲击阻力;推轮在驳船队的附随水流之中,减少了水流对推轮的阻力;同时,螺旋桨也在附随水流之中,改善了螺旋桨的工作条件;减少或消灭了由于驳船在拖带船队中偏转摆动所增加的阻力。② 顶推船队联结为一个整体,偏转摆动幅度小,增加了船队的稳定性。③ 顶推船队的船员数量相对大大减少。④ 编队、解队的作业简便快速,提高了劳动效率。

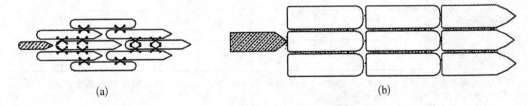

图 10-2　顶推船队的两种驳顶方式

(a) 普通驳顶推船队;(b) 分节驳顶推船队

1980 年代开始,我国长江及其他一些水系,推行了分节驳顶推运输方式。分节驳顶推船队类似铁路列车,由许多艘具有统一规格驳节编组成的一支庞大船队,并由一艘推轮在后面顶推前进,如图 10-2(b)所示。这种船队与普通顶推船队相比,其技术性能和经济指标都显示出明显的优越性:① 船队的整体线型得到改善,航速可提高 6%～15%。② 由于取消了普通驳船的驾驶楼、舵设备、救生设备和船员住宿等设施,降低了分节驳造价。③ 船型丰满,在船队长度不变的情况下,其载质量可增加 8%～14%;若载质量不变,则船队长度可缩短,从而减少造船材料。④ 驳船上可不配船员,节省人力。⑤ 驳船建造易于形成标准化和系列化。线型简单,便于建造。⑥ 船队驾驶操纵性能较好。

应该注意的是,由于船型的特点,分节驳若单独使用阻力会很大;在同一船队中编入尺度相同的分节驳船,船队的高效才能显现;在装货时要严格控制配载,保证各分节驳船吃水均衡,以形成较好的整体线型。

10.1.2　航道尺度要求

航道尺度是设计最低通航水位(即能够保证代表船舶或船队安全、方便航行所要求的最低水位)时航道的最小水深、宽度和弯曲半径的总称。

1. 航道最小水深

航道最小水深 H(又称设计水深或标准水深)是指在设计最低通航水位下,航道宽度范围内浅滩的最小水深(见图 10-3)。其中,天然河流航道是指自然形成的江、河、湖等水域中的航道;渠化航道是指在天然河流上修建拦河坝(闸)后所形成的航道;限制性航道是指因水面狭窄、断面系数(即设计最低通航水位时,过水断面面积与设计通航船舶或船队设计吃水时的船舯横剖面浸水面积之比)小而对船舶航行有明显限制作用的航道。

航道最小水深由船舶设计吃水和富余水深两部分组成,通常按 $H = T + \Delta H$ 计算。其中,H 为航道最小水深,m;T 为代表船型设计吃水,m;ΔH 为富余水深,m,其值可按表 10-1 选取。

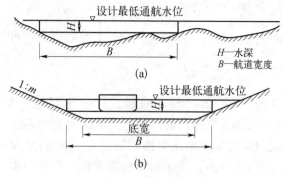

图 10-3　内河航道断面示意图

(a) 天然、渠化河流航道;(b) 限制性航道

表 10-1　富 余 水 深 值

航道等级	Ⅰ	Ⅱ	Ⅲ	Ⅳ	Ⅴ	Ⅵ	Ⅶ
富余水深/m	0.4～0.5	0.3～0.4	0.3～0.4	0.2～0.3	0.2～0.3	0.2	0.2

注:① 富余水深值主要包括船舶航行下沉量和触底安全富余量;② 流速或风浪较大的水域取大值,反之取小值;③ 卵石和岩石质河床富余水深值应另加 0.1～0.2 m。

2. 航道最小宽度

航道最小宽度 B 是指在设计最低通航水位下具有航道最小水深的宽度。内河航道的宽度与航道线数有关。内河航道的线数应根据运输要求、航道条件和投资效益分析确定。除整治特别困难的局部河段可采用单线航道外,均应采用双线航道。

直线段单线航道宽度按 $B_1 = B_F + 2d$ 计算。其中,B_1 为直线段单线航道宽度,m;B_F

为船舶或船队航迹带宽度，m，且 $B_F=B_S+L\sin\beta$；B_S 为船舶或船队宽度，m；L 为顶推船队长度或货船长度，m；β 为船舶或船队航行漂角，(°)，Ⅰ～Ⅴ级航道可取 $3°$，Ⅵ级和Ⅶ级航道可取 $2°$；d 为船舶或船队外舷至航道边缘的安全距离，船队可取 $0.25\sim0.30$ 倍航迹带宽度，货船可取 $0.34\sim0.40$ 倍航迹带宽度。

直线段双线航道宽度按 $B_2=B_{Fd}+B_{Fu}+d_1+d_2+C$ 计算。其中，B_2 为直线段双线航道宽度，m；B_{Fd}、B_{Fu} 分别为下行、上行船舶或船队航迹带宽度，m，且 $B_{Fd}=B_{Sd}+L_d\sin\beta$、$B_{Fu}=B_{Su}+L_u\sin\beta$；$B_{Sd}$、$B_{Su}$ 为下行、上行船舶或船队宽度，m；L_d、L_u 为下行、上行顶推船队长度或货船长度，m；d_1、d_2 分别为下行、上行船舶或船队外舷至航道边缘的安全距离，船队可取 $0.25\sim0.30$ 倍航迹带宽度，货船可取 $0.34\sim0.40$ 倍航迹带宽度；C 为船舶或船队会船时的安全距离，m。d_1+d_2+C 为各项安全距离之和，船队可取 $0.50\sim0.60$ 倍上行和下行航迹带宽度，货船可取 $0.67\sim0.80$ 倍上行和下行航迹带宽度。当双线航道不能满足要求时，应采用三线或三线以上航道，其宽度应根据船舶通航要求研究确定。

弯曲段航道宽度应根据航道弯曲半径 R、船舶（或船队）长度 L 和操纵性能、流速、流态等因素确定。当 $R\le3L$ 时，顶推船队必须在直线段航道宽度基础上加宽；当 $3L<R<6L$ 时，应根据流速、流态等条件、通过实船试验确定加宽值。当缺乏试验手段时，顶推船队弯曲段航道宽度增加值可按 $\Delta B=L^2/(2R+B)$ 估算。其中，ΔB 为弯曲段航道宽度增加值，m；L 为设计顶推船队长度，m；R 为设计弯曲半径，m；B 为直线段航道设计宽度，m。

3. 航道最小弯曲半径

航道最小弯曲半径 R 是指保证标准船队安全通过的最小弯曲半径。从便利航行考虑，航道弯曲半径越大越好，但因受自然河流地形条件的限制，往往要求船舶在弯曲半径较小的弯道中航行。为保证航行的安全规定了一个最小限值，作为保障航行的一个条件，它主要与船舶长度及操纵性能有关。一般情况下，航道最小弯曲半径取顶推船队长度的 3 倍、货船长度的 4 倍、拖带船队最大单船长度的 4 倍中的最大值。在条件受限河段，航道最小弯曲半径不能达到上述要求时，航道宽度应加大，加大值应经专题研究确定。流速 3 m/s 以上、水势汹涌的航道，其最小弯曲半径应采用顶推船队长度的 5 倍、货船长度的 5 倍中的最大值。如果弯道采取了加宽措施，或水流流态较好，或驾驶能通视，那么弯曲半径可适当减小，但不得小于顶推船队长度的 2 倍，或不小于拖带船队最大单船长度的 3 倍。

4. 国标关于航道尺度的规定

根据《内河通航标准》(GB 50139—2014)，天然和渠化河流航道尺度不得小于表 10-2 所规定数值。其中，航道水深应根据运输要求和航道条件通过技术经济论证确定。对枯水期较长或运输繁忙的航道，应采用上限值；对整治比较困难的航道，应采用航道水深幅度的下限，但在水位接近设计最低通航水位时，船舶应减载航行。当航道底部为石质河床时，水深值应增加 $0.1\sim0.2$ m。湖泊和水库航道尺度可采用表 10-2 所列数值，但对于受风浪影响较大的航道，经论证应适当加大航道尺度。

限制性航道尺度不得小于表 10-3 所规定数值，且断面系数不应小于 6，对流速较大的航道其断面系数不应小于 7。

表 10‑2　天然和渠化河流航道尺度

航道等级	船舶吨级/t	代表船型尺度/m	代表船舶、船队	船舶、船队尺度/m	水深	单线	双线	弯曲半径
I	3 000	驳船 90.0×16.2×3.5 货船 95.0×16.2×3.2		406.0×64.8×3.5	3.5~4.0	125	250	1 200
				316.0×48.6×3.5		100	195	950
				223.0×32.4×3.5		70	135	670
II	2 000	驳船 75.0×16.2×2.6 货船 90.0×14.8×2.6		270.0×48.6×2.6	2.6~3.0	100	190	810
				186.0×32.4×2.6		70	130	560
				182.0×16.2×2.6		40	75	550
III	1 000	驳船 67.5×10.8×2.0 货船 85.0×10.8×2.0		238.0×21.6×2.0	2.0~2.4	55	110	720
				167.0×21.6×2.0		45	90	500
				160.0×10.8×2.0		30	60	480
IV	500	驳船 45.0×10.8×1.6 货船 67.5×10.8×1.6		167.0×21.6×1.6	1.6~1.9	45	90	500
				112.0×21.6×1.6		40	80	340
				111.0×10.8×1.6		30	50	330
				67.5×10.8×1.6				
V	300	驳船 35.0×9.2×1.3 货船 55.0×8.6×1.3		94.0×18.4×1.3	1.3~1.6	35	70	280
				91.0×9.2×1.3		22	40	270
				55.0×8.6×1.3				
VI	100	驳船 32.0×7.0×1.0 货船 45.0×5.5×1.0		188.0×7.0×1.0	1.0~1.2	15	30	180
				45.0×5.5×1.0				
VII	50	驳船 24.0×5.5×0.7 货船 32.5×5.5×0.7		145.0×5.5×0.7	0.7~0.9	12	24	130
				32.5×5.5×0.7				

注：① 本表所列航道尺度不包含黑龙江水系和珠江三角洲至港澳线内河航道尺度；② 代表船型尺度为总长×型宽×设计吃水，船舶、船队尺度为长×宽×设计吃水；③ 当船队推轮吃水等于或大于驳船吃水时，应按推轮设计吃水确定航道水深；④ 流速 3 m/s 以上、水势汹涌的航道，直线段航道宽度应在表列宽度的基础上适当加大。

表 10-3　限制性航道尺度

航道等级	船舶吨级/t	代表船型尺度/m	代表船舶、船队	船舶、船队尺度/m	航道尺度/m 水深	直线段双线底宽	弯曲半径
II	2 000	驳船 75.0×14.0×2.6 货船 90.0×15.4×2.6		180.0×14.0×2.6	4.0	60	540
III	1 000	驳船 67.5×10.8×2.0 货船 80.0×10.8×2.0		160.0×10.8×2.0	3.2	45	480
IV	500	驳船 42.0×9.2×1.8 货船 47.0×8.8×1.9		108.0×9.2×1.9	2.5	40	320
				47.0×8.8×1.9			
V	300	驳船 30.0×8.0×1.8 货船 36.7×7.3×1.9		210.0×8.0×1.9	2.5	35	250
				82.0×8.0×1.9			
				36.7×7.3×1.9			
VI	100	驳船 25.0×5.5×1.5 货船 26.0×5.0×1.5		298.0×5.5×1.5	2.0	20	110
				26.0×5.0×1.5			
VII	50	驳船 19.0×4.5×1.2 货船 25.0×5.5×1.2		230.0×4.7×1.2	1.5	16	100
				25.0×5.5×1.2			

注：代表船型尺度为总长×型宽×设计吃水，船舶、船队尺度为长×宽×设计吃水。

　　长江干线航道尺度要求参见《长江干线通航标准》(JTS 180-4—2020)；黑龙江水系、珠江三角洲至港澳线的内河航道的尺度要求可参见《内河通航标准》(GB 50139—2014)(以下简称"标准")。内河中通航海轮或 3 000 吨级以上内河船舶的河段，其航道尺度应根据通航船型、通航船舶密度、航道自然条件和通航安全要求等因素论证确定。当天然和渠化河流航道经论证需采用特殊的设计船舶或船队时，其航道尺度应按"标准"中的有关规定分析计算确定。

　　5. 确定航道尺度应考虑的因素

　　尽管"标准"对内河航道尺度作了规定，但在具体确定某个河段的航道尺度时，不能简单地根据规范来设计航道，而是应该根据本河段河床与水流的特殊性、通航船型、客货运量、船舶密度等进行综合分析和论证。

　　通常情况下，航道尺度的选择应综合考虑其必要性(necessity)、可能性(possibility)和经济性(economy)。较大的航道尺度，能够通航较大的船舶，完成较大的运量，同时也可降低运输成本，提高水运经济效益。但是，航道尺度的提高并非无止境，因为它会受到河流自

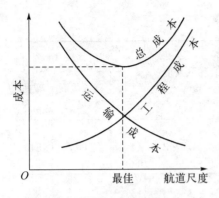

图 10-4 航道尺度与成本关系图

然条件的制约。

如果需要完成的货运量是一定的,工程成本随航道尺度的加大而增加,而运输成本随航道尺度的加大而降低,如图 10-4 所示。工程成本与运输成本之和为完成一定运量的总成本。理论上总可以找到一个总成本最小时对应的航道尺度,这就是所谓的最佳航道尺度。这里需要指出的是,影响工程成本和运输成本的因素较多,需做大量的调查研究,充分掌握第一手资料并认真仔细地分析计算,才能找到合理的航道尺度。

10.1.3 通航净空尺度要求

通航净空尺度是水上过河建筑物通航净高和净宽尺度的总称,如图 10-5 所示。其中,B_m 为水上过河建筑物通航净宽;H_m 为水上过河建筑物通航净高;H 为航道水深;b 为上底宽;a 为斜边水平距离;h 为侧高;DHNWL 为设计最高通航水位;DLNWL 为设计最低通航水位。

1. 通航净高

通航净高是指设计最高通航水位,即能够保证代表船型(船队)安全、方便航行所要求的最高水位往上至跨河建筑物底部的垂直距离,其数值为设计船舶空载高度与安全富余高度之和。

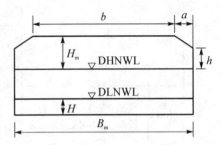

图 10-5 通航净空示意图

2. 通航净宽

通航净宽是指相邻两桥墩内侧表面之间的最小距离。当水上过河建筑物轴线的法线方向与水流流向的交角不大于 5° 时,单孔单向通航净宽可按 $B_{m1} = B_F + \Delta B_m + P_d$ 计算;单孔双向通航净宽按 $B_{m2} = 2B_F + \Delta B_m + b + P_d + P_u$ 计算。其中,B_{m1}、B_{m2} 为单孔单向、双向通航净宽,m;B_F 为船舶或船队航迹带宽度,m,$B_F = B_S + L\sin\beta$;B_S 为船舶或船队宽度,m;L 为顶推船队长度或货船长度,m;β 为船舶或船队航行漂角,(°),Ⅰ~Ⅴ级航道可取 6°,Ⅵ级和Ⅶ级航道可取 3°;ΔB_m 为船舶或船队与两侧桥墩间的富余宽度,m,Ⅰ~Ⅴ级航道可取 $0.6B_F$,Ⅵ级和Ⅶ级航道可取 $0.5B_F$;b 为上下行船舶或船队会船时的安全距离,可取船舶或船队宽度;P_d 为下行船舶或船队偏航距,m,可按表 10-4 取值;P_u 为上行船舶或船队偏航距,m,可取 $0.85P_d$。

3. 国标关于通航净空尺度的规定

根据《内河通航标准》(GB 50139—2014),当水上过河建筑物轴线的法线方向与水流流向的交角不大于 5° 时,天然和渠化河流通航净空尺度不得小于表 10-5 规定的数值。湖泊和水库航道尺度可采用表 10-5 所列数值,但对于受风浪影响较大的航道,经论证应适当加大航道尺度。黑龙江水系、珠江三角洲至港澳线的内河航道的尺度要求分别参见"标准"。在平原河网地区航道上建桥遇特殊困难时,经充分论证通航净高可适当减小。

表 10 - 4　天然和渠化河流各级横向流速下船舶下行偏航距　　　　　　（m）

航道等级	代表船舶、船队	下行偏航距		
		横向流速 0.1 m/s	横向流速 0.2 m/s	横向流速 0.3 m/s
I	(1) 4 排 4 列	10	25	40
	(2) 3 排 3 列	10	20	35
	(3) 2 排 2 列	10	20	30
II	(1) 3 排 3 列	10	20	35
	(2) 2 排 2 列	10	20	30
	(3) 2 排 1 列	10	15	20
III	(1) 3 排 2 列	10	20	30
	(2) 2 排 2 列	10	15	20
	(3) 2 排 1 列	8	10	15
IV	(1) 3 排 2 列	10	15	20
	(2) 2 排 2 列	8	10	15
	(3) 2 排 1 列	8	10	15
	(4) 货船	8	10	15
V	(1) 2 排 2 列	8	10	15
	(2) 2 排 1 列	8	10	15
	(3) 货船	8	10	15
VI	(1) 1 拖 5	8	10	15
	(2) 货船	8	8	10
VII	(1) 1 拖 5	5	8	8
	(2) 货船	5	8	8

注：当横向流速为表中范围内某一值时，偏航距可采用内插法确定。

表 10-5 天然和渠化河流水上过河建筑物通航净空尺度   单位：m

航道等级	代表船舶、船队	净高	单向通航孔			双向通航孔		
			净宽	上底宽	侧高	净宽	上底宽	侧高
I	(1) 4排4列	24.0	200	150	7.0	400	350	7.0
	(2) 3排3列	18.0	160	120	7.0	320	280	7.0
	(3) 2排2列		110	82	8.0	220	192	8.0
II	(1) 3排3列	18.0	145	108	6.0	290	253	6.0
	(2) 2排2列		105	78	8.0	210	183	8.0
	(3) 2排1列	10.0	75	56	6.0	150	131	6.0
III	(1) 3排2列	18.0☆ / 10.0	100	75	6.0	200	175	6.0
	(2) 2排2列	10.0	75	56	6.0	150	131	6.0
	(3) 2排1列		55	41	6.0	110	96	6.0
IV	(1) 3排2列	8.0	75	61	4.0	150	136	4.0
	(2) 2排2列		60	49	4.0	120	109	4.0
	(3) 2排1列		45	36	5.0	90	81	5.0
	(4) 货船							
V	(1) 2排2列	8.0	55	44	4.5	110	99	4.5
	(2) 2排1列	8.0 或 5.0▲	40	32	5.5 或 3.5▲	80	72	5.5 或 3.5▲
	(3) 货船							
VI	(1) 1拖5	4.5	25	18	3.4	40	33	3.4
	(2) 货船	6.0			4.0			4.0
VII	(1) 1拖5	3.5	20	15	2.8	32	27	2.8
	(2) 货船	4.5						

注：① 本表所列航道尺度不包含黑龙江水系和珠江三角洲至港澳线的通航净空尺度；② 带☆号的尺度仅适用于长江；③ 带▲号的尺度仅适用于通航拖带船队的河流。

限制性航道水上过河建筑物净空尺度应不小于表 10-6 中所规定的数值。

表 10-6 限制性航道水上过河建筑物通航净空尺度 单位:m

航道等级	代表船舶、船队	净 高	双 向 通 航 孔		
			净 宽	上底宽	侧 高
Ⅱ	(1) 2 排 1 列	10.0	70	52	6.0
Ⅲ	(1) 2 排 1 列	10.0	60	45	6.0
Ⅳ	(1) 2 排 1 列	8.0	55	45	4.0
	(2) 货船				
Ⅴ	(1) 1 拖 6	5.0	45	36	3.5
	(2) 2 排 1 列	8.0			5.0
	(3) 货船				
Ⅵ	(1) 1 拖 11	4.5	22	16	3.4
Ⅳ	(1) 货船	6.0	30	22	3.6
	(2) 1 拖 11	3.5	18	13	2.8
	(3) 货船	4.5	25	18	2.8

注:三线及三线以上的航道,通航净宽应根据船舶通航要求研究确定。

当水上过河建筑物轴线的法线方向与水流流向的交角大于 5°,且横向流速大于 0.3 m/s 时,单向通航净宽应在表 10-5 的基础上加大,其增加值应符合表 10-7 的规定。

表 10-7 天然和渠化河流各级横向流速下单向通航净宽增加值 单位:m

航道等级	代表船舶、船队	横向流速/(m/s)				
		0.4	0.5	0.6	0.7	0.8
Ⅰ	(1) 4 排 4 列	30	60	90	115	140
	(2) 3 排 3 列	25	45	65	90	115
	(3) 2 排 2 列	20	35	55	70	90
Ⅱ	(1) 3 排 3 列	25	45	60	75	95
	(2) 2 排 2 列	20	35	50	65	80
	(3) 2 排 1 列	20	30	45	60	70

(续表)

航道等级	代表船舶、船队	横向流速/(m/s)				
		0.4	0.5	0.6	0.7	0.8
Ⅲ	(1) 3排2列	20	35	50	65	80
	(2) 2排2列	20	30	40	55	70
	(3) 2排1列	15	25	40	50	65
Ⅳ	(1) 3排2列	15	30	45	55	70
	(2) 2排2列	15	25	35	45	55
	(3) 2排1列	15	25	35	45	55
	(4) 货船	15	25	35	45	55
Ⅴ	(1) 2排2列	15	20	25	30	40
	(2) 2排1列	15	20	25	30	40
	(3) 货船	15	20	25	30	40
Ⅵ	(1) 1拖5	8	18	28	33	38
	(2) 货船	8	18	28	33	38
Ⅶ	(1) 1拖5	8	13	23	28	33
	(2) 货船	8	13	23	28	33

对于跨越船闸工程的水上建筑物,其通航净高应符合表 10-5 和表 10-6 的规定。电力、通信、水文测验和其他水上过河缆线的通航净高,应按缆线垂弧最低点至设计最高通航水位的距离计算,其净高值不应小于最大船舶空载高度、船舶航行安全富余高度与缆线安全富余高度之和。当水上过河建筑物的墩柱附近可能出现碍航湍流时,其通航孔的净宽设置可在表 10-5 和表 10-6 的数值基础上增加,增加值宜通过模拟试验研究确定。当水流横向流速大于 0.8 m/s 时,应一跨过河或在通航水域中不得设置墩柱。必要时,应通过模拟实验研究确定。

10.1.4 通航水流要求

内河航道中的流速、比降和流态等水流条件应满足设计船舶或船队安全航行的要求。

1. 流速

船舶航行时符合航行要求的水流流速,称为允许流速。当船舶下行时,较大流速可增加航行速度,但流速过大会使船舶操纵困难;船舶上行时,则要求流速较小,其最大纵向表面流速宜满足设计船舶或船队自航上滩要求,一般以不超过 3 m/s 为宜。个别急滩(河流中比降陡、水流急、船舶上行困难的区段)、急弯(河流中弯曲半径过小的区段)、狭窄的河段,由于航行自然条件恶劣,可以允许超过这个限制,而采取某种特殊设备,如设立绞滩站来帮助船舶克服过急的水流。除对纵向流速有一定要求外,船舶航行对横向流速也有一些限制。航道内的横向流速一般应不超过 0.2～0.3 m/s。否则,侧向推力过大,容易发生事故。为确保船舶自航上行,在实际航线设置时,通常下行船舶航行在主流区,上行船舶航行在缓流区。

2. 比降

船舶逆水航行,除要克服水流阻力外,还要克服水面比降引起的坡降阻力。坡降阻力大小取决于船舶排水量和水面比降,排水量越大,水面比降越大,阻力也越大。山区河流的比降都比较大,川江有些急流滩,水面局部比降达到 6‰～10‰,在此情况下,水面坡降阻力,一般大于水流阻力。航道内的局部比降宜满足设计船舶或船队自航上滩要求。

3. 流态

航道中的流态应尽可能平顺,以保证航行安全。若存在滑梁水、剪刀水、泡漩水和扫弯水等不良流态,应不得影响船舶安全航向。① 滑梁水是指石梁淹没,但水深又不足以安全过船时,水流向梁冲泻的横向水流。② 剪刀水是指急滩口以下,滩舌(急滩段上水流经过滩口后继续收缩形成的舌状急流带)处中泓水面隆起、前锋在平面上呈剪刀状的水流。③ 泡漩水是泡水和漩水的统称,前者是指由水下向水面翻涌,中心隆起并向四周辐射扩散的水流;后者是指由两股不同流向的水流交汇时,交界面附近的水体发生波动摩擦,造成局部水体绕垂线轴旋转,形成漩涡核心高速旋转、周围水体做圆周运动的现象。④ 扫弯水是指弯曲河段内的水流在重力和离心力的作用下形成单向环流,其表层水流流向凹岸,扫弯而下的水流。

10.2 通航水位确定

通航水位设计包括最低通航水位和最高通航水位。前者是确定枯水期航道水深的起算水位,也是确定河道底高程的依据水位;后者是确定跨河建筑物底部最低点净空高度的起算水位和控制桥梁、跨河建筑物底部高程的水位。通航水位的高低,不仅直接影响航道的通航能力,而且也影响航道工程以及过河建筑物的造价。因此,通航水位应根据内河航运需求、河道水文条件和经济社会效益,通过论证研究确定。

10.2.1 通航期、通航保证率的计算

航道通航期应根据水位、水流条件、风、浪、雾、冰封和流凌等水文和气象因素进行统计分析确定。当航道上有通航建筑物时,应考虑通航建筑物维修和清淤的影响。航道通航期可按 $P_d = 365 - \sum_{i=1}^{n} R_i$ 计算。其中,P_d 为航道通航期,d;R_1 为水位、水流条件不满足通航要求的天数,d,包括低于设计最低通航水位、高于设计最高通航水位和洪水封航的天数;R_2 为

影响通航的大风与波浪的换算天数,d,根据设计船舶抗浪能力确定;R_3 为影响通航的大雾换算天数,d;R_4 为冰封的天数,d;R_5 为影响通航的流凌天数,d;R_6 为通航建筑物维修、清淤的天数,d;R_n 为其他因素。

R_i 均采用多年统计资料的年平均值。在统计资料时,若发现某年某些项发生日期重复,则保留影响较大一项的天数,其余重复的天数则从资料中扣除。内河航道中波浪与大风几乎同时出现,故大风与波浪放在一项中统计。各项换算天数采用如下方法确定:① 湖区和库区中风和浪按统计资料中发生的天数确定,昼夜通航的航道统计资料中按发生天数的 1/4 确定,不夜航的航道按统计资料中发生天数的 1/2 确定;② 大雾统计资料中按发生天数的 1/2 确定;③ 流凌按该河段内开始发生中度流凌至其完全结束的日期确定。

通航保证率是指航道的通航期与全年天数的比值。通航保证率越高,航道等级也越高,故通航保证率是计算航道通过能力的一个重要参数。

10.2.2　水位保证率、水位重现期的设计

1. 设计水位保证率

设计水位保证率又称历时保证率,是指在一个或多个水文年中,水位等于或高于设计最低通航水位的天数 T_0 占总天数 T 的百分比,即 $P = 100\% \times T_0/T$。设计水位保证率与河流的大小及其所承担的运输任务有关,也是国家在一定时期中技术政策和经济政策的具体体现。大的河流,其运输任务一般都较繁重,故要求的保证率高,付出的代价也就大,承受的风险也就小。如果保证率定得过高,航道工程的投资就较大,反之,过低时,则河流利用率不高。因此,设计水位保证率须根据河流的特征、航运及战备的要求和技术经济的可能性来综合确定。一般情况下,航道等级越高,对其设计水位保证率的要求也越高。例如,Ⅰ级和Ⅱ级航道的设计水位保证率应不低于 98%,而Ⅴ级至Ⅶ级航道的设计水位保证率应不低于 90%。

2. 设计水位重现期

水位重现期是指在一个或多个水文年中,水位变量 X 大于或等于某一数值 X_m 在很长时期内平均多少年出现一次(多少年一遇)。频率 P 与重现期 T 的关系为 $P = 1/T$。设计水位的确定是基于频率来推求的,而保证率、重现期则为频率赋予了更加直观和具象的物理意义。一般情况下,航道等级越高,对其水位重现期的要求也越高。例如,Ⅰ~Ⅲ级航道设计最高通航水位的重现期为 20 a,而Ⅵ级和Ⅶ级航道设计最高通航水位的重现期为 5 a。

10.2.3　通航水位确定方法

通航水位的确定需要根据多年观测的水位和流量资料推求。根据"标准"要求,当基本站资料具有良好一致性时,应取近期连续资料系列,取用年限不短于 20 a;否则应根据资料变化原因及发展趋势,确定代表性资料系列的取用年限。如果工程河段的水文条件受人类活动和自然因素发生了明显变化,则应通过分析研究,选取变化后有代表性的资料。实践中,由于要进行整治的滩险上往往不可能有这么多的观测资料,因此推求浅滩上的设计水位,首先需求出与该浅滩相邻水文站的(称为基本站的)通航水位,再相关到浅滩上,求出浅滩上的通航水位。

1. 确定基本站通航水位

对于天然河流不受潮汐影响或潮汐影响不明显的河段,其基本站通航水位采用综合历时曲线法确定。该方法一共有三个阶段:第一阶段绘制水位历时曲线;第二阶段确定设计最低通航水位;第三阶段确定设计最高通航水位。

1) 绘制水位历时曲线

水位历时曲线又称保证率曲线或累积频率曲线,其绘制步骤如下:

第一步,根据统计资料的年份中水文要素日平均最高和最低值的差值,将水位分为若干等级。航道等级越高,水位等级划分宜越精细。例如,长江干流以 5 cm 为一级,一般河流以 10 cm 为一级。若采用计算机统计,分级可细分到 1 cm 一级。

第二步,统计落在不同级别水位中水位出现次数,并按水位由高到低逐级统计各等级水位的累积次数,进而计算出各等级水位的保证率(大于或等于某一临界水位的累计次数除以样本总数得到的数值,通常用%表示),如表 10-8 所示。

第三步,以水位为纵坐标,保证率为横坐标,将各等级的水位值和对应保证率值确定的点绘于坐标系中,然后再将各点连接成平滑曲线,如图 10-6 所示。

表 10-8 水位历时统计表

水位级别/m	发生历时/d	累计天数/d	保证率/%
29.99～29.90	9	9	0.5
29.89～29.80	37	46	2.5
29.79～29.70	76	122	6.7
⋮	⋮	⋮	⋮
12.29～12.20	96	1 776	97.3
12.19～12.10	42	1 818	99.6
12.09～12.00	7	1 825	100

2) 确定设计最低通航水位

首先,应根据航道等级和浅滩水文条件等,按照内河通航"标准"中有关历时保证率的规定(见表 10-9),确定水位历时保证率。然后,根据水位历时保证率,利用水位历时曲线,确定设计最低通航水位。

3) 确定设计最高通航水位

根据航道等级和浅滩水文条件等,按照内河通航"标准"有关洪水重现期的规定(见表

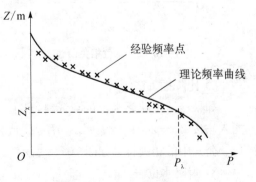

图 10-6 水位历时曲线

10-10),确定洪水重现期,据此计算洪水发生频率。再根据洪水发生频率,利用水位历时曲线,确定设计最高通航水位。

表 10-9　设计最低通航水位的多年历时保证率

航道等级	Ⅰ、Ⅱ	Ⅲ、Ⅳ	Ⅴ～Ⅶ
多年历时保证率/%	≥98	98～95	95～90

表 10-10　设计最高通航水位的洪水重现期

航道等级	Ⅰ～Ⅲ	Ⅳ、Ⅴ	Ⅵ、Ⅶ
洪水重现期/a	20	10	5

2. 确定浅滩通航水位

浅滩通航水位可通过水位相关法、比降插入法或瞬时水位法加以确定。

1) 水位相关法

取得浅滩上和基本水位站同时观测一段时间的枯水位后,就可与基本站水位作水位相关曲线(见图 10-7),将基本站与浅滩的同日平均水位点绘在方格纸上,然后绘出相关曲线,就可由基本站通航水位求出浅滩的通航水位。水位相关法比较简单,也比较精确,但需要较多的浅滩水位观测资料。当资料较少时,为克服绘制相关曲线的随意性,可用最小二乘法原理求得回归方程式来定线。

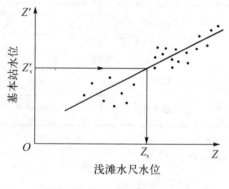

图 10-7　水位相关曲线图

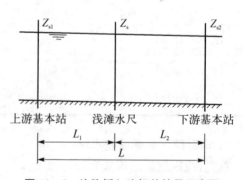

图 10-8　比降插入法相关符号示意图

2) 比降插入法

如果浅滩上缺乏水位观测资料,且上、下游有两处相邻水文站可以利用时,可采用比降插入法按 $Z_s = Z_{s1} - (Z_{s1} - Z_{s2})L_1/L$ 或 $Z_s = Z_{s2} + (Z_{s1} - Z_{s2})L_2/L$ 来推算浅滩的通航水位。公式中的相关符号如图 10-8 所示。

3) 瞬时水位法

如果浅滩上缺乏水位观测资料,且其邻近只有一处基本站可以利用时,可选择枯水期接近通航水位时,在浅滩与基本站同时观测水位,计算基本站水位与浅滩水位一系列差值的平均数 $\pm\Delta Z$,按 $Z_s=Z_{s1}\pm\Delta Z$ 推算浅滩的通航水位。其中,Z_s 为浅滩设计水位,m;Z_{s1} 为基本站设计水位,m;$\pm\Delta Z$ 为浅滩与基本站水位一系列差值的平均数,m。

📖 拓展阅读 10-1　通过能力计算

数字课程学习

📝 ○ 本章要点　○ 思考题　○ 更多内容……

11

碍 航 滩 险

学习目标

（1）理解浅滩的概念、组成、分类及特点；理解浅滩的碍航特点及主要成因；掌握浅滩演变的影响因素、变化规律及分析方法。

（2）理解急滩的概念、分类及特点；理解急滩的碍航特点及成因；掌握急滩特性分析的内容和方法。

（3）理解险滩的概念、分类及特点；理解险滩的碍航特点及成因；掌握险滩特性分析的内容。

天然河流并非时时处处都能满足航道尺度、通航净空、通航水流这三大要求。平原河流泥沙淤积造成局部水深不足，形成浅滩；山区河流除有浅滩外，有些河段落差大、坡陡流急，船舶上行困难，下行危险，形成急滩；还有些河段航宽不足、弯曲半径过小，并存在着险恶的水流流态，形成险滩。这些妨碍船舶航行的部位或河段统称为碍航滩险。

11.1 浅滩

11.1.1 浅滩组成及分类

在平原河流上，水流与河床之间的相互作用使河床发生冲淤变形，在河槽里形成一系列的深水与浅水地带，深水地带称为深槽，两相邻深槽之间的浅水段称为过渡段。枯水期过渡段若水深不满足通航要求，则称为浅滩。从工程意义上讲，通航期水深不能满足设计船舶通航的通航水域即为浅滩。

1. 浅滩的组成

典型浅滩的组成如图 11-1 所示。图中上边滩 1、下边滩 2 由一道水下沙埂 5 连接，因其形如马鞍，故又称为沙鞍[见图 11-1(b)]；上边滩 1、下边滩 2 向沙埂延伸的部分为上沙嘴 8、下沙嘴 9；与上边滩 1、下边滩 2 相对，水深较大的部位为上深槽 3 与下深槽 4；上深槽 3 下部的尖端称为尖潭 6，下深槽 4 上部尖端称为倒套 7（又称沱口）；沙埂纵剖面的最高处为浅滩脊 10;浅滩脊线上最低点称鞍凹 11[又称浅滩槽,见图 11-1(c)],航道通常由此通过;沙埂的迎水面和背水面称为迎水坡 12(又称上坡或前坡)和背水坡 13(又称下坡或后坡),背水坡坡度通常较迎水坡陡峻。

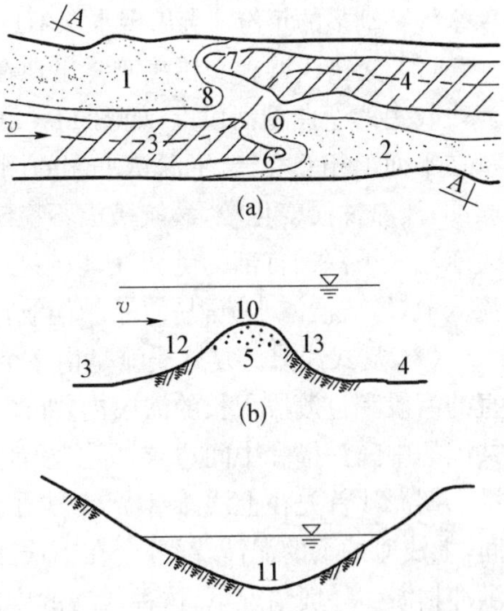

2. 浅滩的分类

根据浅滩形态和碍航情况不同,可将其分为正常浅滩、交错浅滩、复式浅滩、散乱浅滩;按河床底质不同,浅滩可分为泥(沙)质浅滩、卵石浅滩、石质浅滩;按淤积部位不同,浅滩可分为过渡段浅滩、放宽段浅滩、峡口浅滩、分汊河段浅滩、支流河口浅滩。除此以外,浅滩还有其他一些分类方法。例如,按成滩期水位进行分类,分为枯水浅滩与中水浅滩。绝大部分浅滩均出现在枯水期,仅有少量由于特殊的河床形态与水沙条件,可能在中水期出浅,如川江著名的峡口淤沙浅滩臭盐碛,就是在中水期出浅碍航的。

1) 按浅滩形态分类

(1) 正常浅滩。正常浅滩多出现在曲率平缓的弯曲河段和河道较窄的顺直河段的过渡段上,如图 11-2(a)所示。边滩与深槽相互对应分布,上、下深槽相互对峙而不交错,它的两侧具有较高的边滩。浅滩鞍凹轴线与各级水位下的水流方向交角均较小,流路集中,过渡段长度适当,水流平顺。鞍凹明显,且宽度较小、顺直,鞍凹水深较大,航槽位置稳定,浅滩的冲淤变化不大。一般情况下,这类浅滩不碍航,只有在洪水

（右侧图与说明）

1—上边滩;2—下边滩;3—上深槽;4—下深槽;5—沙埂;6—尖潭;7—倒套;8—上沙嘴;9—下沙嘴;10—浅滩脊;11—鞍凹;12—迎水坡;13—背水坡

图 11-1 典型浅滩的组成

(a) 平面图;(b) 沿深泓线纵断面;(c) A-A 断面

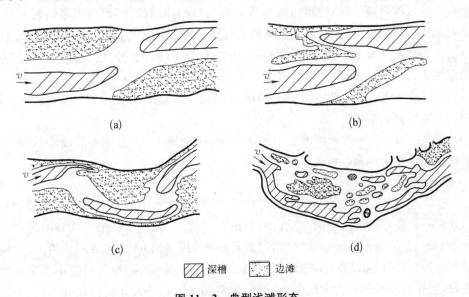

图例：▨ 深槽 ░ 边滩

图 11-2 典型浅滩形态

(a) 正常浅滩;(b) 交错浅滩;(c) 复式浅滩;(d) 散乱浅滩

期来沙特别多的年份才会出现水深不足,但稍加整治即可通航,可以算是好的浅滩。

(2) 交错浅滩。交错浅滩常出现在河宽较大,边滩比较发育的顺直河段或曲率较大、过渡段较短的弯曲型河段上,如图 11-2(b)所示。这种浅滩具有以下三个特点:一是上、下深槽在平面上相互交错,下深槽上端的倒套窄而深,边滩较低,浅滩脊宽浅,鞍凹斜窄或无明显鞍凹,浅滩冲淤变化较大,航槽极不稳定;二是从上深槽流出的水量,有相当大的一部分经上边滩流入下深槽首部的倒套处,以致在两深槽间的滩脊处,流量减少,水深不足;三是由于水流分散,形成漫滩水流,易使船舶偏航,撞上边滩,发生事故。

(3) 复式浅滩。复式浅滩是由2个或2个以上的浅滩所组成,这种浅滩常出现在比较顺直的河段和过渡段很长的河段内,如图 11-2(c)所示。复式浅滩的上、下浅滩相距很近,有共同的中间深槽和中间边滩,即上浅滩的下边滩为下浅滩的上边滩,相互影响较大。例如,洪水期泥沙首先在上浅滩落淤,减少了进入下浅滩的泥沙量,下浅滩产生冲刷。水位降落期间,上浅滩冲下的泥沙,部分会在下浅滩淤积。因此,上浅滩常常是洪淤枯冲,下浅滩常常是洪冲枯淤。一般情况下,这种浅滩的中间边滩较低,中间深槽较小,上深槽与中间深槽,以及中间深槽与下深槽可能是交错的,也可能不交错。复式浅滩冲淤变化大、不稳定、航道弯曲狭窄且往往存在横流,严重碍航。

(4) 散乱浅滩。散乱浅滩又称散滩,多出现在河槽宽阔的顺直河段、有周期性壅水河段(如平原河流的支流汇入口上下游)以及游荡型河段[见图 11-2(d)]。其主要特点是河床宽浅,淤积沙体散乱,没有明显的边滩和深槽,沙体位置随水位变化而频繁变动,很不稳定,航道弯曲,水深小且航槽位置经常摆动,因而航行条件极差。

2) 按河床底质分类

(1) 沙(泥)质浅滩。在天然河流的中、下游,因河流往往流经冲积平原,在含沙水流与可动河床相互作用下,常常形成许多沙质浅滩;在河流的上游或上、中游,有时也会出现一些沙质浅滩。在天然河流的潮汐河口,在径流和潮流的综合作用下,除河口口门内会因河道放宽而形成某些浅滩外,在口门处也可能出现有碍通航的拦门沙,河口浅滩多由粉细沙组成,有的还可能出现浮泥层。在湖区,穿越湖泊的航道,其浅段往往为泥质床面;在洪水为湖、枯水为河的河湖两相航道上,其浅段床面有的为泥,有的为沙;在河流连接湖泊并受湖水影响的滨湖航道上,其浅段则多由中细沙组成。

(2) 卵石质浅滩。在天然河流的上游或上、中游,当其流经山区或丘陵地区时,浅滩河床多由卵石或砂卵石组成。

(3) 石质浅滩。在天然河流的上游或上、中游个别地方,会出现石质浅滩,石质浅滩的形成是缘于地质构造因素。

3) 按淤积部位分类

(1) 过渡段浅滩。环流是泥沙横向输移的动力,也是沙质河床形成各种类型淤积体的重要因素之一。在弯曲河流的两个反向弯道的过渡段上,环流从一个方向转向另一个相反的方向,因而过渡段也是环流过渡之处,过渡段环流的强度必然大大减弱或消失,横向泥沙运动减弱或停止,从而造成局部泥沙堆积形成过渡段浅滩。有些地方虽然不是弯曲型河流的过渡段,但在泥沙冲淤的造床过程中,两岸边滩和深槽总是犬牙交错地分布,也会造成水流曲折,产生类似的环流,在其过渡段处也会形成浅滩。

（2）放宽段浅滩。由于河床断面放宽，水流分散，水流流速明显减缓，输沙能力减弱，使泥沙大量淤积，形成放宽段浅滩。

（3）峡口浅滩。河道突然束窄，水流受到峡口的壅水作用，使峡口上游一定范围的河段内，流速明显减缓，输沙能力减弱，泥沙在束窄处上游河段大量淤积，形成河槽束窄处上游浅滩，即峡口浅滩。

（4）分汊河段浅滩。在河流的分汊段，河道的总宽度比单一河道宽。由于水流分散，航道内往往水深不足，在中、小河流内，更为明显。根据不同的河床形态和水流条件，汊道浅滩的出浅位置可能在汊道的进口、出口或较长汊道的中部。汊道的入口，由于江心洲颈部的顶托作用和两个汊道阻力不一致，以及分流时水流发生的弯曲，往往形成水面横比降和环流，这些水流现象影响汊道演变。在分流点上游，主流表面指向江心洲头部，在洪水和中水期，江心洲头部和两侧受水流冲刷，冲刷下来的泥沙，在环流作用下一部分带向岸边，其余部分被带到汊道的中、下游或江心洲的尾部，因此在汊道的中部和尾部也常有浅滩。

（5）支流河口浅滩。支流河口浅滩主要是由于支流入汇，干、支流相互顶托壅水所造成。出浅情况和浅滩的位置，与干、支流的来水、来沙条件，干、支流交汇角以及入汇处的河床形态等有着密切关系。干流与支流的洪峰期往往不一致，大多是相互错开，如干流的洪水流量大于支流，此时支流受干流水位的顶托，支流的比降减缓，流速降低，甚至形成洪水倒灌，大量泥沙将淤积于支流河口段内。若支流的流量相对较大时，干流受支流顶托影响较严重，则大量泥沙淤积在干流。支流河口浅滩的位置还与年内最后一次洪水发生的河道有关。最后一次洪水发生在干流，则支流内的浅滩出浅；反之，则干流内的浅滩出浅。

11.1.2　浅滩碍航特点及成因

1. 碍航特点

无论山区河流还是平原河流，其浅滩的碍航情况基本相同，均是枯水期达不到要求的航行水深而碍航。不同之处是山区河流浅滩以卵石浅滩为主，或为石质浅滩，如船舶发生擦浅事故时，更易损坏船底，甚至造成漏水沉船。为避免擦浅，船舶需减载航行，严重时造成断航。

2. 浅滩成因

除石质浅滩的形成是缘于地质构造因素之外，其他浅滩的形成基本上都是由河床演变引起的。

第一，因地质构造形成水下碍航岩盘。这种情况基本上只出现在山区河流上，由此形成的碍航浅滩为石质浅滩，石质浅滩多存在于非冲积性河流或河段上。

第二，因泥沙输移在时间和空间上不平衡，形成沙质或砂卵石碍航淤积体。这种情况多在冲积性河流上出现，在输沙量较多的河流中、下游和河口段，绝大部分浅滩由此形成。主要表现在以下四个方面：① 河段流速突然减小，输沙能力降低，如河道放宽、束窄壅水、分汊、分流、汇流等；② 环流消失或不稳定，造成河段横向输沙能力降低，如弯道过渡段过长时，过渡段环流减弱或消失，泥沙落淤；③ 洪、枯水流方向不一致，洪水期水流挟带的大量泥沙产生淤积，枯水期得不到足够的冲刷；④ 上游来沙量过多，如上游发生山洪、冲刷、塌方等原因。

　　第三,因多年乃至长期泥沙沉积,形成淤泥质或黏土质碍航淤积体。这种情况多出现在湖区、运河以及水沙运动缓慢的水网航道上。湖泊内泥沙沉积的快慢与入湖河流挟带泥沙数量以及湖泊周边土壤侵蚀等因素有关。运河水网航道泥沙沉积快慢除与其本身的汇水条件、土壤侵蚀状况等因素有关外,还涉及与天然河流的沟通状况。实践表明,无论湖泊或者运河、水网,凡位于与天然河流相通处,泥沙沉积往往大于其他部位。

　　第四,因人类活动使河床发生再造过程,形成新的碍航淤积体。这种情况多出现在拦河建筑物的上、下游,过河建筑物的上游,以及大型调(引)水工程的下游。在泥沙较多的河流上兴建水库后,在水库的变动回水区往往会因泥沙淤积(特别是累积性淤积)而形成新的浅滩;在枢纽下游,在清水冲刷过程中可能出现不平衡输沙或河床侧蚀,也会导致新的浅滩出现。建桥后由于桥墩壅水促成边滩增长,影响通航桥孔上游航道淤浅已有实例。在大型调(引)水工程下游因流量锐减,可能导致一系列原有浅滩发生变化并形成新的浅滩。

11.1.3　浅滩演变规律及分析

1. 浅滩演变影响因素

水流、泥沙与河床边界条件是影响浅滩演变的主要因素。此外,河床底质及其分布情况对浅滩演变也有不可忽视的影响。

1) 水流、泥沙

浅滩形成以后,上游的来水量和来沙量的大小及其过程,对浅滩的冲淤演变有着直接的影响。如来水量相近的年份,来沙量大的一般产生较大的淤积;如果来沙量相近,则来水量大的年份,可能少淤、不淤甚至冲刷;如果来水量与来沙量相近,洪峰和沙峰先后不同,也会造成不同的河床变形:洪峰先于沙峰,淤积较多;沙峰先于洪峰,少淤或不淤。其他条件相同,各级水位持续时间不同,也会影响浅滩的冲淤变化。冲刷水位持续时间长的,浅滩不仅不淤,反而会出现冲刷;淤积水位持续时间长,则出现淤积较多。归纳起来,水文条件对浅滩冲淤一般有如下六个特点:① 大水、少沙,浅滩一般少淤或冲刷;② 少水、多沙,浅滩一般淤积;③ 洪峰在前,沙峰在后,浅滩一般淤积;④ 沙峰在前,洪峰在后,浅滩一般少淤或冲刷;⑤ 涨水慢(淤),落水快(冲),浅滩一般淤积(淤多、冲少);⑥ 涨水快(淤),落水慢(冲),浅滩一般冲刷(淤少、冲多)。

　　一般河床中的浅滩发育的程度与水流、泥沙变化过程有一定关系。如果水位变化为陡涨陡落,高、中水期持续时间短,低水期持续时间长,而泥沙粒径较粗,一般会有较稳定的边滩。如果水位过程平缓,中水持续时间长,泥沙较细,则在高水时淤成的边滩,在较长的中水位时逐渐冲低,因而边滩就不够稳定。

　　可见,河流的来水、来沙条件及其变化过程对浅滩冲淤的影响是很明显的,它们的变化是引起浅滩变化的直接条件。

2) 河床边界条件

在某一河段上,尽管来水、来沙条件及其变化过程相差不大,但浅滩上水深大小却不相同,这是由各浅滩所处边界条件及上下游河势差异引起的。

(1) 河床平面形态的影响。河道顺直、放宽、束窄、分汊、弯道过渡段长短等河床平面形态,直接影响到河道的水流流速分布、环流结构等,也影响到浅滩的演变。

在顺直河段,如果形成沙嘴式边滩,在水流的作用下会向下游移动,将边滩上的泥沙输移到浅滩脊上,出现淤积(见图11-3)。

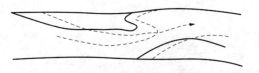

图11-3　浅滩平面形态与演变

两弯道之间的过渡段太长,一般可能形成2个以上的浅滩,这样的浅滩是不稳定的。靠近下弯道的浅滩,受下弯道的壅水作用而上下移动,壅水大时浅滩脊在较上处形成,壅水小时浅滩脊在较下处形成。靠近上弯道处的浅滩,随着上弯道的发展情况而上下左右移动,当上弯道弯曲半径变小时,滩脊上移;弯曲半径变大时,滩脊下移。

过渡段长、河床又宽,泥沙将会大量在河床上淤积形成心滩或江心洲。有些过渡段虽然较宽,但不至于到形成心滩和江心洲的程度,泥沙就可能落淤成分散的沙滩,使河床断面宽浅,没有一定的主流流路,水流散乱,从而形成散乱浅滩。过渡段太短将形成交错浅滩,对航行不利。

在河道放宽段,高水时淤积下来的泥沙,造成河床高程提高,在低水季节,其过流断面较上游小,因而输沙能力加大,出现冲刷。反映在比降变化上,高水时,由窄段到放宽段,比降由大变小;低水时,比降自小变大,与输沙能力变化是相符的。

在束窄(狭口)上游段,高水时,由于壅水淤积下来的泥沙,随着水位下降,其壅水范围向下游移动,浅滩也随着向下游移动。如果中水位持续时间长,也有可能将淤积下来的泥沙冲刷掉。

支流汇入处,浅滩的变化受干、支流水位高低和发生时间的影响。此外,浅滩淤积的大小还与来沙量、泥沙颗粒以及干支流的交汇角等因素有关。

入海河口,如我国的长江口,洪季径流带下的沙多,拦门沙出现淤积;枯季径流来沙少,栏门沙冲刷。

(2)竖向形态的影响。位于浅滩上、下游的边滩对浅滩冲淤有很大的影响。一般情况下,边滩高大,水流归槽早,冲刷历时长,浅滩冲刷多。相反,边滩较低,水流归槽晚,冲刷历时短,浅滩冲刷少。如果边滩特别低,河床滩槽不明显,则水流无控制,其结果不但浅滩的水深小,而且变动大,航槽不稳定。

(3)上、下游河势的影响。浅滩除受本河段河床形态影响外,还受上、下游河势的影响。上游河段对进入浅滩段的水流动力轴线有主要影响。水流动力轴线的摆动强度、幅度对浅滩位置的稳定和冲淤起着重大的作用,它直接影响着边滩和浅滩位置的变化。水流动力轴线稳定、摆动幅度小,则浅滩脊、鞍凹和边滩的位置较稳定,有利于浅滩水深的增加和边滩的淤高。影响水流动力轴线变化的因素很多,例如,水流动力因素的变化,边滩、心滩的冲淤和运动,以及沿岸突出的突嘴、矶头等的挑流作用。其中,主要原因是水流动力因素的变化和河床形态特征。要稳定进入浅滩河段的水流动力轴线,就要控制住上游的河床边界条件,包括主导河岸、边滩、心滩和深槽等。

2. 浅滩演变规律

1)周期性变化

(1)浅滩"洪淤枯冲"。浅滩段的纵向流速与水位变化有着密切的关系(见图11-4)。所谓"洪淤枯冲"是指,在高水期,从上深槽到浅滩脊,沿水流方向流线呈扩散状态,流速沿程

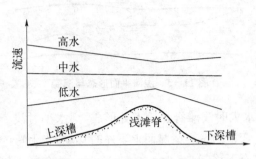

图 11-4　不同水位纵向流速沿程变化

减小,为减速流,至浅滩脊处流速减至最小,此时浅滩表现出淤积状态;在低水期,从上深槽到浅滩脊,沿水流方向流线呈收缩状态,流速沿程增大,为加速流,至浅滩脊处流速达到最大,此时浅滩呈现出冲刷状态。这种冲淤规律,一个水文年内是如此,在多年的水文年内,在没有特殊原因的情况下,仍然是如此。

(2)鞍凹"涨下落上"。根据实测资料分析,浅滩鞍凹平面位置年内周期性变化主要取决于浅滩河段水流动力轴线的变化,也就是决定于水流动力轴线通过浅滩脊的方向和位置。由于受上、下游弯道水流动力轴线高水取直,低水坐弯的影响,浅滩河段水流动力轴线的年内变化,随之具有涨水期下挫,落水期上提的特性。因此,浅滩鞍凹的平面位置在涨水过程是随水位上升而下移,即向下游移动;在落水过程则随水位下降而上提,即向上游移动。

(3)冲淤"交替发生"。浅滩演变是河床演变的一个组成部分,属于局部性的河床演变。就其演变形式来说,既有单向变形,也有复归性变形,但主要表现形式为复归性变形,即随河槽水文过程而呈周期性的变化。例如,在一定时期内,浅滩处于淤积变形阶段,在另一时期内,则处于冲刷变形阶段,再经过一定时期后,浅滩又处于淤积变形阶段,从而呈现出周期性交替往复的变化规律(见图 11-5)。

图 11-5　浅滩复归性变形过程

2)突发性变化

浅滩的突发性变化主要与特大洪水的出现有关,在通常的水文年内,由于水流的造床作用,在浅滩河段上形成一定形式的边滩、江心滩、沙埂等成型堆积体,尽管各年水沙有一定差异,但浅滩的基本形态不会发生根本性的变化。但遇到某一特大洪水年,原有浅滩的形态将重新调整,甚至会出现新的成型堆积体,使原来浅滩状况完全改观,导致出现新的浅滩。

3)绝对变化性

绝对变化性是指浅滩总是在不停地发生着冲淤变化,诸如浅滩鞍凹高程和平面位置的变化;上、下深槽的萎缩和发展;上、下边滩的淤高或降低以及水流动力轴线的变化等,这是由水流、泥沙与河床的相互作用所决定的。

4）相对稳定性

相对稳定性是指浅滩总是在一定的河段内出现，而不会自行消失。例如，长江下游张家洲浅滩，五六十年前就是严重碍航浅滩，现在仍是严重碍航浅滩，只是浅滩位置和碍航程度在各年有所不同而已。因此，只要河床形态、地貌及水文条件不发生根本变化，浅滩就不会彻底消失。例如，汊道上的浅滩，只要沙洲没有冲失，汊道没有合并或出现易位等，浅滩还会存在；放宽段的浅滩，只要河床没有缩窄，浅滩也不会消失。只有河床外形、地貌或水文条件发生了根本性的变化以后，浅滩才会发生根本性的变化，这也是水流与河床相互作用的结果。

3. 浅滩演变分析

浅滩演变分析的目的在于掌握浅滩演变的规律，区别影响浅滩演变的主要因素和次要因素，预测浅滩演变趋势。由于浅滩演变受水流（如水深、流量等）、泥沙和河床边界条件等多方面因素影响，且每一方面包含着许多因素，各因素之间又相互交织在一起，因此浅滩演变分析并非易事。目前，浅滩演变分析主要有实测资料分析、数学模型计算、物理模型试验等方法，在实践中既可单独使用，也可综合应用。对于重大工程技术问题，有条件时应尽可能使用多种方法进行研究，并将所得成果相互比较，以求得到较为可靠的认识。

1）浅滩的水深分析

浅滩上的水深变化与水位变化基本上是同步的，即水位上升、水深增大；水位下降、水深减小。但是由于浅滩的高程会随着水位的升降发生冲淤变化，所以浅滩上水深的增减值并不等于水位的升降值。

（1）多年水位与水深关系图。多年水位与水深关系图是指以水位为纵轴、以水深为横轴，将浅滩的多年水位与水深关系数据点描绘到坐标系上所形成的散点图（见图 11-6）。在图 11-6(a)中，点群集中、呈带状，即同一水位时，水深变化不大，说明该浅滩冲淤变化不大；在图 11-6(b)中，点群散乱、无规律，即同一水位时水深多变，说明浅滩冲淤变化无常；在图 11-6(c)中，点群分布介于图 11-6(a)和图 11-6(b)之间，说明浅滩冲淤有一定幅度。

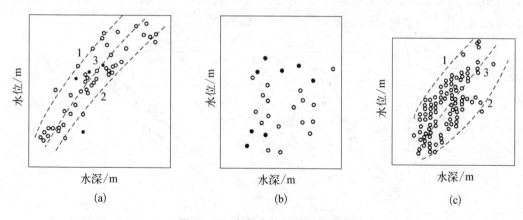

图 11-6　多年水位与水深关系图

（2）逐年枯水期水位与水深关系变化图。逐年枯水期水位与水深关系变化图是指以水位为纵轴，以水深为横轴，将浅滩的各年枯水期水位与水深关系数据点描绘到坐标系上所形成的折线图(见图 11-7)。从图中可知,1957—1958 年比 1956—1957 年枯水期水位与水深关系线整体向右侧移动,即水位相同(同一横坐标情况下)水深增加,说明浅滩在该时间段出现冲刷;以后各年水位与水深关系线逐年向左侧移动,即水位相同(同一横坐标情况下)水深逐年减小,说明浅滩逐年淤积。

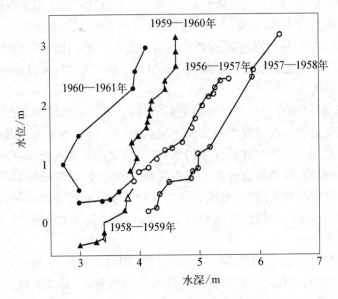

图 11-7   逐年枯水期水位与水深关系变化图

(3) 逐日水位与水深变化关系图。逐日水位与水深变化关系图是指以水位为纵轴,以水深为横轴,将浅滩的逐日水位与水深关系数据点描绘到坐标系上所形成的折线图(见图 11-8)。从图 11-8(a)可知,水位与水深关系线整体与横轴夹角>45°,说明涨水时水位涨得多而水深增得少(浅滩淤积),落水时水位降得多而水深减得少(浅滩冲刷)。从图 11-8(b)可知,水位与水深关系线整体与横轴夹角<45°,说明涨水时水位涨得少而水深增得多(浅滩冲刷),落水时水位降得少而水深减得多(浅滩淤积)。

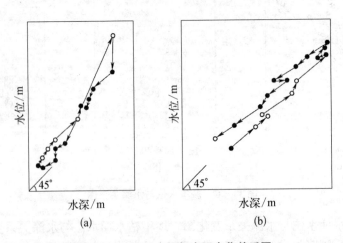

图 11-8   逐日水位与水深变化关系图

2）河床形态分析

通过河床形态分析，应明确：浅滩类型；河段的稳定情况和演变趋势；浅滩与上下游河段演变的联系和影响；河段洲滩演变的速度、方向、趋势；不同水文年及不同水期（如涨水期、落水期）对浅滩演变的影响等。

（1）平面形态变化分析。搜集相关河道历年的地形图等资料，将地形图重合进行套绘，从而可以分析出河道的岸线变迁、洲滩的成长和消失、浅滩和边滩的移动以及主流摆动等。图 11-9 为长江南京八卦洲附近河段河床平面形态变化对比图。

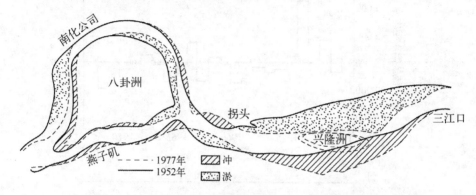

图 11-9　长江南京八卦洲附近河段河床平面形态变化图

（2）横断面形态变化分析。根据横断面资料，套绘不同年份特征断面图，从而分析河段横断面形态变化过程及强度（见图 11-10）。

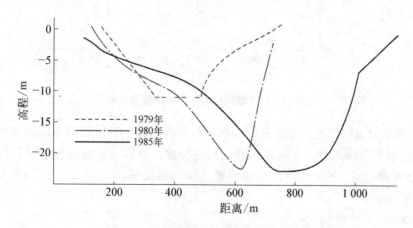

图 11-10　某浅滩特征横断面形态变化图

（3）纵断面形态变化分析。为了解河段的纵向冲淤变化，可将该河段历年测得的深泓线（或河床平均高程）绘制在同一坐标的图纸上，从而分析该河段深泓线（或河床平均高程）的纵向冲淤变化。

3）水流泥沙分析

（1）来水来沙条件分析。河床冲淤变化与上游来水量、来沙量及其变化有着密切关系。一般情况下，丰水少沙年有利于河道冲刷，枯水多沙年会造成河道淤积。例如，可以根据实测年径流量和年输沙量统计出多年平均值,以各年偏离多年平均值的数量绘制年径流量和输沙量离均值逐年变化图(见图11-11),从中可以看出来水来沙各年的变化特征(如丰水多沙、中水中沙、枯水少沙、丰水少沙年等)。此外,也可以根据逐日流量和含沙量资料点绘流量和含沙量过程线,从中可以看出来水量和来沙量在一年内的变化情况,如洪峰的大小及其涨落的速度,洪峰与沙峰的对应性以及中枯水的变化特性等。

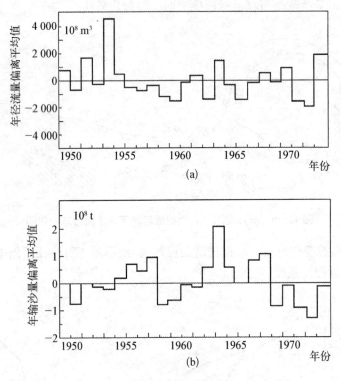

图 11-11　某河段的水沙离均值变化图

(2) 浅滩水流与泥沙运动特性分析。水流与泥沙的运动情况与河床的冲淤变化有非常密切的关系,因而应深入分析水流与泥沙运动的特性。根据观测资料可绘制各种水流和泥沙因素在空间和时间上的分布图以及各因素之间的相关图,从中找出它们与河床冲淤变化的关系。

4) 浅滩演变综合分析

影响浅滩演变的主要因素是水流、泥沙与河床边界条件。因此,应将这些因素对浅滩演变影响的情况进行综合分析,了解哪些是影响浅滩演变的主要因素、哪些是次要因素。利用实测资料,根据水流、泥沙运动和河床演变的基本理论,综合深入地进行分析,主要包括以下三点:① 水流、泥沙和河床形态沿平面变化的综合分析;② 水流、泥沙和河床形态沿程(纵断面)变化的综合分析;③ 水流、泥沙和河床形态变化过程(随时间)变化的分析等(见图 11-12)。

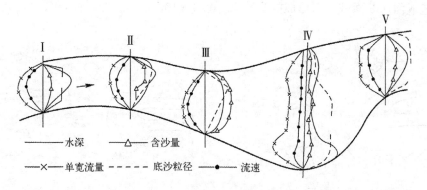

图 11-12 水流、泥沙与河床形态因素平面分布图

11.2 急滩

河道过水断面狭小,流速和比降较大,流急坡陡,船舶航行困难的局部河段称为急滩。急滩主要出现在山区河段,平原、丘陵河段相对比较少见。

11.2.1 急滩的分类

根据成因不同,可将急滩分为基岩急滩、卵石急滩、溪口急滩、崩岩与滑坡急滩;根据形态不同,可将急滩分为突嘴型急滩、窄槽型急滩、横埂型急滩、汊道型急滩;根据成滩期水位不同,可将急滩分为枯水滩、洪水滩、中水滩。

1. 按成因分类

(1) 基岩急滩。基岩急滩是指滩段河床由较坚硬的基岩构成,不易被水流冲蚀,同时河床过水断面窄小的急流滩险(见图 11-13)。

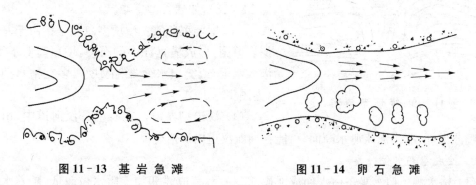

图 11-13 基 岩 急 滩　　　图 11-14 卵 石 急 滩

(2) 卵石急滩。有些较宽的河道,中、洪水期有大量的卵石淤积,当卵石粒径较大,排列紧密,退水期不能全部冲刷,在航槽中形成浅埂,过水断面缩小,枯水期水流湍急而成为卵石急滩(见图 11-14)。

(3) 溪口急滩。溪口急滩是指河道岸或两岸有溪沟汇入,山洪暴发时冲出大量石块堆积溪口,造成河床断面减小而形成的急滩(见图 11-15)。

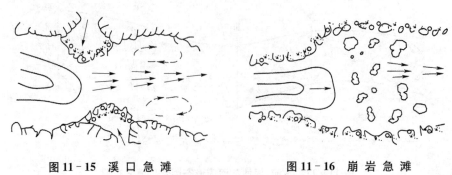

图 11-15　溪 口 急 滩　　　　　图 11-16　崩 岩 急 滩

(4) 崩岩与滑坡急滩。崩岩与滑坡急滩是指岸边发生较大的崩岩或滑坡,大量破碎岩体倾入江中,造成过水断面减小的急滩(见图 11-16)。

2. 按形态分类

(1) 突嘴型急滩。由岸边伸向江中突嘴所形成的急滩为突嘴型急滩(见图 11-17),其又可分为单口、对口、错口与多口等滩型。

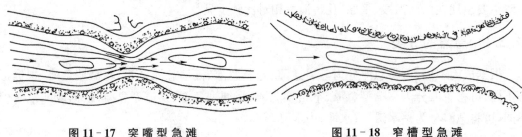

图 11-17　突嘴型急滩　　　　　　图 11-18　窄槽型急滩

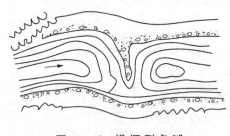

图 11-19　横埝型急滩

(2) 窄槽型急滩。由于基岩或其他地质原因,形成窄长形河道的急滩为窄槽型急滩(见图 11-18),如峡谷型急滩。

(3) 横埝型急滩。横埝型急滩是指由于基岩或崩岩原因,形成横亘江中的石埝,埝顶高低不平,或潜入水下,或露出水面,产生跌水,多在枯水期成滩(见图 11-19)。

(4) 汊道型急滩。在有些分汊河道中,由于基岩突嘴或潜埝,缩小河床泄水断面,可能在通航汊道内形成急滩。

3. 按成滩期水位分类

(1) 枯水滩。枯水滩在枯水期成滩碍航。一般其成滩期的上限水位较低,随着水位的下降,碍航情况越来越严重,水位下降到设计最低通航水位时,碍航往往最严重,即最汹水位往往在设计最低通航水位附近。

(2) 洪水滩。洪水滩在洪水期成滩碍航。一般其成滩期的下限水位较高,随着水位的上升,碍航情况越来越严重,水位上升到设计最高通航水位时,碍航往往最严重,即最汹水位往往在设计最高通航水位附近。

（3）中水滩。中水滩在中水期成滩碍航。其成滩期的下限水位高于设计最低通航水位，上限水位低于设计最高通航水位，碍航的最汹水位在成滩下限水位和上限水位之间。有些滩险存在两种水位期或全年各个水位期都成滩，所以还有中枯水位滩、中洪水位滩以及常年滩等几种。

11.2.2 急滩的碍航特点

由于急滩的坡陡、流急，给上行船舶产生很大的比降阻力与流速阻力，如果船舶的推力小于上述阻力之和，则需借助施绞设施上滩（习称绞滩）。故急滩主要是限制上行船舶的载量与延长航行周期，造成船舶运力的很大损失。有些较汹险的洪水急滩船舶无法施绞，则需"扎水"停航，等洪峰过后，滩势稍为平缓才能继续上行。有些急、险滩对上、下行船舶的安全航行均有很大危害，有的由于滩下产生强烈的回流泡漩，上行船舶易发生"倒头打张"，下行船舶易发生"打戗冲岸"等船损事故（见图 11-20）。

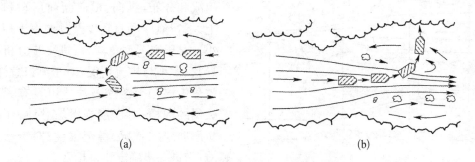

图 11-20 船舶在急滩发生事故示意图
（a）上行船舶"倒头打张"；（b）下行船"打戗冲岸"

11.2.3 急滩的成因及特性分析

1. 急滩的成因分析

急滩的成因主要是由于河床泄水断面的缩小，造成局部河段水流能量的急剧变化。在缩小断面的上游，水位壅高，位能增大，在位能转换为动能的过程中，形成陡坡急流，给上行船舶产生较大的坡降阻力与流速阻力。当船舶的推力小于上述两阻力之和时，上行船舶需借助施绞设施上滩，而成为碍航的急滩。造成河床泄水断面缩小，主要有以下五个方面的原因。有的急滩可能由于两种或多种原因造成，如基岩与卵石或崩岩等因素综合构成的急滩。

（1）地质构造。局部河段，河床为较坚硬的基岩所构成，或为岸边突出石嘴或为江中潜伏石埂，不易被水流冲蚀拓宽，阻束水流而形成基岩急滩。

（2）溪沟冲石。河道的一岸或两岸溪沟，遇山洪暴发时，冲出大量石块，在溪口淤成较大的堆积扇，使河床断面缩小而成为溪口急滩。

（3）崩岩滑坡。由于较陡的岸坡发生崩塌或滑移，造成大量岩体与石块倾入江中。有的在江中形成石埂，有的在岸边形成一处或多处突嘴，使河床断面急剧缩小而成为崩岩或滑坡急滩。

(4) 卵石淤积。有些较宽的河道,中、洪水期有大量的卵石淤积,当卵石粒径较大,排列紧密,退水期不能全部冲刷,枯水期在航槽中形成浅埂,缩小过水断面,使水流湍急而成为卵石急滩。

(5) 人为因素。因兴建拦河坝,下游发生不均匀冲刷,局部隆起形成陡坡急流。有的枢纽建在山区河流上,而枢纽下游则位于山区向平原过渡的范围内,较大抗冲能力的卵石层在保持向下游逐步倾斜的总趋势中,有的部位局部隆起,形成"门坎"。水库蓄水运用后,下泄水流变清,引起下游冲刷,卵石顶面上覆盖的沙层冲光,卵石层也出现少量冲刷并形成抗冲保护层,由于"门坎"下游沙层厚,冲刷后水面降低值大于"门坎"上游,因而在"门坎"处极有可能形成坡陡流急段。"门坎"越突出,形成急滩的可能性越大,例如三峡工程下游的芦家河至枝江河段就是如此。

2. 急滩的特性分析

(1) 形态特征分析。形态特征分析是指根据急滩所在河段的滩型类别确定其平面形态(见图 11-21),包括碍航位置、数量、地质组成和分布,纵向、横向断面形态和船舶上、下行航线顺直程度及其曲率半径的大小。对于突嘴型急滩,可进一步分析突嘴形状、大小与挑流情况;对于溪口急滩,还需分析溪沟上游来石沙量以及有无形成天然的沟槽;对于崩岩滑坡急滩,还需分析岸坡地质状况、稳定程度;对于错口急滩,需进一步确定错口长度。

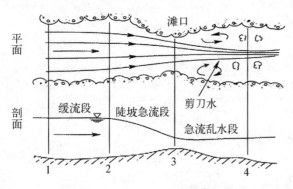

图 11-21   卡口急流滩水流状态

(2) 水力特性分析。首先,应分析确定急滩成滩水位、最汹水位和消滩水位的滩势及其持续时间,特别是上述各特征水位时航线上沿程的流速、比降、流向等变化。如果为分汊河段的急滩,还应分析分流比及其进、出口横流的变化。其次,应分析确定缓流段、陡坡急流段和急流乱水段的长度和宽度。根据水面线分布和沿程流速分布确定最大流速位置;根据回流宽度、长度确定有无利用缓流区航行的可能;对于崩岩和滑坡急滩还应分析其连续跌水段水流特性。然后,采用计算方法或观测方法可进一步确定船舶自航上滩的水力指标。

(3) 船舶航行阻力特性分析。船舶航行阻力主要由水流阻力和坡降阻力两部分组成。急滩类型不同,两种阻力所占比例也不同。突嘴型急滩,河床断面收缩变化急剧,流速水头差和局部水头损失均大,坡降阻力也大,如川江青滩坡降阻力占 73.6%～74.9%。峡谷型急滩,河床断面深窄,但沿程变化不大,水流阻力则占优势。急滩阻力碍航程度还和水位的涨落有关。同一水位高程,涨水时流速比降大于退水时的流速比降。设推轮推力为 R_1,水流阻力 R_2,坡降阻力为 R_3。当 $R_1 > R_1 + R_3$ 时,船舶能自行上滩;当 $R_1 < R_1 + R_3$ 时,船舶不能自行上滩。

(4) 急滩水力判数分析。急滩的汹急程度和急滩的比降、流速大小成正比关系。比降的大小可以用一定范围内落差大小来表达。例如,在青滩模型试验中,原交通运输部西南水利水运科学研究所总结出急滩成滩的水力判数为 $A = \Delta h + V_{max}^2/2g$。其中,$A$ 为水力判数,m;Δh

为滩口的水面落差，m；V_{max} 为滩口段的最大表面流速，m/s；g 为重力加速度，m/s²。最大的表面流速由滩口断面平均流速和航槽最大流速的关系曲线求得。根据青滩资料，通过分析计算求得水力判数与水位关系，如图 11‑22 所示。对川江设计通航标准船舶而言，当已知在水位为 3.0 m 时消滩，查得水力判数为 1.40。即通过整治，使水力判数达到 1.40 时船舶可自行上滩，大于 1.40 时则需进行绞滩。河段地形和水文特征不同的急滩，水力判数也不同。需要注意的是，针对不同急滩、不同动力的不同标准船型（队）均需进行具体分析。

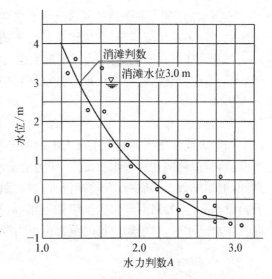

图 11‑22　川江青滩水力判数与水位关系图

11.3　险滩

因航道过分弯曲或者存在严重的横流、滑梁水等碍航流态，致使航行十分危险的局部河段成为险滩。险滩多出现在山区河段，也有少数险滩存在于丘陵河段。较复杂的险滩常出现多种碍航因素，往往是险浅、险急或险浅急并存。

11.3.1　险滩的分类

险滩的种类很多，当一个险滩有几种碍航现象并存时，可按照碍航原因的主次，命名为急险滩、浅险滩等，以下四种是主要的险滩种类。

1. 礁石险滩

在某些河段中，由于地质原因，在岸边或江中有些较坚硬的岩石不易被水流冲蚀，形成明暗礁石，使航道不得不在礁石丛中通过，航槽弯曲狭窄，船舶极易发生触礁事故而成为碍航险滩，影响船舶的安全航行。

2. 泡漩险滩

泡漩水是泡水和漩水的统称。泡水（又称鼓喷水）是一种强烈的上升水流，通常是高速水流受水下障碍物阻拦后使动能转化为位能，导致水流向上涌升、冲破水面呈四散奔腾之势的不良流态。漩水（又称漩涡）是一种和回流类似、绕竖轴旋转的水流，但回流一般速度慢、面积大、水面无明显凹陷，而漩水面积较小，中心水面凹陷，并向河底急速旋转。漩水常与泡水相伴出现，因此通常合称为泡漩水（见图 11‑23）。

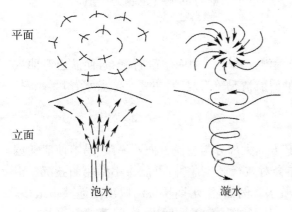

图 11‑23　泡漩水示意图

泡漩水的产生,主要是较强水流受不规则河床的作用,造成水流运动与能场特异变化而形成的一种不良副流,其形成原因与河床形态、流速、水深等因素有关。一般情况水深大于2 m,流速大于2 m/s,受到岸边或河底突出石梁的挑流作用,即会有泡漩水产生。在山区河流,不同水位、河段,均可能出现泡漩水,但需要达到一定强度,在一定位置,才会对航行构成不利影响。

3. 滑梁险滩

当岸边或江中有突起沿水流方向的纵向石梁时,当达到一定水位后,水流产生漫过石梁的横流,类似侧向宽顶堰水流形态,即为滑梁水(见图 11 - 24)。在梁顶淹没而不足航行水深期间,船舶靠近石梁航行,有被横流冲向石梁而发生触礁的危险。当河面较宽时,船舶可避开滑梁水航行,如河面较窄船舶驾驶不慎,易受滑梁水影响而发生船损事故,特别是两岸同时产生滑梁水时,对船舶航行的危害也更为严重。

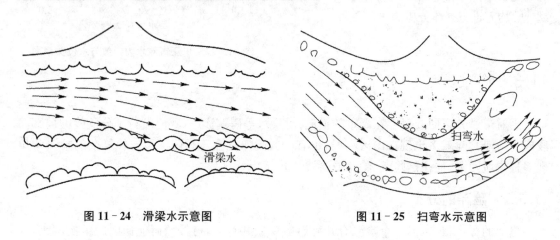

图 11 - 24　滑梁水示意图　　　　　图 11 - 25　扫弯水示意图

4. 扫弯险滩

扫弯水又称垮弯水,是一种特殊形态的横流。产生在急弯河段,为强烈的弯道环流所形成,其面流冲击指向凹岸,沿凹岸扫弯而下(见图 11 - 25)。

微弯型的弯曲河段,在弯道环流的作用下,一般可成为优良航道。当弯曲半径较小时,弯道环流的强度增大,形成冲向凹岸的强烈横流,下行船舶极易被强烈的横流冲向凹岸,发生触底事故,成为扫弯险滩。越狭窄的急弯,其扫弯水对航行的危害也越为严重。

11.3.2　险滩的碍航特点

险滩主要是危害船舶的安全航行。礁石险滩是由于江中明暗礁石密布,使航道弯曲狭窄,船舶航行极易发生触礁事故。不良流态的碍航情况较为复杂,主要有泡漩水、滑梁水、扫弯水三种。

1. 泡漩水碍航特点

泡漩水产生由中心向四周扩散的推力,其方向大部分与主流方向不一致,易迫使船舶偏离正常航线而发生船损事故。强大的漩水亦会对航行产生危害,可能将小型船舶漩沉。根据不同的河床形态,各水位期均可能出现泡漩水。例如,洪水期峡谷河段出现泡漩水最多,几乎满江泡漩翻滚,水势汹涌,往往造成歪船、扎驳、断缆,以致触礁、沉船等严重事故。因此,在峡谷河段遇较大洪峰时,船舶常需"扎水"停航。

2. 滑梁水碍航特点

滑梁水主要是当石梁上漫水而不足航行水深时,船舶航行不慎,有被滑梁水推至梁上发生触礁的危险。特别是在狭窄河段,两岸同时产生滑梁水时,对上、下水船舶航行,均有很大危害。滑梁水还有可能造成设标困难,或使航标流失而造成船舶发生船损事故。

3. 扫弯水碍航特点

扫弯水主要对下行船舶的危害过大,当船舶偏凸岸航行时,易在凸岸边滩擦浅;当偏于凹岸航行则易发生扫弯触礁事故。由于凸岸边滩挑流,一方面使主流收缩为一束,直冲凹岸,形成扫弯水;另一方面又在边滩突嘴下游形成较大回流区,使上、下行船舶分别有发生"打张"与"打戗"的危险。

11.3.3　险滩的成因及特性分析

1. 险滩的成因分析

(1) 因地质构造或地质灾害形成过分狭窄或曲折的石质航槽。这种情况在山区河流多有出现,其基本特征是江中礁石密布、水流紊乱,船舶极易触礁酿成恶性事故。这些密布的碍航礁石多数是长期地质构造的产物,少数则是由于崩崖、滑坡引起的,后者往往是急险并存的。

(2) 水流长期塑造形成弯曲狭窄、抗冲性强的河槽。黏土质弯窄航槽在滨湖河道、平原水网河道以及三角洲范围内的河网都有可能出现,这类河槽之所以险恶,主要在于它的弯曲半径达不到要求,航宽又不富余,船舶行经此处极易碰坡或者扫尾。至于在山区河流上出现急弯险滩,除了上述碍航因素外,往往还伴有不良流态,尤以"扫弯水"居多,因而更增加险恶的概率。

(3) 因自然因素形成强烈的泡漩水、滑梁水、扫弯水等碍航水流。这种情况一般都出现在山区河流上,对船舶航行安全危害极大。

(4) 因兴建拦河坝或大型调(引)水工程等形成新的碍航险滩。生产实践和科学试验已经表明,在河流上兴建拦河坝以后,库尾可能出现航槽易位,易位后的航槽如果处于礁石区内,则可能成为新的礁石险滩;在坝区,有的将通航建筑物的引航道置于泄水闸和电站之间,或者让引航道紧邻泄水闸,其间导流(隔流)堤长度不足,均有可能使引航道口门区和口门外连接段汛期流态恶劣,成为新的通航险区。在大型调(引)水工程的引水口附近以及大型火电厂的排水口附近,若事先考虑不周,设计处理不当,有可能出现碍航横流或斜流,威胁航行安全。

2. 险滩的特性分析

险滩的复杂地形通过实测,包括大比尺的局部地形测量,即可看出碍航所在,制订相应的切嘴、炸礁方案,分析研究工作不甚困难。而对于险滩的水流特征,则往往需做较深入的分析,才能抓住关键。

险滩水流特性分析主要任务包括:确定成滩水位、最汹水位和消滩水位;具体分析险滩产生碍航流态的原因;确定碍航流态出现的位置和强度。

(1) 碍航特征水位分析。由不碍航到开始形成滩势时,其临界水位称为成滩水位;滩势形成后,水位单向变化,滩情由缓变汹,到某一水位时碍航最甚,即滩情最严重,这个临界水位称为最汹水位;滩情随水位的单向变化,至某一水位不再碍航,这个临界水位称为消滩水位。

(2)碍航流态分析。泡漩水位的位置和强度因水流的紊动强度大而具有随机性。例如,川江碍航泡水的直径一般由几米至几十米,泡高和漩深 1.0 m 左右,扩散速度 3 m/s 左右,出现频率也高。滑梁水具有侧堰的水流特性,分析时还应确定各级水位时滑梁水和主流夹角大小和航宽的关系,找出碍航水位时航线、航宽和滑梁水的距离,确定梁滑水上、下水位差;如果分汊河段中有滑梁水,找出另一汊道通航水位和原通航汊道水位关系,以便分析分汊分期通航的可能性。扫弯水分析主要确定各级水位时扫弯主流流速大小,水流顶冲凹岸或边滩位置和夹角,贴岸横流的长度和宽度;凸岸边滩位置、高程的分布和突嘴下回流区范围和强度。

数字课程学习

○ 本章要点   ○ 思考题   ○ 更多内容……

12

航 道 工 程

学习目标

（1）理解整治工程的目的、任务和原则；掌握整治工程设计的基本内容，典型浅滩、弯道、汊道的整治方法；了解长江口深水航道治理工程的治理方案、治理成效和创新成果。

（2）理解疏浚工程的特点、分类和原则；掌握疏浚工程设计的基本内容、挖泥船选择应考虑的因素；了解"天鲲号"挖泥船的技术创新。

（3）理解渠化工程的分类、规划原则和内容，枢纽布置形式，船闸的组成，过闸原理和分级分类，总体布置原则和形式；掌握船闸设计计算方法；理解升船机的组成、特点和分类。

（4）了解三峡枢纽工程、三峡船闸、三峡升船机的空间布置与技术创新等。

为消除或缓解滩险的不利影响，稳定或加大航道尺度，改善通航水流条件，扩大船舶通过能力，保证船舶安全航行，通常需要采取适当的工程措施，这些工程措施统称为航道工程。根据工程措施对航道的作用性质不同，本书将航道治理方法分为两大类。

根据航道特性，因势利导，使不利于通航的河段向有利于通航的方向发展，消灭个别河段对全河通航的影响，而航道的自然状况则基本保持不变，属于这类的工程有整治工程和疏浚工程。

采取强制性措施，从根本上改变航道的自然状况，使水流情况发生有利于航行的根本性质的变化，属于这一类工程的有渠化工程、径流调节和运河工程。

本书重点介绍整治工程，兼顾疏浚工程和渠化工程。针对某一碍航滩险，需要通过技术经济论证，拟定出不同的方案，通过综合比较与论证，确定适当的工程措施。鉴于不同措施各有优劣（如河流渠化及径流调节需要大量的基建投资，但航道维护费用较少；疏浚及整治工程基建投资少，但维护费用大），实践中往往采用综合治理的办法，即多种措施配合使用。

12.1　航道整治工程

航道整治工程是指针对碍航滩险,利用整治建筑物或其他工程措施,通过调整河槽形态(其本质是调整水流与河床的关系),增加水深,改善通航水流条件,提高和稳定航道尺度,扩大其通过能力,保证船舶与船队顺利、安全通航。

12.1.1　航道整治工程概述

1. 航道整治工程的目的

航道整治工程的目的可分为两类:一类是兼顾各部门利益的综合整治;另一类是以满足航运需求的专项整治。

(1)综合整治。综合整治要求兼顾国民经济各部门的利益,通过整治稳定河势,以满足防洪、工农业用水、航运等各方面的需要。在平原河流中,一般依照河床演变的发展规律,治理碍航浅滩与治河相结合。在中洪水期决定河势变化的关键时期,采取裁弯取直、拓宽河道卡口、修建堤坝工程、防护工程等,控制中洪水位时的流向,为保证枯水河槽的稳定创造条件。因此,综合治理措施通常以中、洪水治理为主,但工程投资较大,建设周期较长。如美国密西西比河经过近百年的综合治理才取得明显成效。

(2)专项整治。专项整治着眼于枯水整治,即从航运需求出发,主要针对枯水位以下的碍航浅滩进行治理,通过整治、炸礁、疏浚等,达到改善航道通航条件的目的。我国在很多河流上均采用这种整治方式,其工程投资相对较少,且成效良好。

2. 航道整治工程的任务

(1)塑造有利水流。有利的水流会促使航道部分河床加深,使上游来沙淤积在航槽之外。如果原来的河床有利于航行,则整治工程的任务就是为了使它保持原状,并预防将来可能发生的恶化情况;如果河床纵断面上出现浅滩,使航道水深不足,则整治工程的任务就是增加浅滩上的水深,以满足航行要求。

(2)人工裁弯取直。河流过度弯曲不仅使航程增加,而且容易发生航行险情。因此,对于急弯须采用裁弯取直的方法加以整治。考虑到大规模裁弯会引起河床水文情况显著改变,使原有水流与河床之间的相对平衡受到破坏,进而引起河床重新变形,甚至会对防洪、灌溉、航运等各方面造成困难,所以采取裁弯取直时须全面考虑、慎重处理。

(3)增加主汊水流。河流分汊使水流分散,常造成两条汊道水深与宽度均不足,可利用塞支强干的方法加以整治。但需注意,堵塞支汊有时会造成主汊流量和泥沙含量增加过多,以及流速增大使主汊河岸受冲刷和河流下端泥沙沉积现象加强,故须慎重考虑。

3. 航道整治工程的一般原则

整治工程的一般原则主要包括以下方面:

(1)应符合河床演变规律及河流动力学原理,统筹兼顾,科学规划。

(2)应根据山区河流、平原河流和潮汐河口的不同河势及特性,采取相应的整治措施。例如,山区河流航道整治应修整不利于航行的河床形态,改善水流条件;岩石河床宜采取炸礁为主;砂卵石河床宜采取疏浚与筑坝相结合。平原河流航道整治宜采用修筑整治建筑物措施,控制中、低河势,稳定航槽,塑造有利于冲深航槽的水流;必要时亦可以疏浚为主,或修筑整治建筑物与疏浚相结合。潮汐河口整治宜采取疏浚或疏浚与整治结合的措施,集中水流,增加航道深度,多采取固滩护岸、堵汊合流、疏浚导流等措施。

(3) 应根据不同的滩势(浅、急、险)及碍航性质,分清主次,抓住主因,有针对性地拟定整治措施,优化工程方案。

(4) 长河段的整治工程可根据经济发展的轻重缓急,按设计标准一次建成或分期分段实施;对于碍航严重、影响较大的河段,条件许可时应优先安排实施。

(5) 对于年际冲淤变化较大的浅滩,宜抓住浅滩演变过程中的有利时机进行整治。

(6) 对已建、在建或将建的同河段的水利枢纽工程可能造成的水流条件变化、河床冲淤变形以及枢纽工程运用调度对航道造成的影响作认真的分析研究,对其发展趋势做出充分的估计,采取相应的整治措施。

12.1.2　航道整治工程设计

航道整治工程设计的内容包括整治线的布置、整治断面确定和整治建筑物设计。

1. 整治线的布置

整治线是指在整治工程设计流量下,在水面处所设计的稳定河槽的外形,即被设计的两条新岸线所限定的河槽区域(见图 12-1)。整治线的布置应根据河段自然条件、河床演变规律及航道通航要求拟定较为理想的方案,使新河槽既能满足航运需求,又符合河床演变规律,并能保持河势相对稳定,其布置原则如下。

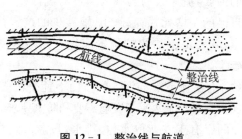
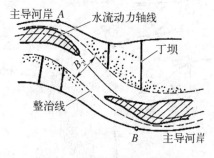

图 12-1　整治线与航道　　　　　　图 12-2　整治线过渡位置

(1) 整治线布置方向和位置依靠主导河岸,其起点和终点应以稳定深槽的主导河岸为依托。稳定深槽通常是指符合航行要求和历年来变化不大的深槽,一般靠近凹岸。整治线应当与稳定的上下深槽的主导河岸吻合起来,利用主导河岸在各种水位下的导流作用,或利用矶头、江心洲、稳固边滩等作为控制点,以构成稳定的整治线。整治线自上深槽过渡到下深槽时应布置成缓和而平滑的连续微弯曲线,其上游过渡起点(见图 12-2 中的 A 点)应在枯水期主流线开始偏向河中的位置,作为整治线的过渡点;其下游过渡终点(见图 12-2 中的 B 点)应位于下深槽稍下,但不宜太靠下游,以免过渡段太长。

(2) 整治线一般应与枯水河槽相互适应。洪水流向往往与枯水流向不一致,对浅滩影响很大。因此,为了减少对浅滩的影响,应尽量使洪水流向与枯水流向相互适应。洪水取直后,基本上会平顺两岸大堤下泄,与枯水河床的交角将会形成三种情况。一是洪枯水流向基本一致(见图12-3的上段),在这种情况下整治线的位置容易满足洪枯水流向要求,浅滩也易于整治。二是洪枯水流向交角较大(见图12-3的下段),如洪水自滩地注入枯水河槽,又遇到对岸岸壁较高,在其下游河槽转向,致使洪枯水河槽趋向一致;在过渡段上,因洪水注入,携带大量泥沙容易发生淤积,洪枯水流向不一致,往往会形成交错浅滩,整治线应靠右岸位置,在左岸布置整治建筑物。三是洪枯水流向交角相当大(见图12-3的中段),这种情况下浅滩比较恶劣,整治线布置宜从上游深槽伸向凸岸(右岸)后再与下深槽凹岸连接,将整治线设计成反弯,增加环流。

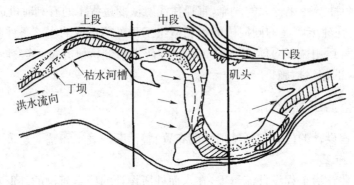

图12-3　整治线过渡位置

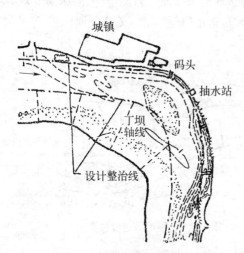

图12-4　广东某浅滩整治线设计

(3) 整治线一般应通过浅滩上的最大流速区。整治线通过浅滩上的最大流速区,能使整治建筑物发挥最大作用,在水位较高时,浅滩脊仍能被冲刷。但有的河段,流速大的区域因通过的泥沙量大,反而会把自己的路堵死,而流速小、输沙少的位置往往比较稳定,故确定整治线的位置应建立在对浅滩分析的基础上。

(4) 有支流或溪沟汇入的口门不宜布置整治线。

(5) 全面考虑两岸工农业需要和防洪要求。被整治河段两岸有工农业取水口、排水口、港口码头等建筑物时,应权衡整治线布置对它们的影响,避免整治线布置引起取水口和排水口淤塞(见图12-4)。若河流两岸的大堤必须确保,而凹岸又靠近堤脚,为了堤防安全,则整治线可适当移向凸岸布置(见图12-5)。

2. 整治断面确定

整治断面设计包括整治水位和整治线宽度的确定。

1) 整治水位的确定

整治水位是指与整治建筑物头部齐平的水位。在整治砂卵石浅滩时,多采用整治建筑物束窄河床,当水位降至与整治建筑物头部高程齐平时,水流束窄到整治线宽度范围内,使水流集中冲刷浅滩脊,达到增深航道的目的。当水位降至设计最低通航水位时,要求浅滩上的航道水深能达到航道标准水深,保证设计通航期内正常通航。

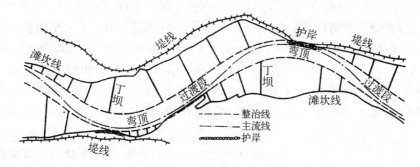

图 12-5　整治线布置示意图

整治水位的确定,一方面确定了整治建筑物的高程,整治建筑物的高程直接影响着整治工程量和工程投资;另一方面,整治水位决定浅滩整治的水流冲刷历时和强度。整治水位高,冲刷历时长,反之则短,浅滩冲刷历时的长短直接影响着整治效果,因此,整治水位是航道整治工程总体设计的重要参数之一。确定整治水位的方法很多,实践中常用的有以下两种。

(1) 经验方法。一是根据河流整治比较成功的经验数据(见表 12-1)确定。在枯水整治的原则下,整治水位的超高值在 1 m 左右。二是选择与整治河段相似且相近的优良河段边滩高程作为整治水位。三是采用多年平均水位或多年平均流量时的水位,此水位接近于平滩(边滩)水位。

表 12-1　国内主要江河整治水位与整治宽度

河 流 名 称	河 段 名 称	整治超高值/m	整治线宽度/m
汉江	汉中—白河	0.8~1.2	80~140
汉江	襄樊—利河口	1.45	400~500
赣江	南昌—湖口	1.5	单一段为 600,分汊段为 300
湘江	株洲—城陵矶	1.2~1.8	300~360
岷江	乐山—宜宾	1.2~1.5	180~220
松花江	三岔口—同江口	0.5~1.0	800~900
漓江	桂林—阳朔	0.8~1.2	
西江	梧州—郁南	1.2~1.7	600~650
北江	连江口—河口	1.2~1.5	200~350
东江	河源—东江口	1.0~1.4	200~350
东平水道	思贤窖—登州头	1.8~2.5	150~350

(2) 造床流量法。当浅滩段有足够的实测水文资料时,可采用造床流量法推求与第二造床流量相应的水位。这种方法求出的水位应跟优良河段平滩(边滩)水位和多年平均流量相应的水位进行比较,并结合当地的实践经验进行必要的调整,慎重选取整治水位。

造床流量是指其造床作用与多年流量过程的综合造床作用相当,对塑造河床形态起着决定作用的某个流量,它是一个介于洪水流量与枯水流量的中间值。造床流量既不是较大洪水流量,又不是最小枯水流量。这是因为,洪水流量的造床作用强烈,但造床历时时间短,对塑造河床并不起决定性作用;枯水流量历时时间长,但流量小,也不对造床起到控制作用。

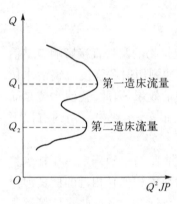

图 12-6　流量与 Q^2JP 的关系

苏联学者马卡维耶夫认为,造床流量就是其输沙能力最大时所对应的流量。水流的输沙能力 G 可认为与流量 Q 的 m(通常取 2)次方及比降 J 的乘积成正比,历时的时间可用出现的频率 P 来表达,即 $G=Q^mJP$。因此,当 Q^mJP 的乘积最大时,所对应的流量即对塑造河床起决定作用。马卡维耶夫分析苏联平原河流资料后,认为存在两个较大的峰值(见图 12-6)。最大峰值流量即第一造床流量,它相当于多年平均最大洪水流量,其水位约与河漫滩高程齐平,保证率为 1%～6%;第二峰值流量即第二造床流量,它略大于多年平均流量,其水位约与边滩高程相当,保证率为 14%～45%。对于束水归槽、冲刷浅滩,应取第二造床流量作为整治流量,其相应的水位即为整治水位。

2) 整治线宽度的确定

整治线宽度是指在整治水位时,设计新河槽的宽度,如图 12-7 所示。其中,B_2 为整治线宽度,根据浅滩所需的冲刷强度确定;b 为航道设计宽度,根据航道等级加以确定。

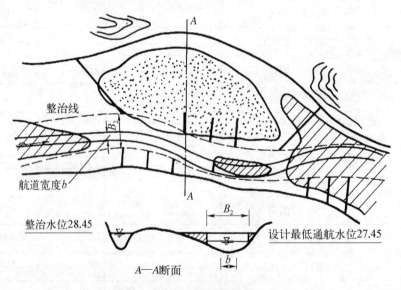

图 12-7　整治线及其宽度示意图

实践表明,整治线宽度确定是否合理,对整治措施影响很大。整治宽度过宽,整治建筑物起不到"束水攻沙",达不到改善航道条件的效果;过窄会引起水流流速过大,使航槽内发生不必要的冲刷给下游带来危害,或流速过大,会恶化河段的航行条件。因此,合理确定其宽度,是航道整治规划设计中的一个重要内容。

确定整治线宽度的方法主要有经验法和理论法两种。常用的经验法为优良河段模拟法,其基本要点如下:根据调查,寻找与整治河段附近的具有相似的水文、泥沙及河床地质条件的若干优良河段,绘制其断面图,在图上量取其水位平均值为浅滩整治水位,取整治水位时的自然河宽为整治线宽度。常用的理论法为输沙平衡法,其基本要点如下:在浅滩上修建整治建筑物后,河床束窄,水流输沙能力增大,冲刷浅滩,使浅滩水深满足航行要求,此时浅滩上的输沙达到新的平衡状态(即浅滩不再需要冲刷,上游来多少泥沙,浅滩段就能通过多少泥沙,不能落淤),输沙能力与整治前相同,基于这一输沙平衡理论推导出整治线宽度。

3. 整治建筑物设计

整治建筑物是指用于整治航道时起到束水、导流、导沙、固滩和护岸等作用的建筑物。常用的整治建筑物有丁坝、顺坝、潜坝、锁坝、导流屏等。

1) 丁坝

丁坝是最常用的整治建筑物。丁坝坝根与河岸连接,坝头伸向河心,坝轴线与水流方向正交或斜交,在平面上与河岸构成丁字形,形成横向阻水的整治建筑物。它的主要作用是:束窄河槽,提高流速冲刷浅滩;调整分汊航道的分流比,控制分流淤高河滩;挑出主流以防顶冲河岸和堤防等;淹没后形成环流,具有横向导沙的作用。根据丁坝是否被水淹没,丁坝可分为非淹没丁坝和淹没丁坝;根据丁坝轴线与水流方向的夹角,丁坝又可分为上挑、正挑、下挑丁坝。

(1) 非淹没丁坝。非淹没丁坝前后水流现象如图 12-8 所示,水流流向丁坝时受丁坝壅阻,比降逐渐减小,流速降低,接近丁坝时出现反比降,迫使水流流向河心,绕过坝头下泄。当水流接近丁坝断面(Ⅰ-Ⅰ断面)时,流速加大,比降也加大;水流绕过丁坝后在惯性力的作用下,发生流线分离和水流进一步收缩现象,在距丁坝 L_c 处,形成一个收缩断面(Ⅱ-Ⅱ断面),此时流线彼此平行,动能最大,流速最大;在收缩断面下游,水流又逐渐扩散,动能减小而位能增大,故称 A 点处的断面为扩散断面(Ⅲ-Ⅲ断面)。在丁坝上下游形成几个回流区,丁坝下游大回流区 1,小回流区 2,丁坝上游小回流区 3,在这些回流区内流速滞缓,泥沙落淤。

(2) 淹没丁坝。水位淹没丁坝后,丁坝束水作用大大降低,坝下回流区逐步消失,丁坝相当于堰流,水流漫过坝顶,形成跌水,在坝后产生横向螺旋流,这时丁坝主要起导沙作用,而导沙的部位又与丁坝

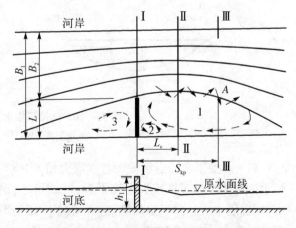

图 12-8　非淹没丁坝前后水流现象

的方向密切相关。一般丁坝的方向如图 12-9 所示。

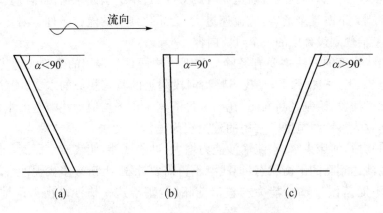

图 12-9　丁坝轴线与水流交角图

(a) 上挑丁坝；(b) 正挑丁坝；(c) 下挑丁坝

　　(3) 上挑丁坝。当坝轴线与水流交角 $\alpha<90°$ 时,丁坝的方向指向河流上游。非淹没上挑丁坝的坝头水流较紊乱、冲击坑大而深;淹没式上挑丁坝水流漫顶后,表流偏向河心,以一定角度与航道中的水流汇合形成挤压水流,冲刷航道,而含沙量较多的底层水流,自河心偏向岸边(横向环流),同时坝后的螺旋流也是自坝头向坝根运动。所以,上挑丁坝的坝田淤积效果较好。实践证明,在顺直河段上,$\alpha=60°\sim90°$为宜。在一些特殊要求下,如堵塞倒套等,则可取 $\alpha=40°\sim50°$。

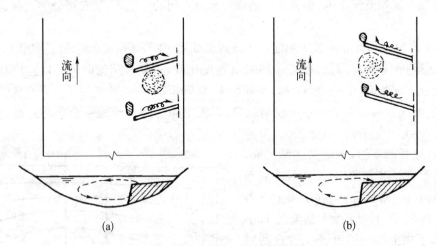

图 12-10　淹没丁坝水流泥沙运动情况

(a) 淹没上挑丁坝；(b) 淹没下挑丁坝

　　(4) 下挑丁坝。当坝轴线与水流交角 $\alpha>90°$ 时,丁坝的方向指向河流下游。非淹没丁坝水流称为上挑丁坝坝头水流平顺、冲刷坑小而浅;淹没丁坝漫坝水流漫过丁坝后偏向河岸,则底层水流趋向坝田外缘,这种情况下坝田岸边部位淤积较慢,淤积部位也不理想,一般下挑角度 $\alpha=120°\sim135°$。

（5）正挑丁坝。坝轴线与水流垂直,坝轴线最短,坝头冲刷坑和坝田淤积体介于上述两者之间。在潮汐河段或流向顺逆不定的河段上,丁坝可做成正挑形式。

📱**拓展阅读12-1　广东省北江某浅滩整治工程**

2）顺坝

顺坝是一种坝轴线沿水流方向或与水流交角很小的建筑物,主要作用是引导水流、束窄河床,故又称导流坝,如图12-11所示。顺坝可用于调整急弯,规顺岸线,促使航槽稳定;也可用于构成新的河岸,平顺水流,改善流态,解决一些不归顺河岸引起的乱流问题。此外,顺坝还可用于堵塞倒套、消除横向漫流,或用于堵塞支汊,调整汇流处的交汇角,抑或沿整治线束窄河宽。

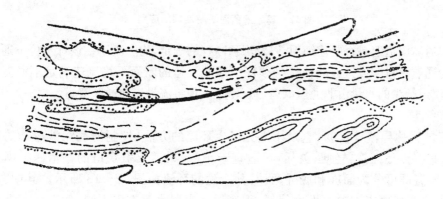

图12-11　顺坝布置示意图

顺坝的整治效果,取决于顺坝的位置、坝高、轴线形态及其与水流的交角,其中位置和线型尤为关键。顺坝一般沿整治线布置,施工后难以调整整治线宽度,所以确定位置时应特别慎重。

📱**拓展阅读12-2　云南省澜沧江小橄榄坝滩整治工程**

3）潜坝

潜坝又称透水建筑物,它是一种在最枯水位时均潜设在水下而不妨碍通航的建筑物。在布置了潜坝的上游部分,水会壅高,壅高多少,看流速大小、建筑物结构的疏密情况和横断面受阻面积和自由面积的比值大小而定。水流受到壅高水头的影响,一部分折向断面的不受阻部分,这样就使不受阻部分的流量和流速增加,所以潜坝可以重新调整河床断面内的流量和流速分布。其次,由于潜坝前后流速的降低,悬移在水里的泥沙会沉淀下来,因此在含沙量大的河流,潜坝往往成为淤沙建筑物。

图12-12为莱茵河下游某河段采取潜坝整治前后的效果,当潜坝填到设计水位下-7 m时,效果显著,内侧河岸沙洲冲开,航道宽度增加,上游水位抬高,减少了流速。

4）锁坝

锁坝是从一岸到另一岸横跨河槽及串沟的建筑物,又名堵坝。在分汊航道上为了集中水流冲刷通航汊道,或在有串沟的河汊上,不使串沟发展,可在非通航汊道上或串沟上修建锁坝,这种措施又称"塞支强干"。

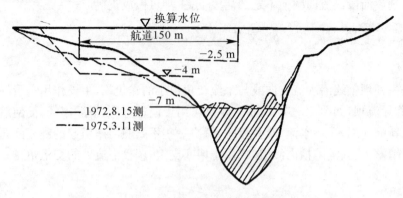

图 12‑12　莱茵河下游潜坝的应用

在非通航汊道上是否要建锁坝,以及坝顶高程的确定,均取决于在设计水位下通航汊道需要多少通航流量。设计通航流量必须保证通航汊道的断面平均流速满足不淤流速的要求,通航汊道缺少的水量由非通航汊道通过修建锁坝将流量逼向通航汊道。

5) 导流屏

导流屏又称导流建筑物,它是用人为产生环流的方法,控制河底泥沙运动的建筑物(导沙),其特点是经济、轻便、灵活,很适宜于小河、渠道及引水口的整治。根据安装位置不同,导流屏可分为面屏和底屏两种,其产生的环流如图 12‑13 所示。其中,面屏能使表层水流改变原来方向而发生偏斜,因底层与表层水流方向不同,便形成了环流。底屏能使底层水流改变原来方向而发生偏斜,同样因底层与表层水流方向不同,产生环流。

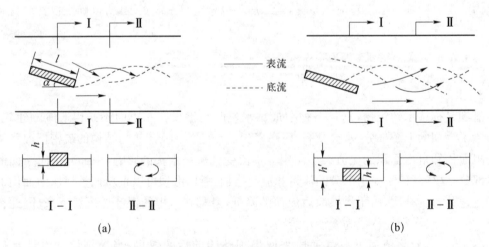

图 12‑13　导流屏作用下的环流

(a) 面屏;(b) 底屏

📖 **拓展阅读 12‑3　吉林省伊通河中游段某弯道整治工程**

12.1.3　浅滩整治

1. 山区河流浅滩整治原则和方法

石质滩多处于崇山峻岭的峡谷河段中,主要碍航有急流、险恶和水浅,其整治目的在于改善流态、清除礁石和降低流速。因此山区性河流的整治一般采用疏浚为主,整治为辅的原则。整治工程要根据河床底质情况来决定,通常的方法是:采用顺坝固定航槽位置和清炸礁石,以达到增加水深和改善流态;使用丁坝束窄河槽产生壅水,抬高坝上游水位增加水深;针对砂卵石滩,可利用整治建筑物缩窄河面,使水流归槽,增加水深;若仅利用水流的力量难以冲刷到需要的水深,则采取疏浚航槽。

2. 平原河流浅滩整治原则和方法

平原河流的浅滩是水流与河床相互作用的产物,是特定河床形态、水流、泥沙相互作用与发展变化的一种主要形式,浅滩的形成和演变主要是由处于支配地位的水流所决定的,河床往往处于被动地位。因此,在浅滩整治中,应从整治水流入手,水流整治好了,河床便有可能朝有利的方向发展。

不同的河流,浅滩整治原则应有所不同。中小河流的浅滩整治应以筑坝为主,束窄河床,集中水流冲刷航槽,引导泥沙进入坝田,以加高、加大边滩,促使不良河段向优良河段发展,只有在河床难以冲刷的部位,才辅以疏浚;大河沙质浅滩的整治,由于情况复杂,筑坝工程量大,涉及面广,多采用疏浚的方法来改善通航条件,但在掌握了浅滩的演变规律后,亦可布置整治建筑物进行整治,而且,为了稳定河槽,巩固疏浚效果,适当辅以整治建筑物也是必要的。

(1)正常浅滩整治。正常浅滩多出现在曲率平缓的弯曲过渡段和河身较窄的顺直河段上。一般情况下,这类浅滩不碍航,只有在洪水期,泥沙特别多的年份才会出现水深不足的情况,这类浅滩只要稍加整治即可通航。整治正常浅滩,一般采用丁坝固定边滩,加高上下游边滩高程,延长水流对浅滩的冲刷时间,如图 12-14 所示。

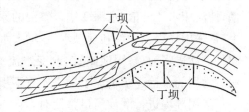

图 12-14　正常浅滩整治

(2)交错浅滩整治。交错浅滩是浅滩整治的主要对象,与正常浅滩相比,交错浅滩的弊病主要是由于上下深槽交错造成的,或者说主要是由于倒套造成的,因而整治交错浅滩的关键是消除倒套对水流的吸流作用。整治措施有消除漫向倒套的横向水流,固定、抬高下边滩,如图 12-15 所示。

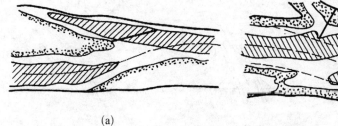
(a)

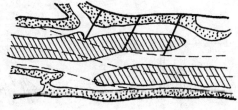
(b)

图 12-15　交错浅滩整治

（3）复式浅滩整治。复式浅滩冲淤变化大,航槽不稳定且存在横流,严重碍航。整治时应将上下浅滩作为一个整体来考虑,防止只改善下浅滩水深,引起上游水位过分降低,以致上下浅滩水深更浅。复式浅滩的整治实例如图 12 - 16 所示。

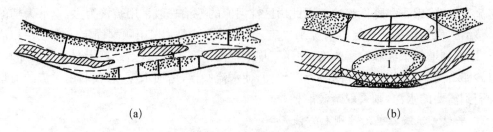

(a)　　　　　　　　　　　　　　　(b)

图 12 - 16　复式浅滩整治

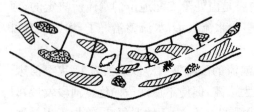

图 12 - 17　散乱浅滩整治

（4）散乱浅滩整治。散乱浅滩的整治,一般是根据上下游河段的河势,规划出正常弯曲形的整治线,然后通过丁坝等整治建筑物,将散乱的沙体联结并促淤成边滩,以固定河势,导引水流集中冲刷航槽,如图 12 - 17 所示。

3. 潮汐河口拦门沙整治

潮汐河口的河床容积向下游递增,河宽也相应加大,径流与潮流相互作用下形成的涨潮流和落潮流流路往往不一致,各自塑造自身河槽,使河床水流分散、水深变浅。整治的原则是束窄河宽、集中水流、刷深航道。在整治措施上,常采用导堤以约束和规顺水流,增大水流的输沙能力,冲刷拦门沙航道,同时也起到防止海外漂沙进入河口;因地制宜,改变水流流场,使涨、落潮流路归于一槽,集中水流,增大水深。常用的整治建筑物除了导堤还有丁坝、顺坝、潜坝等。

运用导堤进行潮汐河口整治时,其方向、位置、间距、长度和高程等应考虑河口径流,潮流,海流等因素。规划时除了根据一般经验和进行一定的计算外,尚应通过数理模型加以验证。

导堤可用单道、双道,甚至多道,如我国黄浦江吴淞口采用了双道导堤。导堤的布置与潮流沿岸流、风向、泥沙来源和方向等因素有关。图 12 - 18 为不同导堤布置下的口门处淤积、冲刷部位示意图。

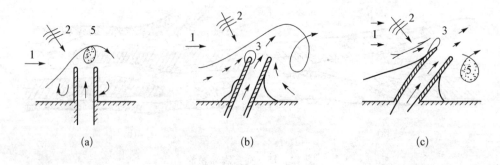

(a)　　　　　　　　　　　(b)　　　　　　　　　　　(c)

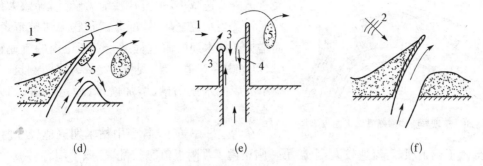

1—沿岸流；2—常风向；3—冲刷处；4—深槽；5—浅滩。

图 12 - 18　导堤布置示意图

(a) 沿岸流与河水成正交；(b)(c) 沿岸流和河水成斜交；(d) 加长沿岸流一侧导堤；(e) 加长沿岸流下游一侧导堤；(f) 两不等长度导堤下游另加一弧形导堤

12.1.4　弯道整治

1. 保护凹岸，防止弯道恶化

（1）平顺护岸。河弯航道条件已满足航行要求，为了防止凹岸后退，恶化航道条件，可采用平顺护岸。确定护岸的范围，首先需要知道凹岸的崩塌地区，但凹岸崩塌地区在一年内会随主流线的变化而转移，如图 12 - 19 所示。枯水期主流线在弯道上游进口处靠凸岸，进入弯道后，向凹岸移动。至弯顶稍上部位，靠近凹岸，然后紧靠凹岸流动一段后，离开凹岸向下一个弯道过渡。因而枯水期主流线有"枯水走弯，洪水走直"，顶冲点有"枯水上提，洪水下挫"的现象。在顶冲变异区的下段为常年贴流区，再往下为出口

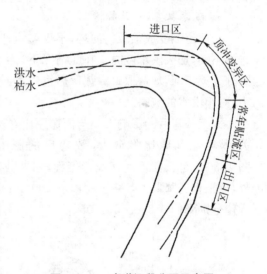

图 12 - 19　弯道河段分区示意图

区。顶冲变异区和常年贴流区崩塌最多，应重点保护，进口和出口也应保护。护岸的范围，应从河岸不崩塌处开始，经过坍塌区到下一个不坍塌处为止，并根据可能变化的范围适当向上、下游略微延长。

（2）短丁坝护岸。当弯道凹岸岸线不平顺、水流比较乱、局部地方河岸坍塌严重时，可采用短丁坝护岸来控制局部坍塌。若凹岸土质松软，容易冲刷，则在采用短丁坝护岸的同时，对局部严重坍塌地区还应采用短丁坝与平顺护岸相结合的形式。需要注意的是，平顺护岸不改变弯道的水流状态，水流比较平顺，保护凹岸效果良好。短丁坝护岸会对水流状态产生不同程度的改变，导致坝头水流较为紊乱。若弯道河宽较窄，且对岸有堤防或不允许冲刷的地段，应尽量避免采用短丁坝护岸。

2. 筑坝导流，调整岸线

弯道过分宽阔，不仅会导致水流分散，枯水期航深不足，且随着水位变化航槽左右摆动，对航运不利。特别是当弯道断面宽阔而出口断面狭窄时，洪水期弯道的阻水作用更为明显，

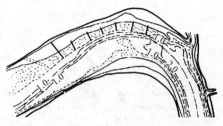

图 12 - 20　筑坝导流冲深新槽增大曲率半径

使弯道内流速减小,水流挟沙能力降低,导致大量泥沙淤积。当水位下降时,部分淤积物无法被带走,从而增加了枯水期的碍航程度。当弯道内的流速较小时,可考虑在弯道一侧(见图 12 - 20)或两侧筑丁坝,束窄河床使水流归槽、增加航深、稳定航槽、加大曲率半径。

在弯道凹岸筑丁坝,当中枯水期流速较小时,可以全部做正挑丁坝,若流速较大,上游第一座正挑丁坝附近流态较乱,且该丁坝容易被冲毁。在此情况下,可以将第一座正挑丁坝改成下挑丁坝,或在其上游修建一座下挑丁坝,既可改善丁坝前的流态,又不易遭到水毁。当弯道内的速度较大、弯道半径较小时,若在凹岸筑丁坝调整岸线,整治后往往流态很乱,航槽流速很大,难以达到航行要求,此时在凹岸筑顺坝更容易取得成功。

3. 裁弯取直,新开航槽

当弯道演变成很长的河环,不仅航道弯曲,半径太小,出现浅滩,同时延长了航道里程,排洪不畅,加大洪水威胁。在此情况下,为了彻底改善河弯的航运和排洪条件,可考虑在狭颈处开挖新河,裁弯取直。裁弯后可以缩减航道里程,消除位于河环上的浅滩,增加排洪能力,减小洪水的威胁。

人工裁弯后的影响大小与河弯原比降及裁弯比(裁去的河弯长度与新河长度的比值)有关,裁弯比和原比降愈大,裁弯后的影响愈大。裁弯比过小,人工裁弯的效果不大。图 12 - 21 是长江下荆江裁弯工程,三处裁弯共缩短航程 78 km,并裁掉碍航浅滩 4 处。此外,该工程还降低了裁弯工程以上 200 km 河段内的洪水位,沙市、新厂、石首汛期同流量的水位分别降低 0.5、0.65、1.05 m。

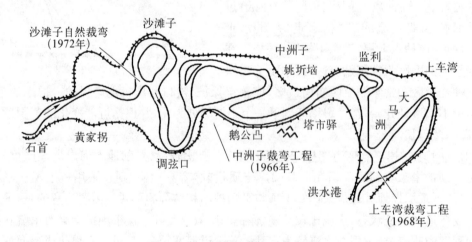

图 12 - 21　下荆江裁弯工程位置图

人工裁弯工程耗资巨大,裁弯后,上、下游河段会产生演变,对沿岸影响很大。因此,必须全面规划、统筹兼顾,并认真做好设计工作,其主要内容包括方案比较、引河定线、引河断面设计、引河整治设计、河道演变及其工程投资估算等。

12.1.5 汉道整治

1. 稳定汉道

(1) 保护节点附近河床。分汉河床呈宽窄相间的莲藕状,窄段对汉道往往起着控制性的节点作用,若节点发生变化则汉道将相应发生变化。因此当节点有可能发生变化时,应保护节点河床。保护节点通常多采用平顺护岸,如图 12-22 所示。在节点上游附近河床若有崩塌趋势,威胁节点的稳定时,上游河床也应加以保护。

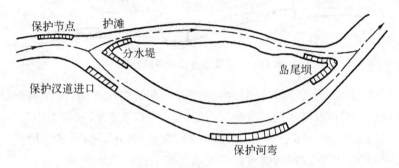

图 12-22 稳定汉道示意图

(2) 稳定汉道进口段边界。汉道进口段边界若发生变化,则汉道的分流分沙条件将发生变化,从而使汉道的兴衰发生变化,要稳定良好的河势,必须对汉道进口段边界进行保护。汉道进口段边界的改变主要是河岸崩塌和边滩的消长,实践表明边滩的增长速度与河岸的崩塌速度相近,因此对进口段崩塌河岸加以保护,既稳定了河岸又减少了边滩的变化。保护进口段河岸可用平顺护岸,需要保护边滩时,则可采取固滩措施。

(3) 控制江心洲的洲头与洲尾。江心洲头部的形态及其变化,直接影响各汉道的分流比与分沙比,为了保持各汉道在各级水位时都有一个比较稳定的分流比与分沙比,通常在江心洲的头部修建分水堤。分水堤的外形,上游部分窄矮,向前岸伸入水中,而向下游逐渐加宽,与江心洲首部连在一起,其形如鱼嘴,故又称"鱼嘴"。分水堤的平面布置和各部尺寸直接影响各汉道的分流比与分沙比,设计时宜多方考虑,目前还缺乏确切的理论计算,最好通过模型试验确定。在江心洲的尾部两股水流相汇,相互挤压、撞碰,能量有较大的损失。同时两汉水面高度往往有差异,引起横向水流及复杂的环流结构,不仅妨碍航行,也使泥沙易于淤积,使江心洲尾部向下延伸或向一侧移动,使航道变迁。为了稳定汉道,调整水流,减少淤积,可在江心洲的尾部建筑下分水堤(或称岛尾坝)。

(4) 保护河弯。当通航汉道为弯曲汉道,且弯道凹岸一侧为大片冲积平原时,由于弯道凹岸受冲刷后退,凸岸向外延伸,该汉道变得越来越弯曲,汉道长度增加,比降减小,来水量逐渐减小,汉道走向衰退。因此若通航汉道处于大片冲积平原的弯曲汉道上,应对易于崩塌的河弯凹岸加以保护,保护河弯通常采用平顺护岸。

2. 改善汉道

(1) 汉道进口处浅滩。在分汉进口处,由于江心洲顶水而形成环流,流速减小,泥沙堆积,或者由于汉道阻力,洪水期大量泥沙沉积,退水时未全部冲走,枯水期出浅碍航,如

图12-23所示。图中右汊为通航航道,其进口处出浅碍航,通常可在左汊进口上游附近筑挑流坝,在右汊右岸筑短丁坝保护河岸,同时也适当缩窄河床,增加水流冲刷能力以利于刷深航槽,若还不能完全满足航深,再辅以疏浚措施,通常能达到要求。

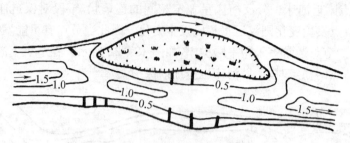

图12-23　汊道进口和中部出浅

(2) 汊道中部浅滩。当汊道较长时,由于汊道中部的阻水作用,或汊道出口不畅,容易引起泥沙在汊道中部沉积,枯水期形成浅滩碍航。汊道中部浅滩,通常采用单一河道中的浅滩治理方法,利用丁坝、顺坝缩窄河床,增加流速刷深航槽,还可辅以疏浚措施。此外,若是非通航汊道的枯水流量可以减小,也可在非通航汊道的进口修建顺坝导流,以增加通航汊道的枯水流量以增加航深。

(3) 汊道出口处浅滩。整治江心洲尾部浅滩通常在洲尾筑顺坝,减小水流交角,使水流平顺相汇,以减少洲尾的淤积,在筑洲尾顺坝后,往往浅滩下移,在顺坝末尾出现"关门洲",若将顺坝延长,"关门洲"向下移动,也难消除"关门洲",顺坝一直要延到深潭,才能消除顺坝末端的出浅区,这不经济也不合理。此时可在顺坝的对岸(或河道的两岸)筑丁坝,一面束水归槽,增加水深,同时让泥沙淤积在丁坝的坝田中。此外,应减少汊道的来沙量,如保护洲头和易冲刷的河岸,治理汊道中部浅滩不要过分冲刷,以减少泥沙来源,从而减少洲尾淤积。

3. 堵塞支汊

河流分汊导致流量分散,使得枯水期通航汊道内的水深常常不足,从而影响航运。这种情况在中小河流中尤为明显。因此,为了增加航深,需要将全部流量集中起来。当支汊可以被堵塞,或支汊转向发展状态时,若不控制将影响主汊通航,此时,可以考虑堵塞支汊。此外,为了使江心滩或江心洲转化为边滩,作为工业用地也有堵塞支汊的。通常堵塞的支汊都是流量较小,沙量较多,处于衰退状态的,若支汊处于发展状态,而且对国民经济比较有利,此时应堵塞哪一条汊道,应多方考虑后才能做出决定。

堵塞汊道的方法可采用丁坝、顺坝或锁坝。如湘江多用丁坝,汉江多用顺坝,松花江、东江、北江多用锁坝。用丁坝或顺坝堵塞汊道,不但能封闭汊道的进口起到锁坝的作用,而且还具有束窄河床和导引水流的作用。但被堵塞汊道的淤积效果不如锁坝好。另外,可根据不同整治要求选择锁坝布置在汊道的入口段、中段或尾段,如图12-24所示。不同位置的锁坝有不同的效果,需要在具体分析

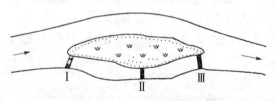

Ⅰ—洲头锁坝;Ⅱ—中段锁坝;Ⅲ—洲尾锁坝。

图12-24　锁坝布置

后,选择最合理的布置位置。

4. 弃劣图优,另辟新槽

个别分汊河段,有时由于左右两汊都有些弯曲,在环流作用下,江心洲不断扩大,河床两侧侵蚀严重,航道日益弯曲,曲率半径逐步减小,不满足航行要求,或两个汊道的情况不理想。在此情况下,可以选择优良线路开挖新航槽。新航槽开挖后,为了稳定新航槽和保证新槽有足够的流量,应将旧槽用建筑物封闭。为了保证中水期新槽不被淤积和平顺中水期新、旧航槽水流交汇的流态,应在江心洲尾修筑导流堤。

📖 拓展阅读12-4 长江口深水航道治理工程

12.2 航道疏浚工程

疏浚工程是指人用水力或者机械的方法挖掘水下土石方并且进行输移处理的过程,而航道疏浚工程则是通过调整河床边界达到改善通航条件的工程措施。疏浚是开发与维护航道的主要手段之一。对于沙质与砂卵石河床,一般采用挖泥船挖除碍航的泥沙堆积物,以增加航道水深;对于石质河床,通常采用爆破的方法(一般称炸)炸除碍航的石嘴、石梁孤石及岩盘等。

12.2.1 航道疏浚工程概述

1. 航道疏浚工程的分类

根据施工目的不同,可将航道疏浚工程分为三类:基建性疏浚、维修性疏浚与临时性疏浚。

(1)基建性疏浚。基建性疏浚工程是为了开辟新航道、港口等,或者为增加它们的尺度、改善航运条件,具有新建、改建、扩建性质的疏浚,通常包括以下四方面的工作:第一,改变河道的平面轮廓与航道尺度以建立新航槽。例如,裁弯取直、扩大航槽及切除岸滩等。第二,裁掉河岸的凸出部分的硬土角,消除或者缩小河槽的沱口及其他有害的深水部分。第三,堵塞分流与各种支汊以及与整治相结合的挖泥工作。第四,为了消除新航道上的障碍物和预先疏松航道上河床土壤,炸除石滩以及硬土角而进行的爆破工程。

(2)维修性疏浚。维修性疏浚工程是为维护或者恢复某一指定水域原定的尺度而清除水底淤积物的疏浚。进行此类的疏浚工作,关键是要适应天然河流的演变规律,来帮助维持航道的尺度,并且不会引起演变规律的太大改变。不仅如此,而且在维修性疏浚工程中,必须力求增加航道的稳定性,并且降低年挖泥量。

(3)临时性疏浚。临时性的疏浚工程是为了解决工程量小的疏浚任务,通常是在没有经常性挖泥船的疏浚力量不足的河段上,临时利用其他地区的疏浚力量来进行工作的。

基建性挖槽往往与整治建筑物结合,用来改善维修性挖槽效果不好的航道,并充分利用多年维修性挖槽积累的经验教训,认清河段的演变规律与碍航特点,作为设计、施工的依据。可见,基建性挖槽与维修性挖槽有着密切的联系,由于基建性挖槽对河床的改变很大,以致会引起水流条件的剧烈改变。为消除对河床演变可能产生的不良影响,以及避免大量工作付诸东流,必须根据航道总体规划仔细分析河流水文条件与河床演变规律,对整治线的轮廓形状与工程措施进行多方面研究,积极稳妥地进行,以免影响工农业生产与航运。

2. 航道疏浚工程的特点

航道疏浚工程的特点包括以下几个方面:① 施工简单,施工期较短,收效快;② 投资较少,不需要耗费大量工程材料;③ 施工期间仍可以维持通航;④ 适应性强,机动灵活;⑤ 对河流的形态、自然环境、生态平衡影响较少;⑥ 挖槽易于回淤;⑦ 水面较窄时,影响航运。

3. 航道疏浚工程的基本原则

疏浚施工与河段的水位变化规律有密切联系。随着水位的逐渐降落,各浅滩先后显现,这就需要根据疏浚力量的大小与各处浅滩的水深变化情况,分期、分批、分层地疏浚,以使各浅滩在出现碍航以前获得改善,以期保障航行的需要,并且在这个条件下尽量少调动挖泥机具,提高效率。

在进行疏浚工作时,应当遵守下列四项基本原则:第一,根据本年度航道工程设计以及远景航道发展规划的总方案,有系统地改善河流航行条件,考虑逐步贯彻远景航道计划,减少每年河段上的挖泥工作量,改善航行条件,从而使每年施工均能获得有利的效果。如增加水深,减少严重碍航浅滩的数量与改善浅滩情况等。第二,根据河流动力学与河床演变理论以及河床演变实际过程的研究,积极促进造床过程与最大限度地利用水流本身来改善航行条件。第三,当河床向有利于形成所需的稳定航道方向演变时,应该促进这种演变趋势的发展。反之,当河床向不利方向发展时,则应当防止或者限制这种发展趋势。第四,疏浚工作的技术工具组成与类型的选择等应当根据该河段的水文及地质条件进行。

12.2.2　航道疏浚工程设计

疏浚工程必须在充分认识和掌握浅滩的自然条件,分析其运动规律(水流运动规律和淤积变化规律),以及疏浚工具(挖泥船等)性能的基础上进行,在进行疏浚工作之前,还必须找出浅滩成因、发展趋势,作为疏浚工程设计的依据。而疏浚工程设计最主要的内容则是挖槽设计和抛泥区选择,这两个问题是否处理正确,将直接影响疏浚工程的成败。

1. 挖槽设计

1) 挖槽位置的选择

挖槽位置必须使船舶航行安全和确保挖槽稳定,因此需要正确地选择挖槽的位置。由于浅滩是水流和河床相互作用的产物,某个局部变浅都是和它周围的河流形态和水流状态有密切的关系。所以,在进行挖槽平面布置时,必须充分考虑沙埂、边滩、深槽、尖潭、倒套等对挖槽的影响。

在正常浅滩上的挖槽可布置在沙埂的鞍凹上。在沙埂上一般主流通过的地方都有比较低洼的鞍凹,该处水深相对比较大,而且位置比较稳定,因此对正常浅滩,挖槽的位置常选择在鞍凹上。

在交错浅滩上,由于上下深槽交错,沙埂比较长而大,使得水流分散,在沙埂上有时出现几个鞍凹,有时则无明显鞍凹,因此在交错浅滩上布置挖槽,必须充分了解沙埂上鞍凹的变化,尤其是洪水降落过程中鞍凹的变化规律,一般选择在洪水降落后处于冲刷的鞍凹上布置挖槽,同时,常用挖出的泥沙抛填倒套以消除横流。

当边滩或沙洲正处于不断下移的过程中,为防止大量泥沙溢入挖槽,挖槽不宜布置在其下侧。

必须摸清挖槽地区的地质情况,尤其是在基建性疏浚时,必须事前进行地质钻探,摸清地质状况,特别是暗礁分布情况,以便在施工中采取措施,有时为了避开礁石,而改挖槽位置。

挖槽不长时,一般布成直线,但挖槽的直线段过长,也难以使挖槽稳定,为了适应主流方向的改变,常将挖槽布置成折线。挖槽的进出口应与上、下深槽平顺地连接。为利于集中水流,常将挖槽进出口布置成喇叭形。

2) 挖槽方向的确定

挖槽方向是挖槽设计的中心问题之一。为了保证航行安全和挖槽稳定,应该使挖槽方向与水流流向有个恰当的相对关系,以达到既充分利用水流的冲刷能力以维持航槽的稳定,又能保证航行安全和便利。

天然河流中存在着主流线,由于它有较大的水流流速,挟带泥沙能力比较大,因此,如果将挖槽布置在主流线上,并使其方向与主流线的方向一致,就可以借助水力使泥下泄,对减少挖槽淤积,保持挖槽的稳定是有利的。但必须注意,流速不是越大越好,流速超过一定限度后,也会走向反面,使挖槽受到剧烈冲刷而失去稳定,或导致其他地方淤浅,流速过大也增加上行船舶航行困难。所以有时并不一定把挖槽布置在主流线上,而是布置在有足够冲刷流速的鞍凹上,并使其方向与主流方向大体一致。

为使航行安全,应使挖槽方向与面流方向一致最为有利,否则航向与面流流向交角过大,会造成航行困难,尤其是拖带航行时,船队末尾船只容易偏离轨道,使船只搁浅在边滩上,但是如果单独考虑航行条件,使挖槽方向与面流方向一致而与底流方向交角过大,则挖槽成一条人工的沉沙沟,使地沙横越挖槽时产生大量淤积。解决这个问题必须综合考虑,既要航行安全,也要注意挖槽的稳定,一般是使挖槽方向与面流和底流都成一不大的角度。根据长江中下游一些浅滩疏浚的经验,挖槽方向与流向的交角以 12°~15°为宜,这样的交角挖槽比较稳定,回淤量较小,若交角大于 20°,则挖槽不稳定。

在天然河流中,水流运动的速度和方向随着水位的变化而变化。实践证明,河水有高水取直、低水坐弯的特点,所以在洪枯水河槽变化较大的河段,经常出现洪枯水流向不一致的现象。对于基建性挖泥,由于它较大地改变河流状态,水流的造床作用对于挖槽的发展和稳定起了重大作用,因此挖槽方向的确定应以中洪水流向为依据,同时也可布置若干整治建筑物以调整枯水流向,加强枯水期的冲刷力量。对于维修性的挖泥,主要是解决枯水期通航问题,挖槽方向的确定应以枯水流向为依据。在可能的情况下,可结合布置若干整治建筑物,以减少洪水期挖槽的淤积。

3) 挖槽尺度的确定

挖槽尺度包括断面尺度和平面尺度,这些均和设计船舶的通航要求有关。

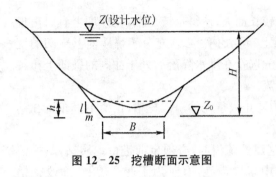

图 12-25　挖槽断面示意图

（1）断面尺度。挖槽的横断面尺度必须和航道标准尺度相适应。挖槽断面一般设计成倒梯形（见图 12-25）。图中，底宽 B 为航道最小宽度；H 为航道最小水深；Z 为设计最低通航水位高程；Z_0 为挖槽后的河床高程，$Z_0 = H - Z$；h 为挖槽平均开挖厚度，其大小等于原河底高程和挖槽后应达到高程之差；m 为挖槽边坡系数，按表 12-2 取值。

表 12-2　各类土质水下边坡比

土　质　类　别	坡比(1：m)	土　质　类　别	坡比(1：m)
基岩	1：0.2～1：1.0	中等及软黏土	1：3.0～1：5.0
块石	1：1.0～1：1.5	密实及中密沙土	1：3.0～1：5.0
弱胶结的碎石	1：1.5～1：2.5	松散及极松沙土	1：5.0～1：10.0
卵石	1：2.5～1：3.0	很软淤泥	1：5.0～1：10.0
坚硬及硬黏土	1：2.0～1：3.0	流态淤泥	1：20～1：50.0

（2）平面尺度。挖槽轴线通常设计成直线。当挖槽上、下口与自然航道连接部分出现弯曲时，挖槽轴线应布置成平顺圆滑的曲线，其弯曲半径应满足通航要求。当挖槽不可避免出现折线时，为便于船舶航行，其转角应尽量地小，且转折处应适当加宽（弯道加宽值计算可参见《航道工程设计规范》4.5 小节，加宽方法可采用切角法或折线切割法）。为保证挖槽有较好的引流条件，使挖槽和自然航道连接段的水流平顺，在平面上可设计成喇叭口形状。在河床纵向可设计一定的连接坡度，以减少连接段的水流阻力。

2. 挖泥船的类型及选择

1）挖泥船的类型

根据工作原理不同，疏浚工程所用挖泥船主要分为水力式和机械式两大类。水力式是利用泥泵进行吸泥和排泥，常用的有耙吸挖泥船和绞吸挖泥船；机械式依靠泥斗挖掘水下土石方，常用的有链斗挖泥船、抓斗挖泥船和铲斗挖泥船。

2）挖泥船的选择

根据疏浚作业区工况恰当地选择挖泥船，是顺利完成疏浚施工任务的重要前提条件。若挖泥船选择不当，要么不能在合同规定的时间内完成疏浚任务，要么损坏挖泥机会导致挖泥成本的增加。选择挖泥船的基本原则有两条：一是技术上能很好地满足疏浚工程要求；二是在经济上能最大限度地降低挖泥成本。

由于挖泥船在世界各地的分布极不均衡，各类挖泥船的适应性及各地施工现场条件差异又甚大，给合理选调挖泥船造成了极大困难。当规划一项疏浚工程时，不仅要明确哪些类型的挖泥船能够胜任该项工程,而且还要了解在施工区周边范围内有哪些类型的挖泥船可供选择(按挖泥船适应性及调遣费用多少排队优选)。在经过综合经济评价的基础上,最终选出所需要的挖泥船类型及必要的辅助船舶。欲做好选船工作,必须深入施工现场,认真调查研究,充分掌握各类挖泥船的工作性能及其适用条件,综合考虑以下主要因素。

(1)被挖掘土壤的种类和性质。土壤是挖泥船工作的主要对象,各类挖泥船都有其最适合的工作土壤。表征土壤特性的指标有两个:一是土壤的粒度,一般用粒径大小表示,常用筛分法(粗颗粒)或水析法(细颗粒)进行粒径分析,疏浚工程中习惯用三角坐标命名法对土壤进行分类。二是土壤的密实度,对无黏性土壤而言,其相对密度越大,表明土壤的密实度愈大,挖掘阻力就大。当贯入击数 $N > 15$ 时,一般需要先进行预处理,才能进行正常疏浚作业,以免损坏挖泥机具。对有黏性的土壤而言,则以天然稠度表示,其天然稠度越大,表明含水量越大,也就更易于挖掘,当天然稠度大到已成为流体状态时(浮泥或泥浆),对吸扬式挖泥船施工最有利。

(2)挖槽尺度及排泥方式。挖槽尺度主要指挖槽宽度、挖槽深度以及待挖底质的厚度。若挖槽太窄,则需增加横挖式挖泥船的前移次数而影响生产率;若用泥驳运泥则不易上线周转;用浮管排泥或错缆定位施工时,则易妨碍水上交通;若挖槽水深大于挖泥船最大挖深能力时,则挖泥船无法施工,若挖槽后水深小于挖泥船满载吃水深度时,则挖泥船无法驶离挖泥区。待挖底质的厚度与选择挖泥船的类型也关系密切,若挖泥底质很薄,则宜首选吸扬式或耙吸式挖泥船;若待挖底质的厚度大于所选挖泥船一次挖泥厚度时,则应研究采用何种挖泥方法(分条开挖还是分层开挖)最经济合理。排泥方式也往往是影响选船的重要制约因素。例如,在狭窄的现行航道上施工时,则不宜选用浮管排泥的绞吸式挖泥船,也不宜选用借助锚缆定位施工的机械式挖泥船。若抛泥区水很浅且距挖泥区较近时,宜选用浮管排泥的绞吸式挖泥船或自航耙吸式边挖泥船施工。

(3)疏浚总工程量和竣工时间。疏浚总工程量及要求竣工的时间是选择挖泥船(队)的决定性因素。可按挖泥船的艘班挖泥量进行估算。一艘班挖泥量是指一条挖泥船在一个工作日(按 8 h 计)所完成的土方量(m^3)。即一艘班挖泥量=平均小时生产率×平均时间利用率×8。根据总工程量和要求竣工的时间,可算出所需总艘班数,进而确定选调的挖泥船艘数及每天工作的班数。

(4)挖泥船本身的性能。挖泥船本身的性能包括挖泥船本身尺度及挖泥船性能。如挖泥船标准吃水及满载吃水,挖泥船最小、最大及最有利的挖掘深度,挖泥船能正常工作时的最小宽度,最有效的一次挖掘厚度,各种工况条件下挖泥船的小时生产率等,都应在选择挖泥船时综合考虑。

📖 拓展阅读12-5 主要挖泥船类型

3. 抛泥区的选择

挖槽的泥土处理必须与挖槽设计同时考虑,疏浚土的处理有两种方法:一种是卸泥于岸上,即所谓陆上吹填工程,一般和陆上吹填相结合,需要有被吹填的泥塘和吹泥机具;另一种是水下卸泥,即在河流、海湾等合适的水域直接进行水下抛泥。由于所抛泥土在水流的作用下仍具有一定的活动性,对抛泥区水域的自然条件和周围环境会带来一定的影响,因此,抛泥区选择的一般原则是首先应满足航行要求,其次考虑河床演变、施工条件、经济合理和环境的影响等。抛泥区应有足够的水深,且应遵循以下原则。

(1)从利于航行考虑。抛泥区不能选择在碍航地点,如航道边缘,或挖槽附近以及通向码头的水域;抛泥区通常选在凸岸边滩的下部,不影响通航。

(2)从河床演变规律考虑。抛泥区应尽量选在下深槽的倒套内,以减弱横流;提高边滩的高程,有利于在较高水位时引导水流冲刷航道;塞支强干,即填塞非通航的汊道,增加通航汊道的水流;抛泥区应与岸滩相连,不能抛成彼此互不相连的沙滩,以免岸滩与抛泥区之间形成凹塘,这样的凹塘不仅分散水流,降低疏浚效果,还往往发展成为第二航道,甚至使挖槽不能通航。对于潮汐河口航道,其抛泥区选在开挖航槽的下游,以免涨潮流携带弃土进入航槽造成回淤。此外,抛泥区的选择还要考虑泥沙运动对下游航道的影响。

(3)从利于施工方面考虑。抛泥区应不妨碍挖泥船和泥驳的运转。如泥驳抛泥时,抛泥区水深不能太浅,否则不能满足泥驳吃水的要求,同时应尽可能不影响其他船舶的航行。

(4)从经济合理性方面考虑。疏浚的泥土应尽可能变废为宝,发挥其经济效益。如尽量利用挖出的泥土抛填整治建筑物,以稳定河床和挖槽。

(5)从对环境的影响方面考虑。疏浚泥土得考虑对生态环境的影响,主要包括避免大量的自然资源遭到直接破坏或污染,特别是避免对渔业产生影响。

上述选择抛泥区的原则,设计时常常不能同时满足,尤其是挖槽至抛泥区的距离与对挖槽的回淤影响,很容易互相矛盾。因此,必须加以周密地调查研究,甚至采用现场测试等手段,按照具体情况,从有利于总体出发加以选择。图 12-26 为平原浅滩挖槽位置选择的实际案例。

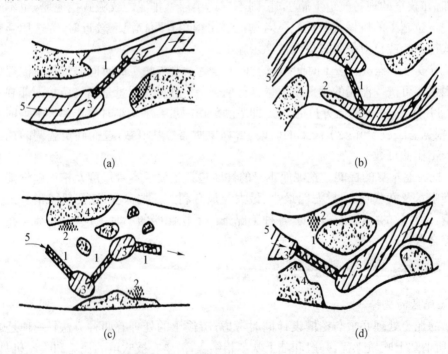

(a)   (b)

(c)   (d)

1—挖槽;2—抛泥区;3—深槽;4—边滩;5—航道中心线。

图 12-26 平原浅滩挖槽位置布置图

(a)正常浅滩;(b)交错浅滩;(c)散乱浅滩;(d)汊道浅滩

12.2.3 航道疏浚对环境的影响与控制

1. 疏浚工程对环境的影响

由于疏浚改变了局部的原来环境,所以无论是在水利方面的疏浚、航运方面的疏浚,还是在环保方面的疏浚,都会对环境产生正面或负面影响。

1) 正面影响

(1) 在水利方面,为了便于洪水到来时能正常开闸排洪,每年必须把闸下淤泥清除。疏浚后,可以稳定河口,并保证这些河流洪水的顺利排泄,进而保障人民的生命、财产安全,同时也避免了内涝灾害。

(2) 在航运方面,随着经济和贸易的发展,水运的需求不断扩大,特别是沿海运输及海洋运输的日益繁忙,运输船舶逐渐向大型化发展,而航道水深不足常成为地区社会、经济发展的制约瓶颈。所以,对航道进行疏浚后,通航水深加深,必将产生较好的社会效益,从某种角度来说,也会对环境产生有益的影响。

(3) 在环保方面,随着环保意识的增强,水下污染物对环境造成的危害也逐渐引起了人们的重视。环保疏浚作为水环境综合整治中的一项重要措施,其地位和作用已显露端倪。环保疏浚对生态系统修复具有十分重要的作用,疏浚底泥还可去除(转移)重金属污染,并在一段时期内减少营养盐溶液释放。

2) 负面影响

疏浚对施工区域水力条件、水域底部形态、水质以及空气质量等都有影响。施工期机具噪声水平提高的干扰,弃土与抛泥沿程带来的泄漏影响,在挖泥和排泥操作扰动水底沉积物并使之重新悬浮时,造成二次污染对船体磨蚀和人群健康的影响,水体沾染异色,使人产生反感,失去旅游观光的价值等。

疏浚机械的搅动会引起底沙悬扬,而在转移疏浚物时,洒落在水中的泥沙也会造成局部水域的浑浊。在挖泥和排泥操作时,水底沉淀物被扰动并重新悬浮,悬浮颗粒可能会释放出有毒的物质,如氨和磷化物,并遗留在水中,从而使水质富营养化,对当地的水生物造成潜在危险。例如,在对太湖流域进行环保疏浚时,尽管采取了一定措施防止悬扬的泥沙扩散,但未能有效防止水质的富营养化,引起浮游生物、藻类大量增生,它们大量消耗水中的溶解氧,造成水质缺氧,加剧了其他类型的污染。

如被疏浚的沉积物大多数是细粒泥沙、黏土和胶体成分,在水中由于化学作用(离解)的结果,表面一般都带有负电荷的阴离子,同时由于细粒的表面积很大,因而可以吸附大量带有正电荷的阳离子。泥沙对水质的影响,主要是作为污染物的载体,影响污染物在水体中的物理—化学迁移过程。由工业废水、工厂和油船等排出的含油沉积物,人口稠密区大量排泄有机物等都吸附在泥沙中,重金属和稳定的难以降解的有机污染物富集在河底泥沙中,成为具有长期潜在的二次污染源。

疏浚使自然状况发生变化,自然状况变化的方式很多,如疏浚现场和抛泥区中土壤的粒径变化,挖泥和抛泥造成的大面积岩石的外露和被覆盖,栖息场的变化会促进某种有机体和水生生物的生长或使某些生物灭绝,并导致生态的永久性变化。

伴随疏浚,会有大量的疏浚弃土。疏浚土的处理结果对环境的影响是显然而见的:处理得当就能变废为宝,从而获得巨大的经济效益和社会效益;若处理不好或处理不当就会成为负担,对环境造成较大的破坏。

尽管疏浚是促进经济和社会发展必不可少的手段,但它对环境的物理、化学、生物性质都将带来一定的变化。所以,对疏浚活动应加以控制和监测。

2. 疏浚污染的控制

在设计疏浚方案时,应当对疏浚产生的环境问题给予足够的重视。进一步改善挖泥设备的性能,提高挖泥技术水平,研究适合于工程所在地的疏浚方法,以减少局部水域的浑浊度和污染性物质的溶解输移。同时,采取相应措施,合理选择施工船舶及施工期;在确定疏浚方案时,认真分析疏浚土的性质,尽可能发掘疏浚土的利用价值等,尽可能地减少因疏浚引起的不良影响。

为了防止疏浚施工中带来的环境影响,必须对水质和土质的直接变化采取工程控制措施,特别是对抛泥区的水质和土质控制。一般说来,在疏浚泥土处理方式中,从环境保护的角度来看,都会是一种新的污染源。吹填造陆所引起的水体污染很小,在有条件的地方尽可能吹泥造陆,变废为宝,又可最大限度地减少对周围环境的影响,还可利用弃土烧砖,发展地方工业。水中抛泥也应尽量与弃土的利用相结合,如吹填整治建筑物或人工岛等。但疏浚泥浆并不都是污染泥浆,美国陆军工程兵团经过分析测定,在每年疏浚的 2.29×10^8 m³ 的泥土中,大约只有10%是被污染的。因此,首先要确定疏浚泥土是否被污染。确定疏浚泥土被污染后,就需要采取适当的措施对污染物进行治理,常用的治理方式如下。

1) 施工过程中的控制

采用环保疏浚工艺,采用管道输送泥浆并加设接力泵的疏挖工艺流程如图 12 - 27 所示。① 在挖泥时采取措施,不使泥浆及有害气体扩散,并保证在高浓度情况下吸耙泥土,既尽可能地全部除去这些沉积物,又不污染周围水体。为此,可在耙头安装活动封闭板,阻止外面水体向内流动,同时附有气体吸收装置。② 采用沙帘的方法,在挖泥区围堰溢流口外一定范围内,用封闭式网帘数层,使浑水不得外流,帘子起滞流泥沙下沉及过滤等作用,这种方法底泥堆场在流速小于 0.5 m/s 的水域中采用是较为有效的。③ 研究采用旁通、边抛等施工方法的地点和时间,尽量减少污染物对人类的危害。④ 建立不渗漏的抛泥区,以容纳废物,使排放的废水能在围堰中保存一定时间,以便排出清水。

2) 疏浚土合理利用

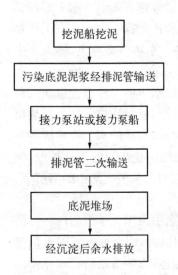

疏浚土合理利用可以采用以下几种方法:① 采用化学或生物方法将疏浚泥土进行处理,使其变成不污染的陆域土地填充料。② 将河底泥烧制陶瓷或黏土砖,既可解决挖出的泥土不经处理而堆放造成的二次污染,又可缓解建材业与农家争地的矛盾。③ 利用疏浚淤泥作为城市绿化材料。例如核桃树、杏树、央竹桃、棕枸、柃木、青杨、金莲花等植物不仅不怕污染,反而更"喜欢"那些对人体有损害的重金属污染物,在有些具有污染物的土壤中往往生长得更好,若把清淤挖出的污泥用于绿化,可以事先对淤泥物含量进行科学检测,再有计划地栽种能吸收污染物的树种,就

图 12 - 27　环保疏浚工艺流程

能起到"变废为宝"的作用。

　　3）采用环保挖泥船

　　对已严重污染的河道与湖区航道,应采用环保挖泥船。① 耙吸船溢流采用水下溢流,减少水下污染。耙头采用环保耙头,耙头设有涡流防护罩,既降低挖泥引起的混浊度,又可提高挖泥浓度。② 抓斗船采用全封闭防漏抓斗,铲斗船采用遮盖铲斗,使泥斗在提升过程中没有泄漏。③ 链斗挖泥船采用封闭斗架,将斗内溢出的泥沙经溢流槽回流至水底,减小水体混浊度。④ 绞吸挖泥船因参与环保整治较多,进行了多方面的尝试,特别是在绞刀型式上创造了许多新的思路,已开发出专用于环保疏浚工程的环保挖泥船,如圆盘式环保绞刀挖泥船、铲吸式环保绞刀挖泥船、螺旋式环保绞刀挖泥船等,这些专用环保挖泥船在提高挖泥精度、减小二次污染、提高挖泥浓度等方面都得到明显改善。

　　📖 拓展阅读 12-6　亚洲最大的自航绞吸船"天鲲号"

12.3　渠化工程

　　渠化工程是指在天然河流上修筑拦河坝,壅高上游水位,以达到改善坝上游河流航行条件的一种工程措施。由于拦河坝壅高坝上游水位,淹没了险滩,增加了航深与航宽,降低了流速,改善了流态,使坝上游渠化河段的航行条件得到了根本的改善。河流渠化以后,不仅能够改善通航条件,而且对发电、灌溉、水力加工、城市供水、渔业等国民经济发展都有一定好处,可实现良好的综合效益。

12.3.1　渠化工程概述

　　1. 渠化工程分类

　　根据渠化河段是否连续,河流渠化可分为连续渠化和局部渠化。根据渠化水头(枢纽上下游水位差)的大小,河流渠化又可分为高坝渠化和低坝渠化。

　　(1)连续渠化。连续渠化是指在河流上建造一系列闸坝,将整条河流分为若干河段(称为渠化河段),下一级闸坝的回水与上一级闸坝相衔接,并满足通航标准所规定的通航水深,从而使整条河流成为彼此连接的渠化河流。图 12-28 为嘉陵江干流(广元—重庆)规划梯级纵剖面示意图,共规划 17 个梯级使嘉陵江干流(广元—重庆)成为连续渠化河流,达到综合利用水资源、提高航道等级的目的。

　　连续渠化的河流消除了天然河段,其通过能力不再受天然河段的控制,而是取决于河流上通航建筑物的通过能力,因而可大幅度提高航道通过能力。另外,连续渠化河流可将河流的落差分配到各个渠化梯级上,以充分利用这些落差进行发电、灌溉,因而能最充分利用河流的水力资源。

　　(2)局部渠化。局部渠化是只对河流一个局部河段进行渠化,或对河流多个局部河段进行渠化,但各个渠化河段互不衔接,两渠化河段之间仍然由天然河段构成。局部渠化多用于河流航行条件较好,仅少数河段水深不足或滩险、急弯碍航严重,而用其他航道工程措施难以改善航行条件的河段。局部渠化河流由于在各渠化河段之间还夹有天然河段,航道通过能力仍受天然河段的控制。

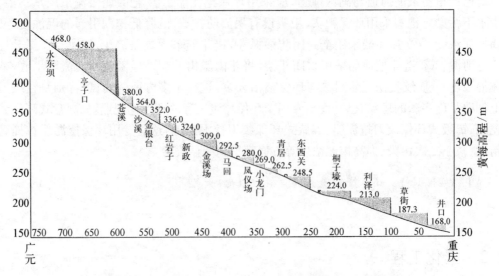

图 12‐28　嘉陵江干流(广元—重庆)规划梯级纵剖面示意图

(3) 高坝渠化。由于水运工程界将河流渠化进行分类,主要是基于河流渠化对航道条件改善程度和通航建筑物技术的难易程度。随着科学技术的进步,许多技术问题已不再是难题。在水利水电工程中,现在一般认为坝高超过 70 m 以上才算高坝。但在水运工程界,当水头超过 40 m 后,其通航建筑物遇到的技术难题较多。因此,从其对航道条件改善程度和通航建筑物遇到的技术难题,水运工程界现在一般认为水头超过 20~30 m 是高坝渠化。总之,当拦河坝较高,渠化水头较大的称为高坝渠化[见图 12‐29(a)]。高坝渠化坝上雍水位高,上游形成的水库库容大,回水里程长,常用于多目标开发。如长江三峡工程具有发电、防洪、通航等多目标的综合效益。

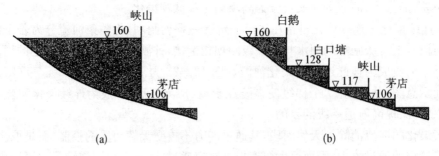

图 12‐29　某渠化河段高坝与低坝方案对比图
(a) 高坝渠化；(b) 低坝渠化

(4) 低坝渠化。根据前面高坝渠化的分析可知,若拦河坝不高,渠化水头较小(一般小于 20 m)的称为低坝渠化[见图 12‐29(b)]。对于以改善航行条件为主要目标或河流两岸有重要厂矿企业的中、小河流,为了减少坝上游的淹没损失和移民搬迁,一般采用低坝渠化。

低坝渠化每级水头不高,回水里程相对较短,为使各梯级回水互相衔接,所需的枢纽数目较多。在山区河流中,河床相对稳定,河流洪水期和枯水期水位变幅大,且洪水历时较短,采用低坝渠化的措施来改善航行条件,往往可以收到良好的效果。

2. 渠化工程规划

为使渠化工程能以最低投资获得最大综合效益,必须对其进行系统规划。

1) 基本原则

渠化工程规划一般应遵循相互协调、综合利用、统一标准、科学合理、远近结合、平战结合等原则。

(1) 相互协调。渠化工程规划是航运规划的一个组成部分,其根本目的是改善通航条件、促进航运和国民经济发展。因此,渠化工程规划应以促进经济社会发展为出发点,以渠化工程规划与航运规划相协调为总原则,按照因地制宜、量力而行、注重效益、有所为有所不为,适度超前、留有余地、减少污染、改善生态等基本要求,做好渠化工程规划工作。

(2) 综合利用。综合利用水利资源是渠化工程规划必须遵循的一个重要原则。河流渠化的主要目的是改善和提高河流的航行条件。要从全流域着眼进行多目标的开发,做到一水多用,以最小的投资,获得最大的综合效益。在满足通航要求的前提下,减少土地淹没、浸没、移民和拆迁。

(3) 统一标准。渠化工程规划要以航运规划和航道等级为依据,并符合《内河通航标准》,以利于全国水运干线与地方航道、水系与水系、干流与支流的沟通,以便逐步形成具有统一标准的、四通八达的全国内河航道网。

(4) 科学合理。在渠化工程规划时,应采用先进的技术和科学的方法,进行深入细致的调查和研究,充分论证和比较,制订一个技术先进、投资和营运费最省的规划方案。

(5) 远近结合。渠化工程规划既要考虑远期发展,也要结合近期的需要,提出切实可行的方案。要根据航运发展目标,社会、经济对航运发展的要求和工程建设条件分期安排。忽视远期的发展,会给将来内河航道的建设造成困难。但如果不从近期实际情况出发,不考虑目前的运量、资金、材料、劳动力与技术条件,同样也会影响甚至延缓渠化工程的建设和航运事业的发展。

(6) 平战结合。渠化工程规划不仅要考虑和平时期民用客货运输的需要,还要考虑战争时期军用船舶和军用物资运输的需要。在考虑梯级与枢纽的布置,确定通航建筑物形式与尺寸时,应照顾到国防建设与战争的特殊要求,做到平战结合。

2) 主要内容

渠化工程规划的内容一般包括渠化河流航道等级的拟定、渠化梯级布置方案的拟定、渠化梯级组合方案的比选、渠化梯级的开发程序等。

(1) 渠化河流航道等级的拟定。在进行一条通航河流的航道建设时,应首先确定航道等级,以作为确定工程规模和设计标准的依据。渠化河流的航道等级拟定是根据经济规划中提出的河流远期货运量和货物运行密度,通过对船舶和航道投资、营运费用及其他条件进行全面的综合比较,定出远期船型(载重量、主要尺度、功率、航速等)和运输组织方式,然后根据货运量、船型、船队尺度并结合河流的自然条件以及航道可能改善的程度,同时考虑国防方面的要求,合理确定渠化河流的航道等级。航道等级确定后,可根据统一的通航标准确定航道尺度及通航建筑物的规模。

（2）渠化梯级布置方案的拟定。渠化梯级布置方案主要是选定渠化坝址位置及其坝顶高程，使各渠化梯级的设计水位互相衔接，渠化河段达到规划的航道尺度，适应远景运输任务的要求，并能满足其他水利部门对河流开发的要求，获得较大的综合利用效益。坝址选择是一项细致、复杂的工作，应考虑的技术条件有以下三个方面：一是地形条件，一般应具有较宽阔和较平顺的河谷地形，应能满足拦河坝、船闸、水电站及其他水工建筑物合理布局的条件；二是地质条件，坝址应具有良好的工程地质条件，它对降低工程造价有重要意义；三是施工条件，良好的施工条件有利于缩短工期，节约造价。

（3）渠化梯级组合方案的比选。渠化梯级组合方案的比选主要是通过对若干拟定梯级布置方案的各项技术经济指标进行反复论证比较，选择结构安全可靠、施工简易、运用方便、投资较省、淹没较少、综合经济效益较大的最优组合方案作为最后选定的渠化梯级方案。在选择最优组合方案时，可着重从以下方面进行论证比较：在综合利用水资源方面，对航运、发电、灌溉、工业及民用供水、渔业等国民经济各部门要求的满足程度；与流域内其他综合利用的水利工程规划建设的相互结合程度；经济效益（包括航运、发电、灌溉、供水及渔业等）及其对发展国民经济的影响、方案的总投资、年运转费用及主要工程材料的需要量等；淹没损失及其对沿岸的农业、工矿企业及其他设施的影响程度；方案的施工技术要求、施工条件及施工期限；对地方经济的发展、文化、国防等方面要求的满足程度。

（4）渠化梯级的开发程序。河流渠化工程是由一系列梯级枢纽组成的，工程的全部效益须待全部梯级建成后才能充分体现出来。通常情况下，一条河流的全部梯级枢纽不会同时兴建，而是根据工程的轻重缓急与难易程度分期分批建成的。为了既要缩短工程的施工期限，争取早日建成，早日发挥效益，又要避免投资、材料等过度集中使用，开发团队应安排好梯级开发程序及第一期工程项目。在考虑梯级开发程序及第一期工程项目时，应着重考虑以下六个问题：第一，先期工程应具有显著的综合效益，能得到国民经济各部门和当地经济部门、当地群众的积极支持，有可能被批准纳入建设计划；第二，先期工程应选择航道滩险多而集中、整治困难、碍航严重，对航道通过能力起控制作用的河段，或者选择运输要求迫切和运输强度较大的河段；第三，先建梯级对下一期相邻梯级的施工，应无不利的影响或影响不大；第四，梯级建成的先后顺序应对上、下游航道尺度的逐步提高，航线的逐步延伸及货运量的逐步增加有利；第五，先期工程应选择工程技术不甚复杂，施工条件好的枢纽；第六，梯级开发的先后顺序应保证梯级有足够的勘测、设计与施工的准备时间，以利于确保工程的质量。

3. 渠化枢纽布置

渠化枢纽是由挡水建筑物（主要有拦河坝、拦河闸）、泄水建筑物（主要有溢流坝、泄水闸、溢洪道、泄水孔、泄水隧洞等）、通航建筑物（主要有船闸和升船机）、水电站建筑物、鱼道建筑物、取水建筑物、坝岸连接及护岸建筑物等组成的建筑物综合体。在枢纽中，各个建筑物相互间位置的确定，即枢纽的总体布置，在设计中是既重要而又复杂的工作，它直接关系到各个建筑物作用的发挥及工程的投资。合理的枢纽布置应该根据综合利用水利资源的原则，顺应河势，遵循河床演变规律，充分发挥各建筑物的作用，以达到安全可靠、经济合理、使用管理方便、施工容易的目的。

1) 枢纽总体布置应考虑的因素

枢纽的总体布置应根据渠化工程梯级开发规划,结合不同坝址的自然条件和枢纽工程的作用,着重解决好通航、泄洪、发电、灌溉及排沙之间的关系。特别要对通航建筑物、挡(泄)水建筑物及水电站进行合理布置。枢纽布置时应考虑以下九个主要因素:第一,地形、地质、水文和泥沙条件;第二,上、下游航道衔接条件;第三,主要水工建筑物的使用要求;第四,淹没损失及环境影响;第五,施工条件;第六,施工周期和施工期通航条件;第七,分期投产及其衔接条件;第八,使用和管理条件;第九,工程量及造价。

枢纽总体布置应按照拟定或批准的正常挡水位、枢纽主要水工建筑物的规模和设计标准进行,根据具体情况可采用集中布置和分散布置两种方式。对位于Ⅰ级至Ⅳ级航道河流上的渠化枢纽应进行枢纽总体布置的水工模型试验,必要时,进行泥沙模型和船舶模拟试验,验证和优化枢纽总体布置方案;对位于Ⅴ级航道以下河流上的渠化枢纽,当地形、水文条件复杂时,也应进行枢纽总体布置的水工模型试验。

2) 枢纽建筑物集中布置

当坝址处河面开阔、河道顺直,河床内能同时布置挡水和泄水建筑物、通航建筑物、水电站等水工建筑物时,枢纽总体布置可采用集中布置的方式。集中布置的渠化枢纽应避免泄水建筑物、通航建筑物、水电站三者水流的互相干扰,三者之间应设置足够长度的分水堤。严禁将通航建筑物布置在紧邻泄水建筑物与水电站两过水建筑物之间。

3) 枢纽建筑物分散布置

当坝址处河面较窄、弯曲,其凸岸适宜布置通航建筑物时;或当坝址处河面虽开阔、顺直,但将通航建筑物或电站布置在岸上开挖的渠道内,枢纽综合效益反而较佳时,经论证可采用分散布置的方式。

> 📖 拓展阅读12-7　枢纽建筑物布置形式

> 📖 拓展阅读12-8　长江三峡水利枢纽工程

12.3.2　船闸

船闸是用水力直接提升船舶过坝的一种通航建筑物,通过能力大,应用最广。

1. 船闸的组成

船闸主要由闸室、闸首、输水系统、引航道等组成,如图12-30所示。

(1) 闸室。闸室是位于船闸上、下闸首及两侧边墙间供过往船舶临时停泊的场所。闸室由闸墙及闸底板构成,并以闸首内的闸门与上、下游引航道隔开。闸墙和闸底板可以是浆砌石、混凝土或钢筋混凝土的,两者可以是连在一起的整体式结构,也可以是不连在一起的分离式结构。为了保证闸室充水或泄水时船舶的稳定,在闸墙上设有系船柱和系船环。

(2) 闸首。闸首的作用是将闸室与上、下游引航道隔开,使闸室内维持上游或下游水位,以便船舶通过。位于上游端的称为上闸首,位于下游端的称为下闸首。在闸首内设有工作闸门(最常用的为人字闸门,例如三峡船闸、葛洲坝船闸、巴拿马运河船闸等所用闸门均为人字闸门)、检修闸门、输水系统、阀门及启闭机系统。此外,在闸首内还设有交通桥及其他辅助设备。闸首通常采用钢筋混凝土整体式结构。

(3) 输水系统。输水系统是供闸室灌水和泄水的设备,能使闸室内的水位上升或下降至与上游或下游水位平齐。输水系统包括进水口、输水廊道、出水口、输水阀门。设计输水系统的基本要求是:灌、泄水时间应尽量缩短;船舶在闸室和上、下游引航道内有良好的泊稳条件;船闸各部位在输水过程中不产生冲刷、空蚀和振动等造成的破坏。输水系统分为集中输水系统和分散输水系统两大类型。集中输水系统布置在闸首及靠近闸首的闸室范围内,利用短廊道输水,或直接利用闸门输水;分散输水系统的纵向廊道沿闸室分布于闸墙内或底板内,并经众多支廊道向闸室输水。

(4) 引航道。引航道是连接闸首与主航道的一段航道,设有导航及靠船建筑。其作用是保证船舶顺利地进、出船闸,并为等待过闸的船舶提供临时的停泊场所。与上闸首相接的称为上游引航道,与下闸首相接的称为下游引航道。

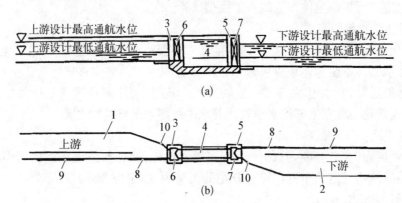

(a)

1—上游引航道;2—下游引航道;3—上闸首;4—闸室;5—下闸首;6—上闸门;7—下闸门;
8—导航建筑物;9—靠船建筑物;10—辅导航建筑物。

图 12-30　船闸组成示意图

(a) 纵断面图;(b) 平面图

2. 过闸原理

船闸利用的是连通器原理(见图 12-31),即利用闸室水面的升降来帮助船舶克服渠化枢纽上下游水位落差。以下游船舶通过单级船闸到上游为例,其主要作业过程依次为:

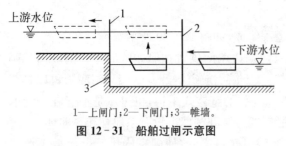

1—上闸门;2—下闸门;3—帷墙。

图 12-31　船舶过闸示意图

① 船舶由下游引航道驶入闸室→② 关闭下闸首闸门→③ 由上游输水系统向闸室内灌水,船舶随着闸室水面一起上升→④ 待闸室水面与上游水位齐平后,开启上闸首闸门→⑤ 船舶由闸室驶向上游引航道。当上游船舶要通过船闸到下游时,其过闸作业过程与上述过程相反。

3. 船闸分级与分类

在我国,船闸等级主要根据通过船闸的设计最大船舶吨级划分为 7 级,其分级指标与航道分级指标相同,这里不再赘述,下面重点说明船闸分类。

(1) 单级船闸与多级船闸。单级船闸(又称单室船闸)是指船舶只经过一次灌泄水过程即可通过全部落差的船闸。当水位差过大时(例如超过 40 m),可能会导致大大增加过闸的水量,且具有很高流速的水流进入闸室,会造成船舶停泊及阀门工作的困难,并使闸室工程量及闸门尺寸显著增大。在建设条件限制下,这不仅在技术上有困难,而且是不经济的,甚至是不可能实现的。此时,一般宜采用多级船闸(见图 12-32),即将全部落差分配于多级船闸的若干闸室上,而使船舶依次地连续通过,这样,在每个闸室上的水头便只有全部落差的几分之一,从而使上述的问题得到改善。级数越多,分配到每个闸室上的水头就越小,船闸的建筑技术也就越简单。但级数越多,船闸的总长度也就越长,因此并不一定有利。

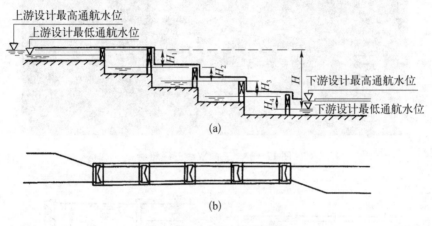

图 12-32 多级船闸示意图
(a) 纵断面图;(b) 平面图

设计人员对于高水头的船闸,为了选择经济合理的船闸级数,需要通过全面的技术经济比较来确定船闸的级数。近年来,为加速船舶过闸,提高船闸的通过能力,多趋向提高船闸的水头以减少船闸的级数,我国单级船闸最大水级为 32.6 m,国外已达到 42 m 水头的单级船闸。我国三峡工程采用的是 5 级船闸,上下游总水头高达 113 m,一次通过时间约为 160 min,是世界上规模最大和水头最高的船闸之一。当前世界上级数最多的船闸是俄罗斯的卡马船闸,共 6 级。

(2) 单线船闸与多线船闸。单线船闸是指在一个枢纽内只建一座船闸;多线船闸是指在一个枢纽内建有 2 座以上的船闸。在船闸的通过能力能够满足的情况下,大多只建单线船闸,只有单线船闸的通过能力不能满足运量的需要,或船闸所处河段的航运对国民经济具有重要意义,不允许船闸维修等因素而可能发生断航时,才必须建造双线或多线船闸。我国三峡工程采用的是双线船闸(见图 12-33),年单向通过能力为 5 000 万 t。

(3) 广室船闸与井式船闸。广室船闸(又称广厢船闸)是指闸首口门的宽度小于闸室宽度的船闸(见图 12-34)。该船闸闸门尺寸小、启闭机械简单,可降低闸门造价。但这种船闸需要船舶在闸室内横向移动,使过闸船舶的操纵复杂化,延长了过闸时间,仅适用于小河及支流上的小型船闸。当水头较大,且地基良好时,为减小下游闸门高度,可选用井式船闸(见图 12-35)。在下闸首建胸墙,胸墙下留有过闸船舶所必需的通航净空。俄罗斯的乌斯季卡缅诺戈尔斯克船闸就是这种船闸,它是当前世界上水头最大的单级船闸,其水头达 42 m。

图 12-33 三峡双线五级船闸

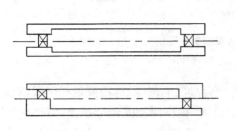

图 12-34 广室船闸

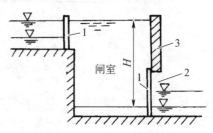

1—闸门;2—通航孔道;3—胸墙;H—水深。

图 12-35 井式船闸

(4) 省水船闸和具有中间闸首的船闸。省水船闸是指在闸室的一侧或两侧设置储水池暂存闸室泄水,待需灌水时又将其灌入闸室,从而节约船闸耗水量的船闸。对于水量缺乏的航道(特别是需抽水补水的运河越岭河段),可采用省水船闸。图 12-36 为西德一座省水船闸原理图,由闸室、上下闸首、三个开敞式储水池,阀门室、泵房及上下游引航道组成。当过闸船舶、船队不均一,为了节省单船过闸时的用水量及过闸时间,有时在上、下闸首之间增设一个中间闸首,将闸室分为前后两部分,如图 12-37 所示。当通过单船时,只用前闸室(用上、中闸首),而将下闸首的闸门打开,这时,后闸室就成为下游引航道的一部分;当通过船队时,中闸首闸门打开,将前后两个闸室作为一个闸室使用。这样既可节省过闸用水量,又可减少过闸时间。

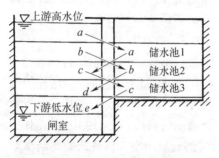

图 12-36 省水船闸

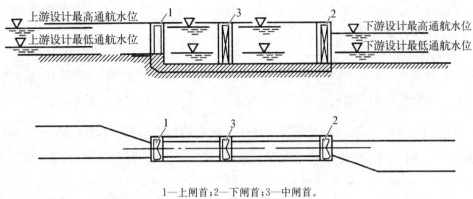

1—上闸首;2—下闸首;3—中闸首。

图 12-37 具有中间闸首的船闸

4. 船闸基本尺度的确定

船闸基本尺度是指船闸在正常通航过程中,闸室可供船舶安全停泊和通过的尺度,包括闸室有效长度、闸室有效宽度和门槛最小水深。船闸基本尺度必须满足以下四点要求:第一,满足船舶安全进出闸和停泊的条件;第二,船闸设计水平年内各阶段的通过能力,应满足过闸船舶总吨位数量和客货运量要求;第三,应满足设计船队能一次过闸;第四,应满足现有运输船舶和其他船舶过闸的要求。

1) 闸室有效长度

闸室有效长度是指船舶过闸时,闸室内可供船舶安全停泊的长度,它是上游边界和下游边界之间的最小有效距离(见图 12-38)。其中,上游边界应取帷墙的下游面、上闸首门龛下游边缘、采用头部输水时镇静段的末端、其他伸向下游构件占用闸室长度的下游边缘当中的最下游界面;下游边界应取下闸首门龛的上游边缘、双向水头采用头部输水时镇静段上游端、防撞装置的上游面、其他伸向上游构件占用闸室长度的上游边缘当中的最上游界面。

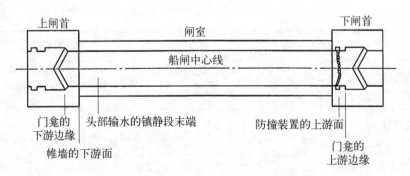

图 12-38 船闸有效长度示意图

初步确定闸室有效长度按 $L_x = l_c + l_f$ 计算。其中,l_x 为闸室有效长度,m;l_c 为设计船舶(队)计算长度,m,当一闸次只有一个船队或一艘船舶单列过闸时,为设计最大船舶(队)的长度,当一闸次有两个或多个船舶(队)纵向排列过闸时,则为各设计最大船舶(队)的长度之和加上各船舶(队)间的停泊间隔长度;l_f 为富余长度,m,对于顶推船队 $l_f \geqslant 2 + 0.06 l_c$,

对于拖带船队 $l_f \geqslant 2 + 0.03 l_c$，对于机动驳或其他船舶 $l_f \geqslant 4 + 0.05 l_c$。最终确定的闸室有效长度不应小于初步计算的长度，并取整数。

2) 闸室有效宽度

闸室有效宽度是指闸室内两侧墙面最突出部分之间的最小距离，是闸室两侧闸墙墙面之间的最小净宽度。初步确定闸室有效宽度按 $B_x = \sum b_c + b_f$ 计算。其中，B_x 为闸室有效宽度，m；$\sum b_c$ 为同一闸次过闸船舶并列停泊于闸室的最大总宽，m，当只有一个船队或一艘船舶单列过闸时，则为设计最大船队（舶）的宽度 b_c；b_f 为富余宽度，m，$b_f = \Delta b + 0.025(n-1)b_c$；$\Delta b$ 为富余宽度附加值，m，当 $b_c \leqslant 7$ m 时取 $\Delta b \geqslant 1$ m，当 $b_c > 7$ m 时取 $\Delta b \geqslant 1.2$ m；n 为过闸时停泊在闸室的船舶列数。最终确定的闸室有效宽度不应小于初步计算的宽度，并应根据计算结果套用《内河通航标准》中规定的 8、12、16（或 18）、23、34 m。经论证需要加宽的船闸，应符合《内河通航标准》宽度系列分档的规定。

3) 门槛最小水深

门槛最小水深指在设计最低通航水位时，闸首门槛上的最小水深，它与船舶最大吃水和进出闸速度有关，对船舶航行安全和船闸工程造价有较大影响。我国《船闸总体设计规范》（JTJ 305—2001）规定，门槛最小水深 H 大于等于设计最大船舶满载吃水 T 的 1.6 倍，即 $H \geqslant 1.6T$。为提高船舶进闸速度，减小船舶进闸所受的阻力，适应变吃水船舶满载通过要求，应采用较大的门槛水深。闸室最小水深（即设计最低通航水位至闸室底板顶部的最小水深）应不小于门槛最小水深。设计采用的门槛最小水深和闸室最小水深，在满足计算的最小水深值基础上，应充分考虑船舶采用变吃水多载时吃水增大，以及相邻互通航道上较大吃水船舶需通过船闸的因素，综合分析确定。

在工程实践中缺乏设计船舶资料时，只要确定了航道等级，就可根据《内河通航标准》的规定选取船闸有效尺度，但应不小于表中数值（见表 12 - 3）。

表 12 - 3   船闸有效尺度

船闸级别	天然和渠化河流				限制性航道			
	代表船舶（队）	长/m	宽/m	门槛水深/m	代表船队	长/m	宽/m	门槛水深/m
I	2排2列	280	34	5.5	—	—	—	—
II	2排2列	200	34	4.5	—	—	—	—
	2排1列	200	23	4.5	2排1列	230	23	5.0
						200	18/16	4.5
III	2排2列	180	23	3.5	2排1列	—	—	—
	2排1列	180	18/16/12	3.5		180	18/16/12	3.5

船闸级别	代表船舶（队）	天然和渠化河流			限制性航道			
		长/m	宽/m	门槛水深/m	代表船队	长/m	宽/m	门槛水深/m
IV	3排2列	180	23	3.0	—	—	—	—
	2排2列	120	23	3.0	—	—	—	—
	2排1列	120	18/16/12	3.0	2排1列	120	18/16/12	3.0
V	2排2列	120	23	2.5	1拖6	120	18/16	3.0
						210	12	
	2排1列	120	18/16/12	2.5	2排1列	120	18/16/12	3.0
VI	1拖5	100	18/16	1.6	1拖11	160	12	2.5
	货船	100	12	1.6	—	—	—	—
VII	1拖5	80	12	1.3	1拖11	120	12	2.0
	货船	80	8	1.3	—	—	—	—

5. 船闸通过能力

船闸的通过能力是指每年通过船闸的船舶总数或货物的总吨数。前者为过船能力，后者为过货能力。由于过闸船舶包括客船、货物、工程船、服务船等，而货船中又有满载、非满载和空载的区别，因此，过船能力相同的船闸通过货物的数量并不完全相同。如果再考虑到货流受季节及运输组织、气候等因素的影响，则船闸通过能力可按 $P=(n-n_0)NG\alpha/\beta$ 计算。其中，P 为年过闸货运量，t；n 为日平均过闸次数，其数值为 60 倍船闸日工作时间 τ（昼夜通航时可取 20～22 h）与单次过闸时间 T(min)之比，即 $n=60\tau/T$；n_0 为每昼夜非载货船舶的过闸数；N 为船闸年通航天数，d；G 为一次过闸平均载重吨位，t；α 为船舶装载系数，与货物种类、流向和批量有关，可根据各河流统计或规划资料选用，无资料时可取 0.5～0.8；β 为货运不平衡系数，其值为年最大月货运量与年平均月货运量之比，无资料时可取 1.3～1.5。

根据船闸通过能力与相关因素之间的关系，如要提高船闸的通过能力，必须力求增大船舶装载系数 α，减少货运不平衡系数 β，每次过闸都应尽量利用闸室有效面积，做到满室过闸，同时应经常注意发挥船闸设备的潜力，尽量延长船闸作业时间 τ 和缩短每次过闸时间 T。以船舶由下游向上游单向通过船闸为例，假定此时闸室已泄水，闸室内为下游水位，且下闸门已打开；同时假定工作闸门启、闭时间相等(t_1)，船舶进、出闸时间相等(t_2)，闸室灌、泄水时间相等(t_3)，同闸次最后一个船舶与第一个船舶进闸启动时间间隔为 t_4。在此情况下，完成一次单向过闸循环所需总时间 $T=4t_1+2t_2+2t_3+2t_4$。

6. 船闸总体布置

1) 基本原则

船闸是渠化枢纽的重要组成部分,其布置对船闸造价、施工和使用等有重要影响。在实践中,船闸布置应遵循以下五项原则:① 船闸在通航期内应有良好的通航条件,满足船舶安全迅速通畅过闸,并有利于船闸的运营管理和检修;② 遵照综合利用、统筹兼顾的原则,正确处理船闸与溢流坝、泄水闸、电站等建筑物之间的关系和矛盾,优化布置,以发挥最大的综合效益;③ 根据国民经济发展规划,做到远近结合,既要满足航运的需要,又要考虑远景发展,充分留有余地;④ 在满足航运要求的前提下,应尽量选择经济合理,工程投资少,能就地取材,施工方便的方案;⑤ 对大、中型和水流泥沙条件复杂的工程须进行模型试验,优选布置方案。

2) 布置形式

按船闸与所在枢纽中拦河坝、溢流坝、电站等的相互关系,闸坝布置形式一般可分为并列式和分离式两大类。

(1) 闸坝并列式布置。闸坝并列式布置是指船闸布置在河床或河滩上,与其他水工建筑物紧靠,如图 12-39 所示。

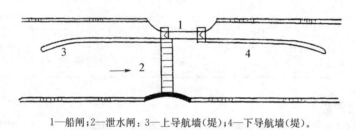

1—船闸;2—泄水闸;3—上导航墙(堤);4—下导航墙(堤)。

图 12-39　闸坝并列式布置示意图

当河床宽度足够布置拦河坝、泄水建筑物、电站及船闸时,往往将船闸与这些建筑物布置在一起。这种布置方式的优点是占地少,开挖工程量较少,同时可与其他水工建筑物在同一围堰内施工。但采用这种方式布置时,要注意船闸与其他泄水建筑物之间的关系,有时需要修筑较长的导堤将船闸引航道与河道分开,以减少泄水建筑物之间水流的相互影响,保证船舶安全、顺利地进出船闸。

(2) 闸坝分离式布置。若船闸布置在另外开挖的引河中,或利用河中的小岛与拦河坝、电站等水工建筑物分隔而自成体系,则为闸坝分离式布置(见图 12-40)。这种布置方式的优点是船闸不占河床宽度,有利于泄水建筑物和电站布置;船闸施工条件大为简化,一般可

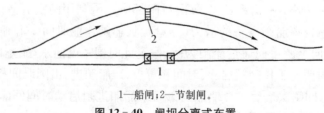

1—船闸;2—节制闸。

图 12-40　闸坝分离式布置

干地施工,无须建筑围堰,施工质量也易得到保证;其他水工建筑物对船闸通航条件的影响较小。但是这种布置占地较多;需开挖引河,土石方挖方量往往很大。

📖 **拓展阅读 12 - 9　三峡双线五级船闸**

12.3.3　升船机

升船机是一种借助机械设备,帮助船舶克服水位落差的通航建筑物。从用途上看,它与船闸一样,都是用来克服航道上的集中水位落差,以便船舶顺利过坝的通航建筑物。从工作原理来看,两者存在明显差异:船闸是直接借助闸室的水面升降,使停泊在闸室内的船舶完成垂直运动;升船机则是用机械的方法,升降装载船舶的承船厢,以克服集中落差。因此,两者在结构及设备方面均有所不同。

1. 升船机的组成

升船机主要由躯体(承船厢、支撑导向结构、机械驱动机构、电气控制系统、安全保护装置等)、闸首、引航道等组成,如图 12 - 41 所示。

1)躯体

船闸和升船机的躯体都是用来完成船舶升降克服集中落差的。船闸的躯体结构主要是固定的闸室,而升船机的躯体结构,则由运动部分和固定部分(如承船厢的支承导向结构)所组成。

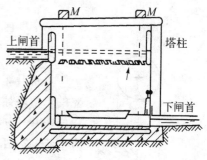

图 12 - 41　升船机示意图

为了实现承船厢的升降,保证运行的安全,在升船机的躯体结构上设置有下列设备:驱动承船厢升降的驱动装置;在事故状态下,阻止承船厢运动并支承承船厢的事故装置;减少驱动功率的平衡装置;实现承船厢与闸首衔接的拉(顶)紧、密封、锁定、充、泄水等设备;保证承船厢在运行过程中平稳的支承导向设备以及防撞、安全疏散设施等。此外,还设有相应的输、配电及控制系统等电气设备。

2)闸首

升船机的闸首和船闸的闸首一样,也是把躯体与上下游航道隔开的挡水建筑物,衔接承船厢与引航道,保证船舶在两者之间安全可靠地进出。不同的是,在升船机的闸首上没有复杂的输水系统,同时升船机的闸首工作条件,只受上游或下游水位的影响。

3)引航道

升船机的引航道和前港,与船闸几乎是完全相同的。

2. 升船机的特点

与船闸相比,升船机有以下四个主要特点:① 运转时基本不耗水,在水量不充沛的河流和运河上,建造升船机较为有利;② 升船机的升降速度远较船闸闸室灌泄水速度快,船舶通过升船机所需的时间较短;③ 在高水头的通航建筑物中升船机的造价一般比船闸小;④ 机电设备是保证升船机安全运行的一个重要部分,升船机的建造与安装要求有较高的设计与工艺水平。

各国建设和科研工作经验表明:当水头在 70 m 以上,宜建造升船机;当水头为

40～70 m,应进行升船机与船闸的比选;当水头在 40 m 以下,采用船闸通常比升船机优越。

3. 升船机的分类

1) 根据承船厢的运行方向分

据装载船舶的承船厢的运行方向,升船机主要可分为垂直升船机和斜面升船机两大类(见图 12-42)。

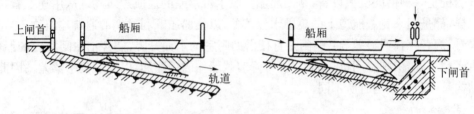

图 12-42　典型升船机示意图

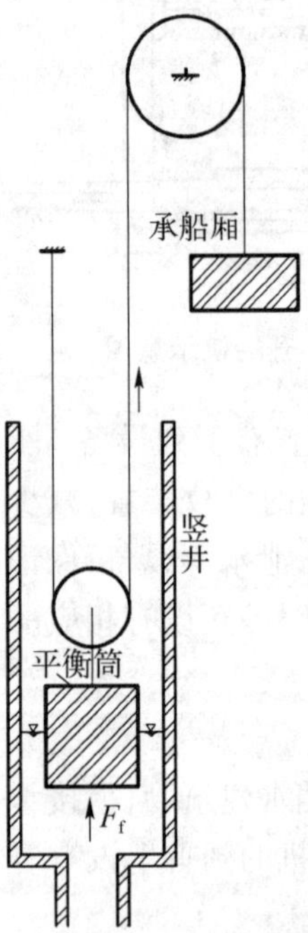

（1）垂直升船机。

垂直升船机的承船厢一般沿垂直方向升降,其支承导向结构是直立的承重塔柱。因此,垂直升船机需要建造高大的承重塔柱,或开挖很深的竖井,同时还须建筑高大的闸首,其技术问题较复杂,但它易于适应上、下游水位的变化,通过能力较强。目前,用于高坝通航垂直升船机的形式主要有钢丝卷扬提升式和齿条爬升式,前者是中国目前建成或在建升船机的主要形式,后者在德国等欧洲国家应用较多,也是三峡升船机采用的形式。此外,水力提升式垂直升船机,工作原理如图 12-43 所示,在实践中也有应用,如云南西双版纳的景洪升船机是世界上首台水力提升式垂直升船机,其最大提升高度为 66.86 m。

（2）斜面升船机。

斜面升船机的承船厢沿斜坡道作升降运动,其支承导向结构为倾斜的轨道。与垂直升船机相比,斜面升船机在结构施工方面的技术问题较为简单,由于承船厢是在地面上行驶,事故装置比较简单,对地基的要求较低,抗震能力较好,但其适应水位变化的能力较低;在提升高度大的情况下,其运行线路长,通过能力受到限制;变速行驶影响船舶在承船厢内停泊的平稳。

图 12-43　水力提升式升船机工作原理

① 根据升船机运行方向和船舶纵轴线方向是否一致,可将斜面升船机分为纵向斜面升船机和横向斜面升船机。纵向斜面升船机的运行方向和船舶纵轴线一致,它适用于较坦的斜坡(坡度 1:10～1:25)。若坡陡则使承船厢构造复杂,而且造价较高,则宜采用横向斜面升船机(其运行方向和船舶纵轴线垂直),它适用的坡度为 1:4～1:5。

② 按上、下游是否均设置斜坡道,可将斜面升船机分为一面坡斜面升船机和两面坡斜面升船机。一面坡斜面升船机是指只在挡水闸(坝)的下游设置斜坡道的升船机,一般用上、下闸首将承船厢、斜坡道等主体结构与上、下游航道隔开,承船厢沿斜坡道上下行驶,也有只

在上游端设置闸首而在下游端不设闸首。两面坡斜面升船机是指在挡水闸坝上、下游均建有斜坡道(可布置在同一条直线上,也可以相互间有一个角度)的升船机(见图 12 - 44),承船厢无平衡重也不设闸首,在上、下游直接下水,以适应引航道水位的变化。转盘的作用是承船厢过坝时能使载运的船舶保持水平,调换上、下游不同的斜坡道。

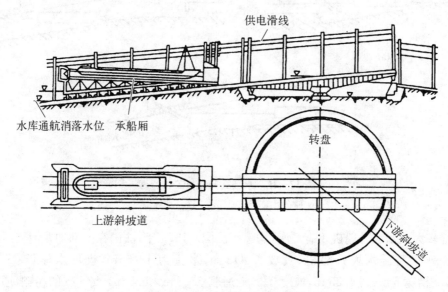

图 12 - 44　两面坡斜面升船机

目前,世界上最大的斜面升船机克服的水头差达 101 m,最大升程为 115 m,可以通过排水量为 2 000 t 的船舶。我国于 1966 年在安徽寿县建成了第一座小型斜面升船机,这是我国第一座湿运纵向斜面升船机,升程为 17 m,可通过 30 t 级驳船,至 20 世纪 70 年代初,又建成了一座干运和湿运结合、斜面与垂直结合的升船机,最大升程 83.5 m,干运时通过 150 t 级铁驳,湿运时只能通过民船。

2) 根据承船厢载运船舶的方式分

根据承船厢载运船舶的方式,升船机可分为干运和湿运两种。干运升船机将船舶支承在承船厢的承台上,不需要浮载水,其运动部分总重减小,可以减少升船机驱动装置的驱动功率,并使升船机闸首、支承导向结构及其相应的设备简化,但对船体结构不利。一般只用于船舶吨位不大的情况,且多为小型斜面升船机。

湿运升船机需要将承船厢充水,船舶浮载在承船厢内水体上。湿运升船机运动部分的总重量较大,但不论每次通过船舶吨位大小如何,这个总重量是不变的,便于采用平衡设备,减少驱动功率;同时在运转过程中,船舶浮载在水上,船体的受力状态不发生变化。因此,现代建造的通过数百上千吨以上船舶的升船机均为湿运。

3) 其他类型升船机

其他类型升船机主要有水坡式升船机、旋转升船机等。

(1) 水坡式升船机。水坡式升船机在斜坡道上设置 U 形槽,在槽内设置带有严密止水可沿斜坡道上、下滑动的刮板,由机械驱动刮板带动槽内的楔状水体和船舶沿斜道坡升降(见图 12 - 45)。水坡式升船机不需要承船厢,建造费用较省,在运行过程中水面波动较小,运行速度快,但运转费较高,适用于坡度缓和、水位变幅小的情况,过坝船型以自航驳为主的航道上。

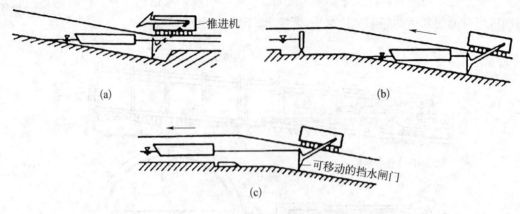

图 12－45　水坡式升船机工作原理
(a) 船在下游;(b) 船在途中;(c) 船在上游

　　世界较大型水坡升船机仅有 2 座,均建于法国。1973 年,法国在南部加龙河支运河上建造了第一座蒙特施水坡升船机,其坡长 443 m,水头为 13.3 m,楔形水体长 125 m、高 3.75 m,坡槽宽 6 m、高 4.35 m,坡度 3‰,能通航 38.5 m×5.5 m×5.5 m 的船舶,通过时间为 6 min。10 a 后在法国南运河贝济埃建成了第二座枫斯拉诺斯水坡升船机,水头 13.6 m,楔形水体长 90 m,坡槽宽 6 m,坡度 5‰。中国于 20 世纪 80 年代初先后在安徽龙湾、江苏沭阳建成小型水坡升船机。

　　(2) 旋转升船机。位于苏格兰中部福尔柯克轮是世界上唯一的一个旋转升船机(见图 12－46),升船机连接福斯河、克莱德河和联盟运河。福尔柯克轮升船机其实就是一个大转轮,转轮两端各有一个承船厢,两承船厢相互平衡。由驱动设备驱动转轮旋转,一端的承船厢上升、另外一端的承船厢下降。

　　总之,每种升船机都有自己的优势和不足,在选型时应综合考虑当地的地形地质、水文条件、枢纽总体布置、航道的客货运量、船舶吨位以及机电、建筑结构的工艺水平等因素,经技术经济比较分析来决定。

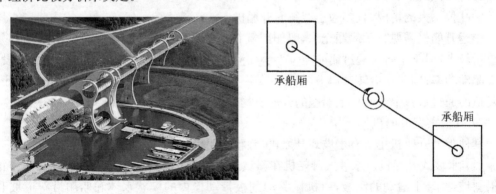

图 12－46　苏格兰福尔柯克轮旋转升船机

📱 拓展阅读 12-10　国内外升船机建设概况

📱 拓展阅读 12-11　三峡垂直升船机

数字课程学习

📝 ○ 本章要点　○ 思考题　○ 更多内容……

参 考 文 献

［1］ 蔡志长. 渠化工程学［M］. 北京：人民交通出版社，1990.

［2］ 程昌华，刘晓平，唐寿鑫. 航道工程学［M］. 北京：人民交通出版社，2001.

［3］ 郭山国，王玉. 工程力学［M］. 2版. 北京：北京理工大学出版社，2019.

［4］ 郭子坚. 港口规划与布置［M］. 3版. 北京：人民交通出版社，2011.

［5］ 韩理安. 港口水工建筑物［M］. 北京：人民交通出版社，2008.

［6］ 洪承礼. 港口规划与布置［M］. 北京：人民交通出版社，1999.

［7］ 胡旭跃. 航道整治［M］. 2版. 北京：人民交通出版社股份有限公司，2017.

［8］ 胡旭跃. 航道整治［M］. 北京：人民交通出版社，2008.

［9］ 黄伦超，陶桂兰. 渠化工程学［M］. 2版. 北京：人民交通出版社股份有限公司，2016.

［10］ 黄小燕，王莉. 集装箱船［M］. 上海：上海科学技术出版社，2019.

［11］ 惠凯. 港口规划与区域经济［M］. 北京：中国建筑工业出版社，2008.

［12］ 姜萌. 航道工程［M］. 北京：中国水利水电出版社，2009.

［13］ 蒋江波. 港口与航道土木工程师实用手册［M］. 北京：化学工业出版社，2013.

［14］ 蒋宗燕. 港航水工建筑物［M］. 北京：人民交通出版社，1998.

［15］ 李学聘. 港航工程与规划［M］. 北京：人民交通出版社，1993.

［16］ 李炎保，蒋学炼. 港口航道工程导论［M］. 北京：人民交通出版社，2010.

［17］ 刘红，郑剑. 船舶原理［M］. 2版. 上海：上海交通大学出版社，2020.

［18］ 刘晓平，陶桂兰. 渠化工程［M］. 北京：人民交通出版社，2009.

［19］ 钮新强，宋维邦. 船闸与升船机设计［M］. 北京：中国水利水电出版社，2007.

［20］ 邱大洪. 工程水文学［M］. 北京：人民交通出版社，1999.

［21］ 邱驹. 港工建筑物［M］. 天津：天津大学出版社，2002.

［22］ 全国一级建造师执业资格考试用书编写委员会. 港口与航道工程管理与实务［M］. 北京：中国建筑工业出版社，2018.

［23］ 任虹，丁迅. 港口发展规划概论［M］. 北京：人民交通出版社，1994.

［24］ 王昌杰. 河流动力学［M］. 北京：人民交通出版社，2001.

［25］ 王晓. 港航工程与规划［M］. 上海：上海交通大学出版社，2015.

［26］ 王有凯. 土力学与基础工程［M］. 武汉：武汉理工大学出版社，2010.

［27］ 小型建设工程施工项目负责人岗位培训教材编写委员会. 港口与航道工程［M］. 北京：中国建筑工业出版社，2014.

［28］ 熊绍隆. 潮汐河口河床演变与治理［M］. 北京：中国水利水电出版社，2011.

[29]　徐金环. 航道整治[M]. 北京：人民交通出版社,2011.

[30]　徐炬平. 港口水工建筑物[M]. 北京：人民交通出版社,2011.

[31]　徐友辉,何展荣. 建筑材料[M]. 北京：北京理工大学出版社,2012.

[32]　洋山同盛港口建设有限公司. 上海国际航运中心洋山深水港区一期工程论文集[M]. 北京：人民交通出版社,2006.

[33]　于汝民. 港口规划与建设[M]. 北京：人民交通出版社,2003.

[34]　张超,李海鹰. 交通港站与枢纽[M]. 北京：中国铁道出版社,2004.

[35]　张小峰. 河流动力学[M]. 北京：中国水利水电出版社,2010.

[36]　长江航道规划设计研究院,中交天津港航勘察设计研究院有限公司. 航道工程设计规范(JTS 181—2016)[S]. 北京：人民交通出版社股份有限公司,2016.

[37]　长江航道规划设计研究院,中交天津港航勘察设计研究院有限公司. 航道工程设计规范(JTS 181—2016)[S]. 北京：人民交通出版社股份有限公司,2016.

[38]　长江航道局. 航道工程手册[M]. 北京：人民交通出版社,2004.

[39]　真虹. 港口装卸工艺学[M]. 2 版. 北京：人民交通出版社股份有限公司,2015.

[40]　中华人民共和国交通运输部. 港口规划管理规定[EB/OL]. (2007 - 12 - 17)[2022 - 08 - 18]. https：//xxgk. mot. gov. cn/2020/jigou/zhghs/202006/t20200630_3320348. html.

[41]　中华人民共和国交通运输部. 全国沿海港口布局规划[EB/OL]. (2006 - 09 - 12)[2022 - 08 - 21]. https：//xxgk. mot. gov. cn/2020/jigou/zhghs/202006/t20200630_3320031. html.

[42]　中华人民共和国交通运输部. 关于印发港口和航道建设项目预可行性研究报告和工程可行性研究报告编制办法的通知[EB/OL]. (2009 - 11 - 19)[2022 - 09 - 11]. https：//zjhy. mot. gov. cn/zzhxxgk/jigou/zhghc/201909/t20190927_3277586. html.

[43]　中华人民共和国交通运输部. 内河通航标准(GB 50139—2014)[M]. 北京：中国计划出版社,2014.

[44]　中交第三航务工程勘察设计院有限公司,中国港口协会. 自动化集装箱码头设计规范(JTS - T 174—2019)[S]. 北京：人民交通出版社股份有限公司,2020.

[45]　中交第一航务工程勘察设计院有限公司,中交第二航务工程勘察设计院有限公司. 港口工程荷载规范(JTS 144 - 1—2010)[M]. 北京：人民交通出版社,2010.

[46]　中交第一航务工程勘察设计院有限公司,中交第三航务工程勘察设计院有限公司,中交第四航务工程局有限公司. 码头结构设计规范(JTS 167—2018)[M]. 北京：人民交通出版社股份有限公司,2018.

[47]　中交第一航务工程勘察设计院有限公司. 海港工程设计手册(第二版)[M]. 北京：人民交通出版社股份有限公司,2018.

[48]　中交第一航务工程勘察设计院有限公司. 液化天然气码头设计规范(JTS 165 - 5—2021)[S]. 北京：人民交通出版社股份有限公司,2021.

[49]　中交水运规划设计院有限公司,中交第一航务工程勘察设计院有限公司. 海港总体设计规范(JTS 165—2013)[S]. 北京：人民交通出版社,2014.